BASTEI
LÜBBE

Von Ursula Burkowski erschien bei BASTEI-LÜBBE:

61276 Es gibt kein Zurück

URSULA BURKOWSKI

Weinen in der Dunkelheit

Draußen!

Ein dramatisches Kapitel Berliner Geschichte

BASTEI LÜBBE

BASTEI-LÜBBE-TASCHENBUCH
Band 12353

Weinen in der Dunkelheit

Draußen

Herausgeber des Sammelbandes:
Gustav Lübbe Verlag GmbH, Bergisch Gladbach
Printed in Germany Juni 1995
Einbandgestaltung: K.K.K.
Titelfoto: Autorenfoto/Kindheit
Satz: Fotosatz Schell, Hagen a. T. W.
Druck und Bindung: Ebner Ulm
ISBN 3-404-12253-0

URSULA BURKOWSKI

Weinen in der Dunkelheit

BASTEI LÜBBE

Dieses Buch ist Stefanie, Christoph und Berko sowie allen Kindern und Jugendlichen gewidmet – Kinder vergessen nichts.

Vorwort

In diesem Buch schreibe ich über meine schwierige Kindheit und Jugend.

Als ich mit zehn Jahren lernte, meine Umwelt zu begreifen, nahm ich mir vor, alles einmal aufzuschreiben. Mein erstes Tagebuch hatte ich mit vierzehn Jahren. Es ist von einem Freund, der eifersüchtig war, zerrissen worden.

1989 flüchteten viele Eltern ohne ihre Kinder durch die plötzlich offene Grenze in den Westen. Die Heime füllten sich mit verlassenen Kindern. Nun stand mein Entschluß fest: Ich muß allen Menschen zeigen, wie Kindern und Jugendlichen, die ohne Elternhaus aufwachsen, zumute ist. Denn wer weiß das schon? Wer macht sich schon Gedanken darüber, warum Kinder, wenn man sie befragt, über sich selbst schweigen?

Mancher jugendliche Leser wird sich in meinem Buch wiederfinden, trotzdem ist es eher ein Buch für Erwachsene. Aufmerksam gelesen, trägt es dazu bei, Verständnis für diese Kinder und Jugendlichen zu wecken, die es mit ihrer Umwelt und sich selbst schon schwer genug haben.

Berlin 1991 U. Burkowski

So könnte es gewesen sein

Ost-Berlin 1953. Eilig läuft die Frau durch den kalten Dezemberregen. Sie weiß, das ist ihre letzte Chance: Wenn sie die nicht nutzt, muß sie wieder ins Gefängnis.

Endlich, der Bahnhof! Die S-Bahn steht schon da. Hoffentlich kommt keine Polizeikontrolle, denkt sie und geht schneller. Gerade noch rechtzeitig erreicht sie den Wagen, denn da fährt der Zug auch schon los, Richtung West-Berlin.

Erleichtert läßt sie sich in einer Ecke auf die harte Holzbank fallen. Sie schaut in die dunkle Nacht und spürt Schadenfreude in sich aufsteigen. Das Leben noch einmal neu beginnen ohne die Vergangenheit, das ist ihr Ziel.

Zufrieden betrachtet sie ihr Spiegelbild im Fenster, sie ist noch immer eine schöne Frau. Als der Zug hält, hört sie: »Lehrter Bahnhof«, erste Station in West-Berlin.

Weihnachten

Langsam geht der alte Mann durch die gottverlassene Gegend von Kaulsdorf. Ob seine Tochter es am Heiligabend den Kindern gemütlich gemacht hat? Er ist sich nicht sicher. Zu oft hat er die Kinder allein vorgefunden. Die Angst um seine Enkel treibt ihn hastiger vorwärts.

Erschöpft von der Anstrengung des langen Fußmarsches erreicht er das einsame Haus am Bahngelände. Fast gespenstisch hebt es sich in der trüben Dämmerung gegen den Himmel ab. In den Fenstern brennt kein Licht, die Angst schnürt ihm fast das Herz ab. Also doch! Leise ruft er nach den Kindern. Erleichtert sieht er das schwarze Loch eines geöffneten Oberfensters. Er ruft noch einmal, diesmal lauter, dann hört er die Stimme seines ältesten Enkels:

»Opa, hilf uns! Wir sind allein und haben Hunger. An den Wasserhahn komme ich heran, zu trinken haben wir!«

Der Mann versucht, seine Enkel zu beruhigen, und ruft: »Ich hole Hilfe, bin gleich zurück!«

Mit Gewalt brechen die Polizisten die verschlossene Tür auf. Ein fürchterlicher Gestank von Kot und Urin schlägt ihnen entgegen. Der Lichtschalter funktioniert nicht. Beim Einschalten der Taschenlampe bietet sich ihnen ein grauenvolles Bild. Nackt, verdreckt und völlig unterernährt sitzen die Kinder auf den schmutzigen Holzdielen. Ein etwa zweijähriges Mädchen schaut mit großen, traurigen Augen still auf die Fremden und versucht, mit der einzigen Decke im Zimmer seinen mageren Körper zu wärmen. Im Zimmer herrscht eisige Kälte, der Kachelofen ist offenbar seit Tagen nicht geheizt worden. In einer Ecke steht ein rostiges Metallgitterbett, in dem ein vier Monate altes Mädchen liegt, mit den Haaren an den Gitterstäben festgefroren. Der vierjährige Bruder hat versucht, den schreienden Säugling mit Wasser aus der Suppenkelle zu füttern, er fand keine Flasche.

Fast eine Woche sind sie allein gewesen und haben trotz Hunger und Kälte überlebt.

Nach einem langen Krankenhausaufenthalt trennte man die Geschwister und brachte sie in verschiedenen Heimen unter.

Kinderheim

So bekam ich mit zwei Jahren den ersten Kontakt mit der staatlichen Gemeinschaft. Das Heim, in das man mich brachte, ist das größte Kinderheim in Europa. Es liegt im Süden der Stadt Berlin (Ost) in einem Wald, der Königsheide. Sechshundert Kinder fanden hier eine Unterkunft, ein Zuhause oder was sonst so ein Kind von einem Kinderheim halten mochte.

Von der Straße, der Süd-Ost-Allee, ist das Heim durch ein schmiedeeisernes Tor, verziert mit Eichhörnchen, zu betreten. Der Hauptweg endet vor der Schule, die dem Tor genau gegenüber steht. Rechts und links des breiten Weges zweigen kleinere

Wege zu den Wohnhäusern ab. Große Rasenflächen mit Blumen und Bäumen vollenden die parkähnliche Gestaltung der unmittelbaren Umgebung. Hinter jedem Haus gibt es einen Spielplatz.

In den Häusern Nummer 1, 3 und 4 leben die Kinder, die zur Vorschule oder Schule gehen, in Gruppen. In Nummer 2 beginnt das Heimleben für die Säuglinge.

Im Wirtschaftshaus mit der Schuster-, Schlosser- und Schneiderwerkstatt, der Wäscherei und der Kleiderkammer befindet sich für etwa zweihundert Kinder der Speisesaal. Auch der Heimleiter wohnt dort, und im gleichen Gebäude hat die Fürsorge ihr Büro. Außerdem gehören zum Heim ein Schulgarten, ein Sportplatz, eine Turnhalle und eine Freilichtbühne.

Im Alter von zwei Jahren machte ich meine ersten Lebenserfahrungen mit der Kinderschwester. Sie band mich mit Gurten an das Kinderbett, so konnte ich nicht hinausklettern. Ich weinte oft, denn die Gurte taten weh.

Besondere Freude schien sie daran zu haben, mich auf ein Schaukelpferd zu setzen. Ich schrie fürchterlich vor Angst, und je lauter ich weinte, desto stärker schaukelte sie mich.

Mit drei Jahren kam ich in das Vorschulhaus. Dort lernte ich ziemlich schnell, wie einsam Gruppenerziehung machen kann, aber auch, wie ich mich davor schützen konnte. Vor allem zwei Erlebnisse zeigten mir das deutlich.

Als ich einmal dringend zur Toilette mußte, fragte ich die Erzieherin, ob ich gehen dürfte, denn ohne ihre Erlaubnis durften wir die Gruppe nicht verlassen. Wir spielten auf dem Waldspielplatz, der fünf Minuten vom Haus entfernt lag. Sie sagte:

»Halt aus, bis wir hineingehen!«

Ich bettelte so sehr, daß sie mich schließlich doch gehen ließ, aber auf der Treppe machte ich mir in die Hose. Den Rest des Tages lebte ich in Angst davor, daß es jemand merken könnte und ich dafür eine Strafe bekäme. Davor fürchtete ich mich am meisten, denn bestraft wurde immer im Kollektiv. Alle mußten sich um das ›böse‹ Kind stellen und auf das Kommando der Erzieherin »Pfui, pfui!« rufen oder ähnliches.

Mein Unglück war, daß ich meine Sachen nie ordentlich auf

den Stuhl legte. Ausgerechnet an diesem Abend hatte ich sie besonders sorgfältig zusammengelegt, den Schlüpfer ganz unten. Dadurch verriet ich mich. Ich stand nackt im Waschraum, als die Erzieherin mit meiner Hose in der Hand hereinkam und in drohendem Ton fragte: »Hast du eingepullert?«

Vor Schreck und Angst bekam ich kein Wort heraus. Da rief sie alle Kinder in den Waschraum. Sie standen um mich herum, starrten mich an und warteten auf ihren Einsatz. Und dann brüllten alle auf den Befehl der Erzieherin im Chor:

»Einpuscher, Einpuscher!«

Das Auslachen und die Beschimpfungen der Kinder schüchterten mich ein, ich schämte mich furchtbar, konnte aber nicht weinen. Daraus lernte ich, mich beim nächsten Mal schlauer zu verhalten.

Es war die Nacht vor dem 1. Juni, dem Tag des Kindes. Dieser Tag wurde als Höhepunkt des Jahres mit viel Tamtam im Heim gefeiert. Dazu gehörten einstudierte Tänze, Spiele, Luftballons und Bonbons. Unsere Erzieherin ermahnte uns, nicht ins Bett zu machen.

Ich gehörte nicht zu den Bettnässern, doch in dieser Nacht mußte ich dringend auf die Toilette. Wir waren sechs Kinder im Schlafraum. Leise stand ich auf, ging zur Tür, erreichte die Klinke aber nicht. Ich war zu klein.

Langsam ging ich zum Bett zurück, setzte mich auf den Rand und überlegte, wie ich am besten aus dem Zimmer käme, da passierte es auch schon. Am liebsten hätte ich geweint, aber dann fiel mir ein: Vielleicht wird ein Kind davon wach und petzt? Die Strafe vom ersten Mal hatte ich nicht vergessen. Mit Mühe unterdrückte ich die aufkommenden Tränen, dachte an die Brause, die es am Morgen geben würde und auf die ich nicht verzichten wollte.

In meinem Zimmer lag ein Junge, von dem ich wußte, daß er Bettnässer war. Schnell zog ich mein Laken ab, warf es auf das Bett des Jungen und hockte mich auf den Fußboden, um ihm sein Laken unter dem Körper wegzuziehen. Als ich es hatte, ohne daß er davon erwachte, freute ich mich, denn es fühlte sich noch warm und trocken an. Gerade als ich damit beschäftigt war, das geklaute Laken über meine Matratze zu ziehen, ging das Licht an, und die Nachtwache stand im Raum.

»Was machst du denn da?«

»Mein Bett ist so zerwühlt«, antwortete ich, »ich will es ordentlich machen.«

Bei dieser Lüge wagte ich es nicht, sie anzusehen. Glücklicherweise entdeckte sie das Laken auf dem Jungen, ich hatte es einfach über seinen Körper geworfen. Sie nahm es in die Hände, betrachtete es von allen Seiten und schimpfte dabei:

»Der hat ja schon wieder eingemacht!«

Wütend faltete sie das Laken zusammen, legte den schlafenden Jungen darauf, löschte das Licht und verließ den Raum.

Am nächsten Morgen fragte die Erzieherin:

»Wer hat in der Nacht eingemacht?«

Prüfend ging sie von einem Bett zum anderen. Die Kontrolle endete am Bett des Jungen, mein Herz schlug vor Aufregung bis zum Hals. Aber zum Glück war das Laken getrocknet. Ich war sehr erleichtert, denn nun bekamen wir alle Brause und keine Strafe.

Die Erzieher kamen, wenn es ums Strafen ging, auf die sonderbarsten Ideen. Redeten wir beim Abendessen zu laut, knipsten sie ohne Warnung das Licht aus und zogen die Vorhänge zu, so daß es stockdunkel im Zimmer war. Vor Angst schrien und weinten alle Kinder laut durcheinander. Sobald das Licht ausging, rutschte ich von meinem Stuhl unter den Tisch; hier fühlte ich mich sicher, hatte aber trotzdem wahnsinnige Angst vor dem Murmelmann.

Das Weinen der Kinder schien bei den Erzieherinnen erst dann Befriedigung zu finden, wenn es in lautes Brüllen überging. Das erreichten wir, indem sie von draußen an die Fensterscheiben klopften und dabei mit verstellter Stimme riefen:

»Hu, hu, hier ist der Murmelmann, ich komme euch jetzt holen!«

Wenn wir dann schrien: »Nein, nein, wir sind wieder artig!« ging das Licht an, und kein Kind wagte auch nur zu schluchzen.

Geburtstag

Der Tag, an dem ich erfuhr, daß jeder Mensch einen Geburtstag hat, war viel aufregender als mein Geburtstag selbst.

Wir tobten gerade im Schlafraum, da stand die Erzieherin plötzlich vor uns und drohte einem Jungen:

»Wenn du nicht sofort mit der Toberei aufhörst, fällt morgen dein Geburtstag aus!«

Nun wollten wir alle wissen, was ein Geburtstag ist. Ich mußte darüber lachen, daß es einen Tag gab, an dem sich andere freuten, daß ich geboren war. Bisher hatte ich noch nie so eine Feier erlebt. Vorsichtig fragte ich:

»Wie lange dauert es noch bis zu meinem Geburtstag?«

»Du? Du hast in zwei Tagen Geburtstag.«

»Wie alt werde ich dann?« rief ich erwartungsvoll und sprang dabei vor lauter Übermut und Freude gleich wieder herum. Ihre Ermahnungen waren vergessen.

»Fünf Jahre«, antwortete sie, und zur Strafe schickte sie mich in den Hof, dort sollte ich mir den Kopf abkühlen.

Draußen regnete es wie aus Kannen, aber es machte mir nichts aus. Ich tanzte um den Buddelkasten und rief dabei: »Hurra, hurra, ich habe einen Geburtstag!«

Plötzlich hielt ein schwarzes Auto im Hof, ein Mann winkte mir aus dem Wagenfenster zu. Ich lief zu ihm. Obwohl ich vom Regen klitschnaß war, sollte ich einsteigen, was ich ohne zu zögern tat.

»Was macht so ein kleines Mädchen wie du hier draußen im Regen?« fragte er. Ich erzählte von meiner Strafe und weshalb ich sie bekommen hatte. Im Auto war es angenehm warm und trocken, ich hörte den Regen auf das Dach prasseln und fühlte mich zum ersten Mal geborgen. Der Mann erzählte mir ein Märchen. Am liebsten wäre ich nie mehr ausgestiegen. Doch auf einmal stand die Erzieherin am Auto. Ich mußte zurück ins Haus gehen. Heimlich drehte ich mich an der Haustür noch einmal nach dem Auto um. Ich sah, wie der Mann mit der Erzieherin sprach. Am nächsten Tag, ich spielte gerade mit Bausteinen, betrat der Mann mit vielen fremden Leuten das Spielzimmer.

Sofort entdeckte er mich. Lachend nahm er meine Hand und sagte:

»Wir machen jetzt eine Autofahrt.«

Während der Fahrt fragte er mich, ob ich die Kindersendung vom Meister Nadelöhr kenne. Natürlich kannte ich sie, alle Kinder kannten sie. Immer, wenn wir artig waren oder die Erzieher ihre Ruhe haben wollten, durften wir im Hausleiterbüro fernsehen.

So wurde ich für kurze Zeit eine Entdeckung für das Kinderfernsehen. Bei den Probeaufnahmen langweilte ich mich. Ich verstand nicht, weshalb die Großen immer dasselbe sagen sollten. Als die Drehtage endeten, war ich froh, wieder richtig spielen zu können.

Krank

Nach meinem fünften Geburtstag wechselte unsere Kindergruppe die Etagen. Wir zogen in den ersten Stock, und die Jüngeren erhielten Räume im Parterre. Nun konnten die Erzieher nicht mehr von außen an die Fensterscheibe klopfen und uns Angst einjagen.

Ich haßte den Mittagsschlaf. Nie war ich müde, aber wehe, wir hatten die Augen noch offen, wenn die Erzieherin den Raum kontrollierte. Dann schimpfte und schüttelte sie die Kinder so, daß sie sich anschließend in den Schlaf heulten.

Eine andere Erzieherin war nicht ganz so grob, aber sie schlug die Decke über das Bettgestell, so daß wir wie in kleinen Höhlen lagen. Das hatte auch sein Gutes, denn ich brauchte meine Augen nicht zu schließen und konnte durch einen Seitenspalt den Himmel oder das Dach des Quergebäudes beobachten. Einmal schob sich durch diese Ritze eine Hand, und vor meinen Augen lag eine dreieckige Papiertüte. Ich wagte nicht, mich zu bewegen. Erst als ich keine Geräusche mehr vernahm, drückte ich mit den Fingerspitzen vorsichtig eine kleine Öffnung in das Papier und entdeckte braune Malzbonbons, deren süßer Duft sofort durch mein ganzes Bett strömte. Voller Glücksgefühl schlief ich tatsächlich ein. Aber als ich erwachte, war die Tüte weg. Meine Enttäuschung war so groß, daß ich nicht einmal weinte. So habe ich nie erfahren, wer sie mir gab und wieder nahm. Erst viel später hörte ich von den Kindern, daß sie ähnliches erlebt hatten. Es mußte eine Erzieherin gewesen sein, die nur wollte, daß wir schliefen.

Eine noch sehr junge Erzieherin setzte mich eines Tages auf ihre Schultern und lief mit mir durch den Gruppenraum. Ich wurde nie einem anderen Kind gegenüber bevorzugt und fand es darum recht seltsam, daß ich für die Tollerei ausgesucht wurde, und deshalb blieb ich sehr ernst. Außerdem verursachte mir diese ungewohnte Höhe Angst. Aber die Erzieherin lachte und sprang mit mir herum, bis ich schließlich auch lachen mußte. Durch das offene Fenster hörte sie plötzlich eine Kollegin ihren Namen rufen. Neugierig trat sie mit mir an das Fenster und rief nach unten:

»Schau mal, das ist mein kleiner Angsthase!«

Dabei beugte sie sich weit hinaus. Vor Schreck krallte ich mich fest in ihre Haare und jammerte leise. Sie lachte und lachte, dabei verlor ich das Gleichgewicht. Ich spürte plötzlich keinen festen Halt mehr und stürzte in die Tiefe.

Mein Kopf tat mir fürchterlich weh. Als ich die Augen aufschlug, lag ich in einem fremden Bett, auch das Zimmer war mir unbekannt. Ich konnte meinen Kopf nicht bewegen und weinte. Eine Frau, ganz in Weiß, trat an mein Bett und streichelte mich beruhigend. Sie hieß Schwester Brigitta, und sie erzählte mir, daß ich aus dem Fenster gefallen sei und mich auf der Krankenstation befände.

»Wenn du alles schön tust, was ich sage, wirst du schnell wieder gesund und darfst zu den anderen Kindern zurück.« Nur immer im Bett liegen wollte ich natürlich nicht, deshalb machte ich wirklich folgsam alles, was sie sagte, und kam bald wieder zu meiner Gruppe.

Die Erzieherin habe ich nie mehr gesehen, aber ich hatte von da an Angst vor allen großen Menschen, die mich auf den Arm nehmen wollten, und machte um Delegationen und Besucher einen Bogen.

Unser Heim war das Vorzeigeheim. Menschen aus aller Welt sahen es sich an und staunten über die Sauberkeit und Ordnung. Hin und wieder erschienen dann am nächsten Tag Fotos von uns in der Zeitung, was die Erzieher sehr freute. Immer wenn Fremde kamen, standen oder saßen wir in Sonntagssachen in unserem Gruppenraum. Nette Worte über die Schönheit des Heims wurden gesprochen, und dann näherten sich die Besucher uns Kindern. Komische Fragen hatten sie dann: »Na, Kleine, wie gefällt es dir hier?« oder »Bist du traurig, daß du keine Eltern hast?«

Ich stand starr und stumm und hoffte nur, nicht angefaßt zu werden. Eltern – ich wußte gar nicht, was das ist – und gefallen? Außer dem Heim kannte ich nichts anderes, ich verstand einfach ihre Fragen nicht.

Christian

Am liebsten spielte ich mit einem Jungen, der Christian hieß. Er war etwas älter als ich, aber kleiner. Mir gefielen besonders seine großen braunen Augen. Christian war immer lustig, er hatte tolle Spielideen, mit ihm konnte ich über alles lachen. Selbst wenn ich mich beim Toben verletzte und es sehr weh tat, brachte er mich zum Lachen. Nie hatte ich eine solche Freundin.

Leider sollte ich ihn nicht lange als Freund behalten. Es war an einem Freitag, da wechselten wir die Wäsche und durften baden. Die Erzieherin hatte nicht die Zeit, jedes Kind abzutrocknen, das mußten wir selbst tun. Wir gingen mit Handtüchern in den Schlafraum. Mir kam der Einfall, Fangen zu spielen. Im Zimmer standen die Metallbetten hintereinander. Es machte ungeheuren Spaß, von einem Bett auf das andere zu springen. Christian war mit dem Fangen dran. Wir sprangen wie die Verrückten, durch die Sprungfedern wurden wir hochgeschleudert und landeten mit Leichtigkeit auf dem nächsten Bett. Plötzlich hörte ich hinter mir einen Schrei, ich drehte mich herum, Christian lag blutend auf dem Boden. Tröstend versuchte ich, ihm hochzuhelfen, aber es ging nicht. Er war mit den nassen Füßen abgerutscht und mit dem Hinterkopf auf die Bettkante geschlagen. Wahnsinnige Angst um ihn überkam mich. Ich schrie wie am Spieß. Die Erzieherin stürzte herein, hob Christian hoch und brachte ihn weg.

Ich verkroch mich unter meiner Decke und weinte die ganze Nacht. Immerzu sah ich ihn im Blut liegen und hörte seinen Schrei. Alleingelassen mit meiner Traurigkeit und den Schuldgefühlen, ging ich den Kindern aus dem Weg. Oft saß ich auf meinem Bett und dachte an Christian, er fehlte mir sehr. Jeden Tag fragte ich die Erzieherin, wann er wiederkäme; es hieß immer »bald«.

Aber er kam nicht mehr wieder.

Einschulung

Mit sechs Jahren kam ich zur Einschulung in das Haus Nummer 1. Alle Schulkinder mußten ihre Pionier-[1] oder FDJ[2]-Kleidung tragen. Vor der Schule fand ein Fahnenappell statt, die Großen sangen Lieder, dann überreichten sie uns kleine Blumensträuße und die langersehnte Schultüte.

Zu den Luftballons mit den Friedensgrußzetteln an der Schnur sah kaum einer hin, wir wollten alle nur wissen, was in der langen Tüte war. Enttäuscht stellte ich fest, daß die Kekse,

[1] Junge Pioniere: staatliche Kinderorganisation der ehemaligen DDR, Vorstufe zur FDJ

[2] FDJ: Freie Deutsche Jugend, staatliche Jugendorganisation der ehemaligen DDR

Bonbons und Buntstifte gegen die mit reichlich Klopapier ausgefüllte Spitze recht mickrig waren. Kinder, die Verwandte hatten, bekamen von ihnen dazu noch viele schöne Dinge.

Traurig darüber, daß mich niemand besuchte, ging ich zu den Mädchen, die auch als Waisen galten, und wir spielten mit den Schultüten Burgfrauen. Da holten uns plötzlich drei Schüler aus einer Gruppe der Größeren in ihren Tagesraum, wo für uns ein festlich gedeckter Tisch stand. Sie wollten uns eine Freude machen und sagten:

»Pioniere helfen sich immer.«

Nun konnte ich es kaum erwarten, bis ich Pionier wurde und das blaue Halstuch tragen durfte. Fast jeden Tag rannte ich zum Pionierleiter, wir nannten ihn Suppi, weil er so dünn war, und fragte ihn:

»Wann werde ich Pionier?«

Eines Tages war es endlich soweit, feierlich wurde ich im Speisesaal vor allen Schülern in die Pionierorganisation ›Ernst Thälmann‹ aufgenommen. Nach der Aufforderung »Seid bereit!« und meiner Antwort »Immer bereit!« war ich Pionier. Jeden Tag trug ich nun das blaue Tuch. Bald hatte ich mich so daran gewöhnt, daß mir der Sinn und die Symbolik verlorengingen und es seinen Zweck als Knabber- oder Taschentuch erfüllte. Einen schlechten Dienst erwies es mir bei meinem ersten Abenteuer im Westen.

Ausflug nach ›drüben‹

Ute, eins der größeren Mädchen, hatte einen Bruder in West-Berlin. Sie fuhr oft zu ihm hinüber, um sich Mickymaus-Hefte oder Liebesromane zu holen. Diese Hefte waren im Heim als Schundliteratur strengstens verboten. Mir gefielen die Mickymaus-Hefte so gut, daß ich sie mir von ihr ausborgte. Im Wald sah ich sie mir dann heimlich an. An einem Nachmittag fragte mich Ute, ob ich mal mit nach drüben fahren möchte. Von einer ungeheuren Neugier getrieben, sagte ich sofort zu. Wir kletterten über den Heimzaun und liefen durch den Wald, dann durch eine Laubenkolonie, und am Teltowkanal mußten wir nur noch über eine Brücke gehen. Unentdeckt von der Polizei, schafften wir es.

Ich sah Schaufenster, gefüllt bis zum Rand, wie ich sie aus Ost-Berlin nicht kannte. Bei uns gab es die Butter auf Marken. Manchmal schickte mich die Erzieherin aus Zeitmangel in den Konsum. Dort gab ich die Marken ab und erhielt die zugeteilte Butter. Hier in West-Berlin lag sie einfach im Regal. Aber am tollsten fand ich die Kaugummiautomaten an den Hauswänden. Vor Begeisterung kam ich aus dem Staunen über so viele schöne Dinge nicht mehr heraus.

Utes Bruder schenkte uns Geld für Kuchen, den wir uns selbst aussuchen durften.

Im Bäckerladen bewunderte ich gerade die vielen Sorten von Torten und Broten, da fragte mich die Verkäuferin:

»Was möchtest du?«

Stolz zeigte ich auf einen riesigen Liebesknochen. Als sie mein blaues Pioniertuch sah, fragte sie:

»Bist du Pionier?«

Aus Angst, sie würde mir keinen Kuchen geben, wenn ich »Nein« sagte, antwortete ich schnell:

»Natürlich!«

Da fing sie laut an zu lachen und sagte verächtlich:

»Pioniere bekommen bei mir keinen Kuchen!«

Wütend und traurig zugleich verließ ich den Laden und dachte: Scheiß-Olle, sitzt mit dem Arsch in der Sahne und rückt nichts raus!

Nie wieder habe ich freiwillig das Halstuch getragen, sondern nur zu den Pionierveranstaltungen im Heim.

Pflegeeltern

Die ersten Pflegeeltern für das Wochenende bekam ich, als ich noch nicht zur Schule ging. Dort fühlte ich mich nicht wohl. Ich schlief in einem Raum, der vollgestopft war mit alten, dunklen Möbeln. Ein Schrank mit einem großen Spiegel in der Mitte war die einzige Abwechslung für mich. Stundenlang stand ich davor und machte Faxen. Ab und zu öffnete sich die Zimmertür, dann schauten fremde Menschen herein, denen ich als armes Heimkind vorgestellt wurde und brav guten Tag sagen sollte, was ich nicht tat. Überhaupt sprach ich nie bei fremden Leuten. Ohne die vielen Kinder fühlte ich mich einsam. Mein Verhalten entsprach nicht den Vorstellungen der Eltern, und sie ließen mich wieder im Heim.

Mit sechs Jahren bekam ich die zweiten Pflegeeltern. An einem Sonnabendnachmittag hatte ich mich mit einem Mädchen gezankt, und die Erzieherin gab mir nicht recht. Vor Wut heulte ich, mir lief die Nase, und ich wollte am liebsten keinen Menschen mehr sehen. Schon bei Christians Unfall hatte ich begriffen, daß es im Heim besser war, keine Gefühle zu zeigen. Nie war man allein, immer stand man unter Beobachtung. Oft verwechselten die Erzieher unsere Gefühlsausbrüche mit Ungehorsam, Frechheit oder Wut. Da kam der Hausleiter und sagte zu mir:

»Putz dir die Nase, trockne deine Tränen, sei jetzt schön lieb und komm mit in mein Büro, deine Eltern sind da.«

Vor Schreck vergaß ich das Heulen, aber dann fiel mir ein, daß ich ja keine Eltern hatte. Ich ließ meine Tränen und die Nase weiter laufen, rutschte trotzig mit dem Rücken an der Flurwand hinunter, setzte mich auf den Boden und sagte:

»Nee, jarnich!«

So wie ich war, zog er mich an meiner Hand wieder hoch und ging mit mir zum Büro.

An einem runden Tisch saßen ein Mann und eine Frau. Sofort spürte ich, daß es nicht meine richtigen Eltern waren, und zeigte ihnen gegenüber kein Interesse. Mit gesenktem Kopf, den Blick auf meine alten Hausschuhe gerichtet, als ob diese alles mir geschehene Unrecht wieder gutmachen könnten, sahen mich die neuen Pflegeeltern zum ersten Mal. Es wurde über mich verhandelt und beschlossen, daß sie mich am Wochenende abholen sollten. Mich fragte keiner!

Die Kinder meiner Gruppe erkundigten sich aufgeregt, wie die neuen Pflegeeltern aussahen; ich wußte es nicht, es war mir auch egal.

Abgeholt wurde ich dann von der Nichte meiner Pflegeeltern. Ängstlich klammerte ich mich an die Hand des Mädchens. Außerhalb des Heimes, in der großen Stadt, fühlte ich mich fremd. Hoffentlich läßt sie mich nicht los, dachte ich, allein würde ich nie mehr ins Heim zurückfinden.

Mit der S-Bahn fuhren wir nach Lichtenberg. Wir liefen durch ein paar Straßen und standen dann vor einer Tür mit dem Namen ›Hube‹. Auf unser Klingeln öffnete Frau Hube die Tür.

»Herein in die gute Stube«, sagte sie, die nun meine neue Mutter werden sollte. Erst als wir im Zimmer standen, sah ich sie mir an. Sie machte einen strengen Eindruck auf mich. Das fade, dunkelblonde Haar trug sie ganz kurz, in leichter Dauerwelle, was ihren strengen Gesichtsausdruck noch mehr unterstrich. Ihre blaßblauen Augen blickten ohne Liebe auf mich herab. Dazu kam ihr schmaler Mund, der verkniffen lächeln wollte. So hatte ich mir eine Mutter nicht vorgestellt. Ich ließ mir meine Abneigung nicht anmerken. Das Mädchen sagte »Tschüs« und ging. Nun war ich allein; am liebsten hätte ich geweint und gerufen: Bringt mich nach Hause!

»So«, sagte dann die Mutter, »nun kommt gleich der Vati.«

Gespannt sah ich zur Tür, wie denn nun der ›Vati‹ aussah. Ich wünschte, er möge netter als seine Frau aussehen. Da kam er herein, groß, mit halber Glatze. Noch nie hatte ich einen Mann ohne Haare gesehen, und fasziniert starrte ich auf seinen Kopf. Frau Hube forderte mich auf, ihrem Mann die Hand zu geben und zu sagen: »Guten Tag, Vati!«

Ich ging zu ihm, gab ihm die Hand, sagte brav: »Guten Tag«, konnte aber das Wort ›Vati‹ nicht herausbringen. Im Raum war es sehr still, alle warteten auf das eine Wort, selbst ich wartete.

Aus meinem Mund kam jedoch kein Laut. Da lachte der Mann und sagte:

»Ach, weißt du, wenn du nicht Vati sagen willst, mußt du nicht Vati sagen, sondern sagst einfach Onkel.«

Meine angespannte Starrheit löste sich, und ich fand diesen Onkel viel netter als seine Frau Tantemutter.

Jedes Wochenende holten sie mich ab, aber eingewöhnen konnte ich mich nie. Mir fehlten die Kinder und das Heim mit seiner Umgebung. Bei den Eltern war ich immer allein. Entweder saß ich am Ofen und spielte mit kleinen Puppen, oder ich mußte ihnen meine Lesekünste vorführen. Dazu ließen sie sich regelmäßig die Kinderzeitung ›Frösi‹ ins Haus schicken.

Da ich nicht gut lesen konnte und es auch nicht wollte, haßte ich bald diese bunte Zeitschrift und die Wochenenden. Wenn der Freitag nahte, lag ich nachts wach und dachte: Hoffentlich haben sie dich vergessen und kommen nicht. Aber das traf nie zu. Pünktlich um 10 Uhr holten sie mich ab.

Nur im Sommer war es bei ihnen schöner, da paddelten wir mit den Faltbooten über die Krampe oder den Müggelsee. Die Verwandten meiner Pflegeeltern – Schwester, Mann und Kinder – fuhren auch mit. Sie hatten alle das gleiche Bootshaus, und dort sah ich dann oft meinen Bruder, was mich glücklicher machte, als wenn ich nur mit Erwachsenen zusammen war.

Mein Bruder

Meinen Bruder lernte ich erst kennen, als ich schon sieben Jahre alt war.

Mit Hilfe der Erzieher bauten die älteren Kinder ein Wasserbecken. Beim Bau des Beckens standen wir Kleinen in einer Reihe und reichten Steine weiter. Wir nannten es nur Planschbecken, zum Schwimmen war es zu flach, doch zum Baden reichte es. Es hatte die Form eines abgerundeten Dreiecks. Der Wassereinlauf befand sich in der Mitte des Beckens, an der tiefsten Stelle. Vom Schutzgeländer des Wassereinlaufs machten die Jungen Hechtsprünge. Wir Mädchen hatten keine Chance, auf das Geländer zu kommen, weil wir von den Jungs gestukt[1] wurden.

Auf diesem Geländer sah ich zum ersten Mal meinen Bruder. Mit einer Freundin lag ich auf der Decke, und wir beobachteten neidisch die Jungen. Plötzlich sagte ein Mädchen aus einer anderen Gruppe zu mir:

»Der gerade da oben steht, ist dein Bruder.«

»Was«, rief ich erstaunt, »mein Bruder?«

Ich wußte bis zu diesem Zeitpunkt nichts von einem Bruder. In mir erwachte die Erinnerung an eine Kinderschwester, die mich oft auf ihren Schoß nahm und mir von einer Schwester erzählte, die ich noch habe. Später dachte ich, ich hätte alles nur geträumt.

Den Jungen schaute ich mir genauer an, er machte einen tollen Hechtsprung. Angeber, dachte ich.

Neugierig hielt ich es nicht länger auf der Decke aus und lief zu ihm ins Wasser.

»Wie heißt du?« fragte ich.

Er sah mich verdutzt an und sagte: »Warum willst du das wissen?«

»Weil ich vielleicht deine Schwester bin«, antwortete ich.

»Ich heiße Dieter B.«, rief er aufgeregt.

»Und ich Ursula B.«

Wir hatten tatsächlich denselben Nachnamen. Nun fragte er:

»Wie lange bist du schon im Heim?«

»Schon immer«, sagte ich.

Wir gingen zur Decke, unterwegs erzählte er mir, daß er in vielen verschiedenen Heimen war, bis man in seiner Akte entdeckte, daß er noch eine Schwester in Berlin hat. So brachten sie ihn hierher, in mein Heim.

Endlich war ich nicht mehr ganz allein. Obwohl mein Bruder in einer anderen Gruppe wohnte, fühlte ich mich den anderen

[1] getaucht

Kindern gegenüber sicherer. Die Geschwister im Heim hielten zusammen, nun gehörte ich dazu.

Dieter bekam die Schwester meiner Pflegemutter als Mutter. Zu ihrer Familie gehörten das große Mädchen, das mich damals aus dem Heim abgeholt hatte, ein Sohn und der Mann. Nun waren wir Geschwister endlich wieder zusammen, doch durch unsere Pflegeeltern erneut getrennt.

Obwohl die beiden Elternpaare miteinander verwandt waren, sah ich meinen Bruder an den Wochenenden selten. Darüber war ich sehr unglücklich, manches Mal haßte ich unsere Pflegeeltern und meinen Bruder dafür, denn er fühlte sich bei ihnen wohl.

Wiedersehen mit Christian

Nach meinem achten Geburtstag erlebte ich durch die Fürsorge einer Erzieherin eine besondere Freude.

Während der Mittagsruhe kam sie in den Schlafraum und sagte zu mir:

»Komm, steh leise auf, es ist Besuch für dich da!«

Wer soll mich schon besuchen, fragte ich mich. Plötzlich schob sich Christian durch die Tür. Drei Jahre waren seit seinem Unfall vergangen, und trotzdem erkannte ich ihn sofort wieder. Vor Freude fiel ich ihm um den Hals und heulte los. Er stand ganz ruhig da und lächelte nur. Als ich von ihm ließ, merkte ich, wie sehr er sich verändert hatte. Er war gewachsen, etwas blaß, aber was war mit seinen Augen? Sie sahen immer nach oben. Weshalb sieht er mich nicht an, dachte ich und fragte ihn:

»Christian, was ist mit deinen Augen?«

Er drehte sich zu mir, fast flüsternd hörte ich seine Worte:

»Ich bin blind, ich kann nie mehr sehen.«

Entsetzen packte mich, das konnte nicht wahr sein, vielleicht machte er nur wieder einen seiner Späße.

»Christian, wieviel Finger zeige ich dir?« fragte ich verzweifelt.

Er sagte eine falsche Zahl. Nun probierte ich es noch einmal und noch einmal, ich wollte es nicht glauben.

Große Traurigkeit breitete sich in meinem Innern aus, ich fühlte mich immer noch schuldig. Da ergriff ich seine Hand und führte ihn die Treppe hinunter zum Spielplatz, auf dem wir so viel erlebt hatten. Kinder, die uns begegneten, grüßten freundlich, keines lästerte.

Wenn wir sonst mit Jungen spielten, hieß es gleich:

»Ei, ei, ei, was seh ich da, ein verliebtes Ehepaar!«

Im Wald redeten wir über unsere früheren Erlebnisse, dann schaukelten wir, und ich fühlte mich so glücklich wie an dem Tag, als ich meinen Geburtstag erfuhr und Christian noch bei mir war.

Dann spielte ich blind, mit geschlossenen Augen wollte ich Christian suchen. Dabei wurde mir erst richtig klar, wie schlimm es für ihn sein mußte, nie mehr sehen zu können, wo er doch wußte, wie alles aussah.

Am Abend fuhr er in sein Heim zurück. Der Abschied fiel uns beiden schwer, wir weinten. Einige Kinder, die um uns herumstanden, kicherten verlegen. Ich drückte ihn an mich, und er versprach mir, mich öfter zu besuchen.

Leider hatten die Erzieher keine Zeit für unsere Probleme. Ich habe Christian nie mehr gesehen.

Ämterplan

Wieder einmal kam eine neue Erzieherin. Wenn sie Dienst hatte, durften wir nach der Schule draußen spielen. Das machte sie sofort beliebt.

Unser Tagesablauf war sonst sehr streng geregelt. Geweckt wurden wir um 6 Uhr 15. Egal, was für ein Wetter war, wir mußten unseren Körper durch Frühsport abhärten.

Nach dem Frühstück (es gab immer das gleiche: Suppe und Marmeladenstullen) beeilten wir uns mit den Ämtern. Dafür stellten die Erzieher jede Woche einen Ämterplan auf. Zimmerdienst bedeutete: fegen, den Fußboden wachsen und anschließend mit dem schweren Bohnerbesen auf Hochglanz polieren, für Ordnung in den Schränken und im Zimmer sorgen. Es mußte auch darauf geachtet werden, daß die Betten in vorgeschriebener Weise gebaut wurden. Den Zimmerdienst machte keiner gerne, ständig gab es deswegen mit irgendeinem Mädchen Streit.

Verhaßt war mir der Waschraumdienst, bei dem man alle Waschbecken mit Ata scheuern mußte. Von dem Gekratze und Gequietsche bekam ich immer eine Gänsehaut. Noch mehr ekelten mich die dreckigen Klos, die dazugehörten.

Den Mülldienst machte ich gern. Dabei brauchte man nur die Ecke mit den Besen in Ordnung zu halten und den Mülleimer wegzubringen. Mit ein wenig Glück fand ich hin und wieder etwas Brauchbares darin. Die langen Flure zu bohnern, machte keinen Spaß, ging aber am schnellsten.

Hatten wir unsere Dienste erledigt, rannten wir zur Schule. Am Eingang standen die Pioniere oder FDJler vom Dienst und kontrollierten die Mappen. Spielzeug und nicht zur Schule gehörende Bücher wurden uns weggenommen, wir erhielten es zur Zeugnisausgabe zurück, das konnte ein halbes Jahr dauern. Schlimmer war es, wenn sich ›Schundliteratur‹ aus dem Westen in der Mappe befand. Die Lehrer notierten sich dann den Namen, und nach der Schule fand mit dem Erzieher ein Verhör über die Herkunft statt. Hatte sie der Schüler von einem anderen Schüler, wurde er dazugeholt. Dieses Spiel dauerte so lange, bis die Pädagogen endgültig wußten, wie die Hefte ins Heim gelangt waren. Sie konnten nur von Kindern mitgebracht worden sein, die am Wochenende zu ihren Eltern fuhren. Kam dann heraus, wer die Hefte mitgebracht hatte, durfte der ›Schuldige‹ bis zur nächsten Elternversammlung am Wochenende nicht nach Hause. Die Strafe war für die Kinder besonders hart.

Hielt ein Schüler dicht, schlossen ihn die Erzieher von besonderen Anlässen aus. Noch härter war die Kollektivstrafe, dann galt das Verbot, zum Beispiel ›Kino‹, für die gesamte Gruppe, bis der Schüler seine ›Schuld‹ gestand. Nicht selten rasteten einige Mädchen darüber dermaßen aus, daß sie auf die Betreffende so lange einschlugen und sie anspuckten, bis sie alles gestand. Einmal kam ich dazu. Fünf Mädchen hielten Conny mit Gewalt fest, sie lag auf dem Boden und konnte sich nicht wehren. Zwei weitere Mädchen rissen ihr den Mund auf und spuckten mehrmals hinein.

»Ihr Schweine!« schrie ich.

Augenblicklich ließen sie Conny los und drohten mir:

»Halts Maul, sonst bist du dran!«

Ich rannte davon und heulte. Allein kam man gegen so viele nicht an.

Nach der Schule aßen wir zu Mittag, hielten Mittagsruhe und erledigten unter Aufsicht der Erzieher unsere Schulaufgaben. Danach war Freizeit. Entweder gingen wir zur Arbeitsgemeinschaft, oder wir spielten draußen. Vor dem Abendbrot erledigten wir schnell noch einmal die Ämter, und danach war Nachtruhe.

Gruppenkeile

Die Schule stank jeden Tag nach alten Schmalzstullen. Schmalzstullen gab es täglich, und niemand mochte sie mehr. Sie lagen in den Toiletten, auf dem Schulhof, in den Gängen und im Klassenzimmer. Waren sie vertrocknet, bogen sie sich nach oben, und man rutschte darauf herum. Zwar bemühten sich die Lehrer um Sauberkeit, Ordnung und Disziplin, aber der Gestank und die Stullen blieben. Deswegen stank mich die Schule im wahrsten Sinne des Wortes mächtig an. Um so mehr freuten sich alle Kinder, als verkündet wurde, daß die Schule für einige Tage wegen Kohlenmangels geschlossen würde. Warme Gruppenräume brauchten wir dringender.

Ein sehr strenger Winter brachte uns unverhofft noch einmal ein paar Tage schulfrei. Fröhlich rannte ich in meine Gruppe. An meiner Schlafzimmertür blieb ich wie angewurzelt stehen. Mein Schrank war ausgeräumt. Die Sachen lagen verstreut auf dem Fußboden, und die Mädchen standen lauernd daneben. Es blieb mir nichts anderes übrig, als mir die Angst, die in mir hochkroch, nicht anmerken zu lassen. Ruhig bückte ich mich nach meinen Klamotten, da stürzten sie auf mich zu.

Die Schläge taten sehr weh. Ein Mädchen hatte sein Handtuch so lange gedreht, bis es hart wie ein Seil war, damit schlug es auf mich ein. Ich wehrte mich, ohne zu heulen, den Triumph gönnte ich ihnen nicht. Nach einer Ewigkeit hörten sie mit den Schlägen auf, aber dafür brüllten sie mich jetzt an:

»Los sag, wo die Dinger sind, du Drecksau!«

»Du Schwein, du hast Schmöker versteckt!«

Nun erfuhr ich, worum es eigentlich ging. In der Mappe meines Bruders hatten die Lehrer bei der Morgenkontrolle verbotene Westschmöker gefunden. Sofort durchsuchten sie seinen Schrank, fanden aber nichts. Daraus folgerten die Erzieher, daß sie dann wohl bei mir versteckte Hefte finden würden.

Natürlich verfolgten die Mädchen die Aktion in meinem Schrank, und als sie dazu aufgefordert wurden, sofort Meldung zu machen, wenn diese Dinger bei mir auftauchten, wollten die Lieblinge der Erzieher nicht mit der Erfolgsmeldung warten. Deshalb bekam ich Prügel.

Man verdächtigte mich zu Unrecht, ich besaß nicht ein einziges Heft. Seitdem traute ich keiner aus meinem Zimmer mehr.

Pech für zwei

Gern ging ich in unseren Tierpark. Hier traf man eigenartigerweise kaum Kinder. Wir hatten viele Tiere vom richtigen Berliner Tierpark. Prof. Dr. Dathe schenkte sie dem Heim: zwei Füchse, Hängebauchschweine, Schafe, Rehe und Hühner.

Eines Tages ging ich mit Petra, einem Mädchen aus meiner Gruppe, in den Tierpark. Wir wollten uns das neue Zwergpony ansehen. Der Tierwärter beschäftigte sich gerade mit dem Ausmisten der Schweineställe, eine günstige Gelegenheit für uns zum Reiten. Wir hatten noch nie auf einem Pferd gesessen, und das Pferd hatte sicherlich noch nie einen Reiter auf seinem Rükken getragen. Als Petra oben saß und ich dahinter, stellte es sich auf die Hinterbeine, und ich sauste über den Pferdehintern nach unten in den Schweinetrog. Anstatt mir beim Herausklettern behilflich zu sein, lachte Petra sich halb tot. Während ich versuchte, den Dreck unter einem Wasserhahn abzuspülen, sann ich für Petras schadenfrohes Lachen auf Rache. Da entdeckte ich die Laubgrube, in der die Wärter das Herbstlaub verbrannten.

Im Sport war ich sehr gut, und ich dachte mir, wenn wir über diese Grube springen, wird sie es nicht schaffen und hineinfallen.

»Komm, wir machen Wettspringen«, sagte ich.

Aber sie zweifelte daran, daß sie die Grube überspringen konnte.

»Ist doch ganz einfach«, sagte ich, nahm Anlauf und sprang hinüber. Da lief Petra los, sprang und landete genau in der Mitte des Erdloches. Jetzt mußte ich lachen, ich tanzte um die Grube herum und sang »Häschen in der Grube«.

Petra hüpfte wie Rumpelstilzchen herum und schrie fürchterlich. Erst dachte ich, vor Wut, aber dann sah ich, daß unter dem frischen Laub glühende Asche lag. Sie schrie vor Schmerzen, ich mußte mich auf den Bauch legen, um ihre Hand zu erreichen, und zog sie heraus. Ihr rechter Fuß qualmte und hinterließ eine richtige Rauchwolke. Sie tat mir leid, das hatte ich nicht gewollt.

»Stell deinen Fuß in den Trog, dann kühlt er schneller ab«, riet ich ihr.

Aber als sie ihn aus dem Schweinefraß zog, sah er noch schlimmer aus. Stinkend, mit Brandlöchern am Fuß, Strumpf und Schuh in der Hand, humpelte sie mit mir zur Krankenstation. Dort lag sie zwei Wochen. Jeden Abend ging ich sie besuchen. Um mit ihr reden zu können, mußte ich zum Fenster hochklettern und mich am Gitter festhalten. Sie erfuhr von mir immer das Neueste vom Heim. Nach einiger Zeit, als ihr das Bein nicht mehr so weh tat, freute sie sich über die schulfreie Zeit und war nicht mehr böse auf mich.

Die Verpflegungstüte

Einmal holten mich meine Pflegeeltern erst am Sonnabend ab. Darüber war ich nicht traurig. Im Gegenteil, denn am Freitag hatte ich schon die Verpflegungstüte erhalten. Sie hatte jedesmal den gleichen Inhalt: eine lange harte Wurst, zweihundertfünfzig Gramm Butter und ein ganzes Brot. Diese Tüte erhielten neuerdings alle Kinder, die an den Wochenenden zu Pflegeeltern fuhren.

Bald darauf hatten fast alle Kinder Pflegeeltern. Ich glaubte nicht an die plötzlich aufkommende Kinderliebe, sondern daran, daß es an den Tüten lag, daß sich so viele Eltern fanden.

Mit meinen drei besten Freundinnen versteckte ich mich im Gebüsch, und wir rissen gierig die Tüte auf. Es machte wahnsinnigen Spaß, einfach in das Brot zu beißen. Endlich konnten wir uns mal richtig satt essen.

Wir bettelten oft vor Hunger bei den Küchenfrauen um Essen. Zwei von ihnen, Tante Meta und Tante ›Lapaloma‹ (Sie sang immer das Lied ›La Paloma, ohé‹), steckten uns manchmal etwas Eßbares zu. Sie waren lustige, dicke Frauen, die im Notfall aber auch ernst und streng sein konnten. Das restliche Küchenpersonal wechselte genau so häufig wie die Erzieher. Tante Meta und Lapaloma gehörten zu uns, deswegen mochten wir sie sehr.

Am nächsten Tag sagte ich zu meinen Pflegeeltern, es habe keine Verpflegungstüte gegeben. Meine Pflegemutter fragte nicht bei den Erziehern nach. Von diesem Tag an hockten wir öfter mit den Tüten im Gebüsch. Jede von uns mußte einmal ihre Tüte opfern.

Meine erste Banane

Wenn meine Pflegemutter Zeit hatte, fuhr sie mit mir nach West-Berlin, um Verwandte zu besuchen.

An eine Begebenheit erinnere ich mich noch genau. Ich fand auf der Straße einen Westgroschen; stolz zeigte ich ihn ihr. Sie nahm ihn und sagte:

»Dafür bekommst du eine Banane.«

Für einen Zehner eine Banane, ich konnte es nicht glauben. An einem Marktstand kaufte ich tatsächlich eine Banane, es war meine erste. Sie schmeckte so gut, daß ich sie in Ruhe genießen wollte. Als sie merkte, wie langsam ich an der Banane herumkaute, herrschte sie mich an:

»Beeil dich gefälligst, sonst muß ich den Kindern, wo wir hingehen, auch noch welche schenken.«

Da wußte ich, warum ich sie nie richtig leiden konnte: Sie mochte Kinder nicht.

Juri Gagarin

Am 12. April 1961 betrat mitten im Unterricht der Geschichtslehrer den Klassenraum. Wir erhoben uns von den Plätzen, er sagte: »Setzen!«

Dann tuschelte er leise mit der Klassenlehrerin. Erwartungsvoll schauten wir auf die zwei. Was würde jetzt Unerwartetes folgen? Stolz sprach er zu uns:

»Liebe Kinder! Es ist heute unserem Bruderland, der Sowjetunion, gelungen, ein bemanntes Raumschiff ins Weltall zu schicken. Juri Gagarin heißt der erste Kosmonaut dieser Erde.«

Alle Kinder klatschten vor Begeisterung. Nachdem wieder Ruhe eingekehrt war, änderte die Lehrerin den Unterrichtsstoff. Es wurde über den Weltraum gesprochen, und wir stellten Vermutungen darüber an, wann der erste Mensch den

Mond betreten würde. Dann sollten wir eine Wandzeitung basteln und eine Rakete malen. Die Jungs wollten plötzlich alle Kosmonaut werden, und ihre Disziplin im Unterricht besserte sich für kurze Zeit. Aber es dauerte nicht lange, und die Lehrer ärgerten sich wieder über uns.

Heimkinder konnte man für alles gebrauchen. Auch zum Spalierstehen. Eines Abends mußten wir unsere Pionierblusen anziehen und fuhren mit der S-Bahn zum Flughafen Schönefeld. Hinter einer roten Kordel stellte man uns schön in Reihe auf und erklärte uns:

»Ihr habt die Ehre, Juri Gagarin zu verabschieden!«

Wir froren, und obendrein begann es zu nieseln. Ich verfluchte den ›Helden der Sowjetunion‹. Als er aber auf dem roten Läufer an uns vorbeikam und mir seine Hand gab, war ich doch stolz und hätte meine am liebsten nicht mehr gewaschen. So eine Ehrfurcht hatte ich noch nie gefühlt. So ist es mit dem ›Heldentum‹.

Die Mauer

Am 13. August 1961 wurde ich am frühen Morgen von meiner Pflegemutter geweckt.

»Kind, steh auf und fahr mit Reni ins Heim, die Grenzen werden zugemacht!«

Wir hatten bei einer Verwandten meiner Pflegemutter übernachtet, um den Geburtstag der Tante zu feiern. Reni, die Tochter der Tante, packte einige Sachen, nahm mich an der Hand und zog mich durch die Straßen zur S-Bahn. Überall sah ich viele Menschen, auf dem Bahnhof standen Polizeibeamte. Die Polizisten hielten uns an.

»Wo wollt ihr hin?«

»Die Kleine ist aus einem Heim in Ost-Berlin«, sagte Reni. Sie ließen uns gehen. Reni erklärte mir, ab welchem Bahnhof ich allein weiterfahren mußte. Ich bekam Angst, daß ich mich verfahren könnte, und fing an zu weinen. Reni fand eine Frau im Zug, die bis Schöneweide fuhr und sich bereit erklärte, mich zu begleiten. Im Abteil redeten die Leute aufgeregt durcheinander, es fiel immer das Wort ›Mauer‹.

Ich verstand nicht, um was es ging, ich wollte nur schnell ins Heim zurück. Reni verabschiedete sich, die alte Dame versuchte, mich zu trösten. Dabei bemerkte ich, daß sie nur wissen wollte, weshalb ich im Heim war. Gespannt sahen nun die Leute im Abteil auf mich, für einen Moment schien ich wichtiger zu sein als die Mauer. Als sie jedoch merkten, daß ich nicht antwortete, redeten sie weiter. Ich schämte mich schrecklich, wenn mich Leute so mitleidig ansahen, und hätte mir lieber die Zunge abgebissen, als den Fremden eine Antwort zu geben. Die Alte tätschelte meine Wangen und sagte:

»Armes Kindchen, Zeiten sind das! Wo soll das nur alles hinführen!«

Ich war erleichtert, als wir in den Bahnhof Schöneweide einfuhren, und verließ schnell den Zug.

Im Heim herrschte die gleiche Aufregung wie auf den Straßen. Die Erzieherinnen sahen verheult aus, größere Kinder mußten auf uns aufpassen. In den folgenden Tagen trafen viele neue Kinder ein. Eines Nachts wachte ich auf und hörte in der Dunkelheit ein Mädchen weinen. Leise stand ich auf und ging zu ihr ans Bett. Ich streichelte sie und redete tröstend auf sie ein. Ihre Eltern waren übers Dach nach West-Berlin abgehauen, als sie in der Schule war. Durch lustige Geschichten aus dem Heim versuchte ich sie aufzuheitern, sie beruhigte sich ein bißchen und schlief ein. Ich ging in mein Bett zurück und überlegte, was es so für Eltern gab, die ihre Kinder einfach im Stich ließen. Die Neuen kamen aus Familien, sie erzählten von Mutter und Vater, das fand ich interessant.

Ein Mädchen hatte ein Kofferradio, damit hörten wir den Suchdienst vom Deutschen Roten Kreuz. Ein anderes Mädchen hielt Wache an der Tür und warnte uns, wenn ein Erzieher kam. Dicht zusammengedrängt hockten wir um das kleine Radio und versuchten, trotz der schnarrenden Töne etwas zu verstehen. Aber wir lauschten vergeblich, denn es wurden nur Kinder gesucht, die während des Krieges verlorengegangen waren. Trotzdem hoffte jede, ihren Namen zu hören; auch ich glaubte, daß mich meine Mutter suchen ließ. Ich galt zwar als Waisenkind, wußte aber, daß meine Mutter lebte. Deswegen konnte ich nicht adoptiert werden und hatte nur Pflegeeltern. Mein Bruder sagte es mir einmal; woher er es hatte, wußte ich leider nicht mehr.

Bis 1961 waren im Heim Kinder, die ihre Eltern im Krieg oder auf der Flucht verloren hatten, also wirkliche Waisen, und außerdem Flüchtlingskinder vom Volksaufstand 1953. Danach füllten sich die Gruppen mit Kindern, deren Eltern in den Westen gegangen waren und sie einfach zurückgelassen hatten. In meiner Gruppe und der gesamten Klasse kannte kaum ein Kind seine Eltern.

Tina, die Neue, die nachts weinte, war sehr nett. Erst wollte sie ohne ihre Eltern nicht mehr leben, das machte mich sehr traurig. So schlimm fand ich es im Heim gar nicht. Oft saßen wir zusammen und redeten miteinander über ihre Familie. Dabei sah sie so glücklich und traurig zugleich aus, sie liebte ihre Eltern sehr. Aber ob es sich umgekehrt genauso verhielt, bezweifelte ich. Hätten sie sonst Tina verlassen? Meine Gedanken behielt ich für mich. Wenn ich Tina beim Erzählen zuhörte, wünschte ich mir auch ein richtiges Zuhause mit Vater und Mutter. Weil ich nicht wollte, daß sie länger traurig war, machte ich ihr den Vorschlag, zusammen mit ihr zu ihrem Bruder zu fahren.

Er war schon erwachsen und wohnte in der Gleimstraße, im letzten Hauseingang direkt an der Mauer. Hier sah ich die Schicksalsmauer, von der ich so viel gehört hatte, zum ersten Mal richtig. Sie trennte Berlin in zwei Stadtteile und damit ganze Familien, Freunde und Bekannte und auch Kinder von ihren Eltern. Weshalb und warum, ich wußte es nicht.

In der Schule bemühten sich die Lehrer, auf unsere Fragen eine Antwort zu finden. Sie erzählten immer wieder, daß sich im Westen alte Nazis versteckt hielten und daß die Menschen dort Feinde unseres Landes seien. Die Kapitalisten wollten uns nur ausbeuten und uns alles wegnehmen. Wir Zehnjährigen glaubten daran.

Die Mauer war noch nicht sehr hoch. Sie trennte einfach die Straße und zog sich durch einen Park mit einem Spielplatz. Wir gingen oft zum Schaukeln dorthin. So weit ich sehen konnte, nahm die Mauer auch hier kein Ende.

Ich sagte gerade zu Tina: »Paß mal auf, deine Eltern werden dich bestimmt rüberholen«, als es plötzlich einen lauten Knall gab und sich stark beißender Rauch bildete. Wir sahen, wie Männer auf einen Baum kletterten und sich von den Ästen, die über die Mauer hingen, in den Westteil fallen ließen. Der Lärm wurde schlimmer, ebenso der Rauch. Ich dachte: Jetzt ist Krieg!

So schnell wir konnten, rannten wir zur Wohnung des Bruders. Auf der Straße begegneten uns Lastwagen, vollbesetzt mit Soldaten. Leute, die vorher noch friedlich an der Mauer gestanden und sich Grüße zugerufen oder mit Taschentüchern gewinkt hatten, liefen wie gehetzt davon. Dabei schrien oder heulten sie, jeder versuchte, sich in einen Hauseingang zu retten.

Ich zitterte am ganzen Körper und weinte vor Angst. Von Haustür zu Haustür rannten wir längs der Mauer, wir wollten uns bei Tinas Bruder in Sicherheit bringen. Mir liefen die Tränen, ich konnte fast nichts mehr sehen. Im Treppenhaus kam uns der Bruder entgegen.

»Wo seid ihr gewesen?« fragte er besorgt und erregt. Unter Tränen erzählten wir, was auf der Straße los war.

Er schob uns in die Wohnung. An der Tür hielt ihn seine Frau mit den Worten zurück:

»Bist du verrückt, geh nicht runter, die nehmen dich doch gleich mit.«

Der Krach ließ nach, wir beruhigten uns und hörten, wie der Bruder mit dem Nachbarn auf der Treppe darüber sprach, daß Leute von drüben Tränengas geschossen hätten, um den Ost-Berlinern das Abhauen zu erleichtern.

Als ich im Heim davon erzählte, fanden es die Mädchen aufregend und spannend.

Die nächsten Wochen durfte allerdings kein Kind das Heim verlassen. Der Wald war wegen der Grenznähe mit Soldaten besetzt. Regelmäßig versorgten sie sich im Heim mit Wasser, das sie in riesigen Kübelwagen holten. Am Heimtor hielten ältere Schüler in FDJ-Kleidung Wache. Ohne Kontrolle kam keiner herein und schon gar nicht hinaus. Die Begründung lautete: In dieser schweren Zeit ist unser Land in Gefahr, der Feind ist überall. Unser Spruch bei der Aufnahme in die Pionierorganisation, ›Immer bereit‹, fand in diesen Tagen seine Anwendung. Wir waren ›immer bereit‹ für unseren Staat. Wachsamkeit war nun das höchste Gebot, jeder fremde Besucher konnte ein Feind sein.

Der Rias-Sender im Radio war plötzlich ein ›Hetzsender‹ und genauso streng verboten wie der ›Groschenroman‹. Daß uns der Westen über das Fernsehen keinen ›Schaden‹ zufügen konnte, verdankten wir dem schlauen Einfall eines Erziehers. Er überklebte am Gerät den Umschaltknopf mit Heftpflaster, und die Antenne verschwand.

Tina veränderte sich von Tag zu Tag. Meistens lag sie weinend auf ihrem Bett. Weder durch tröstende Worte noch durch Faxen konnte ich ihr helfen. Vergeblich wartete sie auf ein Lebenszeichen ihrer Eltern. Kein Brief, keine Karte; auch ihr Bruder wußte nichts Neues über ihren Verbleib.

»Ich will zu meiner Mami«, seufzte sie oft unter Tränen. Über Tinas Kummer sprach ich mit der Erzieherin, aber sie sagte nur:

»Wenn Tina lange genug hier ist, wird sie sich schon einleben.«

Das hörte sich nicht gerade ermutigend an, und ich schloß daraus, daß Tina wohl noch lange Zeit im Heim bleiben mußte. Ich sagte ihr lieber nichts davon. Tina lebte sich nicht ein.

Einmal kam ich dazu, wie sie sich einen Strumpf um den Hals band.

»Tina, was machst du da?« schrie ich.

Meine Bemühungen, ihr den Strumpf abzunehmen, wehrte sie mit aller Kraft ab. Wie eine Wahnsinnige rief ich um Hilfe. Mädchen, die ins Zimmer stürzten, holten sofort die Erzieherin. Mit Gewalt hielten wir Tina fest und entfernten den Strumpf.

Sie kam ins Krankenhaus. Lange, bis in die Nacht hinein, dachte ich an Tina und was wohl mit ihr werden würde.

Tina kam nie mehr ins Heim zurück.

Stubenappell

Zur Einhaltung vn Sauberkeit und Ordnung machte der Hausleiter mit den Pionieren vom Dienst Haus- und Gruppenkontrollen. Das heißt, wir hatten ›Appell‹, jeden Freitag. Zehn bis sechzehn Mädchen standen in einer Reihe, kerzengerade ausgerichtet, auf dem Flur. Wenn der Hausleiter mit den Pionieren vom Dienst am Flureingang erschien, rief unser Pionier vom Dienst:

»Achtung, stillgestanden!« Und zum Hausleiter gewandt:

»Die Gruppe ist bis auf einen vollzählig angetreten. Ein Mädchen liegt auf der Krankenstation.«

»Danke, rührt euch!«

Dann kontrollierten sie die Räume und Schränke. Wir wagten kaum zu flüstern. Bis der Rundgang zu Ende war, standen wir still in der Reihe. Gab es Mängel, zum Beispiel Staub unter einem Bett, hieß es:

»In einer halben Stunde kommen wir wieder, bis dahin ist der Dreck weg!«

Die Schuldige hatte nichts zu lachen, ein Schwall von Beschimpfungen brach über sie herein. Anschließend redete keine mehr ein Wort mit ihr. Diese sogenannte ›Kollektivstrafe‹ verfehlte ihre Wirkung in der Erziehung nicht. Bis die Gruppe ›abgenommen‹ wurde, durfte kein Mädchen in den Ausgang, also nach Hause fahren.

Wir verrichteten die Ämter ziemlich gründlich, niemand wollte an den Verboten Schuld haben. Lag die Verschiebung des Wochenendausgangs an einem unordentlichen Schrank, leerte ihn der Pionier vom Dienst mit einer Armbewegung aus. Obwohl die ›Schuldige‹ ihn wieder in Ordnung brachte, begann die Strafe nach dem zweiten Durchgang. Die Sachen wurden immer und immer wieder ausgeräumt, bis das Mädchen weinend zusammenbrach. In ihrer Verzweiflung fand sie weder Trost noch Schutz bei den anderen. Von solchen Strafen blieb ich verschont, da ich den Tagesablauf seit acht Jahren kannte.

Herbstferien

Wir nannten sie nur Kartoffelferien. In Einheitskleidung fuhren wir mit dem Zug in ein Dorf in der DDR oder in die ›Zone‹, wie man sie unter sich nannte. Unsere Unterkunft war meistens der Tanzraum einer Kneipe, der mit Matratzen ausgelegt wurde. Nachts bibberte ich vor Kälte, obwohl wir in den Sachen schliefen. Der eiserne Ofen hielt die Wärme genauso wenig wie die dünne, kratzige Wolldecke. Herbstlicher Nebel und feiner Nieselregen hinderten uns nicht daran, sehr zeitig auf dem Acker zu sein. Es machte mir nichts aus, mit den Händen die Kartoffeln aus dem Matsch zu klauben und die schweren Kiepen zur Sammelstelle zu schleppen. Dort wurden sie gewogen, und wir erhielten Marken, für die es später Geld gab. Aber die Kälte und die nassen Klamotten, die nie richtig trockneten, bewirkten, daß ich mich vor den Herbstferien fürchtete.

Für einige Erzieher war es eine besondere Freude, wenn sie uns zur Arbeit erziehen konnten. Denn immerhin lebten wir von den Geldern des Staates, wie sie es ausdrückten. Sie starteten einen Wettbewerb, um uns zur Arbeit anzuspornen.

»Wer die meisten Kiepen sammelt, wird Kartoffelkönig.«

Dreckig und frierend krochen wir Stunde um Stunde übers Feld. Erreichte unsere Stimmung so ziemlich den Nullpunkt, stimmten die Erzieher ein Lied an: »Heut ist ein wunderschöner Tag, die Sonne lacht uns so hell.«

Nach den Ferien bekam ich schreckliche Schmerzen in den Kniegelenken und konnte kaum gehen. Ich wurde auf die Krankenstation gebracht, mußte viele Untersuchungen über mich ergehen lassen und bekam Medikamente und Kurzwelle. Danach brauchte ich nie mehr zum Kartoffeleinsatz zu fahren.

Eifersucht

Wieder einmal bekamen wir eine Neue. Der Hausleiter stellte sie uns bei einem Appell vor.

Paula, dreizehn Jahre alt, wirkte sehr selbstbewußt und nicht so schüchtern wie die meisten, wenn sie zum ersten Mal ins Heim kamen. Sie hatte braune Augen und lockiges Haar. Wie immer, wenn eine Neue kam, umringten wir sie, und sie mußte erzählen, weshalb man sie ins Heim gebracht hatte. Ihre Mutter war gestorben, der Vater mußte arbeiten. Niemand konnte sich um die vier Kinder kümmern.

Ich betrachtete sie beim Erzählen, fand, daß sie recht hübsch war, und ahnte nicht, daß ich mit einmal ein ganz schlimmes Erlebnis haben würde.

Paula bekam oft Besuch von ihrem Vater und seiner Freundin. Sie haßte diese Frau, was keiner verstand. Uns beeindruckte sie durch ihre Erscheinung, sie war groß und langhaarig. Bald bemerkte ich, daß sie großes Interesse an Silke, einem Mädchen aus meinem Zimmer, hatte. Silke lebte so lange wie ich im Heim, sie kannte ihre Eltern auch nicht. Bald zeigte sie ebenfalls große Zuneigung zu dieser Frau. Es kam soweit, daß der Vater Paula besuchte und die Frau Silke. Nun steigerte sich Paulas Haß gegenüber ihrer zukünftigen Stiefmutter noch mehr.

Wir bewunderten diese schöne Frau. Bei Spaziergängen durch den Wald begleiteten wir sie und Silke. Jede von uns versuchte, mit der Frau ins Gespräch zu kommen, nur Paula nicht, sie lief immer ganz hinten.

Plötzlich flog der Frau ein Stein an den Kopf. Sie drehte sich lachend um, ließ sich den Schmerz nicht anmerken und rief:

»Paula, komm nach vorn, wir können uns dann besser unterhalten.«

Paula rannte zu ihr und trat ihr kräftig in den Hintern. Sofort drehte sich die Frau um, da spuckte ihr Paula ins Gesicht und beschimpfte sie mit Nutte, Hure und olle blöde Sau. Noch nie hatte ich die Wörter Hure und Nutte gehört, geschweige denn ihre Bedeutung kennengelernt. Ich merkte nur an Paulas Vater, wie schlimm sie waren, denn er gab ihr eine Ohrfeige, worauf sie weglief. Betreten setzten wir den Spaziergang fort, bald war von diesem Zwischenfall keine Rede mehr. Aber es bildeten sich zwei Gruppen. Der eine Teil verstand Paula, der Rest der Mädchen Silke.

Silke tat mir genauso leid wie Paula, weil sie nie eine Mutter gehabt hatte. Paula hatte jetzt zwar eine neue Mutter, aber sie gab ihr die Schuld für ihren Heimaufenthalt. Daß die Stiefmutter sich nun auch noch einem fremden Mädchen zuwandte, machte bei Paula das Maß voll. Jeden Tag verprügelte sie Silke, zog sie an den Haaren, zerriß ihre Sachen und räumte ihr den Schrank aus. Dabei half die Clique von Paula kräftig mit.

Da ich Silke beistand, ließ sich Paula etwas ganz Besonderes einfallen. Es war an einem Nachmittag, wir spielten im Tagesraum. Plötzlich kam Paula mit ihrer Clique in den Raum und verkündete, wir sollten uns alle wieder vertragen. So richtig wußten wir nicht, was wir davon halten sollten, waren aber doch froh darüber, denn eine Spaltung in der Gruppe hatten wir noch nie.

Sie machte den Vorschlag, Turnsachen anzuziehen. Sie wollte uns dann zum Sport im Wald abholen. Wir waren begeistert und zogen uns um. Nach und nach holte sie jedes Mädchen einzeln. Da die Mädchen nicht zurückkamen, dachte ich, es sei alles in Ordnung. Paula fragte noch, ob ich den Schlüpfer unter der Turnhose ausgezogen hätte. Ich sagte: »Nein!« Sie verlangte, daß ich ihn ausziehe, aber das wollte ich nicht.

»Nun hab dich nicht so albern«, erwiderte sie und zeigte mir, daß sie auch keinen unter ihrer Turnhose trug. Da ich mich nicht zanken wollte, zog ich den Schlüpfer widerwillig aus.

Im Wald hatten die Mädchen eine Decke hingelegt. Wir machten erst gemeinsame Bodenübungen, dann sagte Paula zu mir:

»Leg dich allein auf die Decke.«

Da mich alle Mädchen gespannt ansahen, ahnte ich nichts Gutes und fragte, was das werden solle. Paula legte sich auf die Decke und zeigte mir eine Brücke. Ich konnte auch im Sport keine Brücke aus dem Stand und weigerte mich.

»Hab dich nicht so, es wird schon gehen!«

Also legte ich mich hin und versuchte eine Brücke. Plötzlich stürzten sich alle Mädchen auf mich und versuchten, mir die Turnhose auszuziehen. Ich schrie und wehrte mich verzweifelt. Es war damals die Zeit, in der ich mich am meisten schämte. Mit meinen elf Jahren war ich groß und ziemlich weit entwickelt. In meiner Altersgruppe hatte noch kein Mädchen eine Brust oder Schamhaare. Durch meine Wut und Angst hatte ich mehr Kraft, als sie dachten. Da sah ich, wie hinter den Bäumen und aus den Büschen Jungs hervorkamen. In diesem Moment wußte ich, daß Paula alles so organisiert hatte. Die Jungs kamen johlend näher. Ich verspürte eine ungeheure Stärke in mir und schlug, kratzte, biß und spuckte. Die Turnhose hatten sie mir längst ausgezogen, da kam ich frei. Ich wußte, daß sie mir das Hemd ausziehen wollten, um mich nackt den Jungs zu zeigen. Ich sprang auf und schlug mit meiner ganzen Kraft Paula die Faust ins Gesicht. So weit es ging, zog ich das Unterhemd herunter, rannte wie eine Wahnsinnige los. Bis zum Haus lief ich durch die Büsche, dann schaute ich mich um, es war kein Kind auf dem Weg. Schnell erreichte ich den ersten Hauseingang. Nun mußte ich noch durch sämtliche Flure, um in meine Gruppe zu gelangen, die sich in der ersten Etage befand. Ich fror und zitterte vor Angst, von einem Kind gesehen zu werden, denn dann würde es am nächsten Tag das ganze Heim wissen. Ohne daß mir jemand begegnete, kam ich in meine Gruppe, lief ins Schlafzimmer, verkroch mich weinend unter meiner Decke und schwor mir, Rache zu nehmen, wenn ich älter sein würde.

Danach hatte ich öfter Alpträume – ich stand nackt im Wald, und wenn ich wegrennen wollte, kam ich nicht von der Stelle.

Ich brauchte aber gar nicht so lange auf meine Rache zu warten. Paula verknallte sich in meinen Bruder und wurde plötzlich nett zu mir. Ich sollte ihn ausfragen, wie er sie fände. Ich hatte meinem Bruder schon oft von Mädchen aus meiner Gruppe erzählt; wenn ich sie nicht leiden konnte, schilderte ich sie natürlich entsprechend. So erzählte ich ihm jetzt von Paula, wie bescheuert sie sei, und schwärmte gleichzeitig von einer anderen.

Mein Bruder und ich verstanden uns sehr gut, manchmal balgten wir uns auch in aller Freundschaft. Ich konnte sogar so weit gehen, ihn zu schlagen; er war zwar älter als ich und natürlich kräftiger, aber kleiner. Er hat sich nie gewehrt, er hatte mich zu lieb, das spürte ich. Außerdem gab es im Heim eine große Auswahl von Mädchen, und sich mit mir wegen einer zu streiten, dazu hatte er keine Lust. Wenn sich Paula nun aus Liebeskummer bei mir ausheulte, hatte ich meine Genugtuung.

Sie litt sehr unter der Nichtachtung meines Bruders und noch mehr, als er mit Uschi ging. Sie ließ dann ihre Eifersucht an Uschi aus, aber das war mir egal.

Schulalltag

Ich ging nicht gern zur Schule. Ich fühlte mich dort irgendwie eingesperrt. Meine Leistungen waren weder gut noch schlecht. Wie es mir gerade Spaß machte, lernte ich mal mehr oder mal weniger. Während des Unterrichts schaute ich lieber aus dem Fenster als auf die Tafel. Draußen sah ich die Kiefern mit ihren grünen Zweigen. Es gab Tage, an denen leuchtete der Himmels besonders blau. Das waren die Momente, in denen ich froh war, zu leben, und mir wünschte, es möge jeden Tag so einen blauen Himmel geben. Ich saß da, schaute aus dem Fenster und träumte von meiner Mutter. In solchen Augenblicken habe ich ihr verziehen, daß sie uns verlassen hatte. Meistens wurde meine Träumerei durch das Klingeln der Pausenglocke oder durch die Stimme des Lehrers unterbrochen. Entweder bekam ich eine Fünf – dann stand ich da, alle Schüler sahen mich an, und mit rotem Kopf lief ich aus der Klasse –, oder ich verblüffte den Lehrer doch mit einer passenden Antwort.

Ich wurde schnell rot, und die anderen hatten immer etwas zu lachen. Dann verließ ich einfach die Schule, holte meine Rollschuhe, die ich schon vorher in der Nähe versteckt hatte, und lief damit vor der Schule herum. Das ging so lange gut, bis ich eines Tages zum Direktor gerufen wurde. Er hielt mir hinsichtlich meiner Zukunft eine Standpauke und betonte, wie wichtig der Schulabschluß sei. Zur Strafe mußte ich Mathe-Aufgaben erledigen, die ich sehr haßte. Nur deswegen verließ ich nie wieder vorzeitig die Schule – nicht etwa, weil ich eingesehen hatte, daß ein guter Abschluß wichtig ist!

Rache ist süß

Tanja hatte einen Zwillingsbruder, aber sie sahen sich überhaupt nicht ähnlich. Irgendwie hatte die Natur bei den beiden etwas falsch gemacht. Sie hatte das Gesicht eines Jungen und er das eines Mädchens. Wilhelm Pieck, der erste Präsident der DDR, übernahm für jedes Zwillingspärchen die Patenschaft. Darauf war sie mächtig stolz, aber geholfen hat es ihr auch nichts. Denn als ihre Mutter starb, kam sie trotzdem ins Heim. Und hier ließ sich der berühmte Patenonkel auch nie blicken. Dafür strebte sie alle Posten in der Pionierorganisation an, die man nur kriegen konnte. Bald war sie Gruppenratsvorsitzende und der Liebling der Erzieher. Sie versuchte, die Erzieher in allem nachzuäffen. Wenn einer von ihnen einmal fehlte oder später kam, kommandierte sie uns herum, aber dafür beschimpften wir sie mit Wörtern wie: Anschmierer, Anscheißer oder Streber. Da ich mir von ihr gar nichts sagen ließ, rächte sie sich einmal beim Abendbrot.

Der Hausleiter hielt nach dem Essen eine Rede. Im Saal war es mucksmäuschenstill. Jede Gruppe saß an einer langen Tafel, so hatte der Erzieher alle Kinder gut im Blick. Hätte man auch nur ein Wort geflüstert, wäre man aus dem Saal geflogen. Das war schon sehr peinlich, wenn dreihundert Kinder einem hinterherstarrten.

Plötzlich sah ich, wie Tanja einem Mädchen etwas ins Ohr flüsterte. Das ging durch die ganze Reihe wie ›Stille Post‹, und am Ende sahen mich alle Kinder an. Ich spürte, wie ich dunkelrot wurde. Keiner sah weg; ich wußte nicht mehr, was ich machen sollte, es war eine Folter ohne Worte und Schmerz.

Ich mußte etwas tun, aber was? Mein Blick fiel auf die Stullen und die Margarine. Da kam mir eine Idee, wie ein Blitz schoß mir der Gedanke durch den Kopf. Langsam, ganz ruhig beschmierte ich eine Stulle dick mit dem Fett und stand auf. Nun schauten alle Kinder auf mich, staunend, daß ich es wagte, die Rede des Hausleiters zu unterbrechen. Aber nun war mir alles egal, noch röter als eine Tomate konnte ich nicht mehr werden. Ich schritt durch die Reihen auf Tanja zu, die mich verständnislos ansah. Mit der linken Hand griff ich in ihren Nakken und drückte ihr mit der rechten die Stulle so lange ins Gesicht, bis sich die Nase durch das Brot bohrte. Dann ging ich auf meinen Platz zurück. Kein Mädchen sah mehr zu mir, alle schauten Tanja an und lachten schallend. Der Hausleiter sagte kein Wort. Er wartete, bis es wieder still war, und setzte seinen Vortrag fort, als sei nichts geschehen.

Wir zogen die Köpfe ein, denn wir wußten, die Strafe würden wir von unserer Erzieherin bekommen, und das war schlimmer. Aber ich war zufrieden.

Der Chorleiter

Ich kann mich nicht mehr genau erinnern, wie viele Erzieher und Lehrer ich insgesamt hatte. Eines Tages kam wieder eine neue Erzieherin, Frau Ratzi, eine ehemalige Opernsängerin. Sie war einmal adlig, erzählte sie uns, und eigentlich hieß sie Susanna von Pukliz. Wir fanden sie nett, sie kam gut mit uns aus. Warum sie keine Opernsängerin mehr sein wollte, erzählte sie uns nicht, aber abends sang sie uns im Schlafraum wunderschöne Lieder vor. Sie hatte eine herrliche Stimme, wir konnten nicht genug davon hören. Bald darauf kam ihr Mann ins Heim und gründete einen Chor. Zuerst waren wir alle begeistert, aber dann wollte er wohl Opernsänger aus uns machen, und das gefiel uns nicht. Stundenlang mußten wir denselben Ton singen. Viel lieber hätten wir draußen gespielt, doch seine Frau zwang uns, in den Chor zu gehen.

Nicht allen machte das Singen Spaß, und schon gar nicht mir, ich war total unbegabt und hatte in Musik eine Vier. Herrn Ratzi schien meine Stimme zu gefallen, und er sagte: »Ursula, komm nach vorn.«

Dann sollte ich einen hohen Ton nachsingen. Erst fing die letzte Reihe an zu lachen, dann lachten alle Mädchen. Ich kam mir so albern vor, daß ich mitlachen mußte. Plötzlich riß Herr Ratzi an meinen Haaren, zog meinen Kopf nach hinten und brüllte mir ins Gesicht:

»Wenn du meine Tochter wärst, würde ich deinen Kopf an die Wand klatschen.«

Mir traten vor Wut und Schmerz Tränen in die Augen, aber ich heulte nicht los, sondern rief laut:

»Gott sei Dank bin ich nicht Ihre Tochter!«

Ein anderes Mädchen schrie er an:

»Bilde dir bloß nicht ein, weil du schon ein paar Titten hast, daß du hier machen kannst, was du willst!«

Die Mädchen lachten nicht mehr, sie standen alle auf, und gemeinsam gingen wir aus dem Zimmer.

Wir wollten aus dem Chor austreten, aber Frau Ratzi ließ das nicht zu. Sie hoffte, mit Hilfe ihres Mannes einen berühmten Chor auf die Beine zu stellen. Doch Herr Ratzi benahm sich immer unmöglicher. Wenn ein Ton nicht stimmte, brüllte und spuckte er über den Flügel.

Unser erster und letzter Auftritt war am ›Tag des Lehrers‹. Wir sollten auf der Freilichtbühne vor der gesamten Schule unsere einzigartige Leistung zeigen. Jetzt rächten wir uns. Herr Ratzi stand vor uns und gab den Ton an, wir begannen zu singen. Nach der ersten Strophe sangen wir nochmals die erste, und das wiederholten wir immer und immer wieder. Ich stand in der letzten Reihe und lachte. Herr Ratzi dirigierte wie ein Verrückter. Beim vierten Mal lachten alle Schüler, natürlich nicht die Lehrer. Wir verließen lachend die Bühne, aber ohne Applaus. Wütend brüllte Herr Ratzi:

»Der Chor ist aufgelöst!«

Meine erste Ohrfeige

Frau Ratzi kündigte, und wieder kam eine neue Erzieherin, Frau Stiefel. Sie wirkte unscheinbar und recht hilflos und besaß keine Autorität. Wir machten, was wir wollten; sie besaß nicht die Kraft, sich durchzusetzen. Wenn am Abend das Licht gelöscht wurde, hieß es:

»Sie ist weg, jetzt geht's los!«

Kopfkissen flogen durch die Luft, es wurde erzählt, gelacht und gespielt und Unsinn getrieben. Ein Mädchen mußte sich freiwillig melden und rausgehen. Schnell entfernten wir ein paar Metallhaken aus der Sprungfedermatratze des Bettes, setzten eine Schüssel mit Wasser hinein, legten das Laken darüber und anschließend das Kissen ans obere Ende und die Decke ans Fußende. So wirkte das Bett ganz normal. Wir holten das Mädchen herein, dann stellten wir uns alle an die Tür, denn nun sollten wir ohne Licht in unsere Betten springen. Das Mädchen sprang auch, ahnte aber etwas und hopste nur ganz vorsichtig. Dann schrie sie:

»I, pfui!«

Wir mußten lachen, denn sie war trotzdem in der Schüssel gelandet und naß geworden.

Um 21 Uhr begann die erste Runde der Nachtwache. Gerade als der Krach am größten war, wurden wir erwischt, aber nicht von der Nachtwache, sondern vom Hausleiter selber, der seine Wohnung im Parterre unseres Hauses hatte. Er hielt sich nicht mit langen Reden auf:

»Los, raus! Alle!«

Wir mußten uns vor seinem Büro um einen Tisch stellen und so lange stehen, bis wir uns vor Müdigkeit nicht mehr auf den Beinen halten konnten. Unser Hausleiter, Herr Böhle, war sonst in Ordnung, er lebte schon immer mit seiner Familie bei uns. Mit seiner Tochter war ich befreundet. Er tat sehr viel für uns. Ihm verdankten wir unseren ersten Hausfernseher. Dafür sparten die Großen von ihren drei Mark Taschengeld monatlich. Er besaß für uns die notwendige Autorität, ohne sich dabei Mühe geben zu müssen. Er hatte immer Zeit für uns, hörte unsere Sorgen an und verstand es, kameradschaftlich mit uns über Probleme zu diskutieren.

An diesem Abend müssen wir den Bogen wohl überspannt haben. Denn kaum hatte er uns ins Bett geschickt, ging der Krach erneut los. Die Müdigkeit vom langen Stehen war wie weggeblasen. Gegen Mitternacht stellte uns die Nachtwache wieder auf den Flur – an jede Zimmertür ein Mädchen im Nachthemd und mit Hausschuhen –, da bog Herr Böhle nichtsahnend um die Flurecke. Als ich seinen Gesichtsausdruck sah, dachte ich an ein Donnerwetter, aber er tat etwas völlig anderes. Beim ersten Mädchen fing er an: Schelle. Arschtritt. »Ins Bett!« Er schritt den Flur entlang: Schelle. Arschtritt. »Ins Bett!«

Die Ohrfeige steckte ich gerade noch ein, beim Arschtritt war ich schon in meinem Zimmer verschwunden.

Am nächsten Tag erzählten wir unser nächtliches Erlebnis der neuen Erzieherin, aber sie sagte nur:

»Die Schuhspitze hätte euch im Arsch steckenbleiben müssen!«

Nach dieser Äußerung war sie bei uns unten durch. Wir befolgten ihre Anordnungen überhaupt nicht mehr, und mit der Disziplin war es endgültig vorbei, bis eine neue Erzieherin kam.

Es war die einzige Ohrfeige in meinem Leben von einem Erzieher. Wir mochten Herrn Böhle trotz der Schelle weiterhin; er tat, als sei nichts geschehen, und die alte Kameradschaft hielt bis zu seinem Weggang.

Tod

Ich war gerade zwölf Jahre alt, als ich erfuhr, wie schrecklich der Tod ist.

An besonderen Tagen führten wir mit der Laienspielgruppe kleine, selbstinszenierte Stücke auf. Unsere Geschichte handelte von einem kleinen Jungen, der aus seinem Heim wegläuft, weil er sich nicht mehr waschen will. Unterwegs trifft er die Sumpfhexe. Sie findet ihn herrlich dreckig und versucht, ihn mit allen Zaubertricks davon abzuhalten, ins Heim zurückzukehren. Ich spielte eine Blume, und mein Text lautete: »Pfui, von so einem Schmutzfink lasse ich mich nicht pflücken!«

Die Rolle des Schmutzfinken spielte Edgar, ein Waisenjunge. Er war älter als ich und der erste Junge, der mir gefiel. Wenn er lachte, hatte er statt der Augen nur noch zwei schmale Schlitze.

Für ihn war ich nur die ›Kleine‹, leider!?

Ich fand es toll, daß ich mit ihm spielen durfte, wollte aber meinen Text nicht zu ihm sagen. Deshalb flüsterte ich ihn nur. Das brachte mir ziemlichen Ärger mit der Erzieherin ein, so daß ich nur aus Angst, man würde für die Rolle der Blume ein anderes Mädchen nehmen, mich überwinden konnte, laut und deutlich zu sprechen.

Dieses Stück war der größte Erfolg, den wir bisher hatten. Durch die vielen Proben war ich oft mit Edgar zusammen. Hier und da sagte er ein paar nette Worte zu mir, beachtete mich aber sonst nicht weiter.

Wenn ich auf dem Schulhof von Jungs geärgert wurde, rannte ich zu Edgar, und er stand mir bei. Darauf war ich mächtig stolz.

An einem Sonntag ging ich nicht zum Frühstück in den Speisesaal. Mir war nicht gut, weil ich meine Tage hatte. Nach dem Frühstück kamen die Kinder verstört und weinend zurück, sie redeten aufgeregt durcheinander. Ich erfuhr das Unfaßbare. Beim Betreten des Speisesaales sahen die Mädchen ein großes Bild von Edgar auf dem Flügel, der auf der Bühne des Saales stand. Während des Essens wurde darüber getuschelt, was das für eine Bedeutung habe, als Herr Hühne den Saal betrat. Da er sonst nur selten im Saal erschien, wußten alle Schüler sofort, daß etwas Außergewöhnliches geschehen sein mußte. Er stieg auf die Bühne, stellte sich neben Edgars Bild und sprach mit seiner ruhigen Stimme über Edgar. Dann bat er um drei Minuten des Schweigens, da Edgar soeben im Krankenhaus gestorben sei.

Ich konnte diese Nachricht nicht begreifen. Jetzt fiel mir ein, daß ich ihn schon lange nicht mehr gesehen hatte. Ich wollte es nicht glauben, lief zu den Kumpels seiner Gruppe und fragte nach Edgars Freund. Er war nirgendwo zu finden. Da rannte ich zum Speisesaal und sah auf dem schwarzen Flügel Edgars Bild mit Trauerflor.

Das Gefühl der Traurigkeit, das ich schon bei Christians Unglück kennengelernt hatte, zog sich schmerzhaft durch meinen Körper. Ich stand vor dem Bild und konnte nicht weinen, denn seine Augen lachten – lachten, als wollte er meine Trauer nicht. Erst draußen im Wald, wo ich allein war, weinte ich und fühlte mit Edgars Tod ein Stück meiner Kindheit sterben.

Toro

Nach dem Krieg waren Frauen aus Überzeugung in das Kinderheim gekommen, um uns mit Liebe und Fürsorge zu helfen. Kurze Zeit erlebte ich in der ersten Klasse eine wirklich barmherzige Erzieherin.

Frau Nöte kümmerte sich besonders um einen Jungen, der als einziges Kind im Heim ein Farbiger war. Er hieß Toro. Seine Mutter, eine Deutsche, hatte ihn gleich nach der Geburt im Krankenhaus gelassen. Sie wollte das schwarze Kind nicht und flüchtete in den Westen. Infolge seiner Hautfarbe genoß er eine Sonderstellung bei den Erwachsenen. Für sie war er das niedliche Krausköpfchen. Er wurde ständig bevorzugt, und das brachte einige Kinder so in Wut, daß sie eines Tages aus ihm einen Weißen machen wollten. Sie klauten aus der Küche Mehl und bestäubten ihn damit von Kopf bis Fuß. Obwohl ich es gemein fand, mußte ich bei seinem Anblick lachen. Wäre nicht Frau Nöte rechtzeitig gekommen, wer weiß, was die Großen mit ihm noch gemacht hätten. Sie trug ihren Namen ›Nöte‹ nicht zu Unrecht.

In den späteren Jahren wechselten die Erzieher häufig. Es trafen die ersten Pädagogen mit dem Examen von den Lehrerinstituten in der Tasche ein. Die wenigsten von ihnen interessierten sich wirklich für uns. Sie wollten nur ihre ›Pflichtjahre‹ bei uns abarbeiten, wodurch sie eine Aufenthaltsgenehmigung für Berlin erhielten. Hatten sie ihre drei Jahre absolviert, verschwanden sie wieder. Wir wurden älter und die Erzieher ständig jünger. Alle unternahmen den Versuch, uns zu sozialistischen Persönlichkeiten zu erziehen, scheiterten aber an ihren eigenen menschlichen Schwächen.

Als junge Mädchen bemerkten wir jede Veränderung an unseren Erziehern. Es dauerte nicht lange, und wir wußten, welcher Lehrer mit welcher Erzieherin kramte. Mit der Zeit betrachteten wir sie nur noch als Notwendigkeit, die eben zum Heim gehörte.

Mein erster BH

Eines Tages kam Frau Otto, auch eine junge Erzieherin, zu uns. Sie hatte eine sieben Monate alte Tochter. Hin und wieder brachte sie das Kind mit zur Arbeit. Oft stand die Kleine stundenlang auf der Wiese, keine von uns konnte an dem Wagen vorbeigehen, ohne das Baby zu schaukeln oder mit ihm zu spielen. Frau Otto hatte keine Probleme mit uns. Sie achtete auf ordentliche Kleidung, was nicht einfach war. Meistens trugen wir Einheitssachen oder ausgewaschene Kleidung von den Großen. Ich machte mir nicht viel aus meiner Kleidung, am liebsten lief ich im Trainingsanzug herum, der mit seinen weiten Hosenbeinen unmöglich aussah. Ich kletterte auf Bäume, baute mit einigen Jungs Höhlen und fühlte mich dabei sehr wohl. Mit der Ankunft von Frau Otto änderte sich mein Äußeres. Ich trug helle Kleider, neue Schuhe und kam mir richtig schön vor.

Eines Tages, als Frau Otto bei uns im Gruppenraum stand, sagte sie zu mir:

»Es wird Zeit, daß du einen BH trägst.«

Mir war das vor den Mädchen peinlich, denn alle blickten

plötzlich auf meine Brust. Ich fand nichts Besonderes an ihr. Natürlich wußte ich, daß ich mehr hatte als die anderen, aber warum nun gleich einen BH?

Der Weg zur Wäschefrau schien kein Ende zu nehmen. Als ich endlich dort landete, stotterte ich herum, bis sie wußte, was ich wollte. Da grapschte sie an meine Brust, tastete sie ab und sagte:

»Für diese kleinen Dinger brauchst du keinen BH.«

Das Abtasten war mir unangenehm, aber noch mehr schämte ich mich, als sie mir trotzdem einen rosafarbenen BH in die Hand drückte.

Sie vergaß allerdings, mir zu zeigen, wie man ihn anlegte.

Mit dem Ding in der Hand rannte ich in meine Gruppe, triumphierend hielt ich es hoch und sagte:

»Seht mal, was ich hier habe.«

Staunend faßten alle Mädchen den ›Rosaroten‹ an, einige hielten ihn an ihre Brust, er war allen zu groß.

»Los, bind ihn mal um!«

Ich schlüpfte mit den Armen durch die Träger, und die Mädchen machten den Verschluß zu. Aber wie sah das aus. Der BH saß durchaus nicht dort, wo er hingehörte; ich lachte mich halb tot. Wie ein Sabberlatz hing er mir um den Hals. Wir zogen und schoben an ihm herum, bis er endlich dort saß, wo er sein sollte. Ich fühlte mich mit dem Ding wie in einer Zwangsjacke. Beim Versteckspielen rutschte er mir dann wieder über die Brust und um den Hals. Ich suchte ein Gebüsch, wo mich keiner sah, und schnallte das Ding ab, steckte es in die Tasche meines Kleides und fühlte mich sofort befreit. Später erfuhr ich, daß die Träger verstellbar waren, aber ich hatte ihn ja ohne Gebrauchsanweisung erhalten!

Frau Otto mußte nach den Sommerferien eine andere Gruppe übernehmen. Sowohl sie als auch wir waren sehr traurig, als sie uns verließ. Der Grund war die folgende Geschichte.

Gefährliche Bootsfahrt

Jedes Jahr in den Sommerferien verreisten wir. Ich kannte den Osten von Kap Arkona bis zum Fichtelgebirge. Wir schliefen in Schulen, Heimen oder in Zelten. In diesem Jahr fuhren wir nach Goldberg an den Goldberger See. Der Zeltplatz lag im Wald und war nur für Kinder aus unserem Heim. Zehn Zelte standen halbkreisförmig um einen Platz mit einer Fahnenstange, den Appellplatz.

In jedem Zelt schliefen zwanzig Kinder und ein Erzieher. Allerdings hatten die Erzieher noch ein eigenes Zelt. Auch die Küchenfrauen fuhren mit und kochten für uns in Gulaschkanonen das Essen.

Über eine alte Holztreppe, die einen Hang hinunterführte, erreichten wir den See. Ein grauhaariger Alter betrieb am Schilfufer einen Ruderbootsverleih. Wir überredeten Frau Otto, mit uns Boot zu fahren. Sie konnte einfach nicht nein sagen und mietete zwei Boote. In einem hätten wir nicht alle Platz gehabt.

Ich saß mit sieben Mädchen ohne Frau Otto im Boot. Vom Rudern hatten wir keine Ahnung, wir drehten uns nur im Kreis. Jede wollte es besser wissen, und so schrien wir wild durcheinander: »Vorwärts, Achtung, rückwärts!« Plötzlich verdunkelte sich der Himmel, aber wir achteten nicht weiter darauf, lachten und blödelten herum. Da verloren wir eine Petsche.

Frau Otto trieb mit ihrem Boot weit von uns. Wir versuchten mit den Händen zu rudern, um an die verlorengegangene Petsche heranzukommen. Ein starker Sturm mit Regen kam auf, und dann brach ein richtiges Unwetter über uns herein. Die Petsche trieb mit den Wellen davon, bis wir sie nicht mehr sahen. Nun gerieten wir in Panik. Jenny saß in unserem Boot und ihre Zwillingsschwester in dem anderen. Sie schrie und heulte aus Angst um sie. Wir versuchten, sie zu beruhigen, es nutzte jedoch nichts, sie hockte auf dem Boden des Kahns und jammerte vor sich hin. Der Winder änderte plötzlich seine Richtung und trieb die Petsche direkt auf uns zu. Erleichtert zogen wir sie an Bord und ruderten zu dem Boot mit Frau Otto. Weit hinter der

Mitte des Sees, fast schon am anderen Ufer, trafen die Boote endlich zusammen. Wir hielten sie in der Mitte fest, und die Mädchen, die dringend mußten, hängten sich mit ihrem Hinterteil über die Ränder und erleichterten sich. Trotz des Ernstes der Situation mußten wir lachen. Plötzlich waren alle wieder fröhlich. Jenny stieg zu ihrer Schwester ins Boot, und wir ließen uns alle ins Schilf treiben. Hier schien die Sonne, der Angstkrampf ließ nach, die warmen Sonnenstrahlen trockneten unsere Sachen, und wir lagen entspannt in den Booten und sonnten uns. Auf dem See und am Ufer mit dem Zeltlager tobte der Sturm weiter.

Auf einmal hörten wir Motorengeräusche – drei Boote der Wasserschutzpolizei sausten blitzschnell vorbei.

»Sie suchen uns!« rief ich begeistert.

Alle Mädchen sprangen nun auf, wir befestigten einen Schlüpfer als Fahne an einer Petsche und schwenkten ihn damit, laut um Hilfe rufend, hin und her. Da sie uns wohl nicht im Schilf vermuteten, fuhren sie ständig vorbei. Nach einer Weile gaben wir unsere Bemühungen auf. Enttäuscht legten wir uns wieder hin und sonnten uns weiter.

Am späteren Nachmittag hörte der Sturm auf, es wurde merklich kühler, wir froren und hatten Hunger. Doch über den See wollte keine zurückfahren. Wir beschlossen, daß ein Mädchen ans Ufer gehen und versuchen sollte, Hilfe zu holen. Dafür meldete sich Monika freiwillig. Ich bewunderte ihren Mut, mich hielt der Ekel vor dem Gang durch den Morast davon ab. Außerdem kannten wir die Gegend nicht. Und dann allein im Wald – ich hätte mich nie gemeldet. Mutig stieg Monika ins Wasser, ich sah sie im Schilf verschwinden. Sie war eine Freundin von mir, klein und zierlich, nicht hübsch, dafür sehr lustig. Sie ging in der Masse der Gruppe unter, fiel nie durch Streit auf und galt als sehr vernünftig, war aber kein Streber. Eine Zeitlang geschah gar nichts, nur die Suchboote fuhren nach wie vor an uns vorbei.

Plötzlich sahen wir einige Erzieher und Lehrer von uns in Faltbooten. Wir schrien uns die Kehlen heiser, aber ohne Erfolg, sie paddelten davon. In diesem Augenblick hörten wir Männerstimmen an Land. Schnell sprangen wir alle in den Morast, um ans Ufer zu gelangen. Ich konnte mich nicht überwinden, mit bloßen Füßen in den Modder zu steigen, und zog deshalb meine Lederschuhe an. Kaum hatte ich ein paar mühselige Schritte getan – die Schuhe saugten sich mit Wasser voll und wurden schwer wie Blei –, kamen die Mädchen zurück. Monika brachte vier Männer mit, die sie auf einem kleinen Campingplatz gefunden hatte. Mit schnellen, kräftigen Schlägen ruderten sie uns auf den See hinaus. Nun waren wir sichtbar für alle Boote, die Suchenden kamen uns entgegen und dirigierten uns wieder ans Ufer zurück. Wir mußten die Kähne verlassen und zur Strafe um den See durch den Wald zum Zeltplatz laufen. Uns war zum Heulen, die Sachen waren naßkalt, wir waren hungrig und froren. Meine nassen Schuhe scheuerten furchtbar. Wir versuchten uns gegenseitig aufzumuntern, aber am liebsten hätte sich jede auf die Erde fallen lassen und wäre liegengeblieben.

Todmüde erreichten wir in der Nacht das Lager, wo noch große Aufregung herrschte. Jeder wollte wissen, was passiert war. Nach der Strapaze hatte jedoch keine mehr Lust, mit jemandem darüber zu sprechen. Niedergeschlagen gingen wir ins Zelt.

Frau Otto folgte uns kurze Zeit später. Sie war ganz verheult und verkündete uns:

»Essen bekommen wir nicht mehr. Es liegt nicht an den Küchenfrauen, sondern ist eine Anordnung des Lagerleiters.«

Ohnmächtige Wut auf den Lagerleiter erfaßte uns, aber ohne die Hilfe des Erziehers konnten wir uns nicht wehren. Beim Morgenappell wurde diese Geschichte von dem ganzen Lager ausgewertet, und wir mußten uns einen Vortrag über Disziplin und den finanziellen Verlust durch die Suchaktion der Wasserschutzpolizei anhören.

Frau Otto tat uns leid, sie kam jeden Tag verheult aus dem Erzieherzelt. Wir wollten beweisen, daß wir auch anders sein konnten, und gaben uns besonders große Mühe, indem wir uns freiwillig zum Küchendienst meldeten, keinen Blödsinn mehr anstellten und den Zeltplatz so ausgestalteten, daß wir den zweiten Platz in der Bewertung erzielten. Zwischen Frau Otto und uns entstand eine Freundschaft, wie wir sie noch nie kennengelernt hatten. Bisher war der Erzieher für uns nur eine Person gewesen, vor der wir uns fürchteten oder die wir verachteten und deren Anordnungen wir unbedingt zu befolgen hatten. Wenn sie wie Halbgötter vor uns standen, wagten wir keinen Widerspruch.

Bei Frau Otto merkten wir zum ersten Mal, daß ein Erzieher auch nur ein Mensch ist und kein fehlerfreier Pädagoge. Sie erzählte uns, daß sie für den Schaden aufkommen und nach den Ferien eine jüngere Gruppe in einem anderen Haus übernehmen müsse. Wir waren sehr betroffen, denn wir fühlten uns schuldig, weil wir sie überredet hatten, mit uns Boot zu fahren.

Bis zu ihrer Versetzung hatten wir ein so tolles Verhältnis zu ihr, daß wir weinten, als sie ging. Das waren unsere ersten und letzten Tränen wegen einer Erzieherin.

Erzieher in Not

Die ›Neue‹ war eine elegante Frau Mitte Dreißig und Mutter von zwei Kindern. Ihr Mann arbeitete auch im Heim als Hausleiter. Sie erzählte uns, daß sie Jüdin war und ihre Eltern in der Kristallnacht ermordet wurden. Durch sie erfuhren wir zum ersten Mal etwas über die Bedeutung der Kristallnacht. Sie kam in ein KZ und wurde 1945 schwer krank von den Russen befreit. Stundenlang hörten wir ihr zu. Sie verstand es, interessant zu erzählen, führte uns an das politische Denken heran, ohne daß wir es als Zwang empfanden. Sie fuhr mit uns in das KZ Sachsenhausen bei Oranienburg. Dort sah ich, was ich vorher nur vom Erzählen oder aus Büchern gekannt hatte.

Es war so grauenvoll, wie Menschen von Menschen gefoltert und getötet worden waren, daß ich froh war, damals nicht gelebt zu haben. Die Bilder im Hause des KZ-Arztes gingen mir nicht mehr aus dem Kopf. Ich sah immer die Experimentiertische vor mir, die Bilder von zersägten Körperteilen, die Berge von Haaren oder Zähnen sowie die Tischlampe aus einem Totenkopf. Wir waren alle erschüttert und konnten nicht begreifen, daß ein ehemaliger Häftling dieses Lagers dort die Führung machte. Die neue Erzieherin hatte es leicht mit uns. Nach dem, was wir nun über ihre Vergangenheit wußten, stieg sie in unserer Achtung.

Im Heim galt strenges Rauchverbot. Da jedoch einige Kinder heimlich rauchten, gab es Schüler, die sich das Wohlwollen der Erzieher dadurch sicherten, daß sie am Abend durch die Schonung schlichen, die Raucher beobachteten und sie anschließend meldeten. Denen wurde dann das Taschengeld gestrichen; das war eine harte Strafe.

Einmal stand ich mit den Rauchern meines Zimmers zusammen, obwohl ich Nichtraucher war. Ich ging immer mit, es war irgendwie spannend, etwas Verbotenes zu tun. Natürlich wurden wir auch verpetzt. Doch die Raucher übten eine Art Solidarität mit mir aus und setzten sich dafür ein, daß ich mein Taschengeld wieder bekam. Sie bekannten sich zum Rauchen und bezeugten, daß ich nicht rauchte. Das war eine völlig neue Erfahrung für mich.

Unsere Erzieherin rauchte auch und wußte, daß weder Strafen noch Verbote halfen. Sie kannte die Rauchermädchen und sagte zu ihnen:

»Laßt euch nicht beim Rauchen erwischen, kommt lieber in mein Büro!«

Alle Mädchen schwärmten bald von ihr, wie toll sie war und wie gut sie uns verstand. Dann trat plötzlich eine Veränderung in ihrem Verhalten uns gegenüber ein. Wir merkten es sofort, sie wurde reizbar, verbot das Rauchen und schimpfte bei jedem kleinsten Disziplinverstoß. Die Situation wurde für uns alle unerträglich. Wir versuchten herauszufinden, was der Grund war, es gelang uns nicht. Bald machten wir, was wir wollten. Sie sagte gar nichts mehr, saß in ihrem Büro, rauchte oder heulte. Irgendwann reichte es uns. Wir hatten keinen Ansprechpartner mehr und hingen mit unseren Problemen völlig in der Luft.

Eines Tages faßten wir den Entschluß zu einer Aussprache. Sie kam mit in den Schlafraum, und den ganzen Abend hörten wir uns ihre Sorgen und Probleme an, die mit uns gar nichts zu tun hatten. Sie redete sich alles von der Seele und vergaß dabei, daß wir Kinder waren. Ihr Mann hatte ein Verhältnis mit einer Erzieherin, die jetzt ein Kind von ihm erwartete. Über das Verhältnis waren wir entrüstet und regten uns mächtig auf. Für uns sollten ja die Lehrer und Erzieher Vorbilder sein. Ich zweifelte daran, ob es von der Erzieherin richtig war, uns ihre Eheprobleme zu erzählen.

Wir wußten weder einen Rat, noch konnten wir ihr helfen. Ich begann, die Pädagogen kritischer zu betrachten und sie nicht mehr als Perfektion des Erwachsenseins zu sehen.

Ein paar Wochen später, wir saßen bei den Schularbeiten, platzte unsere Erzieherin im schwarzen Kostüm mit weißen Handschuhen in den Gruppenraum herein und rief laut lachend:

»Kinder, frei, endlich frei!«

Ich fragte, was sie mit ›frei‹ meine, und sie antwortete, immer noch lachend:

»Geschieden!«

Ich schaute sie an und überlegte, was es darüber zu lachen gab; erst war sie so unglücklich und nun so froh. Von diesem Moment an konnte ich sie nicht mehr leiden. Durch ihre fröhliche Reaktion zerstörte sie meine Vorstellung, daß das Leben außerhalb des Heimes, in einer Familie, für ein Kind das ist, was mir fehlte: Liebe, Geborgenheit, Vater und Mutter.

Ich begann zu verstehen, wie schnell es gehen konnte, daß Kinder von ihren Eltern getrennt wurden und ins Heim kamen.

Unterschied zwischen Ost und West

Regelmäßig wurden wir politisch geschult. In Gesprächen mit ehemaligen KZ-Häftlingen und Irma Thälmann, der Tochter des ermordeten Arbeiterführers Ernst Thälmann, sowie durch

Filme dieser Zeit hörten wir viel über die Vergangenheit der Arbeiterbewegung, die Verbrechen der Nazis und über die Ausbeutung in der kapitalistischen Gesellschaft. Mit Begeisterung ging ich zu den Pionierveranstaltungen, bis ich merkte, daß sich die Themen ständig wiederholten. Ich begann mich zu langweilen und drückte mich mit Ausreden vor diesen Nachmittagen. Bald waren nur noch die Streber anwesend. Unter Androhung von Disziplinarstrafen, ausgesprochen vor dem Kollektiv oder der Schule, gingen wir gezwungenermaßen wieder hin.

Einmal lockte uns die Pionierleiterin mit einer Skireise nach Oberhof, wenn wir das Abzeichen für ›gutes Wissen‹ machen würden. Wir meldeten uns alle zu dieser Reise. Daß sie mit einer Prüfung unseres politischen Wissens und Denkens zusammenhing, störte uns nicht.

Ich hatte mit meinen dreizehn Jahren schon so viele Vorträge gehört, daß ich genau wußte, was man zu sagen hatte, damit man nicht durch die Prüfung fiel. Unsere Klasse fuhr geschlossen nach Oberhof.

Schon am ersten Abend lernten wir den Unterschied zwischen Ost- und Westkindern kennen.

Wir schliefen in einem alten, verschnörkelten Holzhäuschen, zum Essen gingen wir in ein größeres Haus über den Hof. Voller Ehrfurcht blieben wir an der Tür zum Speisesaal stehen. Die Tische waren wundervoll mit weißen Decken und Servietten gedeckt. Auf den Tellern lagen seltene Früchte. Alles wirkte so festlich, daß wir uns nicht in den Saal trauten. So sahen die Tische im Heim nur zu Weihnachten aus.

Die Pionierleiterin sprach mit dem Küchenleiter, danach schickten sie uns in ein kleines Speisezimmer, da schon eher unseren alten Gewohnheiten entsprach. Wachstuchdecken, Stullenberge auf einem Teller mit den uns bekannten Leber- und Teewurstsorten.

Unbefangen, laut und fröhlich nahmen wir das Essen ein. Aber was wir gesehen hatten, vergaßen wir nicht und wollten Genaueres darüber wissen. Ich fragte die Pionierleiterin, für welche Fürsten nebenan die Tische gedeckt seien. Mit meiner

Frage brachte ich sie in Verlegenheit. Erst sagte sie, sie wisse es nicht, aber dann erzählte sie uns eine traurige Geschichte.

»Nebenan im Haus sind Kinder aus der BRD, es sind alles Kinder von Arbeitslosen. Ihre Eltern können sich aus finanziellen Gründen keinen Urlaub mit den Kindern leisten. Unser Staat hat sie eingeladen, und sie verbringen hier ihre Ferien.«

Gleichzeitig verbot sie aber jeden Kontakt mit den Kindern. Uns taten die Kinder aus der BRD leid, doch beim Anblick der Tische wurden wir jedesmal neidisch.

Als wir sahen, daß diese Kinder Schüler in unserem Alter waren, trafen wir uns heimlich mit ihnen. Ich lernte einen fünfzehnjährigen Jungen kennen. Er erzählte mir, daß auch ihnen der Kontakt mit uns untersagt sei. Wir verstanden die Welt nicht mehr!

Ausgenutzt

In der Schule saß ich neben Antje. Sie war ein ruhiges Mädchen und mir eine gute und verschwiegene Freundin. Ich brauchte keine Angst zu haben, daß sie etwas weitererzählte. Sie hatte schönes kastanienbraunes Haar, das ihr in leichten Wellen über die Schultern fiel. Das blasse Gesicht war mit vielen kleinen Sommersprossen übersät, daraus schauten ernste braune Augen. Antje lachte wenig, sie wirkte gegen meine Albernheiten richtig erwachsen. Ihre verschlossene und zurückhaltende Art sowie ihr langsamer Gang brachte ihr den Spitznamen ›Oma‹ ein.

Eltern hatte sie nicht, nur zwei Schwestern, eine in Hamburg und eine in Berlin. An den Wochenenden fuhr sie oft zu der Schwester in Berlin, die verheiratet war und zwei Kinder hatte.

Wenn Antje ein Paket aus Hamburg bekam, lag am Montag eine Tafel Schokolade auf meinem Platz unter der Schulbank.

Süßigkeiten waren im Heim eine Seltenheit. Hin und wieder bekamen wir Säcke voller Bonbons vom Zollamt, sie wurden aus Westpaketen gesammelt. Dann saßen wir stundenlang und wickelten die Dinger aus, weil das Bonbonpapier oft Tabletten enthielt.

Antje bekam plötzlich Angst vor dem Sportunterricht. Sie weigerte sich, am Stufenbarren Übungen zu machen. Man sah ihr die Angst richtig an. Ich redete ihr immer gut zu. Die Turnlehrerin zeigte kein Verständnis, sie wollte die Stunde nicht eher beenden, bis Antje die Übung gemacht hatte. Das brachte die Klasse so gegen Antje auf, daß sie noch mehr veralbert wurde. Sie litt sehr unter den Hänseleien und weinte viel. Bald standen wir allein gegen alle und sonderten uns ab. Nur zum Schlafen mußten wir uns trennen, sie lag in einem anderen Zimmer.

Wenn sie sich am Wochenende bei ihrer Schwester aufhielt, fehlte sie mir, ich kam mir dann verlassen vor und sehnte ihre Rückkehr herbei.

An einem Sonntagabend wartete ich auf Antje am Heimtor; sie kam nicht pünktlich zurück. Es dunkelte schon, ich ging in die Gruppe, setzte mich ans Fenster und schaute hinaus. Endlich sah ich sie. Ich sprang von meinem Stuhl hoch und rannte ihr entgegen. Als ich ihr um den Hals fiel, sah ich, daß sie weinte. Bei meinem Versuch, sie zu trösten, weinte sie nur noch mehr. Dann sagte sie:

»Ich muß dir etwas erzählen, was keiner erfahren darf.«

Wir gingen in die Gruppe, aber hier fanden wir keine ruhige Ecke. Überall saßen die Mädchen und erzählten vom Wochenende.

Mir fiel der Vorraum zum Büro ein, dort würde uns keiner stören. Wir nahmen uns zwei Stühle und setzten uns in eine Ecke ans Fenster. Draußen war es stockdunkel, im Raum auch. Ich schaute Antje nicht an, sie sollte sich Zeit nehmen und sich nicht bedrängt fühlen. Ich ahnte etwas ganz Böses und hatte Angst davor. Noch nie hatte ich ein Mädchen so weinen sehen. Es war ein völlig verzweifeltes Weinen, es klang wie ein leises Schreien der Seele.

In dieses Weinen hinein hörte ich den Satz:

»Ich kriege ein Kind!«

Sofort weinte ich auch. Wir saßen und weinten beide, mein Weinen klang jetzt wie Antjes.

Entsetzen und Angst überkamen mich. Was wird aus Antje? Ich hatte noch nicht einmal geküßt. Mir fielen auch keine tröstenden Worte ein. Womit sollte ich sie auch trösten?

Schließlich hörte ich mich fragen:

»In welchem Monat?«

»Im siebenten«, sagte sie.

Schon so weit? dachte ich, und keiner hatte etwas bemerkt. Daher ihre Angst beim Sport.

Nun wurde mir plötzlich so vieles an Antjes Verhalten klar. Sie wollte mir nicht sagen, wer der Vater des Kindes war. Ich überlegte, welcher Junge in Frage käme, konnte aber keinen finden, der sich um Antje bemühte. Ich bedrängte Antje mit meiner Frage, wer der Vater sei. Er hatte doch auch Schuld an ihren Tränen. Wir saßen mehr als eine Stunde zusammen, und ich hörte ihr stumm, fast wie gelähmt zu.

Wenn sie zu ihrer Schwester fuhr, freute sie sich immer sehr. Jeder im Heim schien glücklich zu sein, wenn er zu Verwandten konnte, nur ich nicht. Zu meinen Pflegeeltern ging ich schon seit zwei Jahren nicht mehr.

Eines Tages verlangte der Schwager von Antje, daß sie sich auf seinen Schoß setzen sollte. Ihre Schwester war gerade nicht zu Hause, und Antje dachte sich nichts dabei. Erst streichelte er Antje, sagte ihr nette Worte, wie schön und wie groß sie geworden sei. Sie fühlte sich durch seine Worte geschmeichelt. Als er mit seiner Hand unter ihre Bluse fuhr und ihre Brust berührte, spürte sie gleichzeitig die andere zwischen den Beinen unter ihrem Rock. Sie wollte sich wehren und weglaufen, empfand es aber auch schön, liebkost zu werden. Das Gefühl des Körperkontaktes hatte sie bisher nicht kennengelernt, weder durch eine Mutter noch durch eine Erzieherin, und plötzlich wurde sie von einem Mann geliebt. Erst wollte sie ihrer Schwester alles erzählen, aber ihr Schwager warnte sie, drohte auch, sie dürfe dann nie mehr kommen. Antje liebte ihre Schwester und hielt den Mund. Sie klammerte sich daran, daß ihr Schwager sie wirklich liebte. Die Angst vor seinen Drohungen war stärker als die Angst vor einer Schwangerschaft. So hatte sie mit dreizehn Jahren begonnen, ihrem Schwager hörig zu werden. Irgendwie fand er immer eine Gelegenheit, sie zu zwingen, ihre Liebe zu ihm zu beweisen.

Während ich zuhörte, durchliefen mich verschiedene Gefühle, vor allem Haß und Wut auf diesen Mann.

Als ich Antje fragte, ob sie wirklich glaube, daß er sie liebe, zeigte sie mir einen goldenen Verlobungsring.

»Der Ring ist ja nur ein Trick!« versuchte ich ihr klarzumachen. »Damit will er dich doch nur zum Schweigen bringen! Er kann sich nicht verloben, wenn er noch verheiratet ist, und wenn herauskommt, daß er eine Minderjährige verführt hat, blüht ihm Zuchthaus!«

»Er will mich heiraten, wenn ich achtzehn bin«, sagte sie noch, und dann weinte sie wieder. Schöne Geschenke wolle er ihr machen, wenn sie den Mund hielte. Das erste hatte sie ja schon, im Bauch! So ein Schwein, dachte ich.

Obwohl ich diesen unbekannten Mann haßte, mußte ich Antje schwören, nicht den Vater des Kindes zu verraten. Von nun an beschützte ich sie noch mehr, ich achtete auch darauf, daß sie nicht mehr nach Hause fuhr. Bald hatte Antje mit ihren Sachen Schwierigkeiten, sie konnte den Bauch nicht mehr einziehen, und das Baby strampelte schon. Ich machte mir ernsthafte Gedanken, wie wir mit dem Problem fertig werden könnten. Mir fiel keine bessere Lösung ein, als zur Fürsorge zu gehen. Nun blieb mir nichts weiter übrig, als Antje meinen Entschluß mitzuteilen. Sie weinte und hatte schreckliche Angst vor den Fragen der Fürsorgerin. Ich beteuerte noch einmal, daß ich nichts verraten würde.

Am nächsten Morgen ging ich in das Zimmer der Heimfürsorgerin.

»Ich habe keine Zeit«, fuhr sie mich an, »raus jetzt!«

Ich hatte noch kein Wort gesagt.

»Antje kriegt ein Kind!« brüllte ich ins Büro und knallte die Tür wieder zu.

»Nie hat jemand Zeit für uns, hier kann man sogar Kinder kriegen, ohne daß es einer merkt«, sagte ich zu Antje und wollte mit ihr gehen. Aber da öffnete sich die Tür.

»Was hast du gesagt?« fragte mich die Fürsorgerin.

»Ach«, schrie ich sie an, »haben Sie mich nicht verstanden?«

»Doch, doch«, sagte sie schnell. »Stimmt das, Antje?«

Antje stand von ihrem Stuhl auf. Als Frau müßte die Fürsorgerin ja einen Blick für Schwangere haben, dachte ich.

»Komm rein, Antje«, sagte sie zu ihr, und zu mir gewandt: »Du wartest draußen.«

Arme Antje, dachte ich. Als sie nach zwei Stunden noch nicht aus dem Zimmer kam, ging ich in meine Gruppe und wartete dort auf sie. Sie kam verweint zurück und beschwor mich, nichts zu verraten. Nun wurde ich befragt. Am liebsten hätte ich alles erzählt, so sehr wünschte ich eine Strafe für dieses Schwein von Mann, aber ich sagte:

»Ich weiß nichts, Antje hat mir nur von dem Kind erzählt.«

Sie packte am nächsten Tag ihre Sachen und kam nach Bad Saarow in ein Heim für werdende Mütter. Sechs Wochen später schrieb sie mir einen Brief.

Liebe Ursula!

Ich möchte Dir zuerst schreiben, daß ich eine süße Tochter geboren habe. Sie heißt Mandy, alle haben mich wegen meiner Tapferkeit bewundert. Dabei bin ich gar nich mutig, es hat ganz schön weh getan. Am liebsten hätte ich geschrien wie die anderen Frauen. Aber ich habe die Zähne zusammengebissen. Neben mir lag eine Frau, die war auch noch jung, sie schrie vor Schmerzen, und zu der sagte die Schwester: »Schrei nicht so, hättest es dir früher überlegen müssen.«

Liebe Ursula, ich hätte nie gedacht, daß Frauen so gemein sein können. Der Vater hat sich noch nicht gemeldet, aber meine Schwester läßt sich scheiden. Ursula, Du fehlst mir ganz schön. Die Kleine ist so winzig, ich traue mich kaum, sie anzufassen. Ich habe Angst, sie könnte kaputtgehen. Morgen gehe ich zum Fotografen, dann schicke ich Dir ein Foto von ihr.

Vergiß mich nicht! Deine Antje und Mandy.

Ich vergaß Antje nicht, aber abgelenkt durch ständig neue Ereignisse, schrieb ich immer seltener an sie.

Winterferien

Ina kam erst mit fünfzehn in mein Zimmer. Sie hatte einen Schwangerschaftsabbruch hinter sich und wollte nie mehr nach Hause zurück. Ihr Stiefvater hatte sie verführt.

Meine Angst vor »draußen« nahm zu. Welche Geheimnisse das Leben auch barg, ich wollte sie nicht ergründen. Ich hatte das Gefühl, daß alles, was außerhalb des Heimes geschah, nicht gut war. Ständig kamen neue Kinder ins Heim, die von ihren Eltern Schlechtes erzählten. Traurige, angstvolle Waisenkinder wurden seltener. Waren wir erst eine Gemeinschaft aus Kriegs-, Nachriegs- und Flüchtlingskindern gewesen, so mehrten sich nun die Kinder aus milieugeschädigten Elternhäusern.

Die Traurigkeit über den Verlust von Antje hatte ich überwunden. Mit Ina, Carlotta und Maike aus meinem Zimmer verstand ich mich gut. Ina sah sah zwar mit ihrer Hakennase und der gedrungenen Figur wie ein Kobold aus, aber die Jungs waren mächtig hinter ihr her. Das einzige, was mich erstaunte, war, daß sie mit völliger Offenheit über das Bumsen redete. Das konnte nur mit eigenen Erfahrungen zusammenhängen. Von den Erziehern erhielten wir keine sexuelle Aufklärung. Was wir darüber wußten, beruhte alles auf Erzählungen untereinander.

Einmal wollten wir wissen, wie das Zeug von den Jungs aussah. Ina versprach, es uns zu zeigen. Sie ging mit einem Jungen in den Keller; nach einer halben Stunde war sie wieder oben, zeigte ihre geschlossene Faust und sagte:

»Ich habe es!«

Aus irgendeinem Grund wollte ich es nun doch nicht mehr sehen und verließ das Zimmer. Carlotta sagte mir später, das es wie Klebstoff aussah, richtig eklig.

Carlotta war mit vier Jahren ins Heim gekommen, ihre Mutter war auch in den Westen abgehauen.

Mit Carlotta freundete ich mich an. In den Winterferien fuhren wir für eine Woche an den Werbellinsee. Es lag herrlicher Schnee, die Jugendherberge stand am Waldrand, an ihr vorbei führte die einzige Straße um den See und zu den Ortschaften.

Auf mich wirkte der Wald in seiner Ruhe, eingehüllt in der dicken Schneedecke, wie eine Märchenlandschaft. So schön mußte die Welt vor hundert Jahren gewesen sein, dachte ich.

Stundenlang gingen Carlotta und ich im Wald spazieren. In dieser Ruhe störte uns niemand, und wir konnten über vieles reden. Eines unserer Lieblingsthemen waren unsere Mütter. Wir stellen uns vor, wie es wäre, wenn sie sich plötzlich melden würden; auf jeden Fall wollten wir ihnen nicht verzeihen, daß sie uns im Stich gelassen hatten.

War das Heim auch unser Zuhause, so waren die Erzieher doch keine Eltern. Es war ihr Beruf, auf uns aufzupassen. Jeder Erzieher war froh, wenn der Tag ohne unangenehme Zwischenfälle verging und nichts seinen Dienstschluß verzögerte.

Wenn ich mich mit einem Mädchen stritt oder Ärger mit einer Erzieherin hatte, wünschte ich mir sehr, meine Eltern möchten kommen und mich holen. Aber das war nur ein Traum. Wie alle Kinder litt ich unter dem Gefühl nicht geliebt zu werden. Ich redete mir ein, daß meine Mutter vielleicht einen Grund gehabt hatte, mich zu verlassen. Ich wollte nicht daran denken, daß sie schlecht und das der Anlaß für mein Leben im Heim war.

Bei einem Spaziergang mit Carlotta fanden wir eine alte Laterne. Wir nahmen sie in die Mitte und gingen zur Straße, wanderten und sangen dabei das Lied: »Ich geh' mit meiner Laterne und meine Laterne mit mir.«

Lachend entfernten wir uns immer mehr von der Herberge. Ich kam plötzlich auf die Idee, die Laterne mitten auf die Straße zu stellen, um zu sehen, was passierte, wenn ein Auto kam. Wir waren aufgeregt und fanden es spannend, aber als wir den Motor eines Lastwagens hörten, machten wir uns bald vor Angst in die Hosen. Das Auto kam näher, wir konnten es schon sehen. Ich wünschte mir richtig, daß etwas passieren sollte, aber bei Carlotta siegte die Vernunft. Sie rannte zurück, griff die Laterne und sprang zur Seite. Da raste der LKW auch schon vorbei. Ich sah die Rücklicher und dachte: Noch mal Glück gehabt! Mein Blick fiel auf die Laterne, sie tat mir auf einmal leid. Sie war schon mächtig alt und verrostet, wer weiß, was sie schon alles erlebt hatte. Wenn die erzählen könnte, dachte ich. Wir beschlossen, sie in die Herberge mitzunehmen.

Schwatzend setzten wir unseren Spaziergang fort. Rechts von mir lag bis zum See ein Sumpfgelände, das nicht gerade sehr romantisch aussah. Aber zur linken Seite wurde die Straße von schneebedeckten Bergen eingesäumt. Mein Blick wanderte oben am Bergrand entlang, als ich plötzlich einen Mann entdeckte, der, sich halb versteckend, auf uns zukam. Mein Herz begann rasend zu schlagen. Ich sagte zu Carlotta:

»Sieh mal, der Mann dort oben.«

Jetzt konnten wir ihn schon besser sehen. Angst überfiel uns. Er hatte seinen Pimmel draußen und fummelte daran herum, dabei kam er immer näher. Wir wußten nicht, wohin. Geradeaus schnitt er uns den Weg ab, rechts der Sumpf, und zurück waren es fast drei Kilometer durch den Wald. Entsetzen packte mich. Obwohl ich warm angezogen war, begann ich zu frieren, wie gelähmt stand ich auf der Stelle. In meinem Kopf jagten die Gedanken wild nach einem Ausweg. Etwa einen halben Kilometer vor uns war ein Dorf. Es blieb uns nur der Weg nach vorn. Plötzlich rannte Carlotta wie eine Verrückte und schrie, mit der Hand winkend!

»Hallo, Tante Emma, so warte doch!«

Sie wollte den Eindruck erwecken, wir seien nicht allein auf der Straße. Sie hatte schon einen gewaltigen Vorsprung, aber ich war einfach nicht in der Lage, mich zu bewegen. Erst ihr Rufen löste in mir eine Reaktion aus. ich rannte ebenfalls brüllend los, schrie aber nicht Tante Emma, sondern Tante Friedel, was mir in diesem Moment gar nicht auffiel.

Als gäbe es einen lieben Gott, der uns einen Retter in der Not schickte, kam von vorn ein Erzieher der Jungengruppe. Aufgeregt und erleichtert erzählten wir, was uns eben passiert war. Doch da lachte er nur blöde und ließ uns stehen. Wir standen am Dorfeingang und wußten nicht weiter. Zurück durch den Wald wollten wir auf keinen Fall; das Waldschwein, so tauften wir den Mann, sollte uns nicht noch einmal begegnen. Als wir überlegten, was wir machen sollten, kamen die Jungs unserer Klasse vom Einkauf aus dem Dorf. Wir erzählten ihnen alles, und gemeinsam legten wir den Weg durch den Wald zurück.

Aber nun trauten wir uns nicht mehr, ausgedehnte Spaziergänge durch den Wald zu machen, wir hielten uns immer in der Nähe der Herberge auf. Die Mädchen gingen nur noch gemeinsam ins Dorf. Es mußte sich schnell herumgesprochen haben, daß Mädchen in der Herberge waren, denn ständig standen Typen mit Motorrädern vorm Haus. Dann begann das Hupen und Pfeifen nach uns. Einige Mädchen fanden es toll und gingen raus zu ihnen oder hingen an den Fenstern. Wenn wir mit den Erziehern im Wald waren, wurden wir ständig eingekreist. Ich merkte schnell, wie unsicher die Erzieher wurden, und hielt mich deshalb immer in der Mitte der Gruppe.

Um nicht irgendeinem Jungen aufzufallen, schaute ich immer gleichgültig vor mich auf die Erde.

Nach vier Tagen hatte unsere Heimleiterin die Nase voll, sie rief die Mädchengruppe zusammen, und dann erzählte sie von Antje. Sie stellte Antje als warnendes Beispiel hin. Antjes Schicksal war nicht allen bekannt und löste bei den Mädchen Erstaunen und Entsetzen aus. Viele glaubten, Antje sei für immer nach Hause gegangen oder in ein anderes Heim. Daß sie ein Kind bekommen hatte, wußte kaum jemand.

Die Worte der Heimleiterin verfehlten ihr Wirkung nicht, die Mädchen öffneten ihre Fenster nicht mehr, und keine ging mehr zu einem Jungen nach draußen.

Nur Carlotta war ein wenig sauer auf mich, weil ich ihr von Antjes Schwangerschaft nichts erzählt hatte.

Die Liebe wird probiert

Nach den Winterferien gingen bald alle Mädchen mit einem Jungen von uns. Die ersten Küsse wurden getauscht, und die Ecken der Flure waren bald voller knutschender Liebespärchen. Es brach eine richtige Knutschwelle aus. Die Erzieher versuchten dagegen anzugehen, aber sie hatten keinen Erfolg. Wenn man wollte, konnte man im Heim viele Plätze finden, ohne entdeckt zu werden. Die Kiefernschonung war genau der richtige

Treffpunkt für die ersten Zärtlichkeiten; bis hierher kam nie ein Erzieher. Und wenn doch, konnte man ihn rechtzeitig sehen und sich noch besser verstecken.

Ich gehörte nicht zu den Mädchen, die einen Freund hatten, denn von den Jungs, die übrigblieben, gefiel mir keiner, und großes Interesse an ihnen hatte ich auch noch nicht.

So hörte ich abends im Bett den mir anvertrauten Geheimnissen zu und schwor, keinem etwas zu erzählen. Es waren alles harmlose, kindliche Erlebnisse. Um so mehr störte mich das geringe Vertrauen der Erzieher zu uns. Sie zeigten kein Verständnis für die Techtelmechtel zwischen den Jungen und Mädchen. Ständig lebten wir alle in dem Gefühl, etwas Schlechtes oder Verbotenes zu tun. Die Ermahnungen und Vorhaltungen der Erzieher führten nur dazu, daß die Jungen und Mädchen noch fester zusammenhielten und die Verstecke immer raffinierter wurden.

Die Paare fanden auf den Dachböden genauso gute Verstecke wie im Keller. Dabei hielten die Freundschaften nie lange, häufig wechselten die Mädchen und Jungen untereinander, es wurde eben die Liebe probiert. Ich fand es blöd von den Erziehern, daß sie sich nur negativ zu einer Freundschaft äußerten. Entweder hieß es, wir seien noch zu jung, oder man fragte uns drohend, ob wir vielleicht auch schon als Kinder Kinder haben wollten. Für sie waren wir nur schlecht, dabei waren sie es selbst.

Niemand gab sich die Mühe, ein aufklärendes Gespräch über Sexualität mit uns zu führen. Besonders gemein verhielt sich ein Erzieher von den Jungs. Er war unser ehemaliger Pionierleiter. Weshalb er dann die Jungengruppe übernahm, wußten wir nicht.

Suppi hatte es sich zur Aufgabe gemacht, am Abend immer den Fernsehraum zu kontrollieren. Hier saßen wir gemeinsam mit den Jungs im Dunkeln und sahen Filme. Plötzlich ging dann das Licht an, und Suppi stand im Raum. Er schaute in die Runde. Wir wußten nie, ob er uns beim Händchenhalten kontrollierte oder ob er uns beim Westfernsehen ertappen wollte.

Heimlich sahen wir doch Westsendungen; einer stand

Schmiere. Es ging ruckzuck, Pflaster ab, Knopf herum und fertig. Bis ein Erzieher den Fernsehraum über den langen Flur erreichte, waren wir schon längst gewarnt. Ruckzuck Knopf anders herum, Pflaster drauf und unschuldig in den »schwarzen Kanal« gucken. Später nagelte ein Erzieher aber doch ein Brett mit Vorhängeschloß davor.

Oft langweilte ich mich beim Westfernsehen, wenn nämlich die Großen die Reden von Adenauer eingestellt hatten. Ich verstand kein Wort von dem, was er sagte.

Wenn Suppi allerdings einen Jungen beim Knutschen erwischte, dann war der Fernsehabend für uns gelaufen.

»Fernseher aus und alle in die Gruppen!« schrie er richtig hysterisch. Dabei drohte sein kleines Köpfchen vor Wut zu platzen. Obwohl wir oft fanden, daß die Jungen mehr Freiheiten hatten als wir Mädchen – zum Beispiel durften sie abends länger draußen bleiben, und Suppi machte öfter Fahrten mit ihnen nach Priros –, hätten wir in solchen Momenten doch nicht mit ihnen tauschen mögen. Sie wurden von ihren Erziehern viel mehr angeschrien als wir von unseren Erzieherinnen.

Eines Abends standen wir noch vor der Haustür und redeten mit den Jungs über belangloses Zeug und lachten. Wenn Erzieher vorbeikamen, merkten wir deutlich, daß sie sich als Anlaß für unsere Heiterkeit sahen und veralbert fühlten. Natürlich wurden sie oft von uns bewitzelt, jeder hatte seinen Spitznamen, aber nie hätten wir uns getraut, einem Erzieher gegenüber etwas in dieser Art zu sagen. Wir waren in dem Alter viel zu sehr mit uns beschäftigt, so daß uns die Erzieher nicht interessierten.

Da kam Suppi um die Ecke. Ihn störte wohl unsere gute Laune, oder er vermutete, wir lachten über ihn, jedenfalls sagte er:

»Ab, alle ins Haus.«

Wir Mädchen hörten nicht auf ihn, denn er war nicht unser Erzieher. Wir taten, als hätten wir nichts gehört, und blieben stehen. Eigentlich hatten wir jeder Anordnung zu folgen. Ermahnte uns der Erzieher aber nicht zwei- oder dreimal, wußten wir, daß nichts zu befürchten war und die Anordnung nur routinemäßig erfolgte. Die Erzieher waren vor allem bestrebt, in ihren Gruppen Ordnung zu haben. Standen die ihnen anvertrauten Kinder mit anderen zusammen, wurden diese natürlich zwangsläufig mit bemerkt, und das Verbot galt auch für sie. Verbote gingen allen Erziehern ziemlich schnell über die Lippen.

Bis auf einen gingen alle Jungs ins Haus. Suppi forderte Hans nun zum zweiten Mal auf, hineinzugehen. Aber Hans antwortete:

»Du hast mir gar nichts zu sagen!«

Erstaunte Blicke von uns und peinliches Schweigen. So kannte ich Hans nicht. Er war sonst ein ruhiger Typ und machte, im Gegensatz zu den anderen Jungen unserer Klasse, den Erziehern keine Schwierigkeiten. Wenn wir auch sonst nie die Möglichkeit hatten, uns zu wehren – den Mund ließen wir uns nicht verbieten. Die Erzieher nannten uns dann vorlaut oder frech. Aber es traute sich niemand, einen Erzieher zu duzen, da mußte Hans schon sehr wütend sein. Unter uns duzten wir alle Erzieher und hatten die schärfsten Bezeichnungen für sie. Es kam schon mal vor, daß das dem Erzieher zugetragen wurde, aber letztendlich hielten wir alle zusammen.

Ich habe ein einziges Mal, als ich sehr wütend war, unseren Klassenlehrer mit »du alter Sack« angeschrien, weil er mir mit seinen Umarmungen auf die Nerven fiel. Wenn er durch die Reihen ging, blieb er bei mir stehen, schaute in mein Heft, legte den Arm um meine Schultern und sprach mit seinem jauchigen Mundgeruch über meine Fehler. In mir stieg jedesmal Ekel hoch, und ich versuchte seinen Arm abzuschütteln. Irgendwann reichte es mir, ich konnte mich nicht mehr beherrschen und brüllte ihn an:

»Hau ab, du alter Sack!«

Das brachte mir einen Verweis vom Direktor ein, weil ich zu meiner Entschuldigung nichts sagen wollte.

Suppi wurde nun merklich nervöser. Gespannt blieben wir stehen, keiner wollte sich das Duell entgehen lassen. Hans drehte sich betont gelangweilt zu uns um, da packte Suppi ihn von hinten am Arm und sagte grob!

»Los rein!«

Hans riß sich los und antwortete in drohendem Ton:

»Faß mich nicht an, sonst kannst du was erleben!«

Suppi drehte sich um und ging, ohne ein weiteres Wort zu sagen, ins Haus. Mit dieser Wendung hatte keiner gerechnet. Wir fingen schallend an zu lachen. Hans war Schüler und einen Kopf kleiner als Suppi, und der hatte Angst vor ihm. Neugierig fragten wir Hans, weshalb Suppi Schiß vor ihm hatte.

»Ich hab' ihn in der Hand«, sagte er. »Wenn ich auspacke, dann kann er einpacken.«

Noch nie hatte ich Hans so wütend gesehen, nie wurden wir von einem Erzieher angefaßt. Suppi hatte mit seinem Griff nach Hans' Arm die Grenze überschritten, und wir konnten Hans verstehen. Wir standen noch eine Stunde draußen und hörten ihm zu.

Nicht weit von Berlin entfernt hatte unser Heim ein großes Wassergrundstück. Dort konnten übers Wochenende zwei Gruppen oder eine Klasse in einem großen Haus schlafen. Das Haus bestand aus zwei riesigen Schlafräumen mit Doppelstockbetten und einem kleineren Raum als Küche, in dem man auch essen konnte. Hinter dem Haus stand ein großer Schuppen für die Faltboote. Zum Waschen reichte die Pumpe im Garten. Kochen mußten die Erzieher, dazu sammelten wir im Wald Reisig und Kienäpfel, anders ließ sich der eiserne Ofen nicht heizen. Es war schon ein tolles Erlebnis, nach Priros zu fahren, aber oft klappte es nicht, da meist Anmeldungen von mehreren Gruppen vorlagen.

In Priros lagen wir faul in der Sonne, badeten oder paddelten mit den Booten über den See. Die Erzieher waren weniger streng und hatten mehr Zeit für uns, sie saßen mit uns auf den Betten und erzählten vor dem Schlafen einige Erlebnisse. Wir hatten dann das Gefühl, daß sie zu uns gehörten und nicht nur Erzieher waren.

Am Wochenende fuhr Suppi mit den Jungs allein nach Priros. Abends beim Waschen verlangte Suppi, die Jungs sollten einzeln herauskommen und nicht alle auf einmal.

Hans ging ahnungslos in das Waschhäuschen, das in der Zwischenzeit gebaut worden war. Er zog sich aus. Als er nackt vor dem Waschbecken stand, betrat Suppi den Raum, öffnete seine Hose, holte sein Ding heraus, und Hans mußte ihm einen runterholen. Suppi suchte sich nur bestimmte Jungen aus. Er setzte sie mit Strafandrohungen unter Druck und verging sich regelmäßig an ihnen. Als die Fahrten nach Priros seltener wurden, ging er im Heim mit unter die Dusche der Jungen. Aus Scham und Angst traute sich keiner, etwas zu sagen.

Hans war beim Erzählen ins Heulen gekommen. Es war ein Heulen vor Wut. Er tat uns schrecklich leid, und wir waren hilflos und zornig.

Was wir von ihn hörten, zerstörte den letzten Rest von Vertrauen zu den Erwachsenen in mir. Wir drängten ihn, zum Hausleiterbüro zu gehen und alles zu erzählen.

Die Hausleiterin hörte sich seinen Bericht an, danach mußte Hans die anderen fünf Jungen holen. Alle sagten dasselbe, nur hatte jeder seine eigene Version, aber geschlechtlich haben sie alle mit Suppi verkehrt.

Bis die Polizei kam, mußten die Jungs im Büro bleiben. Suppi wurde noch am gleichen Abend abgeholt.

Danach ging es in den Jungengruppen drunter und drüber. Verhöre begannen, Kommissionen kamen und gingen, das dauerte bis zur Verurteilung. Suppi wurde zu vier Jahren Bautzen (Zuchthaus) verurteilt.

Bei den Untersuchungen wurde festgestellt, daß Suppi früher Nazi gewesen war. Die Erzieher waren bemüht, alles geheimzuhalten, aber trotzdem wußten es bald alle.

Diese Erfahrungen gingen nicht spurlos an uns vorüber; Vertrauen und Achtung den Erwachsenen gegenüber schwanden immer mehr. Suppi war Pionier- und Gruppenleiter, ich kannte ihn seit meinem sechsten Lebensjahr, er selbst hatte mich in die Pionierorganisation aufgenommen. Für mich war er nicht nur ein Pädagoge, er gehörte ganz selbstverständlich zum Heim und zu meinem Leben. Seine Frau und Tochter wohnten bei uns, wir spielten oft mit der Tochter; aber danach wollte keine mehr etwas mit ihr zu tun haben. Wir mieden sie wie die Pest. Wir fragten nicht nach Schuld, unser Haß richtete sich gegen die ganze Familie, bis sie auszog.

Bei den Bäckersleuten

Eines Nachmittags wurde mir von der Erzieherin mitgeteilt, ich solle sofort zur Fürsorgerin kommen. Ich mußte ihr wohl in den Jahren sehr ans Herz gewachsen sein, denn sie redete wieder von Pflegeeltern, aber ich wollte keine Pflegeeltern mehr haben. Vielleicht machte sie sich wirklich Sorgen um meine Zukunft, aber in mir sträubte sich alles dagegen. Ich war froh, nach fast sechs Jahren mit Pflegeeltern nur wieder für mich zu sein. In den letzten Jahren hatten mich meine Pflegeeltern Wochenende für Wochenende geholt, einschließlich des Urlaubs und der Feiertage, aber ich fühlte mich dort nie zu Hause. Später bin ich nur noch mitgegangen, wenn ich eine Freundin mitnehmen durfte. In all den Jahren hatte mich meine Pflegemutter nicht ein einziges Mal in die Arme genommen oder gedrückt. Wegen einer Ruhrepidemie durften wir drei Monate das Heim nicht verlassen. Ich glaubte mich schon vergessen, aber sie kamen doch, schon von weitem sah ich sie. Ich hielt mich im Gebüsch versteckt und beobachtete, wie mich die Kinder suchten. Als mich niemad fand, gingen die Pflegeeltern wieder.

Am nächsten Wochenende zerschnitt ich mir mit einem Schieferstein meine Hand und erzählte den Pflegeeltern, daß ich nicht mitkommen könne, da ich zweimal am Tag zum Verbandwechsel müsse. Danach ließen sie es wirklich sein, mich holen zu wollen. Außerdem hatte mein Bruder bestimmt bei seiner Familie erzählt, daß ich nicht mehr dort hinmochte.

Und nun wollte mir die Fürsorgerin neue Pflegeeltern aufzwingen. Ich wehrte mich mit Worten, so gut ich konnte, aber es nützte mir gar nichts.

An einem Mittwochnachmittag holte mich die Fürsorgerin ab. Schweigend gingen wir bis zur S-Bahn Schöneweide. Sie löste zwei Fahrkarten, und wir warteten auf den Zug in Richtung Friedrichstraße. Ich war aufgeregt, denn selten fuhr ich mit der S-Bahn. Als der Zug hielt, setzte ich mich ans Fenster und schaute hinaus. Hoffentlich drängelt sie mir kein Gespräch auf, dachte ich, aber sie ließ mich in Ruhe. Mir erschien die Stadt riesengroß.

Tausend Gedanken gingen mir durch den Kopf, wie das Leben hier draußen wäre, so ohne Heim und ganz allein. Wahnsinnige Angst überkam mich, ich wollte nicht allein in dieser Stadt leben, und so hoffte ich, daß die neuen Pflegeeltern vielleicht doch ganz nett wären, denn wer suchte schon eine Dreizehnjährige als Pflegekind!

Bis zur Friedrichstraße fuhr die S-Bahn teilweise an der Grenze entlang, und ich fragte mich, ob meine Mutter wohl im Westen wäre?

Vom Bahnhof bis zur Invalidenstraße gingen wir zu Fuß; ich habe nicht ein einziges Wort mit der Fürsorgerin gesprochen. Dann hielten wir vor einem Bäckerladen, gegenüber dem Hotel Newa.

Ich glaubte, die Fürsorgerin würde für uns Kuchen kaufen, und ich freute mich schon, aber sie fragte im Laden nach einer Frau Stoll. Die Verkäuferin ging nach hinten und kam mit einer blonden, lachenden, etwas dicken Frau zurück. Ich wurde ihr vorgestellt; sofort begriff ich, daß sie die neue Pflegemutter war. Sie rief ihren Mann aus der Backstube; er hatte auch eine halbe Glatze, wie mein erster Pflegevater. Gemeinsam gingen wir in die Wohnung, die sich im Hinterhaus befand.

Der Frau gelang es nicht, ihre Aufregung zu verbergen. Sie plapperte drauflos und häufte bergeweise Torten- und Kuchenstücke auf den Kaffeetisch.

An einem so reichgedeckten Tisch hatte ich noch nie gesessen. Bei diesem Anblick dachte ich an die Mädchen im Heim und konnte nichts essen. Ich hoffte, die Bäckerin würde mir den Kuchen mitgeben. Neugierig sah ich mich im Zimmer um. Ein brauner Schrank mit einer Glasabteilung für die Sammeltassen, ein Schreibtisch vor dem Fenster, der Fernseher und die Sitzecke, dazu Fotos hinter eingerahmten Glasscheiben, es war ähnlich wie bei den anderen Pflegeeltern. Anscheinend, so stellte ich fest, hatten die Erwachsenen alle den gleichen Geschmack. In meine Gedanken hinein hörte ich plötzlich die Stimme des Bäckers:

»Na gut, dann behalten wir sie gleich hier.«

Vor Schreck trat ich der Fürsorgerin unter dem Tisch auf den Fuß. Ich dachte nicht im geringsten daran, für immer bei den Leuten zu bleiben. Die Fürsorgerin verstand meinen bittenden, ja fast flehenden Blick und sagte, ohne sich etwas anmerken zu lassen:

»Nein, nein, so einfach geht das nicht, Herr Stoll! Erst kommt sie an den Wochenenden und in den Ferien probeweise. Wenn sie sich bei ihnen wohl fühlt und bleiben möchte, können wir über alles weitere sprechen. Aber da haben Sie ja noch viel Zeit, und vor allem müssen Sie sich erst einmal richtig kennenlernen.«

Jetzt folgte meine Heimgeschichte, danach standen sie auf, und das Ehepaar zeigte uns die Wohnung.

Für mich war schon ein kleines Zimmer mit einer Liege, einem ausrangierten Wohnzimmerschrank und einer Stehlampe hergerichtet. Man hatte sich auf meinen Einzug vorbereitet. Na, wenigstens ein eigenes Zimmer, dachte ich. Als wir uns verabschiedeten, drückte Frau Stoll der Fürsorgerin ein riesiges Kuchenpaket in die Hände, und zu mir sagte sie: »Auf Wiedersehen bis zum Wochenende, wir holen dich mit dem Auto ab.«

Auf der Straße fragte ich die Fürsorgerin:

»Warum muß ausgerechnet ich dorthin? Es gibt doch noch so viele Kinder, und weshalb wollen sie ein so großes Mädchen?«

Auf einmal hatte ich viele Fragen. Sie versuchte mich zu beruhigen.

»Warte doch ab, ich hoffe das Beste für dich!«

Ich sah ein, daß es sinnlos war, darüber zu reden, und schwieg. Im Heim gab sie mir den Kuchen, und die Mädchen machten sich darüber her. Schmatzend sagten sie:

»Mensch, hast du ein Glück!«

Alle freuten sich für mich, davon wurde ich richtig angesteckt und erwartete, ebenso wie sie, mit großer Ungeduld das Wochenende.

Am Sonnabend lief ich gleich nach der Schule zum Heimtor und schaute jedem Auto hinterher, das vorbeifuhr. Mein Warten lohnte sich, nach zehn Minuten bog ein brauner Skoda in die Einfahrt, er hielt genau vor mir, und die Bäckersleute stiegen aus. Freundlich begrüßten sie mich, dann stieg ich in das Auto und winkte lächelnd den zurückbleibenden Mädchen zu.

Vorbei an vielen Gärten fuhren wir aus Berlin hinaus. Ich zweifelte an meinem Glück; außer meinem Bruder kannte ich kein Kind, das mit seinen Pflegeeltern zufrieden war. Viele, die gleich mitgenommen wurden, kamen bei den ersten Erziehungsproblemen zurück. Bei einem Kind ging es vier Wochen gut, bei dem nächsten vier Jahre. Diese Kinder hatten es besonders schwer. Heim, Zuhause und wieder Heim, wo gehörten sie hin?

Ein Junge aus meiner Klasse kam nach sechs Jahren zurück, weil die Mutter plötzlich ein eigenes Kind bekam. Total verschüchtert saß er als Muttersöhnchen unter uns und war unseren Hänseleien ausgesetzt. Später schlug sein Verhalten ins Gegenteil um; er reagierte mit Wutanfällen, wobei er alles zerschlug, was er greifen konnte, selbst vor dem Erzieher machte er nicht halt. Als sie ihn daraufhin in ein anderes Heim bringen wollten, weinte und schrie er verzweifelt, dabei versuchte er, sich an jedem Gegenstand festzuhalten. Damals verkroch ich mich hinter einer Schrankecke und sah aus meinem Versteck, wie er, am Boden liegend, das Bein des Erziehers umklammerte und dabei völlig verheult und verrotzt bettelte:

»Ich bin wieder lieb, ich bin wieder lieb! Bitte, bitte, bringt mich nicht weg!«

Sie zogen ihn erbarmungslos aus dem Gruppenraum. Sein Schreien beschäftigte mich noch tagelang, und ich hatte Angst, mir könnte das gleiche geschehen.

Das war drei Jahre her, und nun saß ich bei fremden Leuten im Auto, die meine Pflegeeltern werden sollten, was mir gar nicht gefiel.

Wir hielten vor einem großen Grundstück. Sie zeigten mir den Garten und das Haus.

»Hier verbringen wir die Wochenenden und die Ferien. Freust du dich?« fragte sie mich.

Stumm nickte ich. Sie sind bestimmt reich, dachte ich, aber als sie vor jedem Möbelstück stehen blieben und mir dazu Erklärungen gaben, woher das gute Stück stammte und welchen Zweck es erfüllte, langweilte ich mich. Angeber, richtige Angeber, dachte ich. Hatten sie mich nur geholt, um mir zu zeigen, wie gut sie lebten? Na Hilfe! Da zog ich die Weite des Waldes um unser Heim vor.

Zum Glück dauerte die Führung durch ihr Wochendmöbelhaus nicht lange. Erleichtert atmete ich auf, als wir nach Berlin zurückfuhren. In ihrer Wohnung verzog ich mich in meine vier Wände und überlegte. Irgendwie fühlte ich mich bei diesen Leuten nicht wohl. Ich verspürte den Drang, abzuhauen, weg von hier, nichts wie weg und zurück ins Heim.

Die Angst, mich zu verlaufen, siegte schließlich, denn meine Kenntnisse von Berlin reichten vom Bahnhof Schöneweide bis zum Heim. Vom Nachmittag bis zum Abend saß ich grübelnd im Zimmer, es wurde weder nach mir geschaut noch gerufen. Ob die überhaupt noch wußten, daß ich da war?

Gespannt ging ich ins Wohnzimmer. Dort saßen die braven Bäckersleute beim Abendbrot und sahen fern. Wie ein Fremder blieb ich stehen und wußte nicht, was ich machen sollte. Aus dem Schrecken in ihren Augen konnte ich sehen, daß sie durch mein plötzliches Erscheinen an eine vergessene, lästige Pflicht erinnert wurden. Wenige Sekunden später hatten sie sich in der Gewalt und baten mich freundlich zu Tisch.

Mir war alles vergangen, ich konnte den Ausdruck auf ihren Gesichtern nicht vergessen. Ich sagte »Gute Nacht« und ging ins Bett.

Allein, bei fremden Leuten, im fremden Bett kam ich mir verraten und verkauft vor. In diesem Moment schwor ich mir, wenn das hier schiefging, nie wieder Eltern haben zu wollen, weder eigene und schon gar nicht fremde.

Durch das jahrelange frühe Aufstehen im Heim wachte ich gegen halb sieben Uhr auf, die Bäckersleute schliefen noch. Leise setzte ich mich zu dem Schäferhund ins Wohnzimmer. Er sah mich mit seinen dunklen Augen ernst und abwartend an. Seit meinem neunten Lebensjahr hatte ich zu Tieren kein Verhältnis mehr, dafür sorgte eine Erzieherin.

Manuela brachte eines Tages einen kleinen Hamster mit, ein

Geschenk ihres Opas, der im Altersheim lebte, zum Geburtstag. Wie groß war die Freude bei uns, als dieser plötzlich Junge bekam. Jedem Mädchen aus unserem Zimmer schenkte sie einen. Von den Küchenfrauen ließen wir uns leere Gurkengläser geben, und neben jedem Bett stand auf einem Stuhl das Hamsterglas. Stundenlang betrachteten wir unsere kleinen Tiere und prahlten untereinander damit, welches Tier schon mehr konnte. Wenn ich mit den Augen zwinkerte, blinzelte mein Hamster zurück. Stolz führte ich es den Mächen vor. Wir liebten die Tiere sehr. Gleich nach der Schule rannten wir zuerst zu unseren Gläsern, um sie zu säubern und die Hamster zu füttern.

In einer Schulhofpause beschlossen wir, alle Hamster zusammen auf eine Decke zu setzen, um zu sehen, ob sie sich noch erkennen würden. In freudiger Erwartung stürmten wir in unseren Schlafraum, aber wo waren die Hamster? Unsere Blicke irrten durch das Zimmer, die Tiergläser waren verschwunden. Aufgeregt liefen wir zu unserer Erzieherin.

»Unsere Hamster sind geklaut worden!« schrien wir.

»Nein«, tönte es scharf aus ihrem Mund. »Ich habe sie ins Heizhaus gebracht.«

»Verbrannt?« fragte ich entsetzt. »Sie haben unsere Tiere bei lebendigem Leib verbrannt?«

Mein Herz klopfte wie wild. Bestimmt nicht, so etwas tut sie nicht, dachte ich. Aber sie antwortete nicht, sondern bückte sich und hielt ein Glas in die Höhe:

»Hier, bringt ihn weg, ich habe es nicht mehr geschafft.« Es war die Hamstermutter. Sie verlangte:

»Bis heute abend ist das Tier verschwunden«, und um unserer Heulerei ein Ende zu setzen, fügte sie laut hinzu: »Tiere sind unhygienisch! Ab jetzt, bringt es ins Heizhaus, sonst tue ich es!«

Wütend und trotzdem voller Angst vor der Erzieherin, versteckten wir uns mit dem Hamster im Gebüsch. Da hockten wir mit verweinten Gesichtern um das Gurkenglas und beschlossen, lieber den Hamster selbst zu töten, als ihn bei lebendigem Leibe verbrennen zu lassen.

Aber wie? Einfach einbuddeln, das ging nicht. Rosi kam auf die Idee:

»Wir schmeißen ihn gegen die Wand, da ist er bestimmt sofort tot.«

Es wurde wie beim Versteckspielen abgezählt, und die Wahl fiel unglücklicherweise auf mich.

Ich sollte töten, ich wollte töten.

Mit aller Kraft und allem Haß auf die Erwachsenen, warf ich das warme Knäuel aus meiner Hand gegen die Wand. Schnell schloß ich die Augen, erst als ich einen dumpfen Aufprall hörte, öffnete ich sie wieder. In diesem Moment fühlte ich eisige Kälte in meinem Körper, als hätte ich einen Teil von mir gegen die Wand geschleudert. Meine Arme, meine Beine, alles tat mir weh. Ein Mädchen hob ihn hoch, da sah ich seine kleinen toten Augen und fühlte mich schuldig. Während wir ihn beerdigten, weinten die anderen. Verwundert fragte mich Rosi:

»Du weinst ja gar nicht, warum?«

Ich wußte keine Antwort. Zwei Wochen später begegnete mir unser Reh, das im Heim frei herumlaufen durfte. Es stand plötzlich vor mir und sah mich aus großen braunen Augen fragend, ja fast ängstlich an. Und dann begann es zu machen, es schiß vor lauter Angst, es hatte richtigen Durchfall. Dabei schaute es unentwegt mit seinen klagenden Augen auf mich. Ich konnte den Anblick des ängstlichen Rehes nicht länger ertragen, riß einen Zweig ab und schlug auf das Reh ein, bis es endlich davonlief.

Dieser Hund hier hatte keine Angst vor mir. Vorsichtig streichelte ich ihn und erzählte ihm meinen ganzen Kummer. Seine Augen blickten, als könnte er mich verstehen.

Bis zehn Uhr saß ich mit dem Hund im Wohnzimmer. Da ich nicht wußte, wo es etwas zu essen gab, ging ich ins Bad und trank mich am Wasserhahn satt. Eine halbe Stunde später erschien die Bäckerin mit Lockenwicklern auf dem Kopf.

»Guten Morgen! Ich habe heute viel zu erledigen, und du wirst mir einiges an Arbeit abnehmen!«

Bei dieser Anordnung vermied sie es, mich bei meinem Namen zu nennen. Sie winkte mit der Hand, ich sollte ihr folgen. In der Küche zeigte sie auf einen hohen Berg Abwasch.

»Hier fängst du an, aber bitte gründlich! Dann brauchst du nur noch Staub zu saugen und zu wischen, ist doch nicht viel.«

Sie lächelte gekünstelt. Gegen elf Uhr rauschte sie mit den Worten »Viel Spaß« davon. Vor dem Abwaschberg, der bestimmt seit einer Woche stand, graute mir nicht sehr, eher vor dem Staubsauger. Ich wußte nicht, wie er funktionierte. Aus dem Heim kannte ich nur Bohnerwachs und Bohnerbesen.

Not macht erfinderisch. Ich nahm einfach den Besen und fegte den nicht zu sehenden Staub zur Seite.

Die leichteste Übung war das Staubwischen, aber o Schreck, auf dem Schreibtisch des Bäckers lagen Zähne. Ist das möglich, dachte ich, wie kann man seine Zähne herausnehmen, das muß ja weh tun. Zaudernd und voll Abscheu umging ich sie mit dem Tuch. Ich ahnte ja nicht, daß es ein Gebiß war. Im Heim konnte kein Kind die Zähne herausnehmen, und bei den Erziehern hatte ich so etwas noch nie gesehen.

Als die Bäckerin zurückkam, machte sie gleich einen Kontrollgang in die Küche. Sie schrie laut auf:

»Was, soll das etwa abgewaschen sein?«

Mir blieb fast das Herz stehen. Dabei hatte ich mir so große Mühe gegeben. Mich erschreckte der Ton ihrer Stimme. Böse, keifend kam sie ins Wohnzimmer. Heimlich schaute ich schnell nach unten, zum Glück entdeckte ich nirgendwo Staub und sie auch nicht. Ich war froh, daß ich im Heim gelernt hatte, mit einem Besen umzugehen.

Sie hatte sich schon beruhigt, da entdeckte sie die Zähne, die noch ordentlich auf ihrem alten Platz lagen. Sie packte meinen Arm und zog mich zum Schreibtisch, zeigte auf ein Wasserglas, das neben den Zähnen stand.

»Da, mein liebes Kind, da gehören die Zähne hinein.«

»Ich dachte, in den Mund«, hörte ich mich plötzlich sagen. Kaum war es heraus, staunte ich über mich selber. Woher nahm ich den Mut, ihr so eine Antwort zu geben? Nun war es mit ihrer bis dahin mühevoll erhaltenen Selbstbeherrschung endgültig vorbei. Rot vor Zorn schrie sie:

»Freche Heimgöre! Deine Mutter wird schon gewußt haben, weshalb sie dich ins Heim geschickt hat!«

Damit traf sie meinen wundesten Punkt. Heulend lief ich in mein Zimmer und bedauerte mich, wobei ich mir nichts sehnlichter wünschte, als wieder im Heim zu sein.

Stundenlang sah ich auf die Uhr. Die Zeiger sollten schneller gehen, aber die Uhr tickte gemächlich vor sich hin. Nachmittags um fünf Uhr hielt ich es nicht mehr aus. Ich ging ins Wohnzimmer und verlangte:

»Bringt mich ins Heim zurück, ich muß noch Schularbeiten machen!«

Das wollten sie nicht. Freundlich boten sie mir ihren Kuchen an. Obwohl ich den ganzen Tag nichts gegessen hatte, lehnte ich ihn ab. Sie hatten bestimmt Angst, daß man mich fragen würde, weshalb ich so früh vom Ausgang zurückkäme. Niedergeschlagen setzte ich mich in die äußerste Ecke des Sofas und fühlte mich nicht dazugehörend, sondern als störend in dieser Familie. Plötzlich erhob sich der Bäcker, ging zum Schrank und holte eine kleine braune Flasche heraus. Dann drehte er sich zu mir und sagte betont freundlich:

»Komm, Kleine, massier mir den Kopf damit; kriegst auch fünfzig Pfennig dafür.«

Ich wagte keinen Widerspruch. Schüchtern trat ich von hinten an ihn heran. Mein Blick fiel auf seine Glatze, die noch vereinzelt mit Haaren bestückt war. In mir kroch der Ekel hoch, ich wollte ihn nicht berühren. Dennoch tat ich, was er von mir verlangte. Voller Wut schüttete ich den ganzen Inhalt der stinkenden Flüssigkeit über seine Glatze. Er kicherte komisch:

»Vorsicht, Kindchen, nicht so viel auf einmal!«

Während meine Finger wie wild auf seiner Glatze herumrieben, am liebsten hätte ich darauf herumgeschlagen, glotzte seine Frau desinteressiert in die Röhre. Scheiß-Pflegeeltern, dachte ich.

Im Heim warteten die Mädchen am Tor auf mich und das Kuchenpaket. Sie gratulierten mir alle zu den tollen Pflegeeltern, und als ich die lachenden Gesichter sah, brachte ich es nicht fertig, ihnen zu sagen, wie traurig das Wochenende für mich gewesen war. Ich wollte ihnen nicht die Illusion über ihre zukünftigen Eltern nehmen. Jede von ihnen konnte schon morgen das Glück oder Unglück haben, Pflegeeltern zu bekommen. Dann sollten sie ihre eigenen Erfahrungen machen.

Nun begann für mich das Dienstleben eines Heimkindes. In der Woche spielte ich mit meinen Freundinnen, und an den Wochenenden arbeitete ich bei den Bäckersleuten.

Jeder Sonntagmorgen begann damit, der Bäckersfrau das Frühstück ans Bett zu bringen, danach die Wohnung zu säubern, anschließend den Laden zu wischen und Tabletts abzuwaschen und am Abend die Glatze zu massieren.

Ich haßte die Bäckersfamilie und freute mich riesig, wenn es Sonntagabend zurück ins Heim ging. Kuchenpakete erhielt ich auch bald nicht mehr. Den Fragen der Mädchen versuchte ich auszuweichen. Mir war es peinlich, darüber zu reden, was für ein Pech ich hatte.

Weihnachten! Gespannt saß ich bei den Bäckersleuten in meinem Zimmer und wartete auf ihr Rufen. Dabei sah ich mich im Zimmer um, nichts deutete auf Weihnachten hin. Die alte Lampe strahlte ein wenig warmes Licht in den Raum, aber es fehlte an grünen Tannenzweigen, und ich vermißte meine Freundinnen.

So saß ich auf der alten Liege am Tisch und blickte auf das Radio. Ob sie wohl Weihnachtsmusik spielen?, überlegte ich, traute mich jedoch nicht, es einzuschalten.

Von weitem hörte ich die Glocken läuten, bestimmt war es schon fünf Uhr nachmittags, aber ich wurde noch nicht ins Zimmer gerufen.

Im Heim erwarteten wir das Fest immer sehnsüchtig. Lange vor Heiligabend studierte jede Gruppe ein Märchen ein. Der Tagesraum wurde verschlossen, vor die Schlüssellöcher hängten die Erzieher Waschlappen. Trotzdem hockten wir davor, um durch irgendeine Ritze etwas zu sehen. Wenn dann zum ersten Advent das erste Licht am Kranz im Speisesaal angezündet wurde, waren wir Kinder sehr still und warteten auf den Heimleiter. Er stellte für uns die Vaterfigur dar, wie wir sie immer wünschten. Herr Hühne hatte volles, graues Haar und war groß und schlank. Seine blauen Augen strahlten viel Wärme und Güte aus. Wenn er mit uns sprach, redete er leise, aber deutlich. Seine Stimme war angenehm tief. Liebevoll nannten wir ihn Vater Hühne; er kannte uns alle mit Namen. Die meisten Erzieher redeten uns einfach mit »He, du« an oder fragten erst, wie wir hießen. Nie schickte er ein Kind weg, wenn es mit Sorgen zu ihm kam.

Herr Hühne betrat mit seiner Spieluhr den Saal, und wir hörten schöne Weihnachtsmelodien. Dann sprach er über Weihnachten, und gemeinsam sangen wir zum Abschluß ein Lied.

Zum zweiten und dritten Advent stellten die Erzieher Weihnachtsbäume auf, die jeden Abend leuchteten.

Die Erzieher ließen uns Wunschzettel schreiben. Kinder, die noch Eltern hatten, durften sich im Wert von zehn Mark etwas wünschen. Halbwaisen mußten die Grenze von fünfzehn Mark einhalten, und die Vollwaisen bekamen ein Geschenk für zwanzig Mark. Ich gehörte zu den Zwanzig-Mark-Kindern. Natürlich überschritten meine Wünsche immer die Grenze. Meistens kauften die Erzieher Dinge für die Schule. Obwohl wir das wußten, warteten wir trotzdem gespannt auf den 24. Dezember jeden Jahres. War es endlich soweit, gingen wir in Sonntagssachen in den Speisesaal. Ungeduldig sahen wir die Aufführungen, sangen unsere Lieder vom Frieden und erhielten von den Patenbrigaden der Betriebe Gruppenweihnachtsgeschenke. Anschließend machten wir einen Spaziergang durch den Kiefernwald beim Heim. Auf den einzelnen Zweigen brannten Wunderkerzen, und ein Erzieher oder Schüler, verkleidet als Weihnachtsmann, verteilte Süßigkeiten an uns. Danach gingen wir in unsere Gruppen. Der Tagesraum wurde aufgeschlossen, und Hand in Hand traten wir leise ein. Unter dem Baum sangen wir noch einmal, dabei versuchten wir, die Namensschilder auf den festlich gedeckten Tischen zu entziffern. Nach dem Lied begann das Suchen, Rufen und Schubsen. Jeder wollte sein Geschenk zuerst finden. Beim Abendessen saßen wir mit unserer besten Freundin zusammen, wir freuten uns über die kleinen Überraschungen, die wir uns gegenseitig machten. Die Nachtruhe wurde nicht streng eingehalten, wir gingen ins Bett, wenn wir müde waren oder die Nachtwache ihren Dienst begann. Es waren schöne Abende.

Ich hörte, wie die Tür ging, und wurde ins Wohnzimmer der Bäckersfamilie geholt. Die Frau zeigte mir einen Platz, dort lagen zwei Äpfel und zwei Apfelsinen.

Erst dachte ich: Gleich holen sie die Überraschung aus dem Schrank; als sie mir aber fröhliche Weihnachten wünschten, wußte ich, daß die vier Früchte mein Geschenk waren. Obwohl ich fast vierzehn Jahre alt war und nicht mehr an den Weihnachtsmann glaubte, war ich den Tränen nahe. Schrecklich traurig verbrachte ich den Abend in meinem Zimmer, die Pflegeeltern fuhren zu ihren Verwandten.

Zwischen Weihnachten und Silvester putzte und schrubbte ich nur im Laden. Am Silvesterabend kotzte die Bäckerin den Laden voll; ich haßte sie so sehr, daß ich wünschte, sie würde in ihrer Kotze ausrutschen, doch sie forderte von mir, den Dreck wegzuwischen.

Im Haus wohnten Jungs in meinem Alter, sie fragten mich, ob ich um zwölf Uhr runterkäme. Ich versprach es. Ich weiß nicht mehr, wie viele Pfannkuchen ich mit Marmelade gefüllt hatte, ich konnte die Dinger nicht mehr sehen. Kurz vor Mitternacht schickte mich die Bäckerin ins Bett. Unter meiner Decke verfluchte ich sie. Als die Knallerei vorbei war, torkelte sie betrunken in mein Zimmer und schmatzte mich mit ekligen Küssen ab, wobei sie mir ein frohes neues Jahr wünschte. Ich versuchte mich aus ihrer Umarmung zu winden. Hoffentlich kommt nicht noch ihr Alter, dachte, dann laufe ich weg. Sie roch fürchterlich nach Alkohol, und sentimental lallte sie:

»Schlaf schön, mein Kind.«

Ich wünschte ihr den Tod.

Westbesuch zu Ostern

Ostern wurde zum ersten Mal die Mauer für Westberliner geöffnet, sie durften ihre Ostler besuchen. Von der HO kam die Anordnung, die Geschäfte sollten die Schaufenster mit Ware füllen, die Westler sollten nicht denken, daß es uns schlecht ging. Die Bäckerin jammerte schon vorher, daß sie danach alles wegwerfen müßte. Hartes Brot oder Schrippen kauft doch keiner mehr, dabei schummelte sie oft altes Zeug zwischen frische Backwaren. Die gesamte Familie aus Ost und West wurde von den Bäckersleuten erwartet. Am Tag zuvor drillte sie mich darauf, den Wein von der richtigen Seite einzuschenken. Von morgens bis abends schuftete ich wieder in der Küche. Am gemeinsten fand ich, daß sie mich zum Frisör schickte. Der verpaßte mir eine Dauerwelle, daß ich wie meine eigene Großmutter aussah.

Der große Tag fing bei mir mit Bauchkrämpfen an. Ich ging zum Klo und sah, daß ich meine Tage bekam. Nirgends entdeckte ich Watte. In meiner Not faltete ich Klopapier, legte mir das harte Zeug in meinen Schlüpfer und verkroch mich ins Bett.

Es war schon oft so gewesen, daß ich mich gerade zum ungeeignetsten Zeitpunkt damit herumquälen mußte. Zum ersten Mal bekam ich sie mit elf Jahren im Ferienlager. Den ganzen Nachmittag hatte ich wahnsinnige Bauchschmerzen, machte aber trotzdem die Wanderung mit. Erst am nächsten Morgen, beim Fahnenappell, spürte ich etwas Unangenehmes zwischen den Beinen. Zum Glück stand ich in der letzten Reihe; heimlich schlich ich mich davon und rannte zur Toilette. Schnell zog ich meine Hose herunter – und schrie wie eine Verrückte. Ich sah nur Blut. Der Schlüpfer, meine Schenkel, alles voller Blut. Ich hockte auf dem Holzdonnerbalken, heulte und dachte: Jetzt sterbe ich. Doch dann lief ich zur Erzieherin.

»Ich glaube, ich sterbe«, heulte ich.

Sie beruhigte mich und sagte:

»Nein, daran stirbt man nicht. Das bekommen alle Mädchen und Frauen. Schon längere Zeit habe ich deine Entwicklung beobachtet und wollte mit dir darüber sprechen. Nun ist es eher gekommen, als ich dachte.« Dann fügte sie hinzu:

»Noch einen Rat möchte ich dir geben, sieh dich ab heute vor den Jungs vor.«

Nach dieser Mahnung gab sie mir Watte, und ich fragte mich, was die Jungs damit zu tun hatten.

Die ersten Gäste trafen ein, ich lief zur Toilette, um das Papier zu wechseln. Eine sehr elegant gekleidete Frau begegnete mir.

»Wer bist du denn?«

Vor Schmerzen konnte ich nicht antworten, ließ sie stehen und legte mich wieder ins Bett. Draußen im Flur hörte ich die Stimme eines alten Mannes.

»Das Kind hat aber einen langen Schlaf.«

Darauf antwortete die Bäckerin:

»Sie weiß, daß Arbeit wartet, deshalb liegt sie faul im Bett.«

Oh, wie ich sie haßte. Stöhnend wälzte ich mich hin und her, als die schicke Frau plötzlich mein Zimmer betrat. Sehr liebevoll strich sie mir über das Haar und fragte:

»Hast du deine Mensis?«

Den Ausdruck kannte ich noch nicht, ahnte aber, daß sie damit meine Tage meinte, und sagte:

»Ja.«

Darauf verließ sie das Zimmer und kam mit der ungewohnt freundlichen Bäckerin zurück.

»Ach, mein liebes Kind, das hättest du mir doch gleich sagen können!«

Eher wäre ich gestorben, als ihr meinen Kummer zu erzählen. Nachdem sie mich mit Watte und einer schmerzstillenden Tablette versorgt hatte, stellte sie mich ihren Gästen als armes Waisenkind vor, dessen sie sich angenommen habe. Dafür heimste sie bei allen Bewunderung ein. Hätte man mir im Heim nicht Gehorsam gegenüber Erwachsenen eingetrichtert, hätte ich allen entgegengeschrien, was für eine Hexe sie ist.

Im Heim erzählte ich nun alles meiner Freundin, von Weihnachten und meinen Diensten. Auf irgendeine Weise hörte die Fürsorgerin davon und bestellte mich zu sich. Sie schaute mich ernst an und sagte:

»Warum hast du nicht eher darüber gesprochen? Du hättest dir vieles erspart.«

Das klang sehr resigniert. Vielleicht hatte sie sich für mich wirklich mehr Glück erhofft. Gott sei Dank unternahm sie keinen weiteren Versuch, mich in einer Familie unterzubringen. Nach elf Jahren Heimerziehung wäre es auch zwecklos gewesen. Ich war schon zu sehr Heimkind und betrachtete das Heim als mein Zuhause. Für mich war es normal, ohne Vater und Mutter zu leben.

Jugendweihe

Langsam rückte der Tag näher, an dem wir in die Reihen der Erwachsenen aufgenommen werden sollten. Es war der Tag, den man »Jugendweihe« nannte, wo die Vierzehnjährigen mit Blumen, hochhackigen Schuhen, Frisur nach dem letzten Schrei und großen Büchern mit Titel »Weltall, Erde, Mensch« durch die Straßen liefen. Es gab neue Klamotten, dafür ließ der Staat sechshundert Mark springen. Die Erzieher hatten große Mühe, für jede das richtige Kleid zu finden. Unterwäsche, Schuhe und Mäntel brauchten wir auch.

Die Jugendweihestunden verbrachten wir im Sinne der sozialistischen Gesellschaft: Besuch im KZ Sachsenhausen, Besuch in den volkseigenen Betrieben und feierlicher Abschluß eines Patenschaftsvertrages mit der Volksarmee in Adlershof. Die Soldaten nahmen die Patenschaft sehr ernst und gründeten in unserer Mädchengruppe eine Arbeitsgemeinschaft für Judo und Schießen, in die wir alle wie selbstverständlich eintraten. Wir wollten es den Jungs zeigen, wenn sie uns zu nahe kämen. Nach den ersten Übungen reichte es mir. Das schmerzhafte Werfen auf die harte Matte war noch nicht das schlimmste, aber der Festhaltegriff, bei dem ich auf dem Rücken lag und ein schwitzender Soldat über mir, erregte meinen Widerwillen. Wütend und hilflos gegen seine Stärke, wehrte ich mich und versuchte vergeblich, wieder unter ihm hervorzukommen. Er schien es zu genießen. Ich weigerte mich, weiter dort hinzugehen, und mußte mir das Schimpfen der FDJ-Sekretärin anhören:

»Die Soldaten opfern extra für uns ihre wenige Freizeit!«

Ich sagte, auf dieses Opfer könne ich gerne verzichten. Die Antwort wurde natürlich als Undankbarkeit gegenüber unserem Staat ausgelegt. Ich sollte mich bessern, sonst bekäme ich keine Jugendweihe. Ich sagte nichts mehr.

Fast alle Mädchen waren eingekleidet, nur für mich fand sich nichts Passendes. Schließlich steckten sie mich in ein wadenlanges, hellblaues Kleid mit einem Reißverschluß vom Hals bis zum Hinterteil. Und da es mir zu weit war, kam ein Gürtel herum, und fertig war ich.

Mein Spiegelbild brachte mich zum Lachen und Weinen. Ich sah doppelt so alt aus. Trotzdem, das Kleid wurde gekauft, dazu kamen ein Paar Schuhe mit hohen Absätzen. Gleich nebenan war der Frisör. Die ganze Mädchengruppe mußte unter die Haube, es wurde toupiert und Haarlack in Massen versprüht. Jetzt sahen wir um den Kopf erwachsen aus. Die Erzieherin bewunderte uns und sagte:

»Wie gepflegt ihr gleich ausseht.«

Mich bedachte sie noch mit dem Extra-Satz:

»Jetzt erkennt man sogar dein Gesicht.«

Die Mädchen schliefen die Nacht über im Sitzen, damit an der Frisur nur kein Schaden entstand.

Unsere Feierstunde fand im Fernsehfunk statt. Am Morgen herrschte unter uns schreckliche Aufregung. Fix und fertig angezogen, standen wir schon vor dem Wecken da und probten das Laufen in den Stöckelschuhen. Ich lief recht unsicher, wie auf Eiern, dabei sah ich so komisch aus, daß die Mädchen über mich herzhaft lachten.

Im Fernsehfunk warteten schon die Verwandten, Lehrer und Erzieher sowie der Heimleiter. Wir sollten erst hineingehen, wenn die Gäste schon saßen. Immer paarweise, Junge und Mädchen, schritten wir den roten Teppich entlang zur Bühne, dort oben setzten wir uns.

Es wurde viel über Sozialismus und Frieden geredet und daß jeder sein Bestes geben solle.

Dann betrat Karl-Eduard von Schnitzler das Rednerpult. Durch unsere Reihen ging ein Kichern und Flüstern. Mit seinen Orden und Abzeichen sah er wie eine Schrottsammlung aus, was ich meiner Freundin leise ins Ohr flüsterte. Sie verbiß sich mühsam das Lachen. Schnitzler bemerkte unsere Heiterkeit. Anfangs hatten wir ziemlich ernst und still auf unseren Plätzen gesessen, aber die Aufmerksamkeit ließ rasch nach. Uns war nicht feierlich zumute, sondern wir langweilten uns, und von dem politischen Gerede der Erwachsenen verstand ich sowieso nichts.

Schnitzler kam gleich auf seine Jacke mit dem Blechschmuck zu sprechen.

»Ich trage diese Auszeichnungen nur zu besonderen Anlässen, und heute ist ein besonderer Tag für euch und für mich!«

Dann erzählte er, welche Ehre es für ihn sei, zu uns sprechen zu dürfen. Anschließend rief er alle nach dem Alphabet auf. Ich gehörte zu den ersten drei. Er schüttelte mir die Hand, gab mir die Blumen und das allbekannte Buch, dann fragte er mich:

»Na, weißt du schon, was du werden willst?«

»Nee!« antwortete ich.

Er lächelte mit seinen kleinen Augen durch seine dicke Brille und sagte:

»Na, nun wird es aber Zeit!«

Ich fand seine Rederei ziemlich blöd, ich fühlte mich gar nicht so erwachsen, um mir Gedanken darüber zu machen, welchen Beruf ich erlernen wollte.

Nachdem alle einheitlich mit Blumen und Literatur versorgt waren, hielt Schnitzler noch eine ellenlange Abschlußrede. Er stand unten am Piano, es war totenstill im Saal, da fiel von seiner Sammlung ein Stück ab und rollte übers Parkett unter den Flügel. Wir schauten dem Ding hinterher, das Rollen der Plakette übertönte seine Worte. Gespannt beobachteten wir ihn. Was seine Worte nicht schafften, vollbrachte der Orden. Schnitzler sah ziemlich verblüfft aus, um nicht zu sagen doof. Er wartete, bis sich der Orden nicht mehr rührte, und hielt seine

Rede weiter. Aus unseren Reihen kam ab und zu ein Lacher. Als wir den Saal verließen, lag das Ding noch immer unter dem Flügel.

In der S-Bahn, auf dem Weg zurück, steckte ich die leicht verwelkten Blumen in den Abfallbehälter. Einige andere taten das auch; nicht weil wir keine Blumenfreunde waren, sondern weil wir uns albern vorkamen, alle mit den gleichen Blumensträußen herumzulaufen.

Im Heim durften wir das außergewöhnlich reichhaltige Mittagessen im Speisesaal der Lehrer einnehmen. Nach dem Essen folgte zur Krönung mein erstes Glas Wein. Wegen des sauren Geschmacks hielt ich mich lieber an Brause.

Die Mädchen zeigten sich die Geschenke oder das gesammelte Geld.

Geld spielte an diesem Tag eine große Rolle, denn jede wollte das meiste haben. Auf Geld waren sie stolz, nicht auf die Eltern oder Verwandten, die sich an diesem Tag einfanden und sich großzügig zeigten. Ich hatte nichts zu zeigen und mußte deshalb keine Freude heucheln.

Ich bekam weder Geschenke, noch waren in einem Glückwunschumschlag Zehnmarkscheine. Na ja, Schicksal, so bist du, dachte ich und ging in den Schlafraum. Von oben bis unten betrachtete ich mich im Spiegel, mein Pubertätspickelgesicht, dazu die unmögliche, aufgedonnerte Frisur und das Kleid für die nette Frau um vierzig. Ich fand mich potthäßlich. Enttäuscht wandte ich mich ab. Plötzlich stand eine meiner Freundinnen hinter mir und hielt mir ihren Lippenstift hin.

»Mal dich an«, sagte sie. »Wirst sehen, siehst gleich besser aus.«

Ich fand, mit den roten Lippen sah ich aus wie eine, die will und nicht kann. Aber meine Freundin bewunderte mich und erzählte mir, daß wir zum Kaffeetrinken ins Haus Bucarest fahren würden.

Völlig fertig von der Lauferei, kam ich mit ihr dort an. Meine Füße bestanden nur noch aus Blasen, unter dem Tisch zog ich die verhaßten Stöckelschuhe aus. Mir graute schon vor dem Rückweg, ich war jedoch nicht die einzige mit diesem Problem.

Ein Lehrer, Herr Gott, hatte Mitleid mit uns, und wir durften mit dem Auto ins Heim zurückfahren. Unterwegs erzählte er, er sei einmal als Frau verkleidet zum Fasching gegangen, da hätten ihm die Füße genauso weh getan wie uns jetzt. Beim besten Willen, so richtig konnte ich mir unseren Lehrer als Frau nicht vorstellen und mußte bei dem Gedanken daran lachen.

Mein erster Gang im Heim führte in den Waschraum. Ich machte mir die Blasen auf und nahm mit Kernseife ein Fußbad. Die Stöckelschuhe flogen in die nächste Ecke. Obwohl mich die wunden Stellen schmerzten, zwängte ich mich in meine neuen, knallroten Twistschuhe. Für diese von mir heißbegehrten modernen Dinger ließ ich einen Unterrock sausen. Ich freute mich, daß es mir gelang, die Erzieherin davon zu überzeugen, daß ich die Schuhe dringender brauchte als ein altmodisches Unterkleid. Echt Leder mit Brandsohle, die Spitzen stopfte ich mit Watte aus, ein schwacher Versuch, zu verhindern, daß sie sich nach oben bogen. Dann lief ich stolz mit den Schuhen vor dem Spiegel hin und her. Das Kleid tauschte ich gegen einen engen Pepitarock und einen Rollkragenpullover. Dann kämmte ich mir die Haare aus, die mir glatt bis auf die Schultern fielen. Mein Blick in den Spiegel bestätigte mir, daß ich der Beatmode entsprechend schick aussah.

Viele Mädchen behielten ihre Kleider an, vor allem diejenigen, die vorn einen großen Ausschnitt hatten. Das gefiel besonders den Jungs.

Nach dem Abendbrot spielte eine Musikband aus der Kaserne Adlershof. Sie gab sich große Mühe und spielte moderne Schlager, aber es traute sich keiner zu tanzen. Wenn wir uns mal am Wochenende den Plattenspieler ausliehen, tanzten wir in unserem Gruppenraum nur mit einer Freundin.

Hier forderten uns die Jungs unter den Augen unserer Lehrer und Erzieher zum Tanz auf. Nach einigem Zieren der Mädchen drehten sich schüchtern die ersten Paare auf der Tanzfläche. Ich schaute zu den Erziehern; sie beschäftigten sich schon mit der Auswertung der Pärchen. Mir ging die Überwachung durch die Erwachsenen auf die Nerven.

Plötzlich stand ein Soldat von der Band vor mir und forderte mich auf. Alle Blicke gingen in meine Richtung, und ich spürte, wie ich feuerrot wurde. Die Hausleiterin nickte mir ermutigend zu. Um nicht länger im Mittelpunkt zu stehen, ging ich mit ihm zur Tanzfläche. Sein gutes Aussehen hinderte mich daran, ihn beim Tanzen anzusehen.

»Wie alt bist du?« vernahm ich seine Stimme dicht an meinem Ohr.

»Raten Sie!«

»Als er »siebzehn« sagte, bekam ich einen Schreck. Fast alle Mädchen freuten sich, wenn man sie älter schätzte, aber es konnte auch unangenehm sein. Wegen meiner Größe wurde ich seit meinem elften Lebensjahr für älter gehalten.

Einmal wartete ich am Bahnhof Schöneweide auf meinen Bruder, da traten zwei Bullen an mich heran und wollten meinen Personalausweis sehen. Lang und breit erklärte ich ihnen, woher ich war und daß ich erst dreizehn Jahre alt sei. Sie glaubten mir nicht, und ich mußte ihnen aufs Revier folgen. Die Leute auf der Straße sahen uns hinterher, und ich schämte mich. Die Polizisten überprüften meine Angaben, dann durfte ich wieder gehen. Einige Kinder, die gesehen hatten, wie die mich mitnahmen, verbreiteten die wildesten Gerüchte über mich im Heim: Ich hätte bestimmt geklaut und ähnliches.

Bevor der Soldat weitere Fragen stellen konnte, sagte ich zu ihm, ich sei erst vierzehn Jahre alt. Daraufhin holte er mich nicht mehr zum Tanzen.

Am Abend lag ich noch lange wach im Bett und dachte über einen Jungen aus meiner Klasse nach. Den ganzen Abend hatte ich ihn beobachtet und mich in ihn verknallt.

Mein erster Kuß

Carsten war der Traum aller Mädchen: Er war groß, hatte dunkle Haare, die er mit einer Tolle zur Ente gekämmt trug, blaue Augen, umrahmt von langen, schwarzen, gebogenen

Mädchenwimpern, und leider Segelohren, die wir natürlich alle übersahen. Nachdem seine Mutter in den Westen geflüchtet war, lebte er bei seiner Oma. Mit fünfzehn Jahren kam er zu uns.

Fast alle Mädchen verliebten sich in ihn, gaben es aber nicht zu. Wenn er mit einer beim Küssen gesehen wurde, ließen die restlichen kein gutes Haar mehr an ihr. Jede hoffte, selbst die nächste Glückliche zu sein. Bei dem Thema ›Carsten‹ hielt ich mich zurück. Keine sollte merken, daß er mir auch gefiel. Leider beachtete er mich nie.

So freute ich mich, wenn ich ihn in der Schule sah oder wenn wir vor der Haustür noch mit den Jungs herumblödelten und ich mich in seiner Nähe befand.

Im Frühjahr setzten die Erzieher und Klassenlehrer bei der Heimleitung durch, daß wir gemeinsam mit den Jungs nach Priros fahren durften. Gleich am ersten Abend nach unserer Ankunft wollten wir eine Nachtwanderung machen. Die Erzieher hatten nichts dagegen. Aufgeregt zog ich mich warm an. Die Raucher steckten sich ihre Glimmstengel ein, und laut albernd ging's los in die stockdunkle Nacht. Das Ziel war der Frauensee, der irgendwo im Wald lag.

Je tiefer wir in den Wald kamen, um so mehr fürchteten wir uns. Jeder knisternde Ast, das Rauschen der Blätter und die Rufe der Nachttiere versetzten uns in Angst, die wir mit lautem Lachen überspielten. Ein einziges Mal versteckte ich mich vor Übermut mit sechs weiteren Mädchen im Gehölz, und sofort verloren wir den Rest der Klasse. Von nun an war die Angst unser ständiger Begleiter. Wir wußten nicht, wo wir uns befanden, und liefen ziellos durch den Wald. Da stießen wir auf eine Sägemühle. Kurz zuvor hatte ich den Film »Werner Holt« gesehen. In einer Szene wurde ein Mann von den Nazis in einer Sägemühle zersägt. Mir wurde bei dem Gedanken daran unbehaglich, aber der feine Nieselregen begann sich nun in einen stärker werdenden Regen zu verwandeln und ließ uns keine andere Wahl. Also rein in die Mühle, dachte ich.

Nachdem wir eine sichere Ecke gefunden hatten, legten wir uns in die nach Holz duftenden Späne und erzählten gruselige Geschichten. Plötzlich hörten wir in der Nähe eine Männer-.

stimme. Wir verstummten. Wie versteinert lagen wir da; keine wagte sich zu bewegen. Jetzt näherten sich Schritte. Erleichtert atmeten wir auf, als wir die Stimme unseres Lehrers erkannten. Vor Freude sprangen wir kreischend aus dem Versteck und lachten uns über die erschrockenen Ausrufe der Jungs halb tot. Nach und nach trafen alle ein. Die Erzieher beschlossen abzuwarten, bis der starke Regen vorbei war.

Die Raucher rauchten, die Erzieher meckerten, weil sie nicht sahen, wer qualmte, und wir redeten und gackerten laut herum.

Es war eine schöne, aber auch aufregende Situation, in der wir uns befanden. Plötzlich hörte ich Carsten. Er lag dicht neben mir und versuchte, mit Streichhölzern Licht ins Dunkel zu bringen. Als er feststellte, welches Mädchen neben ihm lag, erlosch die kleine Flamme. Schade, daß ich den Ausdruck auf seinem Gesicht nicht erkennen konnte.

Langsam wurde es rundherum ruhiger, nur das Prasseln der Regentropfen auf dem Dach war bald das einzige Geräusch in der Mühle.

Noch nie hatte ich neben einem Jungen gelegen. Nervös durch Carstens Nähe, fühlte ich nicht die geringste Müdigkeit. Da flüsterte er mir plötzlich ins Ohr:

»Du, ich habe seit fünf Minuten Geburtstag.«

»Ach, ja? Na, dann gratuliere ich dir.«

Plötzlich nahm er mein Gesicht in seine Hände, vorsichtig zog er mich zu sich heran, bis seine Lippen meinen Mund berührten. Mein Herz spielte verrückt, es schlug, als wollte es mir herausspringen. Damit hatte ich nicht gerechnet. Wie sollte ich mich verhalten? Ich wußte es nicht. Lange hatte ich darauf gewartet und mir vorgestellt, wie es sein würde. Er versuchte, seine Zunge in meinen Mund zu schieben, da riß ich mich los und knallte ihm eine. Nicht, weil er mir zuwider war, sondern weil ich es oft in Filmen gesehen hatte; nach dem ersten Kuß bekamen die Männer eine Ohrfeige. Carsten machte sich, wie die Filmhelden, nichts daraus. Er beugte sich über mich und küßte mich einfach noch mal. Durch meinen ganzen Körper ging ein angenehmes Kribbeln, mir machte das Küssen Spaß.

Menschliche Berührung und Zärtlichkeit war mir bis dahin fremd. Für mich bestand sie bisher aus einer Notwendigkeit. An der Hand hinterhergezogen zu werden, bedeutete schneller laufen. Gewaschen werden vom Erzieher verband sich mit dem demütigenden Gefühl, schmutzig zu sein. Und das grobe Haarkämmen tat weh, ziepte und veranlaßte mich, es schnell selbst zu lernen. Bei Krankheit verursachte die Berührung meines Körpers durch Spritzen Schmerzen. Antje wurde das Opfer ihrer Sehnsucht nach Liebe und Zärtlichkeit; sie wurde sexuell mißbraucht und mit einem Kind bestraft.

Ich kannte keine Küsse. Als ich zum ersten Mal sah, wie sich meine Pflegeeltern küßten, schaute ich peinlich berührt weg. Meine Tage begannen und endeten ohne Küsse. Nun erfuhr ich, welch wunderschönes Gefühl es ist, geküßt zu werden.

Den Jungs fiel Carstens Geburtstag ein, sie riefen nach ihm. Wir mußten mit dem Küssen aufhören. Sofort war er von der ganzen Klasse umringt. Die Mädchen, wie sollte es anders sein, küßten ihn ab. Nachdem sie sich wieder beruhigt hatten, verschwanden sie im Dunkeln. Ich fühlte, wie Carstens Hand suchend über meine Jacke glitt. Stocksteif, wie tot, lag ich da. Mein Herz schlug rasend. Sie blieb auf meiner Brust liegen. Jetzte wußte ich endgültig nicht, was ich machen sollte. Eine fremde Hand an meiner Brust. Wenn mich ein Mädchen aus meiner Gruppe so sehen würde, hieße es gleich: »Pfui, die läßt sich anfassen.«

Sofort breitete sich das schlechte Gewissen in mir aus, und dennoch empfand ich es als ein schönes Gefühl, berührt zu werden. Der Druck seiner Hand verstärkte sich. Dann beugte er sich über mich, so daß er halb auf mir lag. Ich fühlte seinen Körper ganz nah, und wir küßten uns richtig. Auf einmal störte mich seine Zunge nicht mehr. Ich weiß nicht, warum, aber ich riß mich los und sprang auf.

Es war auch höchste Zeit, denn die Erzieher begannen, uns zusammenzurufen, um den Rückweg anzutreten. Carsten lief mit mir den Weg zurück. Auf dem Hinweg war Uschi noch an seiner Seite gewesen. Ich empfand leise Schadenfreude, nicht nur ihr, sondern allen Mädchen gegenüber.

Am nächsten Tag konnte ich an Carsten nicht vorbeigehen, ohne rot zu werden. Einmal schaute er aus dem Küchenfenster. Als er mich sah, rief er:

»Bleib doch mal stehen!«

Ich wagte mich keinen Schritt weiter. Er beugte sich aus dem Fenster und küßte mich. Aus Angst, beobachtet zu werden, lief ich schnell fort. Weshalb er mich plötzlich so gut fand, wußte ich nicht. Wir sprachen nie darüber.

An einem Abend spielte ich mit Carsten Versteck. Wir waren, trotz der Küsse, noch kindliche Jugendliche. Er mußte mich suchen; natürlich versteckte ich mich so, daß er mich leicht finden konnte. Nachdem ich eine Ewigkeit hinter der alten Pumpe gehockt und vergeblich auf ihn gewartet hatte, merkte ich instinktiv, daß er mich gar nicht suchte. Zornig verließ ich meinen Platz. Da hörte ich plötzlich seine Stimme und das laute Lachen zweier Mädchen. Die Dunkelheit der Nacht schützte mich davor, gesehen zu werden. Leise schlich ich mich durch das hohe Gras, ich sah Carsten mit Inge und Walli auf der Schaukel.

Neugierig kletterte ich auf eine Kiefer und belauschte das Gespräch der drei. Carsten spielte Lehrer und versuchte, den Mädchen den Sternenhimmel zu erklären. Die Mädchen schauten dabei nicht zu den Sternen, sondern himmelten Carsten an. So ein Idiot, dachte ich, da hätte ich ja die ganze Nacht hinter der Pumpe hocken können.

Das Harz klebte an meinen Händen und der Hose, die Kiefernnadeln piekten überall. Wütend auf mich und die drei versuchte ich, unbemerkt vom Baum zu steigen. Ein morscher Ast knackte unter meinen Füßen weg. Die Mädchen hörten das Geräusch, und Inge sagte:

»Carsten, da ist einer.«

Ich hörte seine Antwort.

»Du spinnst ja, wer soll denn hier sein?«

Aha, stellte ich fest, dieser Traum aller Mädchen ist eine feige Pfeife. Walli forderte Carsten auf, doch mal nachzusehen.

»Geh doch selber«, meinte er und schaukelte weiter.

Das hätte mir noch gefehlt, wenn die drei mich hier entdeckt hätten. Es blieb nur die Möglichkeit, statt Carsten den Baum zu umarmen und darauf zu warten, daß sie vom Schaukeln genug hatten.

In diesem Augenblick mußte ich an einen Lehrer denken. Störte ein Schüler den Unterricht, rief er ihn zu sich und trat mit ihm ans Fenster. Er schaute auf den Schulhof, zeigte auf eine alte Eiche und fragte ihn:

»Kennst du diesen Baum?«

Antwortete der Schüler mit Nein, dann schickte ihn der Lehrer mit den Worten aus der Klasse:

»Gut, dann geh runter, stell dich an den Baum, dann lernst du ihn kennen.«

So wurde er von den Schülern aller Klassen gesehen, und sie wußten, daß er gegen die Disziplin der Schule verstoßen hatte. Oft stand er bis zum Unterrichtsschluß dort. Viele Schüler haben so die alte Eiche kennengelernt.

Ich kannte jetzt die Kiefer und wollte endlich vom Baum. Aber die drei schaukelten und schaukelten. Mir taten vom Festhalten die Hände weh. Ich hielt es nicht mehr aus und sprang in die dunkle Nacht. Hinter mir hörte ich das Kreischen der Mädchen. Wütend auf sie und enttäuscht über Carsten, lief ich ins Haus. Das war es dann auch gewesen mit Carsten. Am nächsten Tag sah ich ihn mit Walli engumschlungen am Strand.

Später lernte ich seinetwegen die Fußballregeln, wofür er mich vor Begeisterung küßte. Meine erste kleine Liebe überstand ich ohne Schaden, doch nur, weil ich mich nicht an Carsten klammerte und ihm meine Eifersucht nicht zeigte, wie es viele Mädchen taten. Wir blieben gute Freunde, und er ließ mich hin und wieder seine Mathe-Hausaufgaben abschreiben.

Eines Nachmittags war ich mit Schularbeiten bei Carsten im Zimmer, da packte er mich und warf mich auf sein Bett. Ich lachte und wollte wieder hoch. Aber er hielt meine Arme fest und versuchte, mich zu küssen. Ich fand es zwar toll, wehrte mich aber trotzdem. Nun entstand eine halb ernste und halb spaßige Balgerei. Mitten in dem Kampf platzte ein Junge ins Zimmer herein und verkündete mir laut:

»Du wirst im ganzen Haus gesucht, du sollst sofort ins Hausleiterbüro kommen!«

Carsten ließ mich los. Hochrot, mit zerwühltem Haar, kam ich ins Büro. Dort stand, o Schreck, der fünfzehnjährige Westler aus Oberhof. Meine Erzieherin und die Hausleiterin schauten mich ernst an. In strengem Ton sagten sie:

»Bitte!«

Jetzt durfte ich den Westler begrüßen. Ich nickte nur mit dem Kopf.

»Sieh mal«, sagte er, »ich hab' dir was mitgebracht.«

Dabei hielt er mir eine Postkarte hin, auf der die Beatles abgebildet waren. Die Arme auf dem Rücken verschränkt, sagte ich:

»Nein, danke!«

Erstaunt fragte er:

»Aber wieso denn, stehst du nicht auf die Beatles?«

»Doch, aber wir dürfen hier so was nicht haben.«

In diesem Moment haßte ich ihn, weil er mich in eine schwierige Situation gebracht hatte. Ungestraft würde ich dieses Büro nicht verlassen. Seine wasserblauen Augen blickten ungläubig auf die Pädagogen, und er wunderte sich.

»Aber wieso denn, es ist doch nur eine Postkarte.«

Die Erzieher lauerten jetzt mit gespanntem Gesichtsausdruck auf meine Antwort. Ich fühlte mich wie die Beute zwischen drei Füchsen.

Warum tut sich die Erde nicht auf und läßt mich verschwinden? dachte ich. Jeder Westkontakt war uns verboten, und nun kommt er hierher und bringt noch diese bunte Karte mit. Plötzlich sagte die Hausleiterin freundlich zu mir:

»Nimm die Karte und verabschiede dich!«

Froh, so davonzukommen, nahm ich sie, sagte erleichtert »Tschüs« und lief aus dem Verhörzimmer. Carsten war natürlich der erste, dem ich die Karte zeigte. Begeistert rief er:

»Mensch, hast du ein Glück, der Typ ist in dich verknallt.«

Daran hatte ich nie gedacht. Carsten lachte:

»Hä, weißt du, der fährt doch nicht aus Westdeutschland bis in den roten Osten, nur um dir eine Karte zu schenken; das macht die Post auch.«

Wie ein kleines Mädchen fing ich an zu heulen und sagte:

»Bestimmt kann ich wegen dem noch was erleben. Hier, du

kannst sie behalten, ich will sie nicht mehr.« Nach einer halben Stunde stand ich wieder im Büro und hörte mir eine Standpauke über den Feind im Westen an. Der Vortrag endete mit einem Versprechen von mir, nie wieder die Adresse mit einem Westler zu tauschen. Weder im Ferienlager und schon gar nicht im Pionier- oder FDJ-Lager. Auch nicht, wenn die Westler Gäste unseres Landes seien.

Während der Standpauke sagte ich kein einziges Wort, sondern nickte nur schuldbewußt mit dem Kopf. Das schien ihnen zu gefallen, und sie entließen mich mit den Worten:

»Wir hoffen doch, daß wir uns auf dich verlassen können.«

Die Karte wurde nun im Heim getauscht, verschachert oder verkauft; wo sie zuletzt geblieben ist, weiß ich nicht. Die Erzieher haben sie nie gefunden.

Jugendwerkhof

Der Sommer war eine verrückte Zeit. Ständig kamen neue Jungs ins Heim. Sie trugen Parkas, Jeans und lange Haare. Unsere Jungs freundeten sich zum Leidwesen der Erzieher viel zu schnell mit ihnen an. Aufgrund ihres schlechten Benehmens gegenüber den Erziehern verschwanden sie fast genauso schnell, wie sie gekommen waren, nämlich in den Jugendwerkhof. Das ist ein Heim für schwererziehbare Kinder. Mein Bruder schloß sich auch ihnen an und wollte bei seinen Freunden bleiben. Deshalb klaute er mit einem Kumpel Milchflaschen und warf sie mit Schwung in die Container. Das laute Scheppern war für jeden Passanten, besonders in der Nacht, weithin zu hören. Die Polizei hatte es leicht, die Diebe des volkseigenen Gutes zu fangen. Die Nacht verbrachte mein Bruder im Gefängnis. Am nächsten Tag wußten es alle Kinder im Heim. Uns wurde jede Unterhaltung mit den Dieben verboten, auch auf dem Schulhof durften wir nicht zusammen gesehen werden.

Als seine Schwester ließen mich die Jungs in ihren Kreis, und mein Bruder erzählte mir, daß er jetzt auch in den Jugendwerkhof käme. Das wollte ich aber nicht. Ich wollte nicht wieder allein sein! Ich hatte Angst um ihn, denn ich wußte, wer einmal aus Berlin weg ist, kommt nie wieder zurück. Für Berlin brauchte man eine Aufenthaltsgenehmigung, und die bekam keiner aus dem Werkhof oder Knast. Das wußten wir alle. Die Pflegeeltern meines Bruder wurden benachrichtigt, und nun merkte er zum ersten Mal, wie gerne sie ihn hatten. Sie kämpften bei den Behörden um ihn und erreichten, daß er nicht in den Jugendwerkhof kam, sondern für immer zu ihnen nach Hause.

Als er mit seinen Sachen das Heim für immer verließ, lief ich traurig bis zum Tor mit. Dort versprach er mir:

»So oft es geht, werde ich dich besuchen. Kopf hoch, Hexe, laß dich nicht unterkriegen, wir schaffen es schon!«

Er nannte mich als einziger liebevoll »Hexe«. Das wußte keiner im Heim.

Im Zeichenunterricht saß ich neben Wolfgang. Er war ein lustiger Dicker, mit strahlendblauen Augen, dunklen Locken und einem dermaßen herzhaften Lachen, daß er alle damit ansteckte. Noch etwas gefiel mir an ihm: Er konnte irre gut malen, und ich bewunderte sein Talent. In meiner Freizeit malte ich auch oft, und schon deswegen verstanden wir uns toll. Wir redeten über Farbmischungen und alberten viel miteinander herum. Besonders bewunderten wir alle die Karikaturen, die er von den Erziehern anfertigte. Sie trafen die Gesichter der Pädagogen bis ins kleinste Detail, und wir amüsierten uns köstlich darüber.

Aus diesem Grund forderte sein Erzieher, der sich beleidigt und in seiner Person angegriffen fühlte, seine Einweisung in den Jugendwerkhof. In unseren Augen war es Psycho-Terror der Erzieher, da man neuerdings für jedes kleinste Vergehen sofort in den Jugendwerkhof eingewiesen werden konnte. Wir waren über den Beschluß so aufgebracht, daß wir gemeinsam mit den älteren Schülern einen Versuch wagten: Wir bestanden auf einer Heimvollversammlung. Zum ersten Mal sollte darüber abgestimmt werden, ob ein Schüler im Heim bleiben oder in den Jugendwerkhof abgeschoben werden sollte.

Die meisten Schüler, die Wolfgang nicht kannten, trauten sich jedoch nicht, gegen die Erzieher und Lehrer zu stimmen. Wir verloren die Abstimmung, unsere letzte Hoffnung und Wolfgang. Gegen den Beschluß der Erwachsenen waren wir machtlos. Am Abend saßen wir auf den Stufen im Treppenhaus und versuchten, unseren Dicken zu trösten. Er weinte wie ein kleines Kind und tat mir leid. Wir waren empört über die Ungerechtigkeit der Pädagogen. Wolfgang war nicht frecher als wir; nur weil ihn ein Erzieher nicht leiden konnte, nutzte dieser seine Macht über Wolfgang und dessen weiteres Schicksal aus. Mir tat seine Abschiebung besonders weh. Für mich war er fast wie ein Bruder, da ich ihn seit meinen ersten Heimtagen kannte. Alle versprachen, ihm zu schreiben, nur müßte er es zuerst tun, da wir seine neue Adresse nicht kannten.

Als Wolfgang weg war, fehlte er uns sehr. Wie groß war die Freude über seinen ersten Brief an mich. Er schrieb:

Alle Briefe, die ich schreibe und bekomme, werden gelesen. Überleg Dir also Deine Antwort gut. Ich bin jetzt im Erzgebirge und nur mit Jungs zusammen. Die Umgebung gefällt mir, nur leider haben alle Fenster Gitterstäbe. Die Erzieher sind nett, aber streng. Ich male auch noch. Nach Euch habe ich oft Heimweh.

Wir waren über den Brief sehr traurig und weinten. Ich antwortete Wolfgang, wir hätten seinetwegen geweint, weil er uns mit seinem Humor sehr fehle, und wir haßten alle Erzieher. »Nur weil wir keine Eltern haben, können sie mit uns machen, was sie wollen.« Ich habe nie wieder etwas von ihm gehört, trotzdem habe ich ihn nicht vergessen.

Wo ist meine Schwester?

Irgendwann faßte ich den Entschluß, zur Fürsorgerin zu gehen und nach meinen Eltern zu fragen.

Frau Acker wunderte sich nicht über meinen Wunsch. Sie sagte, ohne in meine Akte zu sehen:

»Über deine Mutter weiß ich nichts. Vielleicht lebt sie schon in Australien.«

Dann fielen mir die Worte der Kinderschwester ein, die mich immer an meine Schwester erinnert hatte. Ich fragte:

»Habe ich noch eine Schwester?«

Frau Acker lachte und sagte:

»Aber Kind, wie kommst du denn auf so eine Idee?«

»Doch«, erwiderte ich trotzig, »ich habe eine Schwester, ich weiß es ganz genau. Als ich noch klein war, hat mich eine Kinderschwester immer auf den Schoß genommen und mir erzählt, daß ich noch eine Schwester habe. Vielleicht wollte sie, daß ich mich später daran erinnere.«

Sie ging zum Aktenschrank und sagte:

»Dann weißt du mehr als ich.«

Nachdem sie eine Weile in meiner Akte gelesen hatte, hob sie erstaunt ihre Augen, schaute mich an, blickte wieder in die Akte und sagte:

»Ja, du hast eine Schwester, aber wo sie lebt, weiß ich nicht.«

Stolz über meinen Erfolg rannte ich in meine Gruppe und erzählte den Mädchen diese Neuigkeit. Obwohl ich meine Schwester nicht kannte und sie nicht da war, fühlte ich mich nicht mehr allein. Irgendwo in Berlin lebten zwei Menschen, die zu mir gehörten: ein Bruder und eine Schwester.

Meine Bemühungen, von der Fürsorgerin den Aufenthaltsort meiner Schwester zu erfahren, hatten keinen Erfolg. Wenn ich achtzehn Jahre alt bin, nahm ich mir vor, suche ich weiter nach ihr und meiner Mutter.

Was soll ich werden?

Bald hörten wir von unserer Erzieherin, daß wir uns über unseren zukünftigen Beruf Gedanken machen sollten. Aber mir schien der Tag meiner Heimentlassung noch weit weg, und ich wußte wirklich nicht, was ich werden wollte.

Der Termin unserer Bewerbung näherte sich; mir ging es einfach nicht in den Kopf, daß ich mit meinen fünfzehn Jahren schon genau wissen mußte, was ich mein Leben lang arbeiten will. Eines Tages holte mich die Erzieherin zu einem Gespräch ins Büro.

»Du hast jetzt einen Vormund, der dich bis zu deiner Volljährigkeit betreut.«

Sie gab mir die Adresse vom Jugendamt in Lichtenberg, wo ich mich bei einer Frau Karfunkel melden sollte. Ich machte mich gleich auf den Weg und fuhr zum Nöldnerplatz. Die Häuser waren alle verfallen, alles sah schmutzig und grau aus. Ich fürchtete mich vor den Betrunkenen, die aus der Kneipe kamen.

Hier könnte ich nicht leben, dachte ich. Von einer verschlampten Frau ließ ich mir den Weg zum Jugendamt erklären.

Das Jugendamt befand sich in einem dieser vergammelten Häuser. In den Fluren saßen und standen viele Leute herum, aus den Zimmern hörte ich laute Worte oder das Heulen von Frauen, die ihre Kinder in Heimen untergebracht haben wollten, weil sie nicht mehr mit ihnen fertig wurden.

In mir kroch die Angst vor der Beamtin hoch. Hier gab es kein leises, intimes Gespräch. Die Menschen, die hier saßen und auf eine Erlösung von ihren Kindern hofften, stießen mich ab. Mir kam gar nicht der Gedanke, daß es auch noch andere Probleme auf diesem Amt zu klären gab.

Ich schwor mir: Egal, was passiert, wenn ich mal Kinder habe, stecke ich sie nie in ein Heim.

Fast zwei Stunden saß ich vor der Tür. Gerade als ich mich entschloß, wieder zu gehen, rief mich eine weibliche Stimme ins Zimmer. Die Frau, die für meine letzten zwei Jahre im Heim verantwortlich sein sollte, war schon älter. Meine Angst verschwand schnell, aber mein Inneres blieb auf Warnsignale eingestellt. Das ging mir bei Erwachsenen immer so, ich wußte instinktiv, woran ich bei ihnen war. Gefährlich waren die besonders freundlichen, bei denen fiel meistens der Standardsatz:

»Wir wollen doch nur dein Bestes.«

»Nun«, sagte sie, »mein Name ist Karfunkel, und ich hoffe, wir verstehen uns gut.«

Dann redete sie auf mich ein. »Ich denke, mit dir werde ich keinen Ärger haben. Na ja, du bist ja schon eine ganze Weile im Heim.« Mein bisheriges Leben nannte sie »eine Weile«; aber so drückten sich die Erwachsenen eben manchmal aus.

Ich hörte nicht mehr zu. Im Lauf der Jahre hatte ich gelernt, bei Standpauken meine Ohren auf Durchgang zu schalten. Plötzlich sagte sie:

»Ich habe hier drei Berufe, die du lernen könntest, allerdings müßtest du dazu nach Dresden in ein Internat gehen.«

Hatte ich es doch geahnt, weg wollte sie mich haben. Mir schossen vor Wut die Tränen in die Augen. Raus aus Berlin, weit weg von meinen Freundinnen, in einer fremden Stadt, wo ich keinen Menschen kannte, da sollte ich leben.

»Nein«, schrie ich, »ich lasse mich nicht abschieben!«

»Aber Kind, keiner will dich abschieben, ich will doch nur dein Bestes«, versuchte sie mich zu beruhigen. Hatte ich es doch gewußt.

»Komme ich nach der Lehre wieder nach Berlin zurück?« fragte ich.

»Das kann ich dir nicht versprechen, hier gibt es keine Halbmondteppichweberei.«

In meiner Verzweiflung sagte ich mutig:

»Ich bleibe in Berlin, und wenn ich sonstwas lerne.«

»Ach, Ursula, nun sei doch nicht so trotzig, ich komme dich auch in Dresden besuchen und schreibe dir.«

Was wußte diese Frau schon von mir. Nichts! Bis vor drei Stunden kannte sie mich nur aus meiner Akte, die vor ihr auf dem Tisch lag. Ihr Besuch hätte mir nichts genützt, sie war mir fremd, sie konnte mir meine Heimfreunde nicht ersetzen. Rein gar nichts war sie für mich, aber hatte trotzdem die Macht, über mein Leben zu entscheiden. Plötzlich verwandelte sich ihr Gesichtsausdruck, sie wirkte müde, alt und erschöpft. Mitleidige Augen schauten auf mich, sie stützte ihren Kopf auf die Hand und sagte:

»Gut, drei Wochen hast du Zeit, dir in Berlin eine Lehrstelle zu suchen.«

Immer noch heulend, verließ ich das Jugendamt, triumphierte aber innerlich. Zum ersten Mal hatte ich mich einem Erwachsenen gegenüber durchgesetzt.

Was wird aus mir? überlegte ich.

Ich konnte mir einfach nicht vorstellen, das Heim für immer zu verlassen.

Am nächsten Tag unterhielt ich mich mit Elke, einem Mädchen aus der Nebengruppe, über mein Problem. Sie hatten einen tollen Einfall. Ihre Oma arbeitete in den Gummiwerken in Weißensee.

»Dort werden Luftmatratzen hergestellt«, sagte sie. »Vielleicht suchen sie noch Lehrlinge.«

Gemeinsam fuhren wir zum Arbeitsamt in die Schneeglöckchenstraße. Ich fragte, ob in den Gummiwerken noch eine Lehrstelle frei sei. Eine unpersönlich wirkende Frau schaute in ihre Bücher und sagte:

»Du müßtest dich schnell mit deinen Zeugnissen bewerben.«

Befreit von der Angst, in Berlin nichts zu finden, fuhr ich überglücklich ins Heim zurück. Meine Bewerbung wurde angenommen. Freudestrahlend erzählte ich es in der Gruppe:

»Nach Beendigung der Lehre bin ich Gummifacharbeiter.«

Die Mädchen lachten darüber. Mir war es gleich, ich konnte in Berlin bleiben.

Ferienersatz

Nach dem letzten Schultag fuhren wir zum Zelten nach Boeck an der Müritz. Der Ort, ein kleines, verschlafenes Nest, schien zeitlich stehengeblieben zu sein. Ein Konsum in einem Zimmer des ehemaligen Gasthauses, die Kirche, eine winzige Kneipe und ein paar alte Wohnhäuschen, das war das ganze Dorf.

Innerhalb von zehn Minuten kannten wir alles. Unser Zeltplatz lag auf einer Wiese, ganz einsam am Waldrand. Wie immer mußten wir in den Ferien einen Einsatz für das Dorf machen. Der lief diesmal unter dem Motto: Solidarität mit dem kämpfenden Volk in Vietnam, gegen den Aggressor Amerika. Als Zehnjährige tanzten wir in bunten Röcken gegen den Aggressor Amerika in Kuba. Der Erlös kam dann auf ein Spendenkonto. Tanzen machte uns Spaß, aber hier mußten wir bei der glühenden Hitze auf dem Kartoffelacker Unkraut ziehen. Carlotta, Monika und ich hatten nach drei Stunden genug von der Solidarität. Wir suchten nach einem Fluchtweg vom Acker, aber leider wurden wir von »Affe«, einem Erzieher der Jungs, streng überwacht. Er selbst zog nicht eine Distel. Ich konnte diesen Typ nicht ausstehen. Er belauerte das ganze Zeltlager.

Unsere Erzieherin hatte sich bei einer Tramptour mit uns in einen Armeeoffizier verliebt. Das war so gekommen: Wir wollten eine Wanderung um den See machen und verliefen uns dabei. Ein Armeejeep, der uns begegnete, hielt auf unser Winken. Der Offizier erlaubte seinem Fahrer, uns in das Zeltlager zurückzubringen. Von diesem Tag an hielt der Jeep öfter vor unseren Zelten, und unsere Erzieherin fuhr mit oder schickte jemanden von uns mit kleinen Liebesbriefen zu dem Wagen. Wir fanden es lustig und spannend. Einmal kam ich als letztes der Mädchen vom Waschen am See. Von weitem hatte ich den Jeep schon gesehen. Als ich das Zelt betrat, fragte mich unsere Erzieherin: »Kannst du diesen Brief noch zum Auto bringen?«

»Natürlich«, sagte ich.

»Aber paß auf, daß dich keiner sieht!«

Im Erzieherzelt hatte vor einer halben Stunde eine Aussprache mit der Lagerleiterin stattgefunden. Die Leitung hatte beschlossen, sich über die Vergeudung ihrer Steuergelder für das Benzin der Armee zu beschweren. Sie versuchten herauszufinden, weshalb der Jeep ständig in der Nähe unseres Lagers stand und wer damit privat im Dunkeln wegfuhr. Barfuß rannte ich durch den sumpfigen Wald. Obwohl ich Angst vor Schlangen und Ungeziefer hatte, lief ich wie um mein Leben. Neben mir, auf der Landstraße, hatte »Affe« zum Spurt angesetzt. Ich erreichte als erste das Auto. Glücklicherweise stand der Fahrer rauchend vor der Tür. Leise rief ich ihn und warnte ihn vor dem Beschluß unserer Lagerleitung. Ich gab ihm den Brief. Er lachte nur und sagte:

»Sollen sie sich doch bei uns beschweren, ich fahr' ja unsern höchsten Chef immer zu euch.«

Wir winkten uns noch einmal verschwörerisch zu, dann gab er Gas, gerade als »Affe« den Jeep fast erreicht hatte.

Lachend lief ich zurück, schlich mich von hinten in das Zelt und erzählte, was für ein dummes Gesicht »Affe« gemacht hatte, als ihm der Fang durch die Lappen ging. Unsere Erzieherin lachte herzlich mit und war froh, daß mich keiner erwischt hatte.

Nun standen wir hier zwischen den Furchen, und es schien keinen Ausweg zu geben. Da tuckerte am Horizont ein Panzergeschwader heran. Ich sagte zu den Mädchen:

»Los jetzt, das ist unsere Chance. ›Affe‹ guckt gerade nicht zu uns.«

Wir stolperten über das Feld und kletterten auf die Panzer. Dabei wurden wir von »Affe« entdeckt, aber zu spät für ihn. Wir hatten es geschafft. Die Panzer fuhren mit uns auf und davon in den Wald. Als wir uns in Ruhe umsahen, stellten wir zu unserem Erstaunen fest, daß wir auf Russenpanzern saßen. Die Soldaten sprachen kein Wort, sie guckten nur sehr eigenartig ernst. Mir wurde unter ihren Blicken unbehaglich; ich fragte Carlotta und Monika, wie sie die Blicke deuteten. Sie hatten auch Angst. Dann teilte sich plötzlich der Weg, rechts führte er durch den Wald nach Speck und links nach Boeck. Als der Panzer nach Speck einbog, sprang ich hoch und schrie nach unten:

»Halt, stop, stoi!«

Wie auf Kommando sprangen nun die Soldaten hoch und riefen auf russisch etwas durch die Luke nach unten. Der Fahrer hielt, er wußte wohl nicht, was los war. Diesen Moment nutzte ich und sprang von dem kochendheißen Panzer. Carlotta folgte mir. Als ich mich umdrehte, sah ich, wie die Russen Monika festhielten und dabei »dawei« (schnell) riefen. Wir kamen Monika zu Hilfe und zogen von unten an ihren Füßen. Endlich hatten wir sie frei. Da hielten die anderen zwei Panzer, überall gingen die Luken hoch, und Soldaten krochen heraus. Jetzt rannten wir, so schnell wir konnten, durch den Wald. Erschöpft ließen wir uns auf dem Waldweg nach Boeck fallen. Wir überlegten gerade, was wir nun machen sollten. Da traten plötzlich die khakifarbenen Russen hinter den Bäumen hervor, schnappten sich Monika und wollten sie von uns wegziehen. Mit aller Kraft hielten wir sie fest, und Carlotta schlug dabei mit ihrem Holzschuh auf einen Russen ein. Ich hatte Angst und schrie auf russisch:

»Schweinehunde!« Aber das machte sie nur noch wütender. Wir schlugen und schrien wie um unser Leben, als eine donnernde Stimme in Russisch zu hören war. Sofort ließen sie uns los, ein Offizier war unsere Rettung. In Reih und Glied marschierten sie brav davon.

Uns war die Flucht vergangen. Wir hockten im staubigen Sand und beschlossen, zum Acker zurückzugehen. Der Weg durch den Wald machte uns Angst.

Bei unserem Anblick leuchtete »Affes« Rache richtig aus seinen Augen. Er schien nur darauf gewartet zu haben, uns zu bestrafen.

Die anderen durften mit der Arbeit aufhören, von uns verlangte er in lautem Ton:

»Jeder zieht eine Reihe Unkraut, aber allein.«

Die Mittagshitze machte uns fertig, nirgendwo der geringste Schatten und nichts zu trinken. Ich überlegte, wie wir die Solidaritätsstrafe schneller hinter uns bringen könnten, und kam wieder auf einen rettenden Einfall.

»Wenn wir weit genug im Feld sind, überspringen wir die Furchen und laufen durch die schon gezogenen Reihen«, flüsterte ich den beiden zu.

Ich drehte mich nach unserem Aufseher um – ein günstiger Augenblick. Er trank genüßlich aus einer Flasche und hielt die Augen geschlossen. Wir übersprangen die Reihen, gerade noch rechtzeitig, bevor er die Flasche absetzte. Lachend warfen wir das schon vorher gezogene Unkraut in die Luft. Er traute seinen Augen nicht, mit welcher Schnelligkeit wir das Unkraut zogen und am Ende der Reihen anlangten.

»Donnerwetter, warum nicht gleich so!« meckerte er, als wir fertig waren.

In unserem Zelt schlief ein älteres Mädchen, das schon lange nicht mehr im Heim war. Sie machte in ihrem Urlaub Ferienhelferin bei den Kleinen.

Carlotta und Monika schliefen mit ihr in einer Reihe. Monika erzählte uns, die Helferin habe sie in der Nacht an die Brust gefaßt.

»So eine Sau«, sagte sie, »die ist eine Lesbe.« Aber wir sollten unseren Mund halten, sie habe versprochen, es nicht mehr zu tun. Monika wurde wirklich in Ruhe gelassen.

Eines Tages bekam ich plötzlich starke Schmerzen in der linken Schulter. Schon als kleines Mädchen hatte ich dieselben Schmerzen im Knie gehabt. Was es war, wußte ich nicht. Ich mußte aber eine Zeitlang zur Kurzwelle. Die Schmerzen wurden unerträglich, leise jammerte ich vor mich hin, schließlich hielt ich es nicht mehr aus und weinte in meine Decke hinein. Plötzlich fühlte ich am Fußende eine Berührung, es war das Mädchen. Vor Schreck vergaß ich das Weinen.

»Was ist mit dir, weshalb weinst du?« fragte sie.

Meine Angst vor ihr verflog, und die Schmerzen bohrten weiter in meinem Kugelgelenk.

»Mir tut der Arm so weh«, klagte ich.

Sie verlangte mein Handtuch und rannte damit durch das Zeltlager zur Gulaschkanone. Dort war die einzige Möglichkeit, warmes Wasser zu bekommen. Die ganze Nacht machte sie mir warme Umschläge, bis ich einschlief. Am Morgen wachte ich schmerzfrei auf. Es war mir egal geworden, daß sie Mädchen lieber mochte als Jungen, ich fand sie nett. Ich lernte dadurch, nichts auf das Gerede anderer zu geben, sondern die Menschen danach zu beurteilen, wie sie sich mir gegenüber verhielten.

Einsamkeit

Nach den Ferien rückte der Tag meines Auszuges aus dem Heim immer näher. Ich lenkte mich mit Arbeit ab, indem ich bei den Kleinen im Vorschulhaus bei der Betreuung half. Dafür wurden wir bezahlt.

Die Kinder hingen wie Kletten an mir. Eifersüchtig schubsten sie sich gegenseitig beiseite. Jedes beanspruchte meine Aufmerksamkeit ganz für sich alleine. Sie drängelten sich in meine Nähe, um mal gedrückt oder gestreichelt zu werden. Ich erkannte mich in ihnen wieder, sie suchten Liebe.

Ist die schlechteste Mutter immer noch besser als gar keine? fragte ich mich. Wie oft hatte ich mich nach ihr gesehnt, nie die Hoffnung verloren, sie sucht mich, eines Tages kommt sie mich ganz bestimmt holen. In den vierzehn Jahren meines Lebens, die ich im Heim zubrachte, habe ich diese Einsamkeit durchlebt, habe erfahren, wie traurig und allein ich immer in meinem Kummer gelassen wurde. Nie hat mich ein Erzieher liebevoll gestreichelt. Mir fehlte die Anerkennung, die Liebe, so sehr ich danch suchte, ich fand sie nie.

Nach drei Tagen konnte ich die hündischen Blicke der Kinder und das ständige Gedrängel um mich nicht mehr ertragen.

Ich schubste sie grob von mir, das Berühren der Kinderhände war mir lästig. Wenn sie dann weinten, taten sie mir wieder leid. Schnell erfand ich lustige Spiele, und im Wald konnten sie sich richtig austoben. Auch hinter die Bäume durften sie gehen oder ins Gebüsch machen, obwohl das verboten war. Kein Kind sollte sich zur Toilette abmelden. Sie wälzten sich mit ihren Sachen auf dem Waldboden und waren richtig ausgelassen vor Freude. Bei der Gruppenerzieherin mußten sie Hand in Hand spazierengehen, wobei sie sich nur leise etwas zuflüsterten.

Immer wurden wir unter Aufsicht des Erziehers in unserem Bewegungsdrang und der Redefreudigkeit eingeengt. Wenn wir den Speisesaal betraten, hatten wir keinen Mund mehr zu haben. Flüsterten wir doch, mußte die Gruppe den Weg vom Heimtor bis zur Schule dreimal auf und ab gehen, bis wirklich kein Wort mehr fiel. Erst dann durften wir zum Essen, meistens war dann nichts mehr zum Nachholen da.

Traurig war ich dann aber doch, als die zwei Wochen Arbeit vorbei waren. Und die Kinder! Ich wußte, daß ich sie vierzehn Tage lang gerne hatte und sie mit mir glücklich waren.

Krankenhaus

Anke arbeitete auf der Säuglingsstation. Eines Abends brachte sie von dort weiße Salbe mit und sagte:

»Sieh mal, was ich heimlich mitgehen ließ. Es ist bestimmt Zinksalbe, gut gegen Pickel.«

Jeden Abend schmierten wir uns die Gesichter mit irgendeiner Creme ein. Jetzt hatten wir wieder etwas Neues. Am Morgen brannte mein Gesicht wie Feuer. Als ich in den Spiegel blickte, leuchtete mir eine knallrote Tomate entgegen. Entsetzt über mein Aussehen, ging ich nicht zum Frühstück. Sonja steckte mir durch das Küchenfenster einige Mohrrüben zu, die meinen großen Hunger vorerst stillten. Sie verdiente sich ein wenig Geld in der Küche. Dadurch, daß das Heim so groß war, bot es vielen Schülern eine Möglichkeit zur Ferienarbeit.

Als sich am Abend mein Äußeres noch nicht geändert hatte, versteckte ich mich unter meiner Decke und heulte aus Angst, daß ich nun für immer so bleiben müsse. In der Frühe weckten mich starke Schmerzen im Gesicht. Schnell lief ich zum Spiegel. Mein Gesicht glich einer scheußlichen Fratze, als hätte man mich mit kochendem Wasser übergossen.

Ich zog mich an und rannte zum Ambulatorium. Der Arzt steckte mich gleich ins Bett, und Schwester Brigitta gab mir eine Spritze. Sie war immer sehr nett zu uns. Sie fragte, was ich mit meinem Gesicht gemacht hätte. Ich erzählte ihr alles. Weder Spritzen noch Tabletten konnten verhindern, daß mein Kopf wie eine Wassermelone anschwoll. Meine Augen bekam ich nur mit großer Anstrengung auf, die Lippen hätten jeden Eingeborenen aus Afrika vor Neid erblassen lassen. Ich sah abstoßend aus; wenn ich mich im Spiegel erblickte, erschrak ich. Der Arzt, Dr. Mocka, ließ einen Rettungswagen kommen, und eine Schwester begleitete mich. Vor dem Krankenhaus drückte sie mir einen Ausweis (Sozialversicherung) in die Hand, wünschte mir gute Besserung und stieg wieder in den Wagen. Der Fahrer brachte mich zum Arzt, der mich sofort weiter ins Polizeikrankenhaus schickte. Auf den Fluren standen viele Patienten, die mich neugierig anstarrten. In einigen Gesichtern konnte ich sehen, wie sie sich vor mir ekelten. Der Spießrutenlauf endete in einem Vierbettzimmer, drei ältere Frauen blickten mich besorgt an. Sie zeigten mir den Schrank für meine Kleidung; zu weiteren Fragen blieb ihnen keine Zeit, da die Ärztin mit einem Fragebogen das Zimmer betrat.

»Name der Mutter?«

»Weiß ich nicht!«

»Name des Vaters?«

»Weiß ich auch nicht!«

Es war mir so peinlich, ich spürte die erstaunten Blicke der Patientinnen und der Ärztin. Die Ärztin wurde ungehalten und sagte:

»Du mußt doch wissen, wer deine Eltern sind, oder wer hat dich hierhergebracht?«

»Ich bin aus einem Heim«, flüsterte ich.

Meine Antwort brachte sie in Verlegenheit, und sie sagte:

»Na, lassen wir das, ich werde ja sicherlich alles in deinem SV-Ausweis finden.«

Als sie das Zimmer verließ, drehte ich mich zur Wand und kämpfte gegen meine Tränen und dachte: Wer weiß, wie oft ich in meinem Leben noch diese Fragen beantworten muß, vielleicht denke ich mir beim nächsten Mal einfach irgendwelche Namen aus.

Bis alle Untersuchungen abgeschlossen waren, hörten die Fragen nach meiner Herkunft nicht auf. Zum ersten Mal litt ich entsetzlich darunter, keine Eltern zu haben. Alle Menschen, die mir im Krankenhaus begegneten, waren sehr erstaunt darüber, daß es unschuldige Heimkinder gab. Auch die Frauen in meinem Zimmer dachten, daß nur Kinder in Heimen sind, die nicht auf ihre Eltern hören. Daran merkte ich, wie wenig die Erwachsenen über uns Heimkinder nachdachten. Ob aus Mitleid oder Sympathie, die Frauen waren richtig lieb zu mir. Als mein ganzer Kopf wie der einer Mumie verbunden war und nur noch eine Nasen- und Mundöffnung übrigblieb, fütterten sie mich mit kleinen Häppchen und sprachen mir Trost zu:

»Es wird schon wieder.«

Überhaupt lebte ich hier wie eine Fürstin. Zwei Wahlessen standen jeden Tag auf der Speisekarte, es gab auch ein zweites Frühstück.

»Aber«, so sagten die Frauen, »so ist es nicht in allen Krankenhäusern, nur hier, weil es der Regierung gehört und man Angehöriger der Polizei sein muß.«

Abschied vom Heim

Während meines Krankenhausaufenthaltes mußten die Mädchen das Heim verlassen und in das Jugendwohnheim Treptow ziehen. Bei Besuchen erzählten sie mir schreckliche Dinge über das Mädchenwohnheim.

Die Leute in der Gegend nannten es nur »Rote Laterne« oder »Tripperburg«. Ich konnte mit den Namen nichts anfangen, es graute mir aber schon sehr davor.

Mir wurde klar, daß die Bindung an mein Heim mit dem Ende von Kindheit und Schule jetzt endgültig zerriß. Ich konnte mir nicht vorstellen, nie mehr dort zu leben. Vierzehn Jahre hatte ich da geweint, gelacht und mindestens zwanzig Erzieher erlebt. Das, was ich jetzt war, das war das Resultat pädagogischer Versuche mehrerer Erzieher. Ich war unsicher im Umgang mit fremden Menschen, was ich hinter lockeren Sprüchen versteckte. Ich lernte statt Ehrlichkeit das Lügen und daß man niemals seine wahren Gefühle zeigen durfte.

Die Gruselgeschichten über das neue Heim häuften sich. In

der ersten Etage wohnten die Mädchen, die keinen Beruf lernten, sondern gleich arbeiten gingen. Sie waren von zu Hause weggelaufen, hatten sich herumgetrieben oder kamen aus dem Jungendwerkhof. Diese sollten besonders gemein sein, sie unterdrückten die anderen oder klauten. Später stellte sich bis auf das Klauen alles als Gerücht heraus.

Lehrlinge wohnten in der zweiten Etage, und in der dritten Etage lebten Studentinnen oder schwangere Mädchen.

Bei der Visite fing ich zu lügen an, wie schlecht es mir noch ginge, weil ich Angst vor der Entlassung hatte. Aber nach drei Wochen sah die Ärztin keinen Grund mehr, meinen Aufenthalt zu verlängern, und entließ mich mit den Worten:

»Vorsicht mit unbekannten Medikamenten und vorerst keine Sonne! Du bist allergisch.«

Nach der Abmeldung im Krankenhaus stand ich allein auf der Straße. Niemand holte mich ab. Ich fragte einen alten Mann, wie ich zum S-Bahnhof Friedrichstraße käme. Ich hatte den Eindruck, er hätte mir lieber den Weg zu seiner Wohnung erklärt. Ekliger Typ!

Auszug aus dem Heim

Im Kinderheim meldete ich mich bei der Hausleiterin, sie sagte:

»Pack deine Sachen, morgen fährst du nach Treptow!«

Mühsam hielt ich meine Tränen zurück und ging in mein Zimmer. Es war kein Mädchen da, mit dem ich die letzten Stunden hätte verbringen können. Bis zum Abend saß ich auf meinem Bett und schaute aus dem Fenster. Bald, in wenigen Stunden, würde ich das alles hier nicht mehr sehen, meine Kindheit war zu Ende! Ab morgen mußte ich mich draußen allein zurechtfinden. Ich war so traurig wie noch nie in meinem Leben und weinte fürchterlich.

Abends gegen sieben dachte ich an die Kinder, die jetzt lachend und schwatzend beim Abendbrot saßen. Nie hätte ich geglaubt, daß ich einmal so viel Traurigkeit darüber emfpinden würde, nicht mehr dazuzugehören. Ich mochte nicht zum Essen gehen. Als ich um acht in den Fernsehraum kam, sagte eine neue Erzieherin zu mir:

»Was willst du denn noch hier?«

Mit einem bösen Blick sah ich sie von oben bis unten an und antwortete:

»Halten Sie Ihr blödes Maul!«

Im Fernsehraum trat Totenstille ein, und sie meckerte los, wie ich es erwartete hatte. Mein Interesse galt nur dem Fernseher. Mit meiner Gleichgültigkeit zeigte ich ihr, daß sie für mich Luft war. Endlich verließ sie den Raum, und zehn Minuten später ging ich auch. Kein Erzieher kam noch zu mir, um mir auf Wiedersehen zu sagen. Es war meine letzte und kürzeste Nacht im Heim.

Im Jugendwohnheim

Ohne Koffer fuhr ich am nächsten Morgen mit der S-Bahn nach Treptow. Einige langhaarige Typen saßen im Abteil. Als sie sahen, daß ich aussteigen wollte, sagte einer:

»Ah, kiek mal, die jeht ooch zur roten Laterne.«

»Blödsinn«, sagte ein anderer, »die habe ich da noch nie gesehen.«

Vor Scham machte ich, daß ich aus der S-Bahn kam.

Die Heimleiterin begrüßte mich lächelnd. Mit großen, veilchenblauen Kuhaugen sah sie mich an:

»Aha, du bist also die letzte, auf die wir gewartet haben.«

Ihr Blick hatte etwas Aufdringliches, als versuchte sie, bis auf den Grund meines Weses vorzustoßen. Die Augen glichen zwei Röntgenstrahlen.

Ich erwiderte nichts. Sie ging mit mir in die zweite Etage. Auf den Treppenabsätzen saßen Mädchen an Tischen und rauchten, neugierig musterten sie mich.

In einem Fünfbettzimmer zeigte mir Frau Mücke mein Bett und den Schrank für meine Sachen. Dabei stellte sie fest, daß ich keinen Koffer dabeihatte. In strengem Ton fragte sie:

»Wo sind deine Sachen?«

Ich sagte ihr, daß ich bis gestern im Krankenhaus gewesen sei.

»Du holst sofort deine Sachen, hier wird nichts geklaut, jeder Schrank hat seinen Schlüssel.«

Sie hatte mich durchleuchtet! Nachdem ich mit meinem Koffer zurück war und den Schrank armeemäßig eingeräumt hatte, kamen die vier Mädchen, die zu meinem Zimmer gehörten, herein.

Die erste war eine Schönheit, bloß das hochtoupierte Haar fand ich altmodisch. Sie stellte sich vor:

»Mein Name ist Maggy, ich lerne in den Gummiwerken.«

»Was«, rief ich erfreut, »so ein Zufall, ich lerne auch dort.«

Aber dann erzählte sie mir, daß sie eine Sonderschülerin sei und nur eine Teilausbildung machen könne. »Wir sind also in der Schule und im Betrieb in verschiedenen Klassen.«

Wie schade, dachte ich.

Die zweite hieß Regina, lernte Verkäuferin und war Maggys Freundin. Sie war mir sofort sympathisch. Danach kam Dixi, klein und rund, sie wollte Maurer werden. Ich fragte sie, ob es nicht zu schwer sei für ein Mädchen, da lachte sie nur und sagte:

»Wir werden ja sehen!«

Zu meiner Freude war das vierte Mädchen aus meinem Heim. Erika lernte ebenfalls Verkäuferin. Wir schlossen sofort Freundschaft. Ihre jüngere Schwester Karin war in meiner Gruppe gewesen. Ihr hatte ich vor einigen Jahren den Tod ihrer Mutter mitgeteilt.

Karin, ein großes, schlankes Mädchen mit tiefliegenden Augen, hatte Schwierigkeiten mit der Sprache; wenn sie sich aufregte, stotterte sie stark. Wir saßen beim Mittagstisch, da trat die Hausleiterin an unseren Tisch und sprach mit der Gruppenerzieherin, dabei schauten beide zu Karin. Nach dem Essen sagte die Erzieherin zu uns:

»Kinder, hört mal, Karins Mutti ist eben gestorben, bitte sagt ihr noch nichts, wir wollen ihr das Wochenende in Priros nicht verderben.«

Wir freuten uns auf Priros und waren zu Karin besonders lieb. Keine hänselte sie, wenn sie stotterte. Unser verändertes Verhalten fiel Karin natürlich auf, sie fragte mich:

»Was habt ihr denn alle?«

»Ach nichts«, meinte ich. Sie liebte ihre Mutter sehr. Oft war ich mit ihr ins Krankenhaus gefahren, wo sie sterbenskrank lag. Gesehen habe ich Karins Mutter nie, sie ging lieber allein zu ihr. Ich wartete dann die Stunde draußen vor der Tür. Niemals vergaß sie, von ihren drei Mark Taschengeld Blumen zu kaufen, um ihrer Mutter eine Freude zu machen.

Im Priroser Wald, wir gingen allein spazieren, fing sie plötzlich an zu weinen.

»Warum weinst du?« fragte ich sie.

»Ihr seid alle so anders zu mir, bestimmt ist etwas mit meiner Mutti passiert, ich fühle es.«

Sie tat mir furchtbar leid, und ich sah nicht ein, weshalb ich ihr den Tod ihrer Mutter länger verschweigen sollte. Vorsichtig sagte ich leise:

»Karin, du hast recht, deine Mutter ist gestern gestorben.«

Sie weinte und weinte. Still lief ich mit ihr eine Stunde durch den Wald, ich konnte sie nicht trösten. Wir wurden schon von den anderen vermißt. Aber als sie Karins Gesicht sahen, sagten sie kein Wort und ließen uns in Ruhe.

Jetzt wurde Karins Schwester im Mädchenwohnheim meine beste Freundin.

Die Fabrik

Zum ersten Gespräch für die neuen Lehrlinge und ihre Eltern in einer Weißenseer Gaststätte ging ich allein. Von einem Mädchen erfuhr ich, daß wir uns am nächsten Morgen um sechs Unr in einer Fabrik in Ostkreuz treffen sollten.

Noch fast in der Nacht wurde ich von der Nachtwache geweckt. Über meine Kleidung, die ich anziehen wollte, dachte ich nicht lange nach; alte Jeans und einen alten Pullover trug ich am liebsten. Nur bei meinen Haaren überlegte ich, ob ich sie zusammenbinden oder offenlassen sollte. Ach, egal, was die anderen von mir denken, ich ließ die Haare in voller Länge fallen.

Im Speisesaal saßen vereinzelt noch müde Mädchen, sie strichen sich ihre Brote für den Tag.

Auf meinen Gutenmorgengruß antwortete keine. Von da an ließ ich das Grüßen auch sein.

An der Essensausgabe standen drei Teller, einer mit Brot, einer mit Butter und einer mit Wurst. Angewidert von den durchwühlten Tellern nahm ich keine Stullen mit, trank nur eine Tasse kalte Milch und ging los.

Zwanzig Minuten wartete ich auf Marie, das Mädchen von der Elternversammlung, aber sie kam nicht. Mir war kalt, ich lief allein zum Werk. Die Straßen und Häuser grau in grau, genau wie die Gesichter der Menschen, die mir so früh begegneten. Ob ich später auch mal so aussehe? überlegte ich.

Als ich rechts in die Boshagener Straße einbog und das häßliche Tor der Gummifabrik sah, bereute ich sofort, daß ich dort lernen »wollte«. Nach und nach trafen die neuen Lehrlinge ein. Der Lehrmeister kam und führte uns durch das Werk. Es war schmutzig, laut und stank gewaltig. Zum zweiten Mal bereute ich meine Berufswahl.

In der Klasse hatte ich unter den Schülern bald eine Sonderstellung. Ich war die aus dem Heim, für die anderen etwas Besonderes. Marie hatte es allen erzählt. In den Pausen saßen wir zusammen, ich mußte vom Heim berichten, sie konnten sich ein Leben ohne Eltern nicht vorstellen. Hunderte von Fragen stürmten auf mich ein, ich bemühte mich um ehrliche Antworten. Sie hatten alle eine falsche Vorstellung von Heimkindern und dem Leben dort. Sie staunten über die vielen Reisen, die ich gemacht hatte. So viele Erlebnisse hatten sie zu Hause nicht gehabt und konnten demzufolge auch nicht darüber berichten. Dann wollten sie wissen, ob wir Kinder im Heim geschlagen wurden. Ich mußte darüber lachen und erzählte von meiner einzigen Ohrfeige. Sie wollten es kaum glauben. Danach sprachen wir über ihre Eltern und wie sie lebten. Die meisten hatten Probleme mit ihren Eltern. Einige wurden von den betrunkenen Vätern geschlagen, oder die Eltern stritten häufig miteinander. Es gab kaum einen Schüler, der mit seinen Eltern zufrieden war. Von da an war ich nicht mehr traurig, keine Eltern zu haben.

Lieber keine als solche Eltern, dachte ich, da hatte ich es ja teilweise im Heim besser.

Berufsschule

Zur Berufsschule mußten wir bis zur Leninallee mit der S-Bahn fahren, von dort aus mit der Straßenbahn 17 in Richtung Roederplatz. Die Fahrt ging durch Straßen mit Lauben und vielen grünen Büschen und Bäumen. Ich freute mich nicht auf die Schule, trotzdem war ich neugierig darauf. Zum ersten Mal sollte kein Kind aus einem Heim da sein.

Am Roederplatz stieg ich aus und lief quer durch die Laubenkolonie. Als ich einen schönen alten Apfelbaum sah, kletterte ich über den Zaun und klaute mir einen Apfel, dabei mußte ich unwillkürlich an das Heim denken.

Waren wir am Abend durch die hinter unserem Wald gelegenen Laubenkolonien gewandert, hatten wir oft Birnen oder Äpfel geklaut. Die Erzieherin stand abseits und tat, als sehe sie nichts, dabei paßte sie auf, daß wir nicht erwischt wurden. Kam doch jemand vorbei, dann rief sie in gespielter Entrüstung:

»Aber Kinder, was soll denn das?«

Schnell sprangen wir vom Zaun und taten ganz unschuldig. Waren die Leute vorbei, bogen wir uns vor Lachen. Es war ein stilles Übereinkommen zwischen den Erziehern und uns.

Wir erhielten im Heim Obst, aber selten. Und Geklautes schmeckte eben besser. Kurz nach dem Mauerbau bekamen wir zwar Grundstücke von abgehauenen Berlinern, aber da wir keine Ahnung von Gartenbau hatten und nur durch den Garten tobten oder die Gegend mit unserem Geschrei nervten, wurden uns die Grundstücke wieder weggenommen.

Jeden Morgen klaute ich mir nun von diesem Baum einen Apfel, meist auch vor Hunger. Nach wie vor machte ich mir keine Stulle, zu sehr ekelte ich mich vor dem Wurstteller.

Unser Klassenraum hätte ein Kino sein können. Die Bänke bestanden aus schräg nach oben verlaufenden Reihen mit Klappsitzen. Ich setzte mich in die erste Reihe, ganz rechts an die Wand. Wenn ich zur Tafel gerufen wurde, mußten alle in der Reihe aufstehen, das störte den Unterricht sehr. Aber meine Platzwahl hatte einen Grund. In der Heimschule hatten sich die Jungs mit dem Älterwerden etwas Gemeines angewöhnt. Jedesmal, wenn es zur Pause klingelte, sprangen sie zur Tür und hielten sie zu – natürlich nur, wenn der Klassenlehrer schon den Raum verlassen hatte –, dann griffen sie sich ein Mädchen, drängten es in eine Ecke und begrapschten es an der Brust. Zum Glück saß ich an der Tür und war meistens mit dem Lehrer draußen. Da ich meine Mitschüler noch nicht kannte, war ich vorsichtig. Das zweite Mädchen, das den Raum betrat, setzte sich sofort zu mir. Zum Stundenbeginn zählte ich fünfundzwanzig Jungs und fünf Mädchen. Wir saßen wie die Hühner auf einer Stange, alle in der ersten Reihe. Von oben regnete es plötzlich Pflaumen, ich sagte zu Marie:

»Wenn mich eine Pflaume trifft, geh' ich nach oben und knall' dem Typen eine.«

Die Tür öffnete sich, und der Direktor erschien mit unserem neuen Klassenlehrer. Wenn die Pädagogen die Klasse betraten, mußten wir uns von den Plätzen erheben und stehen bleiben, bis der Lehrer sagte: »Setzen!« Das kannte ich schon aus dem Heim. Als das Kommando »Setzen!« erfolgte, flog mir eine Pflaume an den Kopf. Der Direktor wollte uns gerade mit einer Rede begrüßen, da stand ich auf. Nun folgten alle Mädchen. Ich ging durch die Reihe und stand vor der Klasse. Alle Schüler sahen mich gespannt an, es war mir peinlich, aber ich dachte: Jetzt oder nie. Leider wußte ich nicht, welcher Schüler die Pflaumen geworfen hatte. Ich stieg ein paar Stufen nach oben, da entdeckte ich einen Jungen, der ein besonders dußliges Gesicht machte. Ich holte aus und knallte ihm ein paar, erst rechts, dann links. Seine Ohren glühten sofort. In der Klasse herrschte Totenstille; ich stieg die Stufen wieder hinunter. Der Klassenlehrer fragte mich:

»Sind Sie fertig?«

Ich schaute auf den etwa 1,60 m kleinen Mann und sagte:

»Das sehen Sie doch.«

»Dann gehen Sie auf Ihren Platz.«

Seit diesem Tag ließen mich die Jungs in Ruhe, sie verhielten sich mir gegenüber kumpelhaft und boten mir teure Zigaretten an, aber ich rauchte nicht.

Über unseren Wurzelgnom, den Klassenlehrer, lachten wir noch oft. Detlef mit seiner Länge von 1,98 m machte einmal eine witzige Bemerkung über den Gnom. Da dieser ihn nicht richtig verstanden hatte, ging er einige Stufen zu Detlef nach oben, blieb vor ihm stehen und sagte in ernstem Ton:

»Sie Würstchen Sie, stehen Sie auf!«

Detlefs Kopf wirkte tatsächlich wie eine kleine Murmel, und er hatte den unschuldigen und glatten Gesichtsaudruck eines Zwölfjährigen. Zuerst rutschte er mit seinem Oberkörper nach oben, damit erreichte er im Sitzen schon fast die Größe des Lehrers. Aus unseren Reihen hörte man schon vereinzeltes Lachen. Als Detlef stand und auf den Lehrer hinunterschaute, brüllten wir vor Lachen. Mit rotem Kopf schrie der Lehrer:

»Setzen, setzen Sie sich sofort wieder!«

Wir konnten uns die Stunde über nicht beruhigen, der Lehrer konnte sich nicht mehr durchsetzen. Das war fast wie im Heim. Wir machten, was wir wollten, einige spielten Karten, Käsekästchen oder lasen Bücher, die nicht zum Unterricht gehörten. Einmal sagte Marie zu mir:

»Schau mal, was der Zwerg macht.«

Ich konnte nichts Besonderes an ihm feststellen und fragte:

»Was denn?«

Marie lachte mich aus.

»Mensch, bist du doof, sieh doch mal richtig hin, der spielt Taschenbillard.«

Weder Billard noch Taschenbillard waren mir ein Begriff.

»Was ist denn das nun wieder?«

»O Gott, bist du wirklich so blöd oder tust du nur so? Er fummelte sich an seinen Eiern.«

»Wie, was macht der?« Ich sah zu ihm hin, er hatte seine Hände in den Kitteltaschen, ich konnte nichts sehen.

»Paß mal auf, wenn er zum Lehrertisch geht«, sagte Marie, »dann schubbert er sich an der Tischkante.«

Tatsache, als ich es sah, fing ich so laut zu lachen an, daß er mich fragte:

»Worüber lachen Sie denn so?«

Die Frage brachte mich noch mehr zum Lachen. Ich konnte doch nicht sagen: Wie Sie Taschenbillard spielen! Plötzlich brüllte er:

»Raus!«

Den Rest der Unterrichtsstunde verbrachte ich auf dem Klo. Das hatte ich nun Marie zu verdanken.

Marie war überhaupt schon viel weiter als ich, sie schminkte sich, hatten einen Verlobten und fragte mich, ob ich schon mal gebumst hätte. Sie bumste schon seit zwei Jahren.

»Nein«, sagte ich, »ich habe noch nicht mal einen Freund.«

Sie meinte, das Bumsen sei irre toll und mache richtig Spaß. Ich traute mich nicht zu fragen, was daran Spaß macht, sonst hätte sie mich für noch blöder gehalten. Ich nahm mir vor, ein Mädchen aus dem Heim zu fragen. Sie hatten fast alle einen Freund, auch die Mädchen in meinem Zimmer. Erika ging mit einem Jungen aus unserem Heim, der jetzt zur See fuhr, er wollte Matrose werden. Lange Zeit war er auch mein Schwarm, natürlich heimlich. Er ging aber nur mit den Mädchen aus der großen Gruppe. Wenn Erika Post von ihm bekam, las sie mir immer seine Briefe vor. Von ihr wußte ich, daß sie auch noch nicht mit einem Jungen geschlafen hatte, obwohl ihr Freund es gern wollte. Erika und ich hatten Angst vor dem ersten Mal.

Eines Nachmittags kam ein Mädchen aus der obersten Etage in unser Zimmer. Wir kannten sie aus unserem Kinderheim, sie war schon ein Jahr hier und studierte, sie wollte Lehrerin werden.

»Weißt du, wie man bumst?« fragten wir sie. Sie lachte und sagte:

»Na klar!«

Dann erklärte sie uns alles ganz genau, auch daß es beim ersten Mal sehr weh tut.

Nach der Theorie kam die Praxis. Dazu legte sie sich auf das Bett und machte Liegestütze. Ich konnte mich vor Lachen kaum noch halten, es sah einfach witzig aus. Vom Lachen und den Liegestützen entkräftet, sagte sie: »Tja, so geht es, ungefähr!«

Im Jugendwohnheim mußten wir auch einige Vorschriften einhalten. Am Abend hatten wir um 18 Uhr im Heim zu sein. Mittwochs hatten wir bis 21 Uhr Ausgang und am Sonnabend bis 22 Uhr. Wer dreimal zu spät kam, erhielt vier Wochen Ausgangsverbot. Blieb ein Mädchen eine Nacht weg, mußte es am nächsten Tag zur Untersuchung zum Frauenarzt. Es spielte keine Rolle, wo die Nacht verbracht wurde, ob bei Verwandten, bei einer Freundin oder den Eltern. Die Heimleitung ging immer zuerst vom Negativen aus. Das Mädchen war eine Herumtreiberin. Viele hatten vor der Untersuchung Angst und weinten. Außerdem schämten sie sich, weil sie durch die Begleitung einer Erzieherin oder durch den Anruf der Heimleitung schon vor der Untersuchung einen schlechten Ruf bekamen. Deshalb hatte das Heim die Bezeichnung »Tripperburg«. Ich habe kein einziges Mädchen gekannt, das geschlechtskrank war.

Freizeit

Mit Erika vertrieb ich mir die Ausgangszeit, indem wir viel spazieren und sonnabends zum Tanzen in den Treptower Park gingen.

Dort gingen fast alle Mädchen aus dem Heim tanzen, er war nicht weit vom Heim entfernt. Wenn man sich verspätete, schaffte man es im Dauerlauf, die Ausgangszeit einigermaßen einzuhalten. Bei der Nachtwache hatten wir oft Glück. Sie war schon eine alte Dame und schrieb uns nicht immer gleich in das Buch der Verspätungen ein.

Erika war dunkelhaarig, hatte braune Augen, eine Stupsnase und zu ihrem Ärger immer eine rosige Gesichtshaut. Sie war noch größer als ich und vollbusig. Komischerweise war das Anziehendste an ihr der Po. Jedesmal, wenn wir tanzen gingen, bekam sie von den Jungs oder von den Männern einen Klaps auf ihren Allerwertesten. Das machte sie sehr wütend.

An einem Sonnabend, wir standen im Waschraum und schminkten uns, sagte sie zu mir:

»Wenn mir heute einer auf den Arsch schlägt, dann hau' ich ihm eine runter.«

Ich lachte und sagte:

»Na gut, dann laß uns gehen.«

Ich tanzte nicht gern, viel lieber sah ich den anderen dabei zu und amüsierte mich über die komischsten Paare. Ich fand es interessant, wie sie sich zusammenfanden und anschließend gemeinsam nach Hause gingen. Erika tanzte oft. Die meisten der anwesenden Männer waren Soldaten. Diese Typen wurden beim Tanzen ziemlich aufdringlich. Sie drückten einen so fest an ihren Körper, daß man etwas Hartes zwischen sich und dem Tänzer spürte. Deswegen ließ ich sie einfach stehen und ging zu meinem Platz. Mir war diese Art von Berührung so unangenehm, daß ich lieber gar nicht tanzte. Das brachte einen Soldaten so in Rage, daß er mich beschimpfte.

»Was bildest du dir eigentlich ein, du blöde Kuh?«

Ich hatte genug und sagte zu Erika, die gerade mit einem Soldaten an den Tisch kam:

»Komm, wir gehen, mir reicht es hier.«

An der Garderobe holte ich meine Jacke. Durch das Gewimmel der vielen Soldaten, die noch hinein wollten, erreichte ich den Ausgang. Die Soldaten grapschten nach mir und pöbelten mich an. Auf der Straße drehte ich mich suchend nach Erika um. Sie war schon fast an den Soldaten vorbei, als plötzlich einer, ein Offizier, ausholte und ihr einen kräftigen Schlag auf den Hintern gab. Blitzschnell schlug Erika ihm ins Gesicht, so daß ihm die Mütze vom Kopf flog, und rannte mir nach. Mir erstarb das Lachen auf den Lippen, als ich sah, wie er Erika hinterherlief. Ich konnte nur noch »Erika« rufen, da hatte er sie auch schon und versuchte, auf sie einzuschlagen. Erika, groß und kräftig, wehrte den Schlag ab und scheuerte ihm noch eine. Zum Glück kam der Bus, wir rannten los. In letzter Sekunde erreichten wir ihn und entwischten dem Schläger. Aufgeregt und wütend über die Kerle, nahmen wir uns vor, dort nicht mehr tanzen zu gehen.

Der Mode entsprechend liefen wir mit langen Haaren und kurzen Röcken, die knapp unter dem Po endeten, umher. Auch die Jungs ließen sich die Haare wachsen. Eingie hatten so langes, dichtes und welliges Haar, daß sie von hinten wie Mädchen aussahen. In der Schule war das lange Haar für Jungs verboten, deswegen banden sie es mit Gummi zusammen und steckten den Zopf in den Hemdkragen. Viele hatten aber Pech, sie wurden von der Polizei auf der Straße angehalten und gewaltsam zum Frisör gebracht. Anschließend mußten sie dann auch noch die Rechnung bezahlen. Die Erwachsenen wußten nichts Besseres als schlaue Sprüche zu klopfen, wie: ›Je länger die Haare, desto kürzer der Verstand‹ oder ›Das sind ja bloß alles Gammler, blöd und dreckig.‹

Auch ich mußte mir das oft anhören, ob ich wollte oder nicht. Plötzlich, mitten auf der Straße, fingen die Erwachsenen ohne Grund an, über mich und die heutige Jugend zu meckern. Ich konnte den Satz »Zu meiner Zeit hätte es so etwas nicht gegeben« schon nicht mehr hören. Wir waren jung und wollten für uns sein, ohne die ständigen Vorschriften und Ermahnungen, und so trafen wir uns in kleinen Gruppen privat oder auf Konzertveranstaltungen der Ost-Beat-Gruppen. Westfernsehen war im Jugendwohnheim verboten, genau wie im Kinderheim. Den Beatclub sah ich heimlich bei Schulfreundinnen, wenn die Eltern nicht zu Hause waren. Ein Mädchen hatte sehr tolerante Eltern, sie durfte sich die Wände mit Postern von Westgruppen bekleben, die sehr teuer unter der Hand verkauft wurden. Bei ihr sah ich dann Westsendungen, und wir redeten über die Jungs in unserer Schule. Wenn wir Jungendlichen uns trafen, sahen wir alle gleich aus. Langes Haar, Jeans, egal, wie alt, und Parkas, egal, woher.

Bei Rotwein saßen wir zusammen, redeten von den neuesten Westgruppen, der Mauer, der Liebe und der Freiheit, nach der wir uns sehnten. Wir lachten und waren einfach nur glücklich. Viele aus unserem Kreis waren Studenten oder Lehrlinge, wenige gingen noch zur Oberschule.

Von wegen Hilfsarbeiter oder Asoziale! Warum wurden wir nur nach unserem Äußeren beurteilt? Immer standen uns die Erwachsenen ablehnend gegenüber. Lag es an unserer Jugend oder weil wir uns selbstbewußter verhielten als sie sich früher? Keiner hatte den ›Knigge‹, das Buch über gute Umgangsformen, gelesen. Wir machten keinen Knicks mehr.

Aber ob man lernte, studierte oder arbeitete, das war ganz egal. Wir waren jung, und das war das eigentliche Problem. Wie konnten sie von uns für sich Verständnis erwarten, wenn sie uns nicht verstanden. Und daß es ihnen in ihrer Jugend schlechter gegangen war, dafür konnten wir doch nichts. Sie sollten sich lieber freuen, daß wir es besser hatten, ohne Krieg und Hungersnot. Parolen hatten sie ja reichlich: ›Alles für die Zukunft unserer Kinder.‹ Aber dafür erwarteten sie ewige Dankbarkeit in Form von Gehorsam und Anpassung. Es war unmöglich, mit ihnen auf einer Welle zu schwimmen.

Hinter unserem Jungendheim gab es einen Laden, der nannte sich Twistkeller. Lange vorher mußte man sich nach Karten anstellen, um hineinzukommen. Dort spielten die Jazzer. Licht, Qualm von billigen Zigaretten Marke Karo oder Real und Bier machten den Keller gemütlich. Vor allem traf ich hier interessante Gestalten. Sie trugen lange Bärte und Haare, alte Lewis-Hosen, die bald vom Hintern zu fallen drohten, erzählten verrückte Geschichten aus ihrem Leben, all das zog mich magisch an. Sehr bald merkte ich aber, daß sich die Gespräche wiederholten. Die sogenannten Intellektuellen, die nur redeten und nichts taten, hatte ich bald durchschaut. Das Gerede konnte ich nicht mehr hören. Jeder hielt seine Meinung für die einzig richtige. Ihre endlosen Streitgespräche endeten meistens mit sinnlosem Bierlallen.

Die Musik schien mir immer dieselbe zu sein, als wenn alle Musiker durcheinander spielten. Der alte Jazz gefiel mir besser als der Free Jazz. Ich verstand zwar nichts davon, aber die Musik ging mir unter die Haut. Dazu konnte man tanzen oder rhythmische Bewegungen machen. Das gefiel mir besser als der moderne Jazz. Ich fing an, mir nur noch Karten für bestimmte Gruppen zu kaufen, und ich hatte mehr von dem Abend.

Inzwischen hatte die Gammlerzeit ihren Höhepunkt erreicht. Die wirklich echten Gammler trafen sich in Gammlerecken. Bekannt und verrufen, sogar gefürchtet war der Tunnel im Lichtenberger U-Bahnhof. Hier versammelten sie sich, tranken und pöbelten die Leute an, die dann die Bullen riefen. Regelmäßig machten sie dort Razzia, aber es half wenig. Wenn ich den Tunnel benutzen mußte, hatte ich auch Angst vor diesen Typen. Mit Herzklopfen lief ich an ihnen vorbei. Aber nur wer auf ihre Sprüche oder Pöbeleien antwortete, mußte mit Aggression rechnen. Meist waren es die Erwachsenen, die ihren Mund nicht halten konnten. Schlimme Geschichten von Vergewaltigungen, Belästigungen und Überfällen verbreiteten sich in Berlin. Das hatte zur Folge, daß ich beim Umsteigen den Tunnel lieber mied.

Tag der Republik

7. Oktober, siebzehn Jahre DDR, Feiertag! Keiner brauchte zu arbeiten, alles, was Beine hatte, lief zum Alex oder auf die Karl-Marx-Allee. Die Stadt war mit Fahnen in Rot übersät. Auf den Straßen spielten Armeeorchester der NVA oder der russischen Bruderarmee ihre Volksweisen, dazu tanzten Volkstanzgruppen. Das sahen sich die Muttis und Vatis gern mit ihren Kindern an.

Für uns wurde der »Geburtstag« erst am Abend interessant. Dann spielten hier die Beatgruppen.

Ich hatte mich mit meinem Bruder verabredet und freute mich, als ich ihn in dem Gewühle der Menschen fand. Er stand mit Freunden zusammen, die ich nicht kannte. Wir winkten uns zu und begrüßten uns fröhlich. Die Jungs pfiffen und sagten:

»Tolle Puppe!«

»Mensch, wo hast du die denn her?«

Keiner glaubte, daß wir Geschwister waren. Mein Bruder war stolz auf mich. Ich hatte mich äußerlich wirklich zu meinem Vorteil verändert. Meine offenen Haare trug ich blond gefärbt, und schminken konnte ich mich dank Marie ausgezeichnet.

Wir überlegten gerade, wohin wir gehen wollten, als ein Bulle kam und ohne Grund zu uns sagte:

»Los, auseinander!«

Wir standen nur zu viert. Ich fragte:

»Wieso sollen wir auseinandergehen?«

Er sagte stur, aber etwas lauter:

»Auseinander!«

Unsere Frage, ob es verboten sei, auf der Straße zu stehen, beantwortete er mit einer Drohung:

»Noch ein freches Wort und ich nehme euch mit!«

Wir hatten uns sehr auf den Abend gefreut, und da mein Ausgang sowieso begrenzt war, hatte ich keine Lust, ihn auf einem Polizeirevier zu verbringen. Hintereinander setzten wir uns in Richtung Alex in Bewegung. Auf dem Straußberger Platz ging nichts mehr, er war so voller Menschen, daß wir nur noch auf einem Fleck stehen konnten. Ich sah, wie zwei Lastwagen versuchten, in die Menschenmenge zu fahren.

»Sind die verrückt!« sagte ich zu meinem Bruder, da hielten sie auch schon. Die Planen wurden hochgeschlagen, und Bullen mit Gummiknüppeln in den Händen sprangen schlagend in die Menschenmenge. Das löste Panik unter den Menschen aus, jeder versuchte, davonzukommen. Alles lief, soweit es ging, durcheinander, ich fand meinen Bruder nicht mehr. Die Angst vor den Schlägen drängte mich vorwärts, die Luft dröhnte von dem Geschrei der Verletzten.

Nur weg hier, war mein einziger Gedanke, ich hörte die tosende Menge hinter mir und wußte, ich war draußen.

Vor dem Haus Berlin überlegte ich, wie ich am günstigsten zum Heim zurückkäme. Da beobachtete ich eine entsetzliche Szene. Eine junge Frau wurde von mehreren Polizisten in eine Hausecke gedrückt. Dabei drehten sie ihr die Arme mit Gewalt nach hinten auf den Rücken, sie schrie wie eine Wahnsinnige vor Schmerzen. Die Menschenmenge war in eine regelrechte Panik geraten, keiner nahm sich Zeit, sich um den anderen zu kümmern. Obwohl ich schrecklich entsetzt und aufgeregt war, konnte ich mich nicht von der Stelle rühren. Die Frau in ihrer Hilflosigkeit löste in mir einen unglaublichen Zorn und Haß auf die grün Uniformierten aus, die den Staat vertraten. Ich, die isoliert von der Außenwelt in dem Glauben erzogen worden war, daß in der DDR alles gut und schön und richtig sei und wir dem Staat alles zu verdanken hätten, ich empfand, daß alle Vorstellungen von der Freiheit und dem Leben in der sozialistischen Gemeinschaft Lügen waren. Wie selbstverständlich hatte ich die Funktionen in der Pionier- und FDJ-Organisation ausgeübt. Und jetzt sah ich so etwas!

Die Polizisten schlugen auf alles, was lange Haare hatte, besonders ein. Es schien für mich keinen Ausweg der Flucht zu geben. Brüllende Bullen und schreiende Menschen. Die Frau schrie:

»Nazischweine, ihr habt mein Handgelenk gebrochen!«

Sie heulte wie ein Tier. Zivilbeamte versuchten, sie in ein Auto zu bringen. Wie ein Orkan tobte die Menge. Mit Gewalt trugen sie die Frau zum Auto, dabei verlor sie einen Schuh. Der fiel neben mich, ich hob ihn auf und warf ihn mit den Worten durch das offene Fenster des Autos:

»Sie kann nicht weglaufen, dazu braucht sie ihre Schuhe!«

Plötzlich stand ich einem Lehrer unserer Berufsschule gegenüber. Ein eisiger Schreck durchfuhr mich. Ich machte, daß ich wegkam. Als ich nochmal zurückschaute, traute ich meinen Augen nicht: Er stieg in das Auto, freiwillig!

In den Neubauten sah ich Jugendliche breitbeinig in den Hausfluren mit dem Gesicht zur Wand stehen. Die Arme hatten sie über ihren Köpfen erhoben, dabei wurden sie von Zivilisten abgetastet. Ein Junge sagte etwas, ein Zivilist schlug ihm von hinten an den Kopf, so daß er gegen die Wand prallte. Ich konnte gerade noch sehen, wie der Junge sein Gesicht herumdrehte, dabei schoß ihm das Blut nur so aus der Nase. Angesichts dieser Brutalität änderte ich meine bis dahin unbedarfte Einstellung zu diesem Staat.

Als ich schließlich im Heim war und im Bett lag, konnte ich lange nicht einschlafen. Ich versuchte, meine Gedanken zu ordnen.

Die Mao-Plakette

Mao Tse-tung kam in Mode. Die kleine goldene Plakette wurde mit hundertfünfzig Mark gehandelt. Aber wenn man von der Polizei mit einer erwischt wurde, mußte man mit Bestrafung rechnen. Wer sie trug, war der King, unwichtig, weshalb und warum, man mjßte sie nur haben. Ich hatte keine Ahnung, was in China los war. Als die Kulturrevolution ausbrach, war China plötzlich auch unser Klassenfeind. Im Heim durften wir keine Bilder aus China mehr an der Wand haben, warum und weshalb, erfuhren wir nicht. Zwei Jungs aus meiner Klasse waren scharf auf diese Plakette. Sie überredeten Marie und mich, mit ihnen gemeinsam in die chinesische Botschaft zu gehen, dort hätten sie vielleicht die Chance, eine zu bekommen.

Gesagt, getan. Gleich nach der Schule fuhren wir bei strömendem Regen nach Karlshorst. Vor der Tür liefen Polizisten auf und ab. Was die wohl machen, wenn sie sehen, daß wir in die Botschaft wollen, fragte ich mich.

»Kommt, wir rennen einfach auf die Tür zu; wenn wir einmal dort sind, können sie nichts mehr machen.«

Wir rannten zur Tür, die glücklicherweise nicht verschlossen war. Noch ehe wir uns überlegen konnten, was wir sagen wollten, stand ein kleiner, lächelnder Chinese im grauen Anzug vor uns und begrüßte uns mit den Worten:

»Bitte, kommen Sie herein, ich schicke gleich einen Genossen.«

Dabei führte er uns durch mehrere Räume, an deren Wände riesige Plakate und Fahnen mit Maos Bild hingen; sie sahen wie überdimensionale Wandzeitungen aus. In einem kleinen Zimmer standen auf einem Plakat in deutscher Sprache die Worte: *Mao, die Sonne unseres Herzens*. Hier bat er uns, Platz zu nehmen, und verschwand. Wir nutzten die Gelegenheit, uns abzusprechen, welche Fragen wir stellen wollten. Nachdem uns ein zweiter chinesischer Genosse begrüßt hatte, fragte er uns, ob wir noch Schüler seien. Er sprach perfekt deutsch. Wir sagten, wir seien Lehrlinge und wollten uns gerne über die Kulturrevolution informieren, da wir darüber nichts wüßten. Dabei schauten wir nur auf seine Plakette. Nach der Kulturrevolution zu fragen, erwies sich als Fehler, denn jetzt erfolgte ein zweistündiger Vortrag über Chinas Kultur und Revolution. Dem Chinesen waren alle Agitationsmethoden vertraut, von der ruhigen, begeisterten bis zur mitreißenden. Er ließ sich nur einmal in seinem Vortrag stören, indem er sich ungeniert mit einem Finger eines Popels entledigte. Der grinsende Maoredner mit dem Finger in der Nase. Obwohl ich mich ekelte, kam mir das Lachen, was ich mir anstandshalber verkniff. Die anderen zuckten auch mit den Mundwinkeln. Den Vortrag schloß er mit den Worten:

»Ihr dürft euch nichts gefallen lassen, ihr müßt kämpfen; wenn es sein muß, mit der Waffe in der Hand. Wir helfen euch!«

Ich hatte so viel über China gehört, daß ich benebelt war. Mir dröhnte der Kopf, ich war überzeugt von dem, was er alles erzählt hatte. Dann kam die Frage:

»Kann ich noch etwas für euch tun?«

Darauf hatten wir nur gewartet. Als er hörte, daß wir die Maoplakette wollten, schickte er einen Genossen los, um sie zu holen. Lächelnd überreichte er sie jedem mit der Pekinger Rundschau in deutscher Sprache und ermahnte uns, sie auch immer zu tragen. Ab nun sollten wir jeden Mittwoch zu einem Gespräch in die Botschaft kommen. Wenn er dann sähe, daß wir gute Freunde seien, bekämen wir die Rote Bibel geschenkt.

Ich versteckte die Rundschau im Schnellhefter, die Plakette behielt ich in meiner Hand. Ich wollte das mühsam Erworbene nicht wieder loswerden.

Vor der Tür standen die Polizisten im Regen, sie sahen uns kurz an, mir schlug das Herz bis zum Hals, aber sie ließen uns gleichgültig vorbei. In der Straßenbahn lachten wir uns über den Popel fast tot.

Ich hätte mich ehrlich für China begeistern können. Leider hatten die anderen kein weiteres Interesse an China, und allein fehlte mir der Mut, in die Botschaft zu gehen.

Die Vorträge, die man von den Genossen der DDR hören konnte, wurden wochenlang vorher geübt und dann monoton vom Zettel abgelesen. Bei solchen Vorträgen erstickte man bald in Langeweile und wußte zum Schluß nie, worum es eigentlich ging.

Buchenwald

Der Herbst kam und brachte unsere Klasse wegen ihrer bis dahin noch guten Disziplin eine Reise nach Erfurt ein. Wir fuhren mit den Lehrausbildern in eine Jugendherberge, wo wir uns in Doppelstockbetten austobten und wo die Jungen versuchten, uns beim Ausziehen zu beobachten. Einige Male saß auch ein Lehrer bei einem Mädchen auf dem Bett. Mich konnte nichts mehr erschüttern, selbst nicht, als ich sie einmal beim Knutschen sah. Dem Lehrer schien es wenigstens noch peinlich zu sein, hingegen das Mädchen hatte nur Angst, daß es die Klasse erfuhr. Ich sagte ihr, daß ich schon ganz andere Dinge im Heim erlebt hätte und daß über sie und den Lehrer schon lange geredet würde. Von da an machte sie aus ihrer Verliebtheit kein Geheimnis mehr. Bald hatten sich alle an ihre Schwärmerei für den Lehrer gewöhnt.

Zu unser aller Ärger mußten wir das KZ Buchenwald besuchen. Ich konnte schon keine Konzentrationslager mehr sehen. Wie oft ich schon im KZ war, natürlich als Pflichtveranstaltung, kann ich nicht zählen. Auch hier gehörte es zum Programm. Im kalten Wind stiegen wir den Ettersberg hinauf, wir froren, und der Schnee machte alles noch schlimmer. Im Schnelldurchlauf rannten wir durch die Mahn- und Gedenkstätte, hörten uns an, wo Erst Thälmann erschossen wurde, und verließen, so schnell wir konnten, die eisige Vergangenheit. Keiner von uns zeigte sich über das Geschehene betroffen. Zu oft hatte man uns zu den nicht miterlebten Schandtaten der Nazis geschickt. Es gehörte schon zu meinem Leben, in ein KZ zu gehen. Oft hatte ich Träume, als sei ich selbst schon drin gewesen. Jetzt schwor ich mir, nie wieder ein KZ zu besuchen.

Vormilitärische Ausbildung

Kaum waren wir aus Erfurt zurück, teilte uns der Lehrobermeister mit, wir könnten nun unsere Treue zum Staat unter Beweis stellen und zur vormilitärischen Ausbildung fahren. Ohne die Teilnahme daran könnten wir sowieso unseren Facharbeiterbrief vergessen. Es sollte kumpelhaft klingen, war aber sehr ernst gemeint, denn alle, die nicht mitmachen wollten, bat man zu einer Unterredung. Schließlich hatte keiner Lust, umsonst gelernt zu haben, und so fuhren wir alle geschlossen in dieses Lager. Irgendwo in der Nähe von Berlin, versteckt im Wald, standen mehrere Bungalows, die waren für eine Woche unsere Unterkunft. Gegenüber den fast dreißig Jungen war uns fünf Mädchen nicht wohl in unserer Haut. Die Einrichtung war sehr dürftig: drei Doppelstockbetten, sechs Stühle und eine Heizsonne, die nicht ausreichte, unseren Raum, bestehend aus vier einfachen Holzwänden, richtig zu erwärmen.

Wir schoben gerade unsere Rucksäcke unter die Betten, da schrie schon eine Männerstimme:

»Alles raustreten!«

Langsam kamen alle aus ihren Hütten. Der Ausbilder schrie wieder:

»Bißchen dalli, hopp, hopp, ihr seid doch nicht zur Erholung hier!«

Nachdem wir uns einigermaßen geordnet hatten, schrie er:

»Achtung, rechts um! Achtung, links um!«

Wir drehten uns alle durcheinander. Die Übung der Wende dauerte so lange, bis jeder einzelne sie begriffen hatte. Er ließ die Jungen wegtreten und beschäftigte sich nun ausgiebig mit uns. Mir war das einfach zu blöde, und ich weigerte mich, weiter im Kreis die Pirouetten zu drehen. Darauf entließ er die vier Mädchen. Unter dem Gejohle der Jungen sollte ich seine Kommandos befolgen. Nun reichte es mir endgültig, ich ließ ihn brüllen und rannte in meine Hütte, riß mir die Klamotten vom Körper und wartete auf die Dinge, die da kommen sollten. Wütend über das Gelächter der Jungen und meine Flucht, rannte er mir natürlich hinterher. Die Mädchen schlossen die Tür ab und schrien:

»Ursula ist nackend!«

Mit voller Wucht warf er sich gegen die Tür und brüllte:

»Komm sofort raus!«

Ich dachte, er tritt sie ein, da rief ich, so laut ich konnte:

»Wenn Sie reinkommen, zeige ich Sie im Heim wegen Belästigung an!«

Schlagartig wurde es vor der Tür ruhig, erleichtert warfen wir uns auf unsere Betten.

»Wer weiß, was uns hier noch erwartet, ein Zuckerschlecken wird es wohl nicht«, sagte ich.

Am nächsten Tag mußten wir unsere Zivilsachen gegen Uniformen eintauschen, und nun kam die eigentliche Ausbildung: über den feuchten Waldboden robben, Holzkeulen als Handgranaten durch die Luft schleudern und Schießübungen. Wenn ich auf der Erde kroch, mir der modrige Dunst des verfaulten Laubes in die Nase stieg und mir dazu kleine Würmer und andere Tierchen über die Arme liefen, packte mich nicht nur Ekel, sondern auch maßlose Wut über diese für mich sinnlose Ausbildung. Da redeten sie alle von »Nie wieder Krieg«, und wir säuberten hier den Waldboden mit unserem Körper.

Nach so einer Übung waren wir meist fix und fertig. In Reih und Glied marschierten wir einmal durch ein Dorf. Keine Menschenseele war zu sehen, als ob sich die Bauern vor uns versteckten. Niemand von uns wußte, wo wir hier überhaupt waren. Nachdem wir das Dorf durchquert hatten, führte uns der Ausbilder zu einem schmalen Waldweg, der über eine kleine Holzbrücke führte. Darunter plätscherte glasklares Wasser. Für einen kurzen Augenblick sah ich kleine Fische schwimmen und hätte diesen Ort, wären wir nicht marschiert, richtig romantisch gefunden. Erstaunt blickten wir auf eine Art Waldschlößchen, vor dem der Weg endete. Mit dem Ausbilder vornweg, trampelten wir mit unseren schmutzigen Schuhen und Sachen über einen roten Teppich in das kleine Familienhotel. An der Tür stand plötzlich die Dame des Hauses, eine kleine, rundliche Frau, auf ihrem Gesicht spiegelte sich das Entsetzen über unseren Anblick wider. Überall hinterließen wir Spuren des Waldes, sie traute sich jedoch nicht, uns rauszuwerfen. Der Ausbilder bestellte Getränke, und die ohnehin schon leisen Hotelgäste sprachen gar nicht mehr, sondern sahen uns nur schweigend an.

Die Jungs erzählten sich laut dreckige Witze und grölten vor Lachen, es dauerte nicht lange, da kippten schon die ersten Gläser auf die weißen Tischdecken, und sie tranken keine Brause mehr, sondern Bier. Mir kam das alles wie ein Schauspiel vor, die ernsten Gesichter der Erwachsenen und wir Jungendlichen in Uniform, niemand wagte, uns zur Ordnung zu rufen. Mühsam rang sich die Hotelbesitzerin ein Lächeln ab, als wir endlich gingen.

Todmüde fiel ich am Abend in mein Bett. Plötzlich, mitten in der Nacht, Alarm. Schlaftrunken suchten wir unsere Sachen, da schrie auch schon draußen einer:

»Schneller, schneller, hier wird nicht gepennt!«

An der Stimme erkannte ich den Lagerleiter.

»Ist der besoffen?« fragte ich die Mädchen, »der muß doch wohl spinnen, uns nachts herauszuholen.«

Und wirklich ließ er uns alle antreten, und dann mußten wir durch den dunklen Wald marschieren. Dazu folgte das Kommando:

»Ein Lied! Zwo, drei, vier Ofenrohr!«

Zitternd vor Kälte, es war schon Ende Oktober, wollten wir es schnell hinter uns bringen und sagen:

Ofenrohr, Ofenrohr
das war ein schöner Lied,
das war ein feiner Lied,
das Lied hat schön gelingt,
drum wird's noch mal gesingt.
Ofenrohr, Ofenrohr, usw.

Ich weiß nicht, wie oft wir dieses idiotische Lied gesungen haben, irgendwann hörte man auf zu denken. Die Füße liefen automatisch, und als wir endlich abtreten durften, graute der Morgen. Ich konnte es nicht begreifen, was diese Ausbildung für einen Zweck erfüllen sollte.

Wie war ich froh, als die Woche des Waldes, der Sauferei und der Nachtwanderungen mit Kommandos endete. Im Heim konnte ich die Mädchen nur vor diesem Ausbilder warnen.

Vorweihnachtszeit

Der Weihnachtsmarkt an der Sporthalle auf der Karl-Marx-Allee hatte geöffnet, und ich gönnte mir mit Erika einen Bummel. Hier war immer etwas los. Die Jungs umlagerten die Karussells und die Mädchen, wir standen in Cliquen und redeten über dies und jenes. Wo sollten wir auch sonst hin. In den Bierzelten waren die besoffenen Männer, die uns nur anpöbelten, und die Lokale kosteten Eintritt, das war uns zu teuer. Lustig wurde es, wenn ich Leute aus meiner Berufsschule traf. Redete man in der Schule auch kaum miteinander, so war das hier auf dem Weihnachtsmarkt ganz anders. Man rief sich »Hallo« zu, blieb stehen und alberte miteinander. Erika staunte, wie viele Leute ich kannte, vor allem Jungs. Sie als Verkaufslehrling hatte an ihrer

Schule keine Jungs, und bei mir waren die Mädchen Ausnahmen.

Wir liefen über den Markt; was wir uns leisten konnten, hatten wir probiert. Langsam wurde mir kalt, meine Füße und Hände begannen zu schmerzen. Die Hände vergrub ich hin und wieder in meinen Jackentaschen, aber meine Füße steckten in billigen, ungefütterten Stiefeln und waren trotz dicker Socken kalt. Wir mußten uns im Jugendwohnheim von unserem Lehrlingsgeld selbst einkleiden, dazu kamen Heimkosten, Fahrgeld, Spargeld (Mindestabgabe fünf Mark) und alles Sanitäre auch noch, da blieben von meinen achtzig Mark monatlich keine großen Summen übrig.

Erika wollte zum Aufwärmen nun doch mit mir in ein Bierzelt gehen. Ich wollte aber nicht.

»Komm, laß uns lieber nach Hause fahren.«

»Na gut«, sagte sie, »aber wir kaufen hier noch Mandeln.«

Ich ließ mich überreden und ging mit ihr frierend zum Mandelstand, als plötzlich ein Windstoß meine Haare nach hinten wehte. Genau in diesem Augenblick standen mir zwei Polizisten gegenüber, und Mao blinkte im grellen Karussellicht auf. Ich besaß noch als letzte diese Plakette, die anderen hatten schon eher Pech gehabt und sich von ihr unfreiwillig trennen müssen. Für einen winzigen Augenblick sahen wir uns in die Augen, und ich wußte, daß sie Mao gesehen hatten.

»Schnell«, sagte ich zu Erika, »wir müssen hier abhauen.«

Da hörte ich schon hinter mir das Rufen:

»Halt! Stehenbleiben!«

Ich tat, als gelte es nicht mir, und ging mit Erika weiter. Die Leute drehten sich suchend um, wer war wohl gemeint?

Ich hörte ihre Schritte und wußte, daß sie hinter mir herliefen. Mir war es einfach zu albern, jetzt loszurennen, und ich blieb stehen, ich hatte ja nichts getan. Als sie vor uns standen, hieß es gleich:

»Los, mitkommen!«

»Warum denn, ich habe doch nichts gemacht«, sagte ich.

»Das wirst du gleich sehen, los, mach schon.«

Dabei faßte mich einer grob am Arm und schob mich durch

das Gedränge der Neugierigen zu einem Platz in U-Bahn-Nähe. Hier fragte er mich:

»Was hast du da?«

Als ich fragte: »Was denn?«, sagte er drohend: »Werd nicht frech, du weißt genau, was ich meine.«

»Ich weiß nicht, was Sie meinen.«

»Na, das Ding da, was du trägst.«

»Ach so, das ist eine Plakette.«

»Das sehe ich auch«, sagte er, »und wer ist drauf?«

»Sieht man doch«, sagte ich, »aber falls Sie ihn nicht kennen, es ist Mao.«

Es reichte ihm. Jugendliche hatten sich um uns versammelt und verfolgten lachend das Frage-und-Antwort-Spiel. Mit seiner Beherrschung war es vorbei, er schrie mich an:

»Los, nimm die Hände aus den Taschen, stell dich ordentlich hin und mach das Ding ab! Es ist verboten, so etwas zu tragen. Gib es mir!«

Erst hatte ich das Hin und Her lustig gefunden, aber nun wurde ich sauer. Er behandelte mich wie einen Verbrecher, duzte mich, und nun sollte ich noch militärische Haltung einnehmen. Ich stellte mich übertrieben stramm hin, wie ein Soldat, gelernt ist eben gelernt.

Als ich ihn fragte, warum es verboten sei, »Mao« zu tragen, antwortete er:

»Auch dafür werde ich mir eine Stunde Zeit nehmen, dir das zu erklären.«

Ich war mir nicht mehr sicher, ob es eine Drohung war oder ob er dicke Bücher wälzen wollte. Meiner unguten Ahnung folgend, machte ich die Plakette lieber ab. Er freute sich über seinen Erfolg und fragte:

»Weißt du, weshalb du dieses Ding überhaupt trägst?«

Und ob ich das wußte, nur zu gut hatte ich noch den Vortrag des Chinesen im Kopf und legte los. Das machte die Jungendlichen lebendig, einige klatschten, andere pfiffen und lachten.

Ich hörte den Satz: »Das Ding her, oder wir nehmen dich mit.«

Ich bekam einen fürchterlichen Schreck, dachte an das Heim,

den Ärger und das damit verbundene Ausgangsverbot, das war mir »MAO« nun doch nicht wert. Wie zufällig ließ ich die Plakette beim Übergehen in den Gulli vor mir fallen; ich sah »MAO« in der Kloake von Berlin verschwinden und war irgendwie erleichtert. Erika stand hinter einem Bullen, und ich streckte ihm die Zunge heraus und wollte gehen. Plötzlich siezte er mich:

»Beleidigen Sie nicht meinen Kollegen! Und damit du klarsiehst«, da war er wieder beim »Du«, »ab sofort hast du Weihnachtsmarktverbot.«

Ich zuckte mit den Schultern und ging mit Erika am Rand des Weihnachtsmarktes entlang. Ich wartete, bis sie sich ihre Mandeln geholt hatte, und in meiner Nähe warteten die Bullen. Erika kam zurück, was ist schon »MAO« gegen süße warme Mandeln! Mir war auf einmal nicht mehr kalt, ich wurde richtig fröhlich und lachte über die Bullen, die sich meinetwegen in ihrer warmen Kleidung geärgert hatten.

Verdacht

Eines Abends, ich lag im Bett, hörte ich im Dunkeln, wie sich Regina und ihre Freundin über den Weihnachtsmarkt unterhielten. Dabei sagte Regina leise:

»Fünfzig Mark habe ich ausgegeben.«

Müde dachte ich: Mensch, ist das viel Geld, und schlief ein. Zwei Tage später, ich kam von der Berufsschule, sah ich Dixi in der Telefonzelle am S-Bahnhof Treptow.

»Hallo, Dixi«, rief ich in die Zelle. Sie drehte sich zu mir um, und ich sah in ein verheultes Gesicht. »Mensch, Dixi, was ist denn mit dir los?«

Sie weinte sofort wieder und sagte:

»Mir hat einer fünfzig Mark geklaut.«

»Was?«

Mir fiel sofort das nächtliche Gespräch ein. Ich versuchte, sie zu beruhigen, behielt meine Gedanken aber für mich. Im Heim erwartete mich ein Kripobeamter. Im Hausleiterbüro wurde ich gefragt, ob ich das Geld genommen hätte. Entrüstet wehrte ich mich gegen diese Verdächtigung. Danach sollte ich einen Verdacht äußern. Ich traute diese Gemeinheit keiner aus dem Zimmer zu und sagte es auch. Der Mann von der Kripo klärte mich auf, daß sich Dixis Geldbörse versteckt in ihrem Schmutzwäschesack befand und daß sich auf der Börse nur Dixis Fingerabdrücke und die des Täters befinden könnten.

Er bat mich, pünktlich um 16 Uhr auf dem Polizeirevier zu erscheinen, dort wollten sie allen Mädchen aus unserem Zimmer die Fingerabdrücke nehmen. Nach diesem Gespräch wollte er in meinen Schrank sehen.

»Donnerwetter!« entfuhr es ihm. »Solche Ordnung hätte ich dir ja gar nicht zugetraut!«

Typisch, dachte ich, wieder wurde ich nach meinem Aussehen beurteilt. Er wußte nicht, daß man mir diese verhaßte Ordnung mit den Jahren eingetrimmt hatte. Als er mit dem Schrank fertig war, stocherte er im Blumentopf herum, der auf meinem Bücherregal über dem Bett stand.

»Na gut, dann bis 16 Uhr!«

Aufgeregt diskutierten wir auf dem Weg zur Polizei, wer wohl so gemein sein könnte, und kamen zu dem Ergebnis, auf keinen Fall eine aus unserem Zimmer.

Wie ein Verbrecher mußte ich meine zehn Finger in schwarze Farbe tauchen und über ein weißes Blatt Papier wälzen.

Nun haben sie mein Leben lang meine Fingerabdrücke, dachte ich.

Instinktiv fühlte ich mich nicht mehr so frei wie vorher. Bis zum Jüngsten Tag war ich polizeilich erfaßt; den anderen Mädchen erging es ebenso. Es war ein Gefühl, das man gar nicht richtig beschreiben kann, man war unschuldig und doch beschmutzt.

Drei Tage später wurden wir ins Büro der Heimleitung gerufen.

»So«, sagte der Polizist, »eine von euch ist die Täterin, die Fingerabdrücke stimmen zweifelsfrei überein. Ich gebe euch die

Chance, daß diejenige sich freiwillig meldet, ansonsten gibt es Anzeige, und die Sache landet vor Gericht. Ihr seid noch jung und wollt euch doch nicht die Zukunft verbauen, oder?«

Betretenes Schweigen. Ich dachte nur: Wer ist es? Als sich nach einer Stunde niemand meldete, reichte es dem Polizisten, und er sagte:

»Ursula« – mir lief es siedendheiß über den Körper, ich wurde dunkelrot –, »du bist verdächtigt worden.«

Alle Mädchen starrten mich an.

»Ich war es nicht!«

Die Worte kamen ziemlich kläglich aus meinem Mund.

»Das weiß ich«, sagte der Polizist, »die Diebin hat dich aber als einzige Verdächtige angegeben, sie heißt Regina.«

Regina, ich war schockiert, ausgerechnet sie, die ich so nett fand, niemals hätte ich ihr so viel Gemeinheit zugetraut. Sie fing sofort an zu schreien: »Ich war es nicht!« und wurde richtig hysterisch. Die Hausleiterin schickte uns aus dem Raum. Regina war die einzige, die schon ihre Lehre im September beendet hatte und richtig Geld verdiente. Im Heim hätte sie, trotz ihrer Volljährigkeit, so lange bleiben dürfen, bis sie eine Wohnung bekam.

Am Abend betrat sie unser Zimmer. Ohne ein Wort der Entschuldigung packte sie ihre Sachen und ging für immer. Die Heimleiterin schickte sie in ihr Elternhaus zurück, obwohl es dort Probleme gab.

Trotz der Enttäuschung tat sie mir leid.

Zwei Tage später kam eine Neue. Die Mutter, Alkoholikerin, kümmerte sich nicht um sie. Ein hübsches Mädchen, leider ohne richtige Schulausbildung. Sie wurde als Zimmermädchen in einem Hotel angelernt.

Weihnachten 1967

Wir gingen in den Speiseraum, ein Tannenbaum stand festlich geschmückt in der Ecke, eine Schallplatte leierte Weihnachtslieder. Einzeln riefen uns die Erzieher mit Namen auf, und wir erhielten Staatsgeschenke in Form von Bettwäsche und zwei Handtüchern sowie einen bunten Teller. Erika und ich hatten uns gegenseitig beschenkt. Wir brachten unsere Präsente in unser Zimmer und wußten nicht, was wir noch mit dem Weihnachtsabend anfangen sollten.

»Komm«, sagte ich, »wir fahren S-Bahn.«

Die Abteile der S-Bahn waren gespenstisch leer, wir saßen und schauten in die vorbeifliegenden Weihnachtsstuben.

»Es muß schön sein, eine richtige Familie zu haben«, sagte ich.

Erika gab mir recht, und traurig wandte sie sich ab. Ich ließ sie in Ruhe, bestimmt dachte sie an ihre Mutter.

Hinter der Mauer, im Westen, glänzten die Lichter noch stärker, die Fenster übertrafen sich mit ihren Lichterketten gegenseitig. Dagegen wirkte unser Ostteil richtig dunkel. Und schon lebten wir auf. Wie es wohl im Westen ist? Schade, daß man nicht rüberfahren kann. Viele Bücher von Emile Zola hatten wir gelesen. Ob wir jemals nach Frankreich kommen? Wird unser Reiseland immer die DDR bleiben? Bleibt die Mauer für immer? Über solche Fragen redeten wir von Endstation zu Endstation. Ehe wir es uns versahen, war es neun Uhr. Zurückgekehrt ins Heim, machten wir es uns noch mit einigen Mädchen gemütlich. Ich erlebte Weihnachten einmal ganz anders: vom Gefühl der Einsamkeit und dem Nachdenken über uns und die Welt bis zur ausgelassenen Fröhlichkeit. Es ging mir gut.

Gedanken

In den ersten warmen Frühlingstagen legte ich mich mit einem Buch in den Garten hinterm Haus. Ich genoß die Ruhe, den Blütenduft der Obstbäume und las. Eine Erzieherin trat zu mir und sagte:

»Bitte steh auf, du holst dir was weg!«

»Ach, Quatsch«, antwortete ich, »ich werde schon nicht krank.«

Sie verschwand wieder. In Ruhe las ich weiter. Als ich später ins Haus gehen wollte, hörte ich nebenan auf dem Grundstück eine alte Frau weinen. Schlagartig wurde mir bewußt, daß neben unserem Jugendwohnheim ein Altersheim stand. Ich wußte es schon vom ersten Tag an, aber so richtig hatte ich mir darüber keine Gedanken gemacht. War das mein Schicksal: Kinderheim, Jugendwohnheim und zur Krönung das Altersheim? Panik erfaßte mich, bloß das nicht! Ich empfand den Frühling nicht mehr, mir wollten die Gedanken nicht aus dem Kopf. Lieber sterbe ich, als nur im Heim zu leben. Mit wem konnte ich darüber sprechen? Mit niemandem.

Ich sortierte meine Gedanken und freute mich über das Ergebnis: Nur ich allein werde mir mein Leben gestalten und versuchen, das Beste daraus zu machen; so schnell wollte ich nicht aufgeben.

Also beschloß ich, die Welt zu entdecken, auch wenn diese Welt erst einmal die Hälfte einer Stadt mit ihrer Umgebung war.

Potsdam

Meine erste Entdeckung war Potsdam. Eine kleine, total vergammelte Altstadt. Sofort verliebte ich mich in ihre traurig wirkende Fassade. Stundenlang konnte ich mit Erika durch die Gassen spazieren, imer wieder entdeckten wir neue Details an den alten Häusern. Keine Hektik wie in Berlin; Potsdam wirkte ruhiger, richtig verträumt. Die größte Freude war allerdings das Schloß mit seinem riesigen Park. Jedes Wochenende fuhren wir bei schönem Wetter dorthin. Nicht auf den breiten Touristenwegen liefen wir, sondern wir entdeckten die entferntesten Winkel des Parks. Im Schatten der Bäume redeten wir über alles mögliche und freuten uns über das lange Leben, das noch vor uns lag. Wir wollten alles besser machen als die Erwachsenen. Zum Beweis unserer Freundschaft ritzten wir unsere Namen in einen jungen Baum, er sollte mit uns wachsen.

Hausarrest

Im Mai hieß es: Wir fahren gemeinsam zur Kaserne nach Adlershof zu einer politischen Veranstaltung, danach ist Tanz. Die ›Genossen Soldaten‹ haben eine Einladung geschickt. Erika und ich hatten keine Lust, aber unsere Erzieherin meinte:

»Na gut, wenn ihr nicht wollt, dann will ich beim nächsten Mal auch nicht.«

Ab und zu erhielten wir die Erlaubnis zum verlängerten Ausgang, aber das waren Ausnahmen. Wir verstanden den Wink und fuhren notgedrungen mit.

Die Band spielte schon, als wir eintrafen, nur es tanzte niemand. Mir wurde sofort klar, was hier lief: Die Mädchen fehlten, und wo bekommt man auf die Schnelle so viele Mädchen her?

Natürlich aus einem Heim. Stinksauer ließ ich jeden Soldaten, der mit mir tanzen wollte, abblitzen. Ich hatte meine Schuldigkeit mit meiner Anwesenheit getan, glaubte ich. Daß es sich nicht so verhielt, bekam ich im Heim mit einer Standpauke der Hausleiterin zu hören. Während sie vor mir stand und mein unmögliches Verhalten gegenüber der Nationalen Volksarmee rügte, stellte ich sie mir nackt vor und mußte plötzlich lachen.

»Drei Wochen Ausgangsverbot«, schrie sie.

Ich konnte gehen.

Am nächsten Wochenende hatten fünf Mädchen Stubenarrest. Wir legten zusammen und ließen uns von einem Mädchen aus der ersten Etage vier Flaschen Rotwein ins Heim schmuggeln. Es galt im Heim ein absolutes Alkoholverbot.

Mit unseren Zahnputzbechern setzten wir uns gemeinsam in ein Zimmer, tranken das eklige Zeug und wurden immer lustiger. Irgendwie hatten wir plötzlich ein Kondom in unserer Runde. Woher das Ding kam, wußte ich nicht, es war ja auch egal. Wir lachten uns halb tot darüber, dann wollten wir wissen, wieviel Wasser da hineingeht. Vor Lachen konnten wir den aufgefüllten Ballon kaum halten. Plötzlich gab es einen Knall wie eine Explosion, und das Wasser ergoß sich auf den Fußboden. Aber, wo war das Ding geblieben? Nirgendwo war es zu finden. Ich drehte mich zu einem Mädchen um, das sich gerade am Spiegel in der Schranktür die Haare zurechtmachte. Ich dachte, ich sehe nicht richtig, auf ihrem Kopf lag das kaputte Kondom. Jetzt konnte ich mich nicht mehr halten, ich fiel rückwärts aufs Bett und krümmte mich vor Lachen. Ich war nicht in der Lage, ihr den Grund zu sagen. Als ich mich halbwegs gefangen hatte, zeigte ich auf den Kopf und lachte wieder los. Langsam wurde sie sauer, endlich stand ich auf und nahm es von ihrem Haar. Als die Mädchen sahen, was ich in der Hand hielt, lachten sie noch mehr. Wir mußten mit unserem Lachen im ganzen Haus zu hören gewesen sein, denn die Tür öffnete sich ruckartig, und eine Erzieherin stand im Raum.

»Na, ihr seid aber lustig, habt ihr was getrunken?«

»Niemals«, sagte ich, »wir erzählen uns nur Witze.«

»Na, dann viel Spaß noch.«

Damit verließ sie uns wieder. Hatten wir ein Glück, wir lachten weiter. Keine von uns hätte sich draußen besser amüsiert. Wir hielten dich und verbrachten die restlichen zwei Wochenenden auch noch ohne Langeweile.

Eine Enttäuschung und ein Entschluß

Wenn Erika sich mit ihrem Freund traf, erzählte sie mir, daß er so gerne mit ihr schlafen wolle, sie aber Schiß habe.

Ich wußte auch keinen Rat. In der Schule war es das Thema Nummer eins unter den Mädchen.

»Wann machst du es denn endlich?« fragten sie mich. »Oder willst du als alte Jungfer sterben?«

So beschloß ich, es bei der ersten Gelegenheit hinter mich zu bringen. Beim Tanzen lernten Erika und ich zwei Typen kennen. Der eine war schon alt, ich schätzte ihn auf siebenundzwanzig Jahre. Sein Freund war erst achtzehn Jahre alt und gefiel mir sofort. Groß, schlank, schwarzes, welliges, langes Haar, wunderschöne Zähne, und er war humorvoll.

Seit ich mir die Jungs ansah, achtete ich auf ihre Zähne. Dabei stellte ich fest, daß die meisten kein besonders schönes Gebiß hatten. Wichtig fand ich auch die Hände, ich ekelte mich vor schmutzigen Fingernägeln. Bei Jürgen stimmte alles. Erika verabredete sich mit dem anderen, der für sein Alter noch gut aussah. Mit Jürgen konnte ich über alles reden, niemals wurde er aufdringlich. Im Gegenteil, ich entdeckte, wenn ich mit ihm allein war, seine Schüchternheit. Wir wurden beide verlegen, wenn wir uns zufällig berührten. Nach dem ersten Kuß war ich bis über beide Ohren verliebt.

Mit seiner Mutter verstand er sich überhaupt nicht. Weshalb, erzählte er mir nicht. Einmal, seine Mutter war nicht zu Hause, nahm er mich mit in die Wohnung. Die Wände seines kleinen Zimmers waren über und über mit Plakaten von Westgruppen tapeziert. Seelenruhig schaute ich mir alles genau an, da zog er mich am Arm auf seinen Schoß und küßte mich ganz sacht, als wäre ich eine Puppe. Er war einfach lieb zu mir. Weiter passierte nichts. Darüber war ich eigentlich froh, denn vor dem ersten Mal hatte ich immer noch gewaltige Angst.

Wir hatten uns für den kommenden Mittwoch am Teltowkanal verabredet. Während des Unterrichts dachte ich nur an ihn, die Stunden in der Schule wollten einfach nicht vergehen. Der Weg ins Heim schien endlos.

Schnell die Mappe in die Ecke, umziehen und zu ihm, dachte ich. Gerade als ich die Treppen am Büro vorbei nach oben stürmte, bremste mich die Stimme im Lautsprecher, der in jeder Etage hing:

»Ursula, bitte sofort zur Heimleitung.«

Was war denn nun schon wieder, dachte ich. Ach, erstmal umziehen, ich wollte keine Zeit verlieren. Fröhlich klopfte ich an die Bürotür, hoffentlich dauerte es nicht lange!

Kuhauge bat mich scheinheilig auf die Couch.

»Was machst du heute im Ausgang?« fragte sie mich.

Ich dachte, ich höre nicht richtig.

»Das geht Sie überhaupt nichts an«, sagte ich.

Ein langes »O doch, meine Liebe« zischte aus ihrem grell übermalten Mund. »Solange du nicht volljährig bist, bin ich für dich verantwortlich. Hast du einen Freund?«

Nun reichte es mir. Ich stand auf und sagte:

»Und wenn ich einen hätte, Ihnen würde ich es nie sagen.«

Sie lächelte noch schmalziger und erwiderte:

»Brauchst du auch nicht, ich weiß, daß du einen Freund hast. Er heißt Jürgen und wohnt bei seiner Mutter und Schwester.« Mir verschlug es die Sprache. »Na komm, Kind, setz dich und hör mir zu.«

Sie erzählte, daß er seiner Mutter große Schwierigkeiten mache und sie deshalb sein Vormund sei.

»Was soll das hier alles?« fragte ich. »Das hat er mir schon längst erzählt.«

Ich wußte nicht, daß ausgerechnet meine Heimleiterin sein Vormund war; darüber hatten wir nicht geredet. Dann ertönte der altbekannte Satz:

»Ich wil doch nur dein Bestes, bitte laß die Verabredungen mit ihm, er ist kein Umgang für dich, und außerdem hat er schon eine Freundin.«

Ich spürte einen Stromschlag durch meinen Körper. Nein, dachte ich, das spinnt sie sich jetzt zusammen, um uns auseinanderzubringen. Ruckartig stand ich auf und sagte mit fester Stimme:

»Das soll er mir selbst sagen.«

Gerade ihr hätte ich am allerwenigsten gezeigt, wie ich mich nach diesen Worten fühlte.

»Gut«, sagte sie, »ich wußte, daß du vernünftig bist.«

Viel zu wütend, um zu heulen, hatte ich plötzlich keine Lust mehr, zum Treffpunkt zu gehen. Aber ich wollte sein Gesicht sehen, wenn ich ihm das erzählte. Also ging ich mit klopfendem Herzen zu der Verabredung und wünschte, die Heimleiterin hätte nicht recht.

Ich stand auf der Brücke und sah ihn von weitem kommen, wir winkten uns zu, und er lief schneller. Außer Atem, mit fröhlichem Lachen, begrüßte er mich.

Dann erzählte ich ihm, was ich von Kuhauge gehört hatte. Stumm lief er eine ganze Weile neben mir her und schien nachzudenken.

»Tja«, sagte er, »das haben wir alles meiner Mutter zu verdanken.«

Ich wollte nur eins wissen:

»Hast du eine Freundin, ja oder nein?«

Er nickte. Ich weiß nicht, wie ich es fertigbrachte, so ruhig zu reagieren.

»Na, dann tschüs, ich wünsch' dir noch was«, sagte ich und reichte ihm die Hand. Er hielt sie fest.

»Sehen wir uns trotzdem mal wieder?«

»Ich glaube nicht.«

Meine Tränen zurückhaltend, lief ich zur S-Bahn und fuhr ins Heim. Erika tröstete mich und fand es gemein, daß die Heimleiterin sich in Freundschaften einmischte und sie damit zerstörte. Zwei Wochen hatte ich Trauer, dann war ich wieder in Ordnung.

Weshalb ließen uns die Erzieher nicht in Ruhe unsere eigenen Erfahrungen machen? Alle Verbote wurden immer in unserem Interesse ausgesprochen. Ich dachte über meine Gehorsamkeit nach. Ja, ich war mit Verboten groß geworden. Es ist verboten, sich ohne zu fragen von der Gruppe zu entfernen. Es war verboten, über den Rasen zu gehen, das bedeutete fünfzig Pfennig Taschengeldentzug. Es war verboten, beim Essen zu reden. Es war verboten, krumm zu sitzen, deshalb klemmte man mir einen Bügel zwischen Rücken und Oberarme. Es war verboten, zu lügen, zu lieben und zu hassen. Es war verboten zu rauchen, Bücher und Fernsehen aus dem Westen waren auch verboten. Erlaubte man uns noch das Atmen?

In der Masse der Kinder fühlte ich mich wohl, allein aber schwach und hilflos. Brauchte ich schon die Verbote, um zu wissen, wie es weiterging mit mir? Sollte immer einer da sein, der mir sagte, was ich durfte und was nicht?

Nein, ich will mich allein zurechtfinden, von nun an werde ich mir in mein Leben nicht mehr hineinreden lassen.

Mein ›erstes Mal‹

Kurz vor den Sommerferien traf ich den älteren Freund von Jürgen wieder. Robert kannte meinen vergangenen Liebeskummer, und so sprachen wir über Jürgen. Er hatte schon lange nichts mehr von ihm gehört.

Er schlug mir ein Treffen für den nächsten Mittwoch vor. Erstaunt wollte ich schon wegen Erika ablehnen, aber er sagte, sie sähen sich schon lange nicht mehr. Davon wußte ich nichts. Es konnte gut möglich sein, denn sie sprach nur noch von ihrem Seemann. Ich sagte zu, weil er der Freund von Jürgen war. Denn so toll fand ich ihn gar nicht.

Als wir uns trafen, schämte ich mich ein wenig, mit einem so alten Mann herumzulaufen. Aber dank seiner lockeren Art merkte ich den Altersunterschied bald nicht mehr. Wir unterhielten uns über ihn. Die Scheidung von seiner Frau habe ihn getroffen, sagte er. Zum Glück habe er keine Kinder, die darunter leiden würden. Bald hielt ich es vor Neugier nicht mehr aus und fragte, weshalb er sich unbedingt mit mir treffen wollte.

»Du warst von Anfang an mein Typ und nicht Erika, aber dich interessierte ja nur Jürgen.«

Ich empfand ein komisches Gefühl zwischen Schadenfreude und Mitleid, wie wohl jedes Mädchen, wenn es einer Freundin gegenüber bevorzugt wird.

Natürlich erzählte ich Erika von dem Treffen, aber nicht, wie er sie fand.

Eines Abends sagte ich zu ihr:

»Erika, das ist der Mann, von dem ich mich entjungfern lasse.«

»Hast du denn keine Angst?«

»Doch«, sagte ich, »gerade deshalb muß es ja sein. Er ist älter und geschieden, also muß er Erfahrungen mit einer Frau haben.«

Ich hatte von den ewigen Fragereien nach meinem Unterleib die Nase voll.

17. Juni, mein Entschluß stand fest, heute sollte es passieren. Erika versprach, mich zu wecken, wenn sie später käme, und dann wollte ich es ihr genau erzählen.

Robert lachte, als ich an der Gartentür klingelte und ihm zurief:

»Ich bleibe heute länger!«

»Keine Angst vor der Ausgangssperre?«

»Nein«, lachte ich zurück.

Er merkte nicht, was ich vorhatte.

Wir saßen auf der Liege, als plötzlich seine Zärtlichkeiten anders wurden. Ich fühlte seine feuchten Lippen überall. Nakken, Stirn, Nase und Mund, nichts ließ er aus. Dann ging sein Atem anders, er stöhnte und schob seine Hand in meinen Schlüpfer. Mit seinem Finger versuchte er, mich zu streicheln. Ich ließ alles geschehen und dachte: Entweder lügen alle, oder er macht etwas falsch. Von einem Finger hatte niemand etwas gesagt. Plötzlich stand er auf und sagte:

»Zieh dich aus!«

Niemals würde ich mich vor einem Mann einfach so entkleiden. Kurz antwortete ich:

»Nein, ich schäme mich.«

Er lächelte und verdunkelte das Zimmer, indem er die Läden schloß. Dann ging er hinaus. Wenig später stand er splitternackt mit einem geschützten Steifen vor mir. Bei diesem Anblick dachte ich an Flucht, einfach jetzt weglaufen! Ich fand ihn, so wie er da stand, abstoßend.

»Nanu, du bist ja noch nicht ausgezogen«, sagte er und störte meine Fluchtpläne.

Da wartete schon ein Wandklappbett, benutzt zu werden. Ich ergab mich und verschwand blitzschnell unter der Decke.

Als sich sein großer schwerer Körper auf mich legte und er in mich drang, schrie ich vor Schmerz und schlug wie wild um sich. Ich riß an seinen Haaren, kratzte und biß und schlug immer und immer wieder zu. Er hörte nicht auf. Bei jeder seiner Bewegungen dachte ich, er würde mir innerlich alles zerreißen.

Keuchend stieß er hervor:

»Was ist denn? Hab dich doch nicht so, du tust ja, als wäre es das erste Mal.«

Heulend schrie ich: »Geh runter, geh runter, es tut so weh!«

Und wirklich, er ließ mich in Ruhe, machte Licht, und ich lag im Blut.

»Menschenskind, eine Jungfrau, und du hast mir nichts gesagt!« rief er erstaunt.

Er war besorgt, aber nicht um mich, sondern um sein Laken. Nackt rannte er mit einer Schüssel Wasser und dem Bettuch in den Garten.

Ziemlich hilflos stand ich in der Küche und versuchte, mich zu waschen, das Bluten hörte nicht auf.

Frisch, lustig und angezogen stand er wieder vor mir, umarmte mich und sagte:

»Das hätte ich von dir nicht gedacht. Ich glaubte immer, ihr Mädchen aus dem Heim habt es faustdick hinter den Ohren.«

Wütend schubste ich ihn von mir und brüllte ihn an:

»Aha, mit uns könnt ihr's ja machen! Wer im Heim lebt, ist verdorben und selbst daran schuld! Auf so einen Arsch wie dich kann ich verzichten!«

Ich zog mich an und rannte davon.

Verheult, aber entjungfert stand ich im Regen und wartete auf den Bus. Beim Einsteigen fühlte ich alle Blicke auf mich gerichtet und bildete mir ein, alle Leute sähen mir an, was ich getan hatte.

Ich hab' es hinter mir, dachte ich, und weiß, wie es geht. Auf alle Fälle macht es keinen Spaß, was die Mädchen in der Schule auch immer erzählen. Und ich werde es nie wieder tun.

Erika weckte mich nicht. Als sie vom Ausgang kam und mein gequältes Gesicht im Schlaf sah, wußte sie, was los war. Nach meinem Bericht wollte sie als Jungfrau sterben.

Tanzabend

Mit allen Mädchen aus dem Jugendwohnheim fuhren wir in den Sommerurlaub. Am Stadtrand von Schwerin, in der Nähe eines kleinen Sees, sollte eine Landschule unser Reiseziel sein. Die Zuckelei mit der Reichsbahn machte trotz der wenigen Sitzplätze Spaß. Muttis mit nervenden Kleinkindern waren über unsere Anwesenheit froh. Die Kinder hielten erstaunt ihre plärrenden Münder und beobachteten uns bei den Albernheiten, die wir miteinander trieben. Die Erzieher mahnten uns vergeblich zur Ruhe.

Wie haßte ich die Gaffer. Wo wir in Massen auftraten, wurden wir wie Weltwunder angestarrt. Auch hier am Bahnhof in Schwerin wurden wir taxiert. Eine Mädchenhorde mit langen Haaren, Koffern und Miniröcken konnte nichts Gutes bringen. Die Angestellten der Geschäfte traten auf die Straße und verfolgten uns mit ihren Blicken.

Die Schule, ein altes Haus, stand malerisch auf einem grasbewachsenen Hügel. Von hier oben hatte man einen schönen Blick zum See, der über Weidekoppeln mit Kühen in wenigen Minuten zu erreichen war.

Die Klassenzimmer waren mit Luftmatratzen ausgelegt. Ich suchte mir mit Erika eine Ecke, wir stellten unsere Sachen ab und machten einen Erkundungsspaziergang um den See. Er bot viele kleine romantische Stellen, wo man ungestört vor den anderen Ruhe finden konnte.

Schöne Tage begannen. Die Sonne schien immer. Gleich nach dem Frühstück, das besser als im Heim war, liefen wir zu unserer Brombeerhecke, die wir für uns entdeckt hatten. Die Hecke war so dicht, daß wir nicht gesehen werden konnten. Durch einen versteckten Durchgang fanden wir einen schönen, völlig eingeschlossenen Fleck Rasen. Wenn wir Lust hatten, badeten wir oder lagen faul in der Sonne, hörten Radio, lasen und redeten über uns.

Die meisten Mädchen lagen am Strand, wo sich auch schon die einheimischen Jungs mit ihren Motorrädern einfanden. Bald sahen wir nur noch Pärchen, fast jedes Mädchen von uns schien verliebt.

Noch nie hatte ich mich so frei gefühlt wie hier. Den ganzen Tag verbrachten wir draußen am See. Es gab natürlich auch Pflichtveranstaltungen wie Dampferfahrt, Stadtbesichtigung und Kinobesuch, aber zum Glück keine KZ-Besichtigung.

Dann schlug die Nachricht von einer Einladung in die Kaserne wie eine Bombe ein. Wieder einmal erfuhr die hier in der Nähe stehende Kaserne ›rein zufällig‹ von unserem Aufenthalt. Unsere Heimleiterin mahnte uns eindringlich, am Abend vollzählig zu erscheinen. Widerstand zwecklos!

Lustlos schminkten wir uns, einige Mädchen heulten, weil sie schon für den Abend Verabredungen mit ihren Jungs hatten.

Mein Gott, was sind wir eigentlich, dachte ich wütend, Leihpuppen!

Vor der Schule standen die Sommerlieben und buhten uns aus. Aufgetakelt stolzierten wir wie zum Schlachtfest an den Jungs vorbei. Mir war das sehr peinlich, ich schämte mich, wagte keinen anzusehen und schaute nur nach unten auf die Straße. Ich kam mir wie eine Nutte vor. Verkauft für eine Nacht zur Unterhaltung der Soldaten.

Wir wurden nicht nach unserer Meinung zu dieser Einladung gefragt, wir hatten nichts zu melden. Aber wir sollten dankbar dafür sein. Was machte der Staat nicht alles für uns arme Heimkinder möglich! Dagegen war doch so ein kleiner Tanzabend zur Aufmunterung der Friedenswächter gar nichts. So etwas dachten und redeten die Pädagogen, und wir folgten gehorsam.

Der Saal in der Kaserne machte einen festlichen Eindruck. Auf den blendendweißen Tischdecken lagen Blumen, und vor jedem Platz stand eine Tischkarte, jeweils mit einem Mädchennamen und dem eines Soldaten. Allein die Tischkarten sagten mir, daß der Abend nicht einer spontanen Einladung entsprungen sein konnte, sondern schon viel länger vorher abgesprochen worden war.

Erika saß am anderen Tischende, wir wollten aber zusammensitzen. Leider tauschte kein Mädchen mit uns. Auf meiner Tischkarte stand der Name des Soldaten ›Willi Laurenz‹. Ich nahm die Karte und stellte sie weit von mir an die äußerste Tischkante. Wie es der Zufall wollte, wurde diese Karte Erika zum Verhängnis. Ein großer, rotblonder Soldat suchte seine Tischkarte, es war Willi Laurenz, ihm gegenüber saß Erika. Nach kurzer Zeit hörte man aus dieser Ecke lautes, lustiges Lachen, er mußte eine Stimmungskanone sein. Erika schien mich nicht zu vermissen.

Noch immer wollte keine den Platz mit mir tauschen. Meine Stimmung sank bis fast auf den Nullpunkt. Mein anderer Tischpartner, ein kleiner, dünner, langweiliger Offizier, interessierte mich nicht.

Erst nach dem Essen, als die Musik spielte und die ersten tanzten, wechselte ich endlich meinen Platz. Willi und Erika verstanden sich prima, und ich fand meine gute Laune wieder, als ich bei ihnen saß. Die Soldaten wirkten fast noch wie Schuljungen, ich schätzte sie auf höchstens neunzehn bis einundzwanzig Jahre. Dank des Alkohols fühlten sich bald alle in Hochstimmung, und der Abend wurde immer ausgelassener. Ich trank keinen Wein und sah den anderen zu. Aufforderungen zum Tanz lehnte ich aus Prinzip ab. Bald sagten die Angetrunkenen nur noch ›Zicke‹ zu mir, daraus machte ich mir aber nichts. Immer, wenn einer kam, hieß es:

»Ach, laß doch die Zicke!«

Viele reizte es nun erst recht, einen Versuch bei mir zu wagen. Wetten wurden abgeschlossen, wer es wohl schaffte, mit mir zu tanzen. Beinahe wäre ich schwach geworden, weil ich, ohne es zu wollen, plötzlich im Mittelpunkt stand. Die Rettung für mich war ein Vorgesetzter der Soldaten, er lud mich zur Bar ein. Nun hatten die Soldaten nur noch Pfiffe für mich übrig.

Neugierig fragte er mich an der Bar, warum ich nicht tanzte. Als ich ihm erklärte, daß ich mich gezwungenermaßen hier befände, tat er erstaunt.

»Aber wir haben euch doch eingeladen und dachten nach der Zusage, ihr seid einverstanden«, sagte er.

»Wir sind gar nicht gefragt worden und haben es heute erst erfahren«, antwortete ich.

Das Thema schien ihm peinlich zu sein, und er beendete es schnell mit den Worten:

»Na ja, schön ist es nicht, aber es ist doch noch recht lustig geworden, oder?«

»Ja, ja«, sagte ich und ließ ihn allein weitertrinken.

Wo war Erika? Nirgendwo konnte ich sie entdecken, weder am Tisch noch auf der Tanzfläche, von Willi auch keine Spur. ich ging sie suchen und fand sie draußen vor der Tür. Küssen war dafür schon kein Ausdruck mehr, was Willi mit ihr machte. Er knutschte sie regelrecht zu Boden.

»Mensch, Erika, spinnst du, denkst du denn nicht an deinen Freund?«

Sie lachte nur und sagte:

»Ist doch nur heute, ich sehe ihn ja doch nie wieder.«

Ich ging in den Saal zurück, setzte mich in eine Ecke und wartete auf das Ende dieser Fete. Erika hatte auf dem Heimweg echte Probleme mit dem Laufen, sie war total betrunken. Andere Mädchen auch, aber das ging mich nichts an. So gut ich konnte, stützte ich sie bis zur Schule, und wie ein nasser Sack ließ sie sich auf ihre Luftmatratze fallen. Dabei schlug sie mit dem Kopf so unglücklich gegen die Wand, daß sie sofort eine dicke Beule bekam. Von alledem merkte sie nichts, sie schlief sofort ein.

Am nächsten Morgen sah sie nicht nur fürchterlich aus, sondern sie fühlte sich auch so. Auf der Stirn leuchtete die Beule in allen Regenbogenfarben. Den Hals umschloß eine Kette von Knutschflecken, gegen die kein Make-up mehr half. Dazu war ihr entsetzlich übel, und sie erbrach sich immer wieder. Sie hatte zwar selbst Schuld an ihrem Zustand, aber ich konnte sie nicht einfach allein lassen.

Mit einer Decke unterm Arm gingen wir zum Strand. Wir schafften es nicht bis zu unserer Ecke, so elend war ihr. Nachdem sie sich einigermaßen erholt hatte, redeten wir über den

Abend. Das schlechte Gewissen ihrem Freund gegenüber plagte sie sehr.

»Na, von mir wird er nichts erfahren«, sagte ich, »und überhaupt, weißt du denn so genau, was er in der Ferne macht?«

Da sah ich oben auf dem Hügel einen Soldaten stehen.

»Erika, was würdest du machen, wenn Willi plötzlich hier aufkreuzen würde?«

»Nichts, ich will ihn nie wiedersehen.«

»Na, dann schau mal nach oben, dort steht er nämlich.«

Vor Schreck sprang sie sofort auf und rief:

»Was soll ich denn jetzt machen?«

»Laß ihn stehen.«

Aber sie brachte es nicht fertig und lief zu ihm. Die restlichen Tage des Urlaubs teilte Erika mit mir und Willi. Hatte er frei, war ich allein am Strand. Sie war völlig verändert, sie hatte nur noch Augen für Willi. Ich konnte ihn nicht ausstehen, nahm er mir doch meine Freundin weg.

Ich war froh, als wir wieder nach Berlin fuhren. Erika heulte Rotz und Wasser beim Abschied auf dem Bahnhof, dabei hatte sie doch einen Freund.

Freundin Marie

Im September begann die Schule, und ich traf wieder mit den Leuten aus meiner Klasse zusammen. Gleich am ersten Schultag schwänzten wir alle den Sportunterricht, der auf die letzte Stunde fiel, und tauschten in einem Café unsere Erlebnisse aus.

Prompt erschien am nächsten Tag der Schulleiter in unserer Klasse und ließ uns folgenden Text schreiben:

Liebe Eltern! Ich habe gestern den Sportunterricht geschwänzt.

Mit der Unterschrift der Eltern sollten wir den Zettel zur nächsten Stunde mitbringen. Für mich hätte dieser Zettel Ausgangssperre bedeutet. Der größte Teil der Schüler konnte eine Entschuldigung vorlegen. Ich gab den Zettel ohne Unterschrift ab.

Als der Schulleiter mich aufrief und fragte, weshalb die Unterschrift fehle, meldete sich Marie und sagte:

»Kann ich Sie bitte unter vier Augen sprechen?«

Sie verließen das Klassenzimmer. Nach wenigen Minuten wurde ich nach draußen gerufen.

»Weshalb hast du nicht gesagt, daß du aus einem Heim bist?« fragte der Schulleiter. »In Zukunft komm bei Problemen zu mir. Du hast es nicht nötig, jemanden vorzuschicken.«

»Ich habe Marie nicht geschickt, sie hat sich von allein gemeldet.«

»Na gut, dann sei froh, daß du so eine Freundin hast. Die Sache mit der Fehlstunde ist erledigt.«

Ich konnte es nicht fassen: Zum ersten Mal hielt ein Pädagoge zu mir. Bei den Elternversammlungen wurde nur positiv von seiten der Berufsschule über mich berichtet. Ich hatte mit meiner Schule Glück.

Mein erster Freund

Im Oktober 1967 lernte ich Peter kennen. Erika hatte gerade Zeit für mich, und wir gingen wieder einmal tanzen. Da stand er plötzlich mit seinen blonden Locken vor mir und deutete verschämt mit einer Handdrehung eine Aufforderung zum Tanzen an. Er gefiel mir, und ich tanzte den ganzen Abend mit ihm. Seit diesem Tag trafen wir uns regelmäßig.

Er war neunzehn Jahre alt und erlernte den Beruf eines Matrosen. Die Mädchen fanden ihn hübsch, und wenn er mich abholte, standen sie neurierig auf der Treppe. Einige wunderten sich, wie ausgerechnet ich zu diesem Jungen kam.

Endlich hatte ich für alle sichtbar einen Freund. Leider ließ er bald Verabredungen mit mir platzen. Ich stand dann traurig am Fenster und schaute stundenlang zum S-Bahn-Ausgang. Dabei redete ich mir ein: Wen ich fest daran glaube, daß er kommt, dann kommt er auch. Oft klappte es tatsächlich. Dann freute ich mich, und wir gingen spazieren. Geld hatten wir beide nicht viel, um etwas zu unternehmen. Bei Peter reichte es nicht einmal für Zigaretten, obwohl er Raucher war.

Einmal gestand er mir, daß er schon lange nicht mehr gegessen habe. Voller Mitleid organisierte ich aus dem Heim etwas Eßbares. Oft verzichtete ich auf das Abendbrot und hob es für ihn auf.

Seine Mutter lebte in einem kleinen Dorf irgendwo auf dem Lande. Er wohnte mit noch fünf Lehrlingen in Berlin in einer umgebauten Wohnung, die sich Internat nannte.

Die meiste Zeit verbrachten wir bei seinem Freund. Wenn die Mutter des Freundes nicht da war, hörten wir Musik und alberten herum. Ernsthafte Gespräche führten wir selten, und wenn, dann sprachen wir über den Bruder seines Freundes, der aus politischen Gründen im Gefängnis saß.

Für mich, die ich nicht viel von draußen wußte, war es schwer zu begreifen, daß junge Menschen ins Gefängnis kamen, nur weil sie auf der Straße zu einer Gitarre verbotene Lieder sangen. Jetzt lernte ich den verstohlenen Blick über die Schulter und das ›Pst, leise, hört uns einer?‹ kennen. Der Bruder hatte folgendes Lied gespielt:

Es steht ein Haus in Ost-Berlin,
ein Haus, weitab von rechts,
da sieht man nie ein' Sonnenschein,
ein' freien Mann als Knecht.
Sie trugen lange Haare
und liebten Stones und Beat,
dafür sitzen sie im alten
Haus in der Keibelstreet.
Die Haare sind zu lang, zu lang,
die Hosen sind zu weit,
sie paßten wohl zu dieser Zeit,
aber nicht in dieses Land.

Wer das Lied gedichtet hatte, wußten sie nicht. Wenn seine Mutter nach Hause kam, schimpfte sie mit ihm. Wir sollten nicht über dieses Thema reden, man könne ja nie wissen. Sie hatte Angst, daß Peters Freund auch noch abgeholt würde. Erst nachdem wir schon längere Zeit miteinander befreundet waren, schwand ihr Mißtrauen uns gegenüber.

Wenn sich die Jungs trafen, ging ich immer seltener mit. Ich merkte, daß immer öfter Alkohol getrunken wurde und sie sich bei irgendwelcher Musik sinnlos betranken. Der Freund begann oft zu weinen, er mußte seinen Bruder sehr lieben und vermissen. In betrunkenem Zustand wollten sie dann Rache üben. Ich fand das kindisch, hatte aber keinen Einfluß mehr auf sie. Die Sorgen, die sich die Mutter um ihren Sohn machte, verstand ich sehr gut.

Zwei Wochen lang traf ich mich nicht mehr mit Peter. Meine Hoffnung, er würde mich vermissen und nicht mehr so oft zu seinem Freund gehen, erfüllte sich leider nicht. Also machte ich mich eines Tages auf den Weg, um ihn zu suchen. Die Mutter wies mich mit den Worten »Peter war lange nicht hier« unfreundlich an der Tür ab.

Vielleicht wollte er mich nicht mehr treffen. Meine Gedanken gingen in eine andere Richtung. Er wollte jedesmal, wenn wir zusammen waren, mit mir schlafen, aber dazu hatte ich keine Lust. Zum Glück fehlte auch die Gelegenheit. Peter sagte immer: »Wenn du mich liebst, dann willst du es auch!«

Bald begannen die ersten Probleme. Ständig nörgelte er an mir herum. Er warf mir vor, ihn nicht zu lieben. Wie sollte ich darauf eine Antwort finden? Die einzige Antwort, die es gab, war die Angst, es könnte weh tun.

Oft genug hatte ich mich auch schon gefragt, ob ich ihn liebte. Wenn er mit dem Schiff unterwegs war, dachte ich nur an ihn. Wie oft hatte ich vergeblich in meiner Ausgangszeit auf ihn gewartet und war traurig gewesen, wenn er nicht kam. Stundenlang konnte ich aus dem Fenster zum S-Bahn-Ausgang auf einen Fleck starren und hoffen, der schwarze Punkt, der sich näherte, sei er. Und war er es wirklich, dann freute ich mich. Aber nur so wie bei jedem guten Freund, den ich zufällig traf.

Eigentlich wollte ich nur nicht allein sein. Im Heim und in der Schule hatten alle Mädchen einen Freund. Und seit ich mit Peter ging, gehörte ich dazu und hatte meine Ruhe vor ihren ewigen Fragen.

Nein, ich liebte ihn nicht. Ich suchte die Liebe, ich wollte geliebt werden. Er war mein Freund, ich vertraute ihm, und das reichte mir. Weshalb gehörte zur Freundschaft das Bett?

Ich wollte mich nicht in einer Enttäuschung verlieren. Mir gefielen seine Einfälle, etwas zu unternehmen, wie tanzen oder ins Kino gehen oder einfach nur reden. Es ist schön, wenn man jemanden hat, mit dem man reden kann. Für mich sah ich keinen Grund, an meiner Beziehung zu ihm etwas zu ändern. So kam, was kommen mußte, wir stritten uns, und er sagte:

»Dann müssen wir uns eben trennen.«

Damit hatte ich nicht gerechnet, und ich versprach, mir alles noch einmal genau zu überlegen. Zwischen den Ratschlägen zweier Freundinnen war ich hin und her gerissen. Die eine sagte, Bumsen gehöre dazu, und die andere, selbst noch Jungfer, meinte, es sei Erpressung. Ich entschied mich dann doch für das Bett. Glücklicherweise fanden wir keine Möglichkeit, denn es war Januar und draußen fürchterlich kalt. Und eine Wohnung hatten wir nicht.

Die Verwandten

Mir blieb mein Bruder, der mich an den Wochenenden mit seinem Rennrad besuchte. Wenn er Zeit hatte, unternahmen wir Ausflüge oder sprachen über uns. Eines Tages stand er ganz aufgeregt vor dem Heim und sagte:

»Ich habe eine Adresse unserer Tante in meiner Akte gefunden!«

Als er achtzehn Jahre alt wurde, durfte er seine Heimakte lesen. Darin befand sich die Adresse unserer echten Verwandten, unserer Tante und unseres Onkels. Man hatte sie uns die ganzen Jahre über verschwiegen. Warum?

Mir schlug das Herz bis zum Hals. Die Gedanken rasten nur

so durch meinen Kopf. Richtige Verwandte, und niemand hatte sich um uns gekümmert! Mein Bruder sagte mir, daß sie hier in Berlin wohnten. Am Sonnabend wollten wir sie besuchen und nach unserer Mutter fragen.

Was waren das für Leute, die uns allein ließen? Schon jetzt haßte ich sie, gnadenlos, kein freundliches Gefühl wollte ich in mir aufkommen lassen.

Die Nächte bis zum Sonnabend dehnten sich endlos. Ich lag wach und dachte über die Ausreden nach, die sie zu ihrer Entschuldigung vorbringen würden. Manchmal kamen mir die Tränen vor Haß und Wut. Keine fünfzehn Kilometer von unserem Heim entfernt lebten sie und dachten in den fast siebzehn Jahren meines Lebens nicht einmal an uns. Keine Besuche, keine Briefe, nichts. Als ob wir nie gelebt hätten. Für sie waren wir schon tot.

Endlich der Sonnabend. Mein Bruder, der eigentlich viel ruhiger und beherrschter war als ich, konnte seine Aufregung nicht mehr verbergen.

»Komm, komm, beeil dich!« rief er mir zu, als ich das Heim verließ.

Am Bahnhof kaufte er noch drei Tafeln Schokolade und schenkte sie mir. Sie waren sehr teuer, aber er wußte, wie gerne ich Schokolade aß. Nur hätte ich jetzt kein Stück hinuntergebracht. Er steckte sie in seine Tasche, und ungeduldig schauten wir auf die S-Bahn-Uhr.

Als der Zug endlich kam, setzten wir uns schweigend einander gegenüber und sahen uns ernst in die Augen. Ab und zu stahl sich ein wissendes Lächeln auf unsere Lippen, ein Lächeln im Wissen um uns beide, um unsere Situation, und wir lachten plötzlich aus vollem Halse. Aber das Lachen klang nicht fröhlich oder glücklich. Es war nur ein sich Befreien von der Last, nicht zu wissen, wer man ist. Bald würden wir erfahren, wer wir sind, nur darüber konnten wir lachen.

Wir stiegen in Mahlsdorf in einen Bus um; irgendwo in Kaulsdorf wohnten sie. Je näher wir dem Ziel kamen, desto weiter weg wünschte ich mich. Ich bekam Angst. Ich konnte mir diese Angst nicht erklären. Mein Bruder sprach jetzt kein Wort mehr, hatte er auch Angst? Ich sah ihn an und konnte auch nicht mehr sprechen. Die Angst vor der Wahrheit! Mit einem Mal erkannte ich sie und wurde ruhig. Jetzt konnte mir nichts mehr passieren. Da fing plötzlich aus heiterem Himmel die Kühlerhaube des Busses an zu qualmen, und wir mußten aussteigen.

So gewannen wir noch etwas Zeit für uns zum Nachdenken. Am liebsten wäre ich zurückgefahren, aber automatisch, wie vom Mittelpunkt der Erde angezogen, setzte ich einen Fuß vor den anderen, als wenn das Rätsel meines irdischen Daseins nur noch bei dieser Familie eine Lösung finden könnte.

Ein Mädchen mit einem Kofferradio lief an uns vorüber.

»Das Girl kann man vergessen«, sagte mein Bruder, »aber das Radio war echt toll.«

Ich lachte und antwortete:

»Stell dir mal vor, es war vielleicht unsere Kusine! Es ist doch möglich, daß unsere Tante und unser Onkel eigene Kinder haben.«

Plötzlich hatte ich einen Gedanken, der mir nicht mehr aus dem Kopf ging. Ob ich wie meine Mutter aussehe oder ihr ähnlich bin? Ich fragte meinen Bruder.

»Bist du verrückt?« meinte er. »So wie du ist keine zweite, dich gibt es nur einmal.«

Dankbar für diese liebe Antwort drückte ich seine Hand.

»Aber wenn ich lache oder spreche? Sie werden bestimmt sagen: Wie die Käthe.«

Den Namen haßte ich wie die Pest, er war bei den Jungs große Mode, fast alle Mädchen wurden als ›Käthe‹ oder ›Stoneskäthe‹ bezeichnet. Und als ich in meiner Geburtsurkunde las, daß meine Mutter Käthe hieß, hoffte ich, daß es nie jemand erfahren würde.

Wir näherten uns dem Haus Nummer vier. Aus dem Fenster lehnte eine Frau, die ich auf Ende Vierzig schätzte. Ein eigenartiges Gefühl beschlich mich, als ich unseren Nachnamen auf dem fremden Klingelschild las. Gerade als mein Bruder den Knopf drücken wollte, rief die Frau:

»Ach Kinder, da seid ihr ja, kommt herein!«

Unwillkürlich dachte ich an das Märchen von Hänsel und

Gretel. Sie hatte uns schon wie eine Hexe erwartet, so als wären wir nur kurz zum Holzsammeln im Wald gewesen.

Meine richtige Tante – wie hatte ich den Tag herbeigesehnt und mir vorgestellt, wie es wäre, wenn ... Nun stand sie endlich vor mir. Klein, mit wachen Augen, die flink hin und her huschten. Ich sagte ihr guten Tag und hatte dabei überhaupt keine Gefühle wie Freude oder Glück. Sie war für mich wie eine Fremde.

»Daß ihr noch lebt, das gibt es doch gar nicht!«

Immer wieder stammelte sie diesen Satz. Ihre Freude schien ehrlich zu sein, beeindruckte mich aber nicht im geringsten. Dann unterdrückte sie ihre Aufregung, indem sie geschäftig zwischen Küche und Wohnzimmer hin- und herlief. Schließlich zeigte sie auf den Kaffeetisch und sagte:

»Kommt, Kinder, setzt euch schon, ich werde euch alles erzählen!«

Nun erfuhren wir, wie wir in dem Haus gefunden worden waren und daß keiner mehr daran geglaubt hatte, daß wir überleben würden. Als ich sie fragte, warum sie nie den Versuch unternommen hätte, uns zu suchen, rechtfertigte sie sich verlegen:

»Aber, Kind, wo denn? Das Jugendamt hat uns nie gesagt, wo ihr euch befindet. Es hieß immer: Wir wissen nicht, wo die Kinder sind.«

Ich erkannte die Notlüge als Folge ihres schlechten Gewissens und glaubte ihr kein Wort. Plötzlich merkte sie, daß ich sie nicht duzte, und sagte erschrocken:

»Aber Kind, ich bin doch deine Tante, du brauchst doch nicht Sie zu mir zu sagen.«

»Nein«, entgegnete ich heftig, »für mich sind Sie eine Fremde. Wenn Sie sich um uns gekümmert hätten, könnte ich du sagen. Aber so – ich kann es nicht.«

Stark erregt sprach sie weiter auf uns ein.

»Die fünfziger Jahre waren schlechte Zeiten. Wir hatten doch nichts, und dein Onkel war fast zehn Jahre in russischer Kriegsgefangenschaft, wie hätte ich damals fünf Kinder versorgen sollen?«

Ausgerechnet mich fragte sie das. Ich wehrte mich verzweifelt:

»Ich weiß es nicht.«

Dem Heulen nahe, unterdrückte ich mühsam die aufkommenden Tränen, sie sollte mich nicht weinen sehen.

»Eure Mutter war immer unterwegs«, sagte sie. »Wenn ich mal bei euch vorbeikam, wart ihr immer allein und habt geweint vor Hunger. Ins Haus ist man ja nicht hineingekommen, sie vergaß nie, die Tür zu verriegeln. Und wenn mal zufällig ein Fenster offen war, habe ich euch Brot hineingeworfen.«

Was für eine Familie sind wir nur, dachte ich, und ich verachtete sie alle.

Auf dem Teppich spielte ein neunjähriges Mädchen, das mich neugierig musterte.

»Ist das meine Kusine?« fragte ich.

Froh, das peinliche Thema beenden zu können, sagte sie:

»Ja, ein Nachkömmling.«

Wie auf ein Stichwort öffnete sich die Tür und das ›Kofferradiomädchen‹ trat herein. Mein Bruder sah mich an, und dann lachten wir los. Verständnislos blickten uns die drei an. Auf einmal sagte meine Tante:

»Wie die Käthe!«

Mir erstarb das Lachen auf den Lippen, ich hatte es geahnt. Ich ähnelte meiner Mutter. Oh, wie ich sie haßte.

Zur Familie gehörte noch ein Sohn, den man gleich losschickte, unseren Opa zu holen. Er wohnte ganz in der Nähe. Mein Herz schlug schneller, und ich freute mich auf ihn. Große Dankbarkeit erfüllte mich ihm gegenüber, nachdem ich die Geschichte über uns gehört hatte. Ich schlug meinem Bruder vor, ihn auf der Treppe zu erwarten.

Ein wackliger, vom Alter gebeugter Mann trat durch die rostige Gartenpforte, die beim Öffnen quietschte. Das Laufen bereitete ihm offensichtlich große Mühe, denn er stützte sich schwer auf seinen Enkelsohn. Wir gingen ihm entgegen. Tränen der Freude liefen aus seinen fast erblindeten Augen über sein faltenreiches Gesicht. Schluchzend stammelte er Worte, die ich nicht verstand. Er fiel meinem Bruder um den Hals. Umarmt standen sie auf der Treppe.

»Daß ich das noch erleben darf, ist ein großes Geschenk Gottes«, hörte ich ihn sagen und trat einen Schritt näher. Ich wollte ihn auch begrüßen, aber er drückte mir nur ein Foto in die Hand und sagte:

»Deine Mutter!«

Dann schob er mich beiseite. Ein eisiger Schreck durchfuhr mich: Sah ich ihr so ähnlich? Tieftraurig über sein Verhalten blieb ich allein auf der Treppe zurück. Als die anderen ins Haus gingen, schossen mir die Tränen aus den Augen und tropften auf das Foto, so daß ich die Frau, die darauf abgebildet war, nicht erkennen konnte. Ich wischte und wischte auf dem Foto herum, bis ich schmerzhaft merkte, wie sehr sie mir an diesem Tag fehlte. Ich bekam Angst, sie nicht mehr erkennen zu können. Sofort hörte ich zu weinen auf und betrachtete mir die Fotografie.

Eine wunderschöne Frau saß an einem Tisch, sie hielt in der rechten Hand ein Schnapsglas und prostete einem Mann lächelnd zu. Von dem Mann waren nur die Hand und die Ärmelmanschette zu sehen. Auf dem Tisch standen eine Kaffeetasse mit Untertasse und Biergläser. Meine Mutter, lustig lächelnd in einer Kneipe! Meine Augen füllten sich erneut mit Tränen, und langsam zerriß ich das Bild in kleine Fetzen.

Die Adresse meiner Mutter kannten unsere Verwandten nicht. Ich drängte meinen Bruder zu gehen. So schnell wie möglich wollte ich aus diesem Haus, in dem kein Platz für uns war und nie sein würde. Mit einer Lüge – bald wiederzukommen – verabschiedeten wir uns.

Als ich meinem Großvater die Hand drückte, wußte ich, es war das erste und letzte Mal. Als könnte er Gedanken lesen, sagte er zu meinem Bruder:

»Nun kann ich beruhigt sterben!«

Mein Großvater war wohl der einzige Mensch auf der Welt, dem wir wirklich etwas bedeutet haben.

Wiedersehen mit Antje

Ich traf Antje wieder. Eines Tages war sie plötzlich im Heim. Ihr Kind lebte in einem anderen Heim. Die Freude über unser Wiedersehen war wahnsinnig; leider schlief sie wieder nicht in meinem Zimmer. Sie mußte schon arbeiten gehen, um die Heimkosten für das Kind aufzubringen.

Stundenlang saßen wir zusammen und redeten über die vergangene Zeit, in der wir uns nicht gesehen hatten. Sie war mit dem Mann ihrer Schwester noch zusammen. Seit der Scheidung lebte er allein und wollte bis zu ihrem achtzehnten Geburtstag auf sie warten. Dann sollte sie für immer zu ihm ziehen. Ich verstand sie nicht.

»Wie kannst du bloß so einen alten Knacker lieben?«

»Was soll ich denn machen? Überall lauert er mir auf. Nirgendwo kann ich allein hingehen, gleich nach der Arbeit steht er schon am Werktor und verfolgt mich sogar bis ins Heim.«

Wir konnten in unserer Freizeit machen, was wir wollten, und sie mußte Mutter und Geliebte spielen.

»Paß mal auf«, sagte ich zu ihr, »den nächsten Ausgang verbringen wir gemeinsam, dann kommst du endlich wieder unter Jugendliche.«

Es war viel schwerer, als ich es mir vorgestellt hatte. Am Sonntagmorgen nahmen wir uns vor, ihr Kind, nach dem sie große Sehnsucht hatte, zu besuchen. Kaum traten wir aus der Haustür, stand ihr Verlobter, wie sie ihn nannte, schon abholbereit auf der anderen Straßenseite. Sie flüsterte mir zu:

»Siehst du, was nun?«

»Beachte ihn einfach nicht«, antwortete ich und zog sie am Ärmel ihres Pullovers mit fort. Prompt setzte er sich auch in Bewegung; im Abstand von wenigen Metern trottete er uns zur S-Bahn hinterher. Antje wirkte unruhig, nervös drehte sie ihre roten Locken zwischen den Fingern und schielte ständig in seine Richtung.

»Hast du Angst?« fragte ich sie.

»Nein, nein«, sagte sie hastig.

»Wenn du Angst hast, gehe ich zu ihm und frage ihn, weshalb er uns nicht in Ruhe läßt, und sage ihm, daß er verschwinden soll.«

»Laß es lieber, sonst wird er nur wütend, und dann kann ich mir später was anhören.«

»Möchtest du, daß ich zurückfahre?« fragte ich.

»Auf keinen Fall, wir verbringen den Tag gemeinsam.«

Sie schien doch mutiger zu sein, als ich dachte.

Das Säuglingsheim lag in einer schönen Villengegend in Berlin. Haus und Garten machten einen gepflegten Eindruck. Die Schwestern zeigten sich erfreut über Antjes Besuch. Sie holten die Kleine, aber vorher wollten sie wissen, wer ich sei. Der Vater durfte das Kind nicht besuchen.

Das Baby sah einfach zum Knuddeln aus. Winzige Löckchen kringelten sich auf seinem Kopf, und es lachte jedem zu. Als ich versuchte, es hinzusetzen, blieb es tatsächlich sitzen. Zum ersten Mal saß Antjes Kind, und sie war dabei. Wir lachten und alberten mit der Kleinen fröhlich herum, da kam die Schwester und sagte:

»Tut mir leid, die Besuchszeit ist zu Ende.«

»Was?« fragte ich fassungslos. »Nur dreißig Minuten können wir die Kleine sehen?«

»Es tut mir leid, aber Vorschriften sind nun einmal Vorschriften.«

Sie nahm das Kind, das fröhlich weiterlachte und nicht merkte, wie es gewaltsam von der Mutter getrennt wurde, und brachte es weg.

Bei Antjes Anblick wurde ich traurig, sie weinte leise. Ich versuchte sie aufzumuntern.

»Ach, laß mal, wir sind bald wieder hier.«

Der Verfolger oder Wachhund stand wieder in der Nähe, als wir das Heim verließen. Na warte, dachte ich, jetzt soll er sich mal wundern, und sagte zu Antje:

»Komm, wir fahren auf den Rummel, da ist immer was los.«

Zum Glück hatte ich mich nicht geirrt, eine große Clique von Jugendlichen war schon da. Wir stellten uns dazu, und im Nu war Antje von allen umringt. Sie bewunderten ihre Haare und fragten, ob sie echt seien oder gefärbt. Es dauerte nicht lange, da hörte ich ihr fröhliches Lachen wieder, und sie fuhr mit den Jungs Karussell.

Aber wo war ihr Typ geblieben? So sehr ich mich anstrengte, ich konnte ihn nirgends entdecken. Hatte er genug vom Nachlaufen und war vielleicht doch abgehauen? Antje jedenfalls hatte ihren Spaß und amüsierte sich prächtig. Glücklich drückte sie mich und sagte:

»Wenn ich dich nicht hätte!«

»Wer weiß, wie es mir mal geht«, sagte ich. »Komm, laß uns noch eine Runde drehen, dann müssen wir ins Heim zurück.«

Als wir aus der S-Bahn stiegen und zur Straße liefen, hätte uns beinahe ein Motorrad erwischt. Ich drehte mich erschrokken um, da hörte ich Antje sagen:

»Komm, schnell, ins Heim! Das war er!«

Ich war wütend. So verdarb er uns doch noch den Abend, indem er Antje in Angst und Schrecken versetzte.

Parteitag

Wieder näherte sich ein Parteitag. Rotbeflaggt leuchteten die trüben Fassaden der alten Mietskasernen. Und im Stadtkern, wo die Neubauten standen, hingen noch mehr Stoffetzen in bunten Farben und riesige Köpfe der Bonzen aus Pappe. Überall begegnete man einem von ihnen im Anzug, mit Schlips und Bonbon (Parteiabzeichen).

Nach der Schule lief ich mit Marie durch die Stadt, wir suchten ein Kleid für ihre Verlobung. Verloben mit vergoldeten Ringen war gerade groß in Mode, und jeder, der einen Freund oder eine Freundin hatte, versuchte, eine Verlobung daraus zu machen. Am Alex fanden wir im Kaufhaus ein Kleid, das ihr gefiel. Bei diesem Kaufhausbummel entdeckten wir auch die häßlichen, blumenbedruckten Papierkleider, die man nach dreimaligem Waschen wegwerfen mußte. Sie faßten sich wie Fließstoff an. Nachdem wir noch einen hübschen ›Liebestöter‹

gefunden hatten – eine bunte, elastische Unterhose mit langen Beinen –, als Ersatz für die kaum erschwingliche Strumpfhose, sagte sie ›Tschüs‹ und fuhr nach Hause.

Was soll ich nun mit dem angefangenen Ausgangsabend machen? überlegte ich. Zum Glück traf ich eine Freundin.

»Hallo, was machst du denn hier?« fragten wir gleichzeitig.

Darüber mußten wir so lachen, daß wir, angegackert, wie wir waren, beschlossen, uns etwas Außergewöhnliches zu gönnen. Sie hatte Lehrlingsgeld bekommen und lud mich zum Essen ein. Das war leichter gesagt als getan. Die Tische in den Restaurants zierte ein und dasselbe Wort: »Reserviert.« Einige Kneipen hatten ganz geschlossen. Mit dem Schild ›Geschlossene Gesellschaft‹ verkündeten sie ihre Parteizugehörigkeit. Langsam reichte uns die Wanderung durch das rote Berlin, wo Lehrlinge wie wir, ohne Bonbon, keinen Einlaß fanden. Uns blieb noch eine Variante offen, ein Hotel. Aber auch dort hing ein Schild am Eingang, diesmal mit der Aufschrift: »Bitte warten, Sie werden plaziert«, als ob man zu dumm sei, seinen Platz selbst zu suchen. Wir gingen einfach an den wartenden Gästen vorbei. An der Bar bekamen wir übereck zwei freie Hocker. Freundlich säuselnd fragte der Barmensch hinterm Tresen nach unseren Wünschen. Mein einziger Wunsch war, schnell zu essen und dann das Lokal wieder zu verlassen.

Wir waren offenbar nicht die richtigen Gäste, denn sein Wunsch schien dem unseren gleichzukommen. In Windeseile brachte er unsere Bestellung. Unter den vielen Genossen fühlte ich mich fehl am Platz, und gierig schlang ich das Essen hinunter. Plötzlich sagte Renate zu mir:

»Du, der Dicke neben mir hat gesagt: Einmal anfassen fünfzig Mark!«

»Wie bitte? Ich verstehe dich nicht. Was sollst du einmal anfassen?«

Sie lachte leise und sagte:

»Na, den Schwanz!«

Mir wurde übel. Jetzt begriff ich, woher der Ausdruck ›Parteischwein‹ kam. »Wehe, du machst es«, drohte ich.

Wir bezahlten schnell die Rechnung und verließen das Hotel.

Der Dicke verfolgte uns, und ehe ich etwas sagen konnte, sah ich, wie Renate ihm an die Hose ging.

»Bist du verrückt?« zischte ich ihr zu. »Wenn es unbedingt sein muß, so laß dir erst die Kohle geben! Der lacht sich später ins Parteifäustchen!«

Er merkte ziemlich schnell, daß ich für ihn eine Behinderung war, und versuchte, mich zu locken, indem er jeder von uns hundert Mark für einmal Anfassen bot. Schnell reifte in mir ein Plan, und ich flüsterte Renate zu:

»Ich laß mir das Geld zeigen, und wenn er es hochhält, dann nimm es von hinten und renn damit los!«

In seiner Geilheit war er sofort bereit, mir das Geld zu zeigen. Er holte zwei blaue Scheine aus seiner Brieftasche, hielt sie über seinen Kopf und sagte:

»Na komm, Kleine, jetzt nur noch anfassen, und sie sind deine!«

Renate stand regungslos, da faßte ich zu, aber nicht sein Ding hielt ich in der Hand, sondern die Scheine. Der Dicke wollte retten, was zu retten war, und entriß mir mit einer Schnelligkeit, die ich ihm nicht zugetraut hätte, meine Handtasche. In der Aufregung ließ ich einen Blauen fallen. Blitzschnell bückte er sich und hob ihn auf. In diesem Moment erschien ein Freund und Helfer in Grün, von denen an diesem Abend viele unterwegs waren. Sofort ließ der Dicke meine Tasche fallen und rannte davon. Ich nutzte die Sekunde und schrie:

»Überfall, Hilfe, der Mann wollte meine Handtasche stehlen!«

»Das habe ich gesehen«, sagte der Polizist, der ausgesprochen gut aussah. Großgewachsen, mit sehr markanten Gesichtszügen, stand er vor uns, eigentlich ein Mann zum Verlieben. Schade, daß er ein Bulle war.

»Wartet hier, bis ich zurückkomme«, sagte er und rannte sportlich dem Genossen hinterher. Am S-Bahnhof hatte er den Dicken eingeholt, und nun setzten wir zum Sprint an.

»Nichts wie weg hier«, sagte ich, und wir rannten lachend in entgegengesetzter Richtung durch die dunkle Nacht. Den Hunderter teilten wir uns, und noch oft mußten wir über unser Abenteuer lachen.

Schwanger

Endlich hatte mein Freund Peter eine Möglichkeit gefunden, daß ich meine Liebe zu ihm beweisen konnte, sollte oder mußte, nämlich auf seinem Schiff.

Der Kapitän hatte in Berlin angelegt. Wir waren hier ganz allein. Er zeigte und erklärte mir den Kahn, als ob er eine Prüfung ablegte. Ich verstand nur die Hälfte davon. Schließlich landeten wir in der Mannschaftsunterkunft. Es war ein kleiner Raum mit einem Ofen, den er vorher vorsorglich angeheizt hatte. Ein Tisch und die Koje waren der ganze Luxus. Nachdem er eine Flasche Rotwein entkorkt hatte, wußte ich, was folgen würde. Ich duldete seine Zärtlichkeiten, die mich nicht erregten, schloß die Augen und wartete auf den Schmerz, der zum Glück nicht kam.

Ich hatte es hinter mir, und er war glücklich. Von diesem Tag an kam er plötzlich öfter nach Berlin, und wir verbrachten viel Zeit miteinander, ohne weitere Möglichkeiten.

Dann blieb meine Regel aus. Ich machte mir keine Gedanken darüber, denn von den Mädchen wußte ich ja, daß so etwas schon mal vorkommen kann. Nachdem sie aber zwei Wochen überfällig war, suchte ich eine Frauenärztin auf. Die Untersuchung tat nicht weh, aber sie war unangenehm. Dieser Stuhl – was man als Mädchen alles mitmachen mußte! In der unbequemen Stellung kam ich mir so hilflos und ausgeliefert vor. Ich dachte an einen Maikäfer, der auf dem Rücken liegt und nicht fliegen kann.

Schwanger!

Die Diagnose klang aus dem Mund der Ärztin wie ein Urteil. Komischerweise fühlte ich mich davon nicht so sehr betroffen, wie sie es vielleicht vermutete. Ich nahm es hin. Konnte ich denn noch etwas daran ändern? Nein. Oder wollte ich daran nichts ändern? Ich wußte in diesem Moment nur eins: Ich bekam ein Kind.

Die Ärztin schrieb einen Überweisungsschein für die Schwangerenberatung aus, dann blickte sie mich durch ihre Brille streng an und sprach sehr ernst zu mir:

»Wie stellst du dir denn jetzt deine Zukunft vor? Immerhin bist du erst siebzehn Jahre alt und noch in der Ausbildung.«

Ich zuckte die Schultern. Was sollte das Gerede, eine Moralpredigt konnte ich in diesem Augenblick am allerwenigsten ertragen.

»Gut, wenn du nicht mit mir reden willst, dann lassen wir es, aber im Heim gibst du diesen Zettel ab.«

Mit zwei Zetteln und einer festgestellten Schwangerschaft verließ ich die Poliklinik.

Draußen an der frischen Luft wurde mein Kopf klarer und die Gedanken freier. Und plötzlich freute ich mich. Ich werde ein eigenes Kind haben, für mich ganz allein. Ich werde es lieben und eine tolle Mutter werden, nahm ich mir ganz fest vor.

Im Büro war eine Erzieherin mit der Postverteilung beschäftigt. Leise legte ich den Zettel auf den Tisch und ging nach oben in mein Zimmer. Kaum hatte ich die Tür erreicht, hörte ich meinen Namen im Lautsprecher. Ich sollte mich bei der Heimleiterin melden. Ich wußte, was mir bevorstand. Bei einer Schwangerschaft wurden die Mädchen bis aufs kleinste Detail ausgefragt. Wo und wie und wann es passierte und wer der Vater des Kindes sei.

Niemals würde Kuhauge auch nur ein Wörtchen von mir darüber erfahren. Es war meine eigene Angelegenheit und ging keinen etwas an.

Überschwenglich freundlich öffnete sie nach meinem Klopfen die Bürotür.

»Komm, setz dich, ich glaube, wir haben uns viel zu sagen.«

Mit mir nicht, dachte ich. Von mir hört sie nicht den albernen Satz: Ich kriege ein Kind. Laut sagte ich:

»Ich weiß nicht, was Sie von mir wollen, der Zettel liegt doch vor Ihnen auf dem Tisch, was gibt es denn da noch zu sagen?«

So schnell gab sie sich nicht geschlagen und fragte mich zum zweiten Mal:

»Hast du mir nichts zu sagen?«

»Doch, lassen Sie mich bitte in Ruhe!«

Seltsamerweise blieb sie ganz gefaßt.

»Bitte«, flehte sie mich fast an, »können wir nicht wie zwei

Erwachsene darüber reden, ich will doch nur dein Bestes. Mir ist unklar, wie das ausgerechnet dir passieren konnte, wo du doch nicht eine Nacht gefehlt hast oder zu spät vom Ausgang gekommen bist.«

Ich haßte sie, mit welcher raffinierten Methode sie mir kommen wollte. Schroff feuerte ich ihr entgegen:

»Dazu braucht man keine Nächte. Wie schade für Sie, daß Sie das nicht wissen. Und wenn es Sie interessiert, den Vater meines Kindes kenne ich auch.«

Ich erhob mich und verließ ihr Büro. Die Tür ließ ich laut ins Schloß fallen.

Ich hatte gewonnen, aber um welchen Preis! Ich gehörte nicht mehr zu den normalen Mädchen, die tanzen gingen oder rauchend in ihrer Ecke saßen und herumalberten. Ich war die Schwangere Nummer sieben. Zwar mußte ich noch keinen dikken Bauch unter häßlichen Kleidern verstecken, aber einige behandelten mich schon so. Wer noch nicht schwanger war, weiß nichts über den Zustand einer werdenden Mutter. Die meisten Mädchen verhielten sich uns gegenüber sehr zurückhaltend. Durch ihre Unsicherheit im Umgang mit Schwangeren drängten sie einen, ohne es zu ahnen, in eine Außenseiterrolle. Bewußt zog ich mich nicht zurück, sondern lebte genauso weiter wie bisher. Ich saß in ihrer Runde oder ging zum Tanzen mit und hörte mir ihre Probleme über das Heim, die Erzieher und Freunde an. Wo immer etwas los war, ich ging mit und war dabei.

In der Berufsschule mußte ich eine Sportbefreiung abgeben. Während des Deutschunterrichts beendete plötzlich die Lehrerin ihren Vortrag und sagte:

»Wir haben jetzt etwas Wichtiges zu besprechen. In unserer Klasse gibt es ein Mädchen, das ein Baby erwartet. Ich bitte euch, von heute an diesem Mädchen mit Respekt und Achtung zu begegnen, vor allem die Herren der Schöpfung sind damit gemeint. Keine blöden oder kindischen Bemerkungen darüber.«

Mir wurde siedendheiß, neugierig musterten uns die Jungs, welche es sein könnte. Neben mir saß Olaf, er fragte mich:

»Weißt du, wer es ist?«

»Ja«, sagte ich, »ich bin es.«

»Was?« Erstaunt blickte er mich an. »Man sieht ja noch gar nichts.«

»Kommt noch«, sagte ich und dachte: Hoffentlich nicht so schnell!

Wie ein Lauffeuer sprach es sich in der Klasse herum, und die Jungs wurden richtig lieb zu mir. Solange ich noch zur Schule ging, hörte ich nie eine einzige negative Bemerkung über mich. Meine Schularbeiten schrieb ich weiter von einem Jungen, dem Mathe-As unserer Klasse, ab. Sie hielten mir albernerweise alle die Klassentür auf, und in jeder Eisdiele organisierten sie für mich einen Stuhl. Rundum fühlte ich mich in meiner Klasse wohl und verdrängte den Gedanken, eines Tages die Schule verlassen zu müssen.

Mein Klassenlehrer sprach mich einmal in der Pause an und fragte, ob er mir nicht irgendwie helfen könne. Ohne zu überlegen, antwortete ich: »Mir ist nicht mehr zu helfen« und ließ ihn stehen. Vielleicht hätte er mir doch helfen können. In letzter Zeit kam mir oft der Gedanke, ob es eine Möglichkeit gäbe, das Kind wegzumachen. Gehört hatte ich schon viel davon, aber es sollte nicht ungefährlich sein, und mein Leben riskieren wollte ich nicht. Aber was konnte ich meinem Kind ohne Geld, Beruf und Wohnung bieten? Nichts! Erst viel später erfuhr ich, daß es eine Kommission für Schwangerschaftsabbruch gab. Aber darüber hatte niemand mit mir gesprochen. Ich bin mir auch nicht sicher, ob ich einen Abbruch gewollt hätte. Nun war es aber sowieso nicht mehr zu ändern und auch gut so, denn die Grübeleien, ob ja oder nein, hörten auf.

Während meine Gefühle sprunghaft wechselten – einmal war ich glücklich und dann wieder traurig und dem Heulen nahe –, veränderte sich meine Figur von Tag zu Tag. Am schlimmsten fand ich meine Brust, die an Umfang enorm zunahm und schmerzte. Am Bauch zeigten sich trotz Bürsten und Cremen kleine rote Streifen, die einfach nicht weggingen. Zum Glück hatte ich keine Morgenübelkeit, die laut Buch in den ersten Monaten auftreten kann.

Wenn ich mich im Spiegel betrachtete, fühlte ich mich jetzt schon unförmig dick und häßlich. Bald wußte ich gar nicht mehr, wie ich vorher ausgesehen hatte, dabei war ich erst Ende des dritten Monats.

Peter kündigte mir in einem Brief sein Kommen an. Die Woche bis zum Eintreffen seines Schiffes wollte nicht vergehen. Was würde er zu meiner Neuigkeit sagen? Ich hatte ihm von dem Kind nichts geschrieben. Ob er sich freuen würde?

Er holte mich mit einem riesigen Blumenstrauß ab und gratulierte mir nachträglich zum Geburtstag. Ich holte tief Luft und sagte:

»Ich hab' auch eine Überraschung für dich!«

Neugierig fragte er:

»Was denn? Los, raus damit!«

Nun brachte ich es wieder nicht fertig, den Satz zu sagen: Ich kriege ein Kind, sondern platzte heraus:

»Du wirst Vater!«

Verdattert blieb er mitten auf der Straße stehen.

»Sag das nochmal!«

Dabei blickte er mich zornig an. Seine Reaktion schüchterte mich ein, und ich nickte nur noch mit dem Kopf. Er machte auf dem Absatz kehrt und ließ mich stehen. Wütend rannte ich ihm hinterher. Er schüttelte meinen Arm ab und sagte:

»Laß mich, ich muß darüber nachdenken.«

Schweigend gingen wir nebeneinander her, jeder hing seinen Gedanken nach und traute sich nicht, sie auszusprechen. Ich ertrug die Kälte zwischen uns nicht länger und faßte mir ein Herz:

»Wenn du deine Entscheidung getroffen hast, melde dich wieder.«

Enttäuscht fuhr ich ins Heim zurück.

Peters Ratlosigkeit störte mich eigenartigerweise nicht, warum auch, es erging mir ja nicht anders. Ich tröstete mich mit meinem Optimismus. Bis zur Geburt des Kindes war noch viel Zeit, und irgendwie würde es schon weitergehen.

In der Schwangerenberatung wurde ich mit Blicken taxiert wie ein neues Modell auf dem Laufsteg. Nachdem ich alle Intimfragen – letzte Regel, Name des Kindesvaters – beantwortet hatte, wurden Bauchumfang und Körpergröße gemessen. Danach folgte eine gynäkologische Untersuchung, und der Arzt bestätigte mir eine gesunde Schwangerschaft Ende des vierten Monats. Dann kamen noch einige neugierige Fragen, wie es im Heim sei, was ich lernte usw. Anschließend wurde ich mit den Worten »Na, dann alles Gute bis zum nächsten Termin in vier Wochen« entlassen. In der Hand hielt ich einen Schwangerenausweis, der mir in jedem öffentlichen Verkehrsmittel einen Sitzplatz zusicherte und mich dazu berechtigte, im Konsum oder Kaufhaus die erste in der Schlange zu sein. Aber eine Beratung für mich und mein Kind, wie ich sie mir wünschte und gebraucht hätte, fand ich nicht. Mir blieb nicht nur die Freude auf das Kind. Die Sorgen, wie es weitergehen sollte mit uns, blieben auch.

Die Arbeit in der Fabrik war körperlich sehr anstrengend. Als Lehrling ersparte man uns keine Abteilung des Werkes. Wie die Jungen mußten wir Mädchen an den Maschinen arbeiten, ob an der Stanze oder Walze. Auch die stinkende Presse mußten wir bedienen, wo der erhitzte Gummi in die Form von Wärmflaschen gepreßt und anschließend als Produkt ›Hergestellt in der Schweiz‹ dem ›Klassenfeind‹ im Westen verkauft wurde. Nun stand mir laut Gesetz ein Schonplatz zu, den ich prompt als Akkordarbeiterin bekam. Im Sitzen schnippelte ich acht Stunden lang die Gratränder vom Gumminippel für Nasentropfenpipetten ab. Hier galt es, die Norm für Lehrlinge zu schaffen. In den ersten Tagen konnte ich vor lauter Blasen meine Hände zu nichts anderem mehr gebrauchen. Später verhornten die Stellen, und ich schaffte meine Norm, aber ich haßte die Arbeit. Wie freute ich mich auf die Mittagspause, endlich konnte ich den schweinischen Witzen und den Alltagssorgen der Frauen entrinnen. Mein Blick aus dem Fabrikfenster fiel auf das Eingangstor des Jüdischen Friedhofs Weißensee. Heimlich kletterte ich aus dem Klofenster und verbrachte meine Pausen beim Spazierengehen durch die Alleen der teilweise wunderschönen Gärten. Viel zu schnell vergingen immer die dreißig Minuten der Ruhe, die ich mit Lesen oder Nachdenken im kühlen Schatten der alten Bäume verbrachte. Selten traf man hier auf einen Menschen, der eine Grabstätte besuchte.

Peter kam wieder, aber er war nicht mehr wie früher. Das Thema Kind vermied er anzusprechen, ich merkte nur, wie er heimlich auf meinen Bauch schielte. Wir gingen kaum noch miteinander aus, ich hatte den Eindruck, daß er sich mit mir schämte. Ich litt unter seiner Eitelkeit; mir war der Bauch auch nicht angenehm, und einige tröstende Worte von ihm hätten mir gutgetan. Langsam begann ich, ihn wegen seiner Feigheit zu hassen. Mir wurde klar, daß es für uns keine gemeinsame Zukunft gab.

Mein Bruder wurde mein Beichtvater, ihm vertraute ich alles an. Er tröstete mich und sagte:

»Mach dir keine Sorgen, du hast ja mich, wir werden es schon schaffen.«

Sooft er Zeit hatte, fuhr er mit seinem Rennrad von Lichtenberg bis nach Treptow, um mich zu besuchen. Seit er ständig bei seinen Pflegeeltern lebte, hatte er sich völlig verändert. Seine schulischen Leistungen wurden gut, und er lernte Betonbauer. Ich freute mich für ihn. Wenn er in den Werkhof gekommen wäre, hätte ich ihn bestimmt nie wieder gesehen.

Eines Tages erzählte er mir stolz von seiner Freundin, einem Mädchen aus seiner Klasse. Sie war klein, hatte eine kurze Ponyfrisur und sprach mit hoher Stimme Hochdeutsch. Als wir uns kennenlernten, musterte sie mich verächtlich. Für sie war ich ›die aus dem Heim‹ und stahl ihm seine wenige Zeit. Wir verstanden uns überhaupt nicht. Meinem Bruder zuliebe sagte ich, daß ich sie nett fände. Aber ich glaube, er spürte, was ich wirklich dachte.

Ich hatte Schwierigkeiten damit, mich fremden Menschen zu öffnen, und benahm mich so, wie sie es von einer aus dem Heim erwarteten. Wirkliche Offenbarung meiner Gefühle hätte für Außenstehende bedeutet, sich mit mir zu beschäftigen, und das erforderte Zeit, die keiner hatte. Schon sehr früh, seit Christians Unglück, hatte ich das begriffen. Mit meiner Maske konnte ich die Erwartungen an uns Heimkinder gut erfüllen. Lachen, wo es nichts zu lachen gab, Weinen in der Dunkelheit und immer das letzte Wort.

Meine Freundin Erika sah ich nur selten; sie arbeitete im Schichtarbeitersystem in einer Kaufhalle und war vollauf mit ihrem Urlaubsfreund, dem Soldaten, beschäftigt. Dieser nutzte jede freie Stunde, um nach Berlin zu kommen. Mit dem Jungen aus dem Heim schrieb sie sich auch noch; sie war zu feige, ihm die Wahrheit zu sagen. Mir wollte sie erzählen, daß er ihr leid täte. Na gut, das war nicht mein Problem, sollte sie allein ihre Entscheidung treffen.

Abschied! Kuhauge eröffnete mir eines Tages:

»Du ziehst mit deinen Sachen nach oben in ein Mansardenzimmer und wohnst so lange dort, bis wir dich nach Bad Saarow schicken.«

Alle schwangeren Mädchen wurden ab einem bestimmten Termin ins Müttererholungsheim gebracht. Ich hatte schon oft die Gelegenheit, mitzuerleben, wie sie weinten, wenn sich zwei Freundinnen trennen mußten. Die Versprechungen auf einen Besuch konnten die wenigsten einhalten, da die Reise nach Bad Saarow durch die ungünstigen Zugverbindungen nicht mit den Besuchszeiten und den Ausgangszeiten zusammenzubringen war.

In einem Zweibettzimmer unter dem Dach des Heimes, mit Blick auf die grünen Baumkronen des hinteren Kindergartens, fühlte ich mich so wohl und geborgen, daß ich weder meine Freundin vermißte noch die anderen Mädchen. Hier oben genoß ich die Ruhe, die mir bewußt machte, wie sehr mir der Krach im Heim auf die Nerven ging.

In letzter Zeit fand ich die Situation in unserem Zimmer schon unerträglich. Zu sechs verschiedenen Zeiten in den ersten Morgenstunden erschien die Nachtwache und weckte jeweils ein Mädchen. Zur Sicherheit klingelte aber bei allen noch einmal der Wecker. Wenn ich um acht Uhr in der Schule sein mußte, war ich also schon um halb fünf das erste Mal wach. Bis zum Aufstehen war das Einschlafen nicht mehr möglich, und so fühlte ich mich ständig müde.

Ein kleiner Denkzettel

Eines Abends ging ich sehr früh ins Bett, ich hatte nur den einen Wunsch, mich mal richtig auszuschlafen.

Plötzlich flog die Tür mit einem Knall auf, das Licht blendete mich, und Maria trampelte durchs Zimmer zu ihrem Schrank, nahm etwas heraus und warf die Schranktüren wieder zu. Dann trampelte sie zurück, ließ das Licht brennen, und die Zimmertür fiel krachend ins Schloß.

Wegen ihrer rücksichtslosen Art hatte irgendeine von uns immer mit ihr Streit. Dieses Mal reichte es mir. Ich wollte ihr einen Denkzettel verpassen.

Ich ging eine Etage tiefer zu den Arbeitermädchen, mit denen ich mich gut verstand, und bat sie, mir einen Gefallen zu tun. zwei Mädchen waren von meinem Plan begeistert. Mit großer Schnelligkeit trugen sie Marias Bett ins Treppenhaus und stellten es in die Raucherecke, dazu den Nachtschrank und ihren Stuhl. Dann mußten sie noch die Glühlampe lockerdrehen. Ich bedankte mich lachend und kroch in mein Bett zurück. Erika wunderte sich, daß das Licht nicht anging, als sie ins Zimmer kam und den Schalter drückte. Ich klärte sie auf, und gespannt warteten wir auf Marias Erscheinen zur Nachtruhe.

Nach und nach lagen alle Mädchen bis auf Maria in ihren Betten und lauerten auf den erhofften Auftritt. Als keine mehr glaubte, daß sie überhaupt noch schlafen gehen würde, flog die Tür wie gewohnt mit lautem Krach gegen die Zimmerwand, und der Lichtschalter knipste vergeblich.

»Scheiße«, flüsterte sie, »die Lampe ist am Arsch!«

An ihrem Schrank angekommen, schmiß sie sich auf das nicht vorhandene Bett. In diesem Moment gab es ein klatschendes Geräusch, wie wenn nackte Haut auf den Steinfußboden aufschlägt. Wie eine Furie schrie sie los:

»Das warst du, blöde Sau, Miststück, Nutte! Na warte, du kannst was erleben!« Mit diesen Worten näherte sie sich meinem Bett. Ich drohte fast unter meiner Decke zu ersticken, so hatte ich mein Gesicht darin vergraben, um mir das Lachen zu verkneifen. Ich reagierte genau wie die anderen Mädchen und stellte mich schlafend. Wütend verließ sie das Zimmer.

Kurze Zeit später hörte ich meinen Namen durch den Lautsprecher mit der Aufforderung, sofort im Büro zu erscheinen. Natürlich ging ich nicht hin, sondern blieb im Bett und wartete auf die Dinge, die kommen würden. Es dauerte nicht lange, da stand eine Erzieherin mit Maria in der Tür und verlangte von mir, das Bett sofort hereinzuholen. Ich weigerte mich und fragte sie, ob sie ernsthaft glaubte, daß ich mit meinem Bauch das Bett hinausgetragen hätte. Sie drehte sich zu Maria um und sagte:

»Hol dein Bett selbst, und dann ist Nachtruhe!«

Die Mädchen in der Raucherecke lachten sich halb kaputt über Maria, bis sie endlich eine gefunden hatte, die ihr half, das Bett zurückzutragen. In der Dunkelheit stieß sie mit dem Nachtschrank gegen die Wand, wobei zwei Beine abbrachen. Heulend sank sie zusammen, denn für die Möbel waren wir verantwortlich und mußten Schäden daran aus eigener Tasche bezahlen. Jetzt hielt es keine mehr unter ihrer Decke aus, wir lachten noch die halbe Nacht über Maria, die keinen Mucks mehr von sich gab. Von dieser Stunde an hatten wir unsere Ruhe vor ihr.

Hier oben war es viel schöner als unten, und ich war traurig, als ich wieder meine Sachen packen mußte. Eigentlich packten alle Mädchen ihre Sachen, denn das Heim sollte plötzlich saniert werden, und die Mädchen wurden in Notunterkünfte evakuiert. Mich und eine Erzieherin fuhr ein Dienstwagen vom Rathaus Treptow in die schöne Umgebung am Scharmützelsee, in das Heim für werdende Mütter.

Im Müttererholungsheim

Direkt am See stand eine große Villa, umgeben von Bäumen und Rasen. Als ich aus dem Auto stieg, erblickte ich zuerst eine Parade von Kinderwagen, ordentlich in einer Reihe stehend. Während es die Erzieherin eilig hatte, ins Haus zu kommen, schritt ich langsam die Kolonne der Kinderwagen ab und betrachtete die Babys darin. Nie hatte ich gedacht, daß Babys so verschieden aussehen können. Die meisten schrien wie am Spieß und hatten eine Rotzglocke, die entweder übers Gesicht verschmiert war oder verkrustet vor den kleinen Nasen klebte. Meine Mühe, die Kleinen durch Schaukeln zu beruhigen, war vergeblich. Sobald ich aufhörte, brüllten sie wieder los. Zwei ganz Winzige schliefen friedlich, erschreckten mich aber durch ihre Häßlichkeit. Unter der dünnen weißen Haut schimmerten bläulich ihre Adern. Ob ich mich trauen würde, so ein winziges Kind anzufassen? Und ob mein Kind auch mal so häßlich ist? Durch die Stimme der Erzieherin wurde ich aus meinen Gedanken gerissen. Sie rief mich ins Haus.

Die Heimleiterin war sehr freundlich und natürlich. Sie begrüßte und informierte mich über die Heimkosten, die ich bezahlen mußte. Zuerst für mich allein und später für das Kind. Mir war es irgendwie fremd, wenn jemand von meinem Kind sprach. Ich wußte, daß ich einen dicken Bauch hatte und ein Kind bekommen würde, aber ich fühlte mich nicht als Mutter.

Wieder kam ich in ein Sechsbettzimmer, und neugierige Blicke musterten mich. Es waren keine bekannten Gesichter darunter. Alle Mädchen aus dem Jugendwohnheim, die vor mir hierhergekommen waren, hatten schon entbunden und wohnten eine Etage tiefer oder waren schon entlassen.

Während ich so tat, als sei ich mit Einräumen meiner Sachen in den Schrank beschäftigt, beobachtete ich heimlich die Mädchen.

Die meisten trugen ihre Haare in lockiger Dauerwelle und hatten ernste Gesichtszüge, frauliche Gesichtszüge, auch ihre Bäuche kamen mir dicker als meiner vor. Sie kümmerten sich nicht um mich, sondern besprachen eine Handarbeit aus der Zeitung. Es dauerte nicht lange, und sie bezogen mich in ihr Gespräch mit ein. Ich war erstaunt, wie schnell sie über sich und ihre Probleme mit mir sprachen.

Zuerst stellte sich Gerda vor. Sie war klein und hatte eine zierliche Figur – abgesehen vom Bauch – und ein hübsches Gesicht, das eher dem einer Porzellanpuppe glich. Trotz ihrer erst fünfzehn Jahre wirkte sie älter; vielleicht lag es daran, daß sie mit einem Dreißigjährigen verlobt war.

Monika sah mit ihren sechzehn Jahren schon wie zwanzig aus, hatte schon viele Männer gehabt und wußte nicht, wer der Vater ihres Kindes war. Ihre Eltern konnten sich bei ihr nicht durchsetzen. Deshalb bekam sie durch das Jugendamt über die Schwangerenberatung die Einweisung in dieses Heim. Das erzählte sie vor allen freimütig, ohne sich zu schämen.

Die Jüngste in unserem Zimmer hieß Gisela und hätte mit ihren dreizehn Jahren eigentlich wie ein junges Mädchen aussehen müssen. Doch ihr Gesicht trug die Züge einer erfahrenen Frau und zeigte keine Spur von fröhlichem Kind. Ich fragte sie:

»Bist du denn nicht aufgeklärt worden?«

Sie lachte und sagte:

»Ja, gleich praktisch von meinem Stiefvater.«

Gisela erhielt von ihrer Mutter oft Besuch, und es war nicht zu übersehen, daß auch sie schwanger war. Dieses Zusammentreffen endete meistens mit Tränen der Mutter und Worten, die wir alle hören konnten:

»Bitte, verzichte auf Gerd (den Stiefvater), was soll denn aus uns werden? Denk doch mal an deine Geschwister!«

Gisela hatte acht Halbgeschwister, die alle von ihrem Stiefvater stammten. Nun saß er für Jahre in Bautzen, im Zuchthaus, das ›das gelbe Elend‹ genannt wurde.

Die Mutter machte einen erbärmlichen Eindruck. Wenn sie ihre Tochter anflehte, doch auf ihren Mann zu verzichten, erweckte sie Mitleid in mir. Gisela lachte sie nur aus, und wenn die Mutter heulend davontrabte mit ihrem ausgemergelten, von vielen Geburten verformten Körper, lachte sie nur noch mehr und lästerte:

»Wie 'ne alte Oma.«

Uns gegenüber kannte sie keine Hemmungen, es machte ihr nichts aus, uns die Sache mit ihrem Stiefvater bis ins kleinste Detail zu schildern.

Gerlinde, sechzehn Jahre alt, hatte einen festen Freund, der sie nie besuchte. Aber nachts bekamen wir ungefragt die schärfsten Stellungen mit ihm zu hören. Sogar in eine fremde Laube waren sie eingebrochen, um in Ruhe zu bumsen. Ich fand die Geschichten gewaltig übertrieben.

Alle diese Mädchen waren nie im Heim gewesen und trotzdem total versaut. Nicht im entferntesten hatten wir untereinander so geredet. Mir war klar, daß es nur die Umwelt war, die in uns das Schlechte sah. Das Wort ›Heim‹ war ein Stempel. Der Stempel war gleichbedeutend mit Knast, böse und verdorben. Mädchen mit Elternhaus konnten genauso sein, aber sie hatten nicht diesen Makel. Daß Kinder durch unfähige Eltern und Pädagogen negativen Einflüssen ausgesetzt waren, auf die Idee kam keiner.

Marlies, sechzehn Jahre alt, weinte viel. Ihr zwanzigjähriger Freund wurde seit dem Einmarsch der Nationalen Volksarmee in der ČSSR vermißt. Das sollte Bruderhilfe sein. Allgemein herrschte große Aufregung unter der Bevölkerung; fast alle waren dagegen, aber nur wenige mutig genug, es laut zu sagen.

Ich saß mit meinem Bauch in der Schwangerenburg und konnte nur auf Besuch hoffen, um die neuesten Nachrichten zu erfahren. Oft dachte ich über meine Erziehung in den vergangenen Jahren nach und verstand die Welt nicht mehr. Wieso marschierten nun wieder Deutsche in ein fremdes Land, noch dazu in ein sozialistisches? Die Frage blieb offen, und ich beschloß, weitab von Berlin, nicht mehr darüber nachzudenken und mich nur noch auf mich und das Kind zu konzentrieren.

Schon bald hielt ich das schweinische Gerede der Mädchen nicht mehr aus und bat die Heimleiterin, mich in ein anderes Zimmer zu verlegen. Mein Wunsch wurde sofort erfüllt, und ich zog erfreut mit meinen Sachen in ein Zweibettzimmer mit Blick über den verwilderten Garten zum See.

Meine Bettnachbarin Ruth stellte sich als Russischlehrerin und schon Ende Zwanzig vor. Obwohl ich Lehrer und Erzieher nicht ausstehen konnte, verstanden wir uns bald prima. Sie machte erst gar nicht den Versuch, Frau Doktor Klugschiß herauszukehren. Von der Arbeit völlig entnervt, erhielt sie als Schwangere diese Kur zur Erholung. Als sie hörte, daß ich bis zur Entbindung hierbleiben würde, bedauerte sie mich aufrichtig. Sie empfand genau wie ich, daß der Ort ein stinklangweiliges Nest war. Wir schlugen die Zeit mit endlosen Wanderungen, Lesen und Gesprächen tot.

Ende September sezten bei ihr die Wehen ein, und sie kam ins Krankenhaus. Von diesem Tag an sah ich sie nicht wieder und wohnte allein im Zimmer.

Drei Mädchen aus dem ersten Zimmer hatten entbunden, und es kamen neue. Petra hatte eine Hasenscharte, war aber sonst ein hübsches Mädchen. Sie erwartete das Kind von einem Montagearbeiter, der auf Nimmerwiedersehen verschwunden war. Ihre große Sorge galt dem Kind, daß es nicht auch die Hasenscharte erben würde.

Elvira war auf einer Fete vergewaltigt worden und mußte jetzt das ungewollte Kind austragen.

Vera, eine Geschiedene mit zwei Kindern, hatte sich mit dem Busfahrer ihres Ortes eingelassen, hoffte aber trotzdem auf die Rückkehr ihres Mannes.

Wir saßen viel zusammen, redeten über die Kindesväter und was wir uns wünschten, ob Junge oder Mädchen. Durch die Ernsthaftigkeit unserer Gespräche fühlte ich mich viel wohler unter den neuen Frauen. Eines Nachts weckte mich Petra ziemlich unsanft aus dem Schlaf.

»Komm mit, Elvira ist verschwunden.«

So schnell es mein dicker Bauch zuließ, zog ich mich mühsam an und stürzte in das große Zimmer. Mit verschlafenen Gesichtern saßen die werdenden Mütter in ihren weiten Nachthemden auf den Betten und redeten aufgeregt durcheinander. Eine hatte Elvira weinen gehört. Als sie fragte, weshalb sie weinte, antwortete sie sinnloses Zeug und lief aus dem Haus.

Mit Petra und Vera einigte ich mich, nach Elvira zu suchen. Die Nachtschwester konnte das Haus nicht verlassen, da sich in der unteren Etage die Kleinstkinderstation befand, in der sie noch füttern mußte.

Wo konnte Elvira sein, und wohin wollte sie, überlegten wir. Vor der Tür schlug uns eisige Kälte entgegen, ich kuschelte mich fest in meinen Mantel. Am liebsten wäre ich zurück ins Haus gegangen, so sehr fror ich. Die Oktobernacht hatte einen sternenklaren Himmel, und der erste Frost war in der Luft zu spüren. Vergeblich suchten wir in der Dunkelheit den Bahnhof und die Umgebung ab.

»Ob sie in der Bahnhofskneipe ist?« fragte Petra bibbernd.

»Laß uns nachsehen«, sagte ich.

Wir betraten den nach Bier stinkenden, verqualmten Raum. Hätten wir es lieber sein lassen, denn die besoffenen Mäner grölten bei dem Anblick unserer dicken Bäuche.

»He, Puppen, noch nicht genug? Wollt wohl noch mal?«

Angewidert und wie versteinert blieben wir an der Tür stehen und suchten mit Blicken den Raum ab. Aber auch hier war sie nicht. Enttäuscht und frierend machten wir uns auf den Heimweg, da huschte plötzlich, in geduckter Haltung, ein menschliches Wesen durch die Büsche der Parkanlage. Obwohl wir es alle drei gesehen hatten, traute sich keine, hinterherzulaufen. Wir blieben stehen und riefen leise ihren Namen. Außer unseren Stimmen war nichts zu hören. Eine unheimliche Stille lag über diesem Ort, die Bäume warfen im hellen Mondschein dunkle Schatten, die auf uns gespenstisch wirkten. Drei Schwangere im Mondscheinpark, die die vierte suchten – hätten wir nicht solche Angst gehabt, wir hätten gelacht. Plötzlich trat sie, wie eine Fee, langsam zwischen den Bäumen hervor.

»Elvira!« riefen wir drei gleichzeitig.

Der Mond leuchtete in ihr blasses Gesicht und ließ es noch weißer erscheinen. In ihrer rechten Hand glänzte im Mondlicht die schneeweiße nackte Brust, die sie aus ihrer Bluse einfach heraushängen ließ. Wie geistesabwesend kam sie näher und starrte uns aus großen, leeren Augen an. Mir wurde unter diesem Blick unheimlich, ich bekam eine unerklärliche Angst vor ihr, fragte sie aber trotzdem:

»Elvi, was ist mit dir?«

»Mein Herz«, flüsterte sie, »mein Herz, es tut so weh!«

Ich legte meinen Arm um sie und sagte:

»Komm, laß uns nach Hause gehen, du mußt ja total durchgefroren sein!«

Willig, wie ein kleines Kind, schmiegte sie ihr Gesicht an meine Schulter und ging mit.

Die Mädchen im Zimmer schliefen wieder. Leise zogen wir ihr die Sachen aus und legten sie ins Bett. Abwechselnd sah in der Nacht eine von uns nach Elvi.

Am nächsten Tag wurde sie dem Arzt vorgestellt, der nichts an ihrem Herzen feststellen konnte. Ihre Seele war krank und in eine andere Welt gegangen. Sobald sie Sachen anziehen mußte, holte sie wieder ihre Brust heraus und riß sich alle Kleider vom Körper. Sie ließ sich von keinem mehr anfassen, sondern war nur noch still, wenn man sie nackt auf ihrem Bett sitzen ließ. Dann hielt sie ihre Brust und wimmerte leise:

»Auja, auja, mein Herz.«

Das zehrte an unseren Nerven, und unsere Geduld mit ihr schwand. Nach zwei Tagen fand man endlich eine andere Unterkunft für sie. Das waren zwei aufregende Tage, da wir ständig in Angst lebten, sie könnte sich etwas antun. Richtig erleichtert über Elvis Weggang waren wir nicht, nur über die Ruhe, die danach folgte. Denn jede hoffte für sie, daß man ihr helfen könnte und sie wieder gesund würde. Von dieser Verwirrung eines vorher völlig gesunden Menschen war ich zutiefst berührt und gleichzeitig geschockt.

Gerlinde konnte ihren Bauch nicht mehr ertragen. Der Geburtstermin war zehn Tage überschritten, und von ihrem Freund hörte sie auch nichts. Schon lange erzählte sie keine Bumsgeschichten mehr, sondern häkelte und strickte nun wie eine Verrückte Babysachen. Eines Nachts war es dann soweit, sie kam ins Krankenhaus, wo sie einen Jungen zur Welt brachte, der noch auf der Entbindungsstation lag, als sie schon lange wieder in Berlin war. Kurz nach ihrer Entbindung sorgte sie mit ihrer Art zu erzählen für große Aufregung unter den Schwestern. Diese verweigerten ihr bei der Entlassung die Herausgabe des Kindes. Da Gerlinde noch nicht achtzehn Jahre alt war, mußten ihre Eltern erst einen Sorgerechtsantrag für das Enkelkind stellen, und so lange blieb es im Krankenhaus.

Vera stand während des Frühstücks plötzlich auf:

»Es geht los!«

Schnell beauftragte sie mich, noch eine Ausfahrgarnitur für das Kind zu häkeln, da sie noch keine Sachen hatte. Es kam drei Wochen zu früh. Ich versprach es, drückte ihr die Daumen und winkte dem Krankenwagen hinterher.

Zum Glück hatte ich das Häkeln von Gerlinde gelernt und auch noch etwas blaue Wolle übrig, denn Vera bekam auch einen Jungen. Seit August hatten alle einen Jungen geboren. Während der Schwangerschaftswochen hatte ich immer einen Jungen haben wollen, aber nun wünschte ich mir ein Mädchen.

Nach sechs Tagen brachte der Krankenwagen nur Veras Kind zurück, sie nicht. Eine Säuglingsschwester, die ich fragte, wo Vera sei, antwortete:

»Ach die, die hat doch das Kind zur Adoption freigegeben.«

Zuerst war ich entsetzt, sie hatte nicht die leiseste Andeutung gemacht. Aber je länger ich darüber nachdachte, desto besser konnte ich ihre Handlungsweise verstehen. Sie hatte zwei Kinder, wie sollte sie allein mit dreien zurechtkommen? Schließlich war ich fest davon überzeugt, daß sie eine gute Mutter war, denn ihre letzte Sorge galt ihrem Kind.

Als Babys hatten die Kinder eine gute Chance, Adoptiveltern zu bekommen. Was hat ein Kind schon davon, von der Fürsorge aus einem kaputten Elternhaus geholt zu werden und später keine anderen Eltern mehr zu finden. Dann blieb ja doch nur das Heim. Ich schaute mir Veras Kind an. Mit winzigen Fäustchen, knallroten Haaren und großen Segelohren war es ein ausgesprochen witziges Baby. Bei seinem Anblick mußte man unwillkürlich lächeln. Ich fand, es brauchte unbedingt humorvolle Eltern.

Adoptiert wurde es von einem Armeeoffizier mit Frau; ob die Humor hatten?

Petras Kind wollte unbedingt an einem Sonntag auf die Welt kommen. Die Wehen setzten so heftig ein, daß sie Schwierigkeiten beim Einsteigen in den Krankenwagen hatte. Am späten Abend kam ein Anruf für mich, Petras Stimme klang verheult.

»Komm gleich vorbei, ich bin so unglücklich!«

Mehr sagte sie nicht. Voller Unruhe machte ich mich auf den Weg in das Armeehospital. Eigentlich lagen hier nur Soldaten. Eine Station für Mutter und Kind war die einzige Entbindungsmöglichkeit in dieser Umgebung, die zusätzlich eingerichtet worden war. Beim Betreten des Krankenzimmers sah ich, daß alle Frauen Besuch hatten, nur bei Petra saß niemand. Als ich sie umarmte, weinte sie sofort.

»Es ist ein Junge!«

»Was!« rief ich erstaunt. »Schon wieder ein Junge, das gibt es doch gar nicht.«

Aber das war nicht der Grund ihrer Tränen. Sie schluchzte:

»Er hat einen Wolfsrachen!«

»Was ist denn das?«

»Eine Lippengaumenspalte, noch schlimmer als eine Hasenscharte. Sie haben ihn gleich in ein anderes Krankenhaus gebracht, weil er mit dem Mund nicht trinken kann.«

Entsetzlich, die ganze Schwangerschaft über hatte sie Angst gehabt, daß ihr Kind auch so etwas haben könnte; wir hatten versucht, es ihr auszureden, und nun spielte ihr die Natur einen bösen Streich. Ich tröstete sie und sagte:

»Wer weiß, vielleicht ist die Medizin mit der Schönheitsoperation schon viel weiter, und sie machen es besser als damals.«

Sie hatte eine sehr unschöne Narbe zwischen Mund und Nase.

Durch das Gespräch wurde sie zusehends ruhiger, dafür regte ich mich innerlich stark auf. Mühsam unterdrückte ich meine Erregung und war froh, daß sie mich, ohne nochmals zu weinen, gehen ließ.

Konnte mit meinem Kind auch etwas nicht in Ordnung sein? Ich hatte nie darüber nachgedacht. Auf einmal war es mir sehr wichtig, und ich hatte Angst vor der Entbindung.

Mittlerweile hatte mein Bauch die Form eines riesigen, aufgeblasenen Ballons von hundert Zentimeter Umfang angenommen und war über und über mit kleinen roten Streifen bedeckt.

Wenn ich mich nackt unter der Dusche sah, hätte ich am liebsten geheult. Ich fand mich häßlicher denn je. Wie konnten Männer und Frauen auf diese Bäuche stolz sein? Meinen fand ich widerlich, unangenehm und immer im Wege. Wie eine Walze schob ich ihn vor mir her. Ich fühlte mich als Tragetasche für mein Kind. Und immer dasselbe Kleid, wie sehnte ich den Tag herbei, endlich andere Sachen anziehen zu können.

Peter kam mich besuchen, wir liefen stumm nebeneinander her. Ein richtiges Gespräch kam nicht auf. Es lag wohl auch an mir, denn ich merkte, daß er beim Spazierengehen einsame Wege bevorzugte. Schämte er sich mit mir? Ich fragte ihn nicht, ich wußte, er würde lügen.

Beim Abschied bat ich ihn, nicht eher zu kommen, bis das Kind da sei.

Die Entbindung

11. Dezember, Tag des Gesundheitswesens. Die Kinderschwestern fragten uns, ob wir die Kleinen versorgen würden, wegen ihrer Feierstunde. Natürlich taten wir das gerne und tranken den dafür extra spendierten Kaffee. Wir hofften, davon schneller Wehen zu bekommen.

Bis nachts halb eins saßen wir zusammen und redeten über alles mögliche. Von dem Kaffee waren wir noch putzmunter. Dann raffte ich mich auf, ging ins Bett und versuchte, mit einem Buch müde zu werden. Als ich nach ein Uhr das Licht gelöscht hatte, spürte ich plötzlich etwas Nasses in meinem Bett. Erschrocken sprang ich hoch, machte Licht und sah, daß mir Wasser an den Beinen hinunterlief. Ich konnte es nicht anhalten, so wartete ich, bis es aufhörte. Dann wischte ich das Zimmer, bezog mein Bett neu und wollte endlich schlafen. Kaum lag ich wieder im Bett, passierte das gleiche noch einmal. Wieder wartete ich, bis es vorbei war, und ging dann eine Treppe tiefer zur Toilette, aber es kam nichts mehr. Als ich die Nachtschwester traf, erzählte ich ihr mein Mißgeschick. Sie lachte und sagte:

»Geh noch einmal zur Toilette, und wenn es sich zeichnet, dann ist es ein Blasensprung.«

»Was ist zeichnen?«

»Der Ausfluß färbt sich hellrosa.«

Das hätte sie mir lieber nicht sagen sollen, denn nun zitterten mir die Beine. Und als ich auf dem Klo auch noch sah, daß sie recht hatte, klapperten mir vor Aufregung die Zähne. Bis zum Termin waren noch fünf Tage Zeit.

Alle Mädchen hatten erst ihre Wehen, und ich bekam zuerst einen Blasensprung, der laut Aufklärung kurz vor der Geburt passierte. Die Nachtschwester behielt die Ruhe und sagte lachend:

»Beim einen geschieht es so und beim nächsten anders. Hol deine Sachen, ich rufe den Krankenwagen.«

Meine Tasche war schon gepackt, aber trotzdem brauchte ich eine halbe Stunde, bis ich alles fertig hatte. Vor dem Haus warteten zwei Soldaten. Einer fragte mich freundlich:

»Na, wird's denn noch gehen?«

Ich lächelte verschämt und sagte:

»Es geht mir blendend.«

»Wenn noch keine Wehen sind, lassen wir uns lieber Zeit, denn die Straßen sind sehr vereist.«

Die Schwester hatte sie über meinen Blasensprung informiert, und sie legten mir fürsorglich den Sitz mit Zellstoff aus. Dann fuhren sie mit mir davon. Sie waren nicht viel älter als ich und so verständnisvoll.

Ich schaute in die Dunkelheit und wußte: Wenn ich zurückkomme, werde ich eine andere sein.

12. Dezember drei Uhr dreißig. Die Soldaten wünschten mir alles Gute und übergaben mich der Hebamme, die mich in den Untersuchungsraum führte. Nach der Untersuchung sagte sie:

»Also, vor heute abend oder morgen früh wird es nichts.«

Enttäuscht fragte ich:

»Warum? Dauert es so lange?«

»Beim ersten Kind ist das meistens so.«

Wie schade, ich fand sie sehr nett und hätte gerne bei ihr entbunden. Aber sie hatte nur bis sechs Uhr früh Dienst und dann erst wieder am Abend um zehn Uhr.

»Paß mal auf«, sagte sie, »du nimmst jetzt ein Bad, so heiß, wie du es vertragen kannst, das regt die Wehen an. Vorher geb' ich dir noch einen Einlauf, der fördert die Wehentätigkeit auch noch, und der Rest kommt von alleine.«

Der Einlauf war widerlich, ich dachte, ich käme nie wieder von der Toilette. Das Bad anschließend tat mir sehr gut. Ich hatte keine Schmerzen und fand das Kinderkriegen gar nicht so schlimm.

Vom Baden müde geworden, freute ich mich nun auf mein Bett.

Die Hebamme wünschte mir viel Erfolg und sagte weise lächelnd:

»Na, mit Schlafen wird es wohl nicht mehr viel werden.«

Ich legte mich trotzdem hin und fühlte gerade den Schlaf in einer angenehmen Schwere über mich kommen, als mich ein fürchterlicher Schmerz im Unterleib durchfuhr. Entsetzt verließ ich das Bett und lief zur Hebamme.

»Irgend etwas ist eben mit mir passiert«, sagte ich aufgeregt, »ich hatte einen fürchterlichen Schmerz im Bauch.«

Sie lachte und sagte:

»Das sind nur die Wehen; am besten, du läufst jetzt den Gang auf und ab, das fördert. Im Bett hältst du es sowieso nicht aus. Und schau auf die Uhr, in welchen Abständen die Wehen auftreten.«

Gut, daß ich nicht ahnte, was mir bevorstand; ich war froh und erleichtert, bald mein Kind zu haben. Den Schmerz fast vergessend, marschierte ich durch den langen Flur. Nach zehn Minuten fühlte ich den Schmerz wiederkommen. Erst ganz leicht, dann immer stärker werdend und schließlich grausam sich in mich bohrend. Danach verabschiedete er sich viel zu langsam wieder. Die Abstände verkürzten sich auf fünf Minuten und hatten gegen zehn Uhr morgens die Drei-Minuten-Grenze erreicht. Angsterfüllt starrte ich auf die Zeiger der Uhr, die Minuten rasten vorbei. Wenn die Armeeoffiziersärzte an mir vorbeigingen und ich voller Qualen stehen bleiben mußte, konnte ich in ihren Gesichtern Gleichgültigkeit oder hämisches Grinsen lesen. Ich haßte sie! Bedauernde Blicke erhielt ich von den Müttern, auch ein paar aufmunternde Worte:

»Hast es ja bald geschafft.«

Gegen ein Uhr mittags hatte ich den Punkt erreicht, wo mir alles egal war. Die Tränen liefen mir übers Gesicht, und ich fühlte mich innerlich wie von heißen Eisen zerstochen. Alles hätte ich getan, nur um die Schmerzen loszuwerden; der Tod angesichts des neuen Lebens wäre mir jetzt wie eine Erlösung vorgekommen. Aber nichts geschah, nur daß der Schmerz mir keine Minute der Ruhe gönnte. Nach einer Stunde rief mich ein Arzt in den Untersuchungsraum. Ich brauchte eine Ewigkeit bis zum Stuhl. Ein Schritt, eine Wehe, ein Schritt, eine Wehe, selbst bei der Untersuchung blieb sie nicht aus.

»Ihr Muttermund ist erst drei Zentimeter offen, und zehn Zentimeter müssen es mindestens sein.«

Da brach in mir eine Welt zusammen, und ich stöhnte unter Schmerzen und Tränen:

»Ich kann nicht mehr.«

Der Arzt erbarmte sich meiner, ließ mich in den Kreißsaal bringen, und nun bekam ich Spritzen. Ich wurde dem Schmerz gegenüber gleichgültig, obwohl ich ihn genau wie vorher spürte. Frau Groß, die Hebamme, eine nette junge Frau, stellte sich kurz vor und kümmerte sich um die neben mir liegende schreiende vierzigjährige Frau, die ihr viertes Kind bekam.

Ich biß in mein Kopfkissen, krallte mich an die Griffe des Bettes und dachte: Warum hält sie nicht ihren Mund und hört auf zu schreien? Sehnsüchtig wünschte ich mir plötzlich, ein kleines Mädchen zu sein und im Winter mit dem Schlitten einen Berg hinunterzurodeln. Je heftiger die Wehen wurden, desto schneller sauste mein Schlitten ins unendliche Tief.

Die Frau neben mir sollte pressen, aber sie schrie nur:

»Au, au, mein Rücken, er bricht mir durch!«

Die Hebamme sagte laut und energisch:

»Reißen Sie sich mal zusammen, neben Ihnen liegt eine Siebzehnjährige, die hat auch Schmerzen und sagt keinen Ton! Sie machen ihr ja mit Ihrem Geschrei Angst, denken Sie jetzt mal an Ihr Kind und pressen Sie!«

Aber sie brüllte weiter. Auf ein Klingelzeichen füllte sich plötzlich der Raum mit Ärzten, und endlich trugen sie ein kleines Baby mit blauem Gesicht an mir vorüber; die Frau war still. Die Hebamme versorgte das Kind, dann trat sie an das Bett der Frau und sagte:

»Sie haben einen Jungen, aber durch Ihre Schreierei haben Sie ihm beinahe geschadet, er hatte Sauerstoffmangel!«

Danach verließen alle bis auf einen Arzt den Raum. Ich bekam plötzlich Angst, mein Kind allein kriegen zu müssen, und zupfte an seinem Kittel. Ein ernstes, hageres Brillengesicht drehte sich zu mir, und ich flüsterte mühsam:

»Kommen Sie auch zu mir?«

Er streichelte flüchtig meinen Arm und sagte zur Hebamme:

»Wenn es bei ihr soweit ist, rufen Sie mich!«

Eine angenehme Stille herrschte auf einmal im Zimmer, die Ruhe ließ meine Schmerzen schwächer und schwächer werden, und dann waren sie ganz weg. Für ein paar Sekunden schlief ich ein, wurde aber durch das dringende Bedürfnis, auf die Toilette zu gehen, aus dem Schlaf gerissen und rief:

»Schwester, ich muß mal!«

Sie erschien sofort, untersuchte mich und sagte:

»Nein, du mußt nicht, das sind die Preßwehen. Jetzt mußt du mithelfen, und dein Kind ist bald da!«

Die Preßwehen taten nicht weh, ich hatte nur den unwiderstehlichen Drang zu drücken, um das Kind auf die Welt zu bringen.

Doktor Israel stand, wie er es mir versprochen hatte, neben mir, die Hebamme saß am Fußende und eine andere Schwester stützte meinen Kopf am Genick. Ich tat alles auf Kommando der Hebamme, wie eine Maschine. Ich hatte das Gefühl, neben mir zu stehen, und alles, was mit mir geschah, geschah nicht mir. Mit aller Kraft preßte ich, und die Hebamme rief begeistert:

»Weiter, weiter, ich seh' schon kleine Haare, dein Kind hat Haare!«

Ich konnte nicht mehr und fiel kraftlos, todmüde in die Kissen zurück, ich wollte plötzlich nur schlafen. Der Arzt kniete sich auf mein Bett, die Schwester hob meinen Kopf, und ich drückte, ohne eine Wehe zu spüren. Dabei half der Arzt, indem er meinen Bauch ebenfalls nach unten schob. Ein kurzer, aber sehr stechender Schmerz, und ich fühlte zwischen den Beinen etwas Warmes.

»Das Köpfchen ist draußen!« rief die Hebamme fröhlich. »Noch einmal kurz pressen, dann ist es da!«

Meine Augen ganz fest geschlossen, drückte ich und spürte es hinausschießen, wie eine qualvolle Last, von der ich mich befreite. Keine Schmerzen mehr! Unendlich erleichtert hielt ich meine Augen geschlossen. Da hörte ich ein leises Schreien und wie aus weiter Ferne die Stimme meiner Hebamme:

»Es ist ein Junge und kerngesund!«

Gegen meinen Willen öffnete ich die Augen, und mein Blick fiel als erstes auf die Uhr. Mein Sohn wurde um 17 Uhr 25 geboren, an einem Donnerstag, und es schneite draußen.

Ein unendliches Glücksgefühl und große Dankbarkeit der Hebamme und dem Arzt gegenüber durchströmten mich. Mir schossen die Tränen in die Augen, und ich stammelte: »Danke.«

Sie waren für kurze Zeit die zwei wichtigsten Menschen in meinem Leben gewesen. Für immer schloß ich sie in meine Erinnerung ein – als die ersten Erwachsenen, bei denen ich mich ehrlich, ohne Zwang, bedankte und auch Dank empfinden konnte.

Ich ließ die Hebamme nicht mehr aus den Augen, zu sehr fürchtete ich, sie könnte mein Kind mit einem anderen verwechseln. Dann legte sie mir ein eingewickeltes Bündelchen in die Arme. Mein Kind! Blaue Augen blinzelten in das grelle Licht; den kleinen Mund weinerlich verzogen, fuchtelte es mit den winzigen Händchen ungeschickt in der plötzlichen Freiheit herum. Vorsichtig streichelte ich die zarten Haare auf dem Köpfchen. Mein eigenes Kind, ich konnte es nicht fassen. Sein Mund öffnete sich, und ein leises Wimmern war zu hören.

»Pst, ist ja gut, die Tante ist ja bei dir!«

»Was heißt hier Tante, du bist die Mutter«, hörte ich die sanften Worte meiner Hebamme. Ich schämte mich, aber sie lachte:

»Daran wirst du dich noch gewöhnen.«

Das Wort ›Mutter‹ hämmerte richtig in meinem Kopf, ich wollte keine Mutter sein. Mutter!

Was ist eine Mutter, was macht sie? Ich wußte es nicht. Für mich war es der Inbegriff alles Schlechten, mich hatte sie verlassen. Warum nur? Hatte sie bei meiner Geburt auch solche Schmerzen? In diesem Moment dachte ich an sie.

Niemals könnte ich mich von meinem Kind trennen. Liebevoll nahm mir die Hebamme mein Kind aus dem Arm und sagte zu ihrer Entschuldigung:

»Es muß sein, du mußt noch genäht werden.«

»Wo denn?«

»Wir haben einen kleinen Schnitt machen müssen, damit der Kopf schneller durchgeht.«

Das Bett wurde zur Hälfte abmontiert und zum Frauenstuhl umfunktioniert, eine riesige OP-Lampe über mein Bett gezogen, und der Doktor setzte sich genau vor meinen geschundenen Geburtsausgang. Die Hebamme stand daneben und reichte ihm eine Spritze, die er mir ohne Vorwarnung unten hineinstach. Im Vergleich zur Geburt sollte es nur ein kleiner Piks sein, tat mir aber trotzdem sehr weh. Ich konnte einfach keine Schmerzen mehr ertragen.

Wie ein Schneider, Faden und Nadel in der Hand, saß er vor mir. Die Angst schnürte mir die Kehle zu, sonst hätte ich geschrien. Ich verfolgte jede seiner Bewegungen und fühlte nur ein Gezuckel an meinem betäubten Unterleib. Kein Schmerz, nichts! Und wie ich ihm so beim Nähen zusah, durchflutete mich plötzlich die Scham. Bei der Geburt war mir durch den Schmerz alles egal gewesen, jetzt fehlte mir dieser Schutz.

Vom jungen Mädchen zur Frau geworden, lag ich völlig frei vor einem Mann, war ihm hilflos ausgeliefert und schämte mich schrecklich. Gott sei Dank war er ganz Arzt, denn er blickte nicht einmal in mein Gesicht, und im stillen dankte ich ihm ein zweites Mal.

Als er endlich fertig war, brachte mir die Hebamme ein sauberes Nachthemd und wusch mich von oben bis unten. Danach löschte sie das Licht und flüsterte:

»Nun versuch ein wenig zu schlafen, in drei Stunden kannst du in dein Zimmer zurück.« Behutsam schloß sie die Tür, ich hörte nur noch das Ticken der Uhr. Die Gleichmäßigkeit des Tones schläferte mich sacht ein. Richtig schlafen konnte ich nicht, meine Gedanken waren bei meinem Kind, ich sah immer sein kleines Gesichtchen vor mir.

Mutterpflichten

Durch leichtes Rütteln an der Schulter wurde ich von einer unbekannten Schwester geweckt.

»Wir fahren dich jetzt in dein Zimmer.«

Sie schoben mein Bett durch den langen Flur, den ich zuvor in ellenlangen Stunden abgelaufen war. Die Frauen in meinem Zimmer schauten mich alle erfreut an, und als die Schwester den Raum verließ, gratulierten sie mir. Frau Köhler, eine Studentin, sagte:

»Wir glaubten schon, wir sehen dich nicht wieder, du hast ja wie eine wandelnde Leiche ausgesehen.«

Wir lachten alle, meine Müdigkeit war wie weggeblasen. Ich versuchte, mich im Bett aufzusetzen, was mir nur mit Hilfe von Frau Köhler gelang, dann schrieb ich meinem Bruder und dem Heim, daß ich einen Sohn habe.

Wieder wurde ich geschüttelt, mit großer Anstrengung versuchte ich, meine Augen zu öffnen. Draußen war es finstere Nacht. Frau Köhler stand an meinem Bett:

»Komm, steh auf, es ist Stillzeit.«

»Ich will nicht, ich bin müde.«

»Du mußt, die Kinder sind schon im Stillraum.«

Kinder – mein Gott, ich habe ja ein Kind. Voller Freude zog ich den weißen Kittel über mein Nachthemd und ging in den Stillraum. Helles Neonlicht blendete mich, an den Tischen saßen Frauen mit entblößten Brüsten und stillten ihre Säuglinge, die schmatzende Geräusche von sich gaben.

Auf einer langen Trage lag mein Sohn, zusammen mit dem Kind von Frau Köhler. Sie schrien gewaltig. Ich staunte, wie laut so kleine Kinder schreien können. Frau Köhler zeigte mir das Regal, wo meine Gläser standen. Eins zum Desinfizieren der Hände und der Brustwarze, mit einer übelriechenden Flüssigkeit. Ein weiteres mit Brustläppchen und Pinzette.

Ich setzte mich an einen Vierertisch, bearbeitete meine Hände mit der Flüssigkeit, machte meine Brust frei und legte mein Kind an. In dem hellen, kahlen Zimmer fand ich die ganze Sache unnatürlich. Alles in mir weigerte sich, ich wollte nicht stillen. Wie eine Kuh im Kälberstall, dachte ich und ekelte mich vor dem kleinen Mund, der vergeblich etwas aus mir heraussaugen wollte, was ich nicht hatte. Er suchte und zog an meiner Brust, es tat mir nur weh, aber Milch hatte ich nicht. Von dem großen Glücksgefühl beim Stillen spürte ich nichts. Dann brüllte er los, wie am Spieß. Verzweifelt versuchte ich, ihn mit Schaukeln zu beruhigen. Die anderen Frauen guckten entrüstet zu mir herüber, ich war den Tränen nahe.

Eine Schwester kam herein, nahm den Kopf meines Kindes, drehte ihn zu meiner Brust und schob ihm meine Warze zwischen die Lippen. Sofort saugte und schmatzte er an mir herum. Angewidert schloß ich die Augen, da ließ er los und schrie wieder. Mit den Worten »Du hast noch keine Milch« nahm sie mir mein Kind weg und gab ihm die Flasche. Haßerfüllt sah ich sie an. Mein Kind kann ich allein füttern, wollte ich rufen, aber ein Kloß im Hals und viele Tränen hinderten mich daran. War ich schon jetzt eine schlechte Mutter? Ich heulte und heulte. Frau Köhler führte mich tröstend in mein Zimmer.

»Sei nicht traurig, viele Frauen können nicht sofort stillen, aber morgen ist es soweit, glaub mir.«

Sie ahnte nicht, daß ich nicht stillen wollte.

Wie ein Igel rollte ich mich unter meiner Decke zusammen und weinte mich in den Schlaf.

Mit dem Stillen wurde es nichts, ich bekam hohes Fieber und mein Kind die Flasche.

Drei Tage stellten mich die Ärzte auf den Kopf. Die Lunge wurde geröntgt, es folgten Blutentnahmen. Spezialisten, wie

Frauen- und HNO-Ärzte, wechselten sich an meinem Bett ab, keiner fand den Grund. Mein Fieber wurde höher und höher und blieb.

Doktor Israel kam plötzlich wieder, seit meiner Entbindung hatte ich ihn nicht gesehen.

»Was muß ich von dir hören, du machst mir ja Kummer.«

Sofort liefen mir wieder die Tränen, und ich sagte:

»Meine Brust tut so weh.«

Ich sollte sie freimachen, sein Gesicht verfinsterte sich.

»Wie lange hast du das schon?«

Meine rechte Brust war groß, steinhart und voller Knuddeln, die mir starke Schmerzen verursachten.

»Seit zwei Tagen.«

»Pumpst du regelmäßig ab?«

»Ja, aber es kommt nichts heraus.«

Schnell verließ er das Zimmer und kam mit einer elektrischen Pumpe und zwei Windeln zurück.

»Pumpe, so oft du das Bedürfnis hast und bis nichts mehr kommt, sonst müssen wir schneiden.«

Tag und Nacht lief die Maschine, die Frauen schien es nicht zu stören, obwohl das Ding einen höllischen Krach machte. Am nächsten Morgen fragte Doktor Israel:

»Möchtest du ein Einzelzimmer, dann können die Frauen ruhig schlafen.«

Sofort protestierten alle dagegen:

»Nein, nein, lassen Sie sie hier, es stört uns nicht.«

Erstaunt schaute er sich um, dann ruhte sein Blick auf mir. Was für einen unglaublich ernsten und besorgten Ausdruck seine Augen hatten. Nie werde ich diesen Blick vergessen, solche Sorgen um mich hatte ich in noch keinen Augen gesehen. Tapfer lächelte ich ihn an und schüttelte den Kopf:

»Bitte, lassen Sie mich hier, ich möchte nicht allein sein.«

Es war vier Tage vor Weihnachten. Eine Frau nach der anderen wurde entlassen. Der Abschied von Frau Köhler fiel mir schwer, wir hatten uns so gut verstanden.

Ab und zu zeigten mir ganz nette Schwestern meinen Sohn oder legten ihn mir mal für fünf Minuten zu meinen Füßen auf das Bett. Halten konnte ich ihn nicht, dazu war ich zu schwach. Jeden Morgen und jeden Abend, wenn Doktor Israel Dienst hatte, sah er nach mir.

Heimlich stand ich auf und lief durch das Zimmer, dann zur Toilette und später den Flur entlang, ich wollte Weihnachten gesund sein, also strengte ich mich mit dem Laufen an. Auf dem Gang begegnete ich einem jüngeren Arzt, den ich nicht ausstehen konnte. Wenn er Visite machte, ließ er bei den Frauen sehr anzügliche Bemerkungen fallen und ergötzte sich an den verdutzten Gesichtern.

»Schön, daß ich dich sehe, du kannst gleich zum Fädenziehen mitkommen.«

Mit schlotternden Beinen folgte ich ihm in den Behandlungsraum, ich hatte Angst vor ihm.

»Bitte, nehmen Sie kein Jod, ich bin dagegen allergisch«, sagte ich.

Während er die Schwester anlachte, zog er die Fäden, dann nahm er eine Nierenschale, legte die Schere und die gezogenen Fäden hinein, tränkte einen Wattebausch mit einer Flüssigkeit, und dann schrie ich vor Schmerzen. Ich verbrannte unten. Wie aus einem Horrorfilm lächelte der Arzt und sagte:

»Hab dich nicht so albern, hast ja schließlich schon ein Kind gekriegt.«

So viel Menschenverachtung war mir noch nicht begegnet, es verschlug mir die Sprache, und ich hielt tatsächlich meinen Mund. Er drückte mir die Schale in die Hand und forderte mich auf, sie ins Schwesternzimmer zu bringen. Solche Ärzte müßte man verbieten, dachte ich.

Mein Unterleib brannte wie ein feuerspeiender Vulkan. Breitbeinig, so breit es ging, kroch ich über den Flur an der Wand entlang. Die Schale zitterte in meiner Hand, der Schmerz nahm mir die Luft zum Atmen. Das Zimmer rückte immer weiter weg, der Flur verwandelte sich in einen Tunnel, der nicht enden wollte. Gerade noch rechtzeitig fing mich die Oberärztin auf. Als ich zu mir kam, hingen meine Beine, zur Seite gespreizt, auf dem Bett, Doktor Israel saß bei mir.

»Tut mir leid, aber das kommt selten bei mir vor.«

Ich lächelte gequält, riesige Blasen machten mir das Leben zur Hölle.

Wieder im Mütterheim

Am 24. Dezember morgens brachte die Schwester mein Kind, und ich durfte es füttern. Glücklich hielt ich es in meinen Armen und beobachtete es beim Trinken. Die Flasche paßte besser zu ihm als meine Brust.

Dank der Sitzbäder fühlte ich mich schon viel besser, auch meine Brust kam mit Hilfe der elektrischen Pumpe wieder in Ordnung, und mein Fieber sank.

Fast fröhlich begrüßte ich Doktor Israel bei der Morgenvisite.

»Hallo, ich bin gesund. Kann ich heute entlassen werden?«

»Eigentlich nicht, aber da Weihnachten ist, mache ich eine große Ausnahme.«

Am liebsten hätte ich ihn umarmt, so freute ich mich. Ich mußte ihm versprechen, gut auf mich aufzupassen und, wenn es mir wieder schlechter ginge, sofort ins Krankenhaus zu kommen. Beim Aufwiedersehensagen hielt er meine Hand einen Moment lang fest, sah mich mit seinen ernsten Augen an und sagte:

»Paß auf dich auf, Mädel.«

Noch nie hatte ich einen Menschen getroffen, der sich meiner so annahm. Mit seiner Hilfe bin ich wieder gesund geworden.

Die Mädchen aus dem Müttererholungsheim begrüßten mich aufgeregt mit den Worten:

»Da bist du ja endlich, wir dachten, du kommst gar nicht mehr.«

Dann standen sie neugierig um mich herum und bestaunten mein Kind. Ich mußte lachen, vorher hatte ich die Zurückkommenden auch so erwartet. Nachdem alle mit der Besichtigung zufrieden waren, durfte ich mit meinem Sohn in das Säuglingszimmer gehen. Wie niedlich die Kleinen alle schliefen. Ich legte ihn in das freie Bettchen neben den witzigen Rotschopf und ging auf Zehenspitzen hinaus.

Gegen Abend gab es Kuchen und Kaffee, und so wenig feierlich es war, ich freute mich auf abends zehn Uhr, da durfte ich mein Kind sehen und füttern.

Auch hier, wie in allen Heimen, gab es Vorschriften. Nur zu den Stillzeiten bekamen wir die Kinder in einem gesonderten Raum. Gewindelt wurden sie von den Schwestern. Das Kinderzimmer durfte aus hygienischen Gründen von uns nicht betreten werden. Als ob wir weniger sauber als die Schwestern wären. Ich glaube, damit demonstrierten sie uns unsere Unfähigkeit als minderjährige Mütter.

Wenn ich das Bedürfnis hatte, mit meinem Kind zu schmusen, ging das nur mit Blickkontakt durch die Glasscheibe in der Tür oder zur Stillzeit. So verbrachte ich die Zeit ungeduldig, bis die drei Stunden zwischen den Mahlzeiten vergangen waren. Die Sehnsucht nach meinem Kind hielt konstant an. Wie freute ich mich jedesmal, wenn es dann bei mir war.

Gegen fünf Uhr nachmittags sagte eine andere Schwester, daß Besuch für mich da sei. Aufgeregt lief ich nach unten in das Besucherzimmer. Peter stand mit einem Netz Apfelsinen auf der Treppe. Wie komisch, ausgerechnet Heiligabend brachte er mir seltene Früchte als Geschenk. Ich mußte lachen und begrüßte ihn freundlicher, als ich wollte. Plötzlich hatte ich gute Laune und freute mich wirklich. Gerade von ihm hätte ich es am wenigsten erwartet, daß er Weihnachten an mich dachte und die lange Reise auf sich nahm. Meine Fröhlichkeit machte er mit einem Satz zunichte.

»Bitte, zeig mir den Kleinen, ich muß nach Hause fahren, meine Mutter wartet schon.« Und er fügte stolz hinzu: »Hier, sieh mal«, dabei hob er das Netz hoch, »hab' ich durch Beziehungen erstanden, meine Mutter wird sich freuen.«

Ich nickte. »Tja, sicher freut sie sich.«

Bei der Schwester brachte er ein Kompliment hervor, worauf sie schnell seinen Sohn holte und ihn mir in die Arme legte. Als er ihn auf den Arm nehmen wollte, zischte ich ihn an:

»Wehe, es ist mein Kind.«

»Aber auch meins, dagegen kannst du nichts machen.«

Ich machte auf dem Absatz kehrt und brachte den Kleinen zur Schwester zurück.

Er stand an der Tür. Von weitem rief ich ihm zu:

»Schöne Weihnachten!«

»Dir auch«, antwortete er und: »Ich komm' wieder.«

Ein Tag verging wie der andere. Füttern, pumpen und Sitzbäder. Dann kam der Tag, an dem ich mein Kind im Wagen spazierenfahren durfte. Nun zog ich ihm die selbstgenähten Sachen an. Sein blasses Gesichtchen hob sich von den leuchtenden Farben stark ab. Ich fand ihn niedlich, und stolz schob ich den häßlichen alten Kinderwagen vor mir her.

Von nun an ging ich bei schönem Wetter jede freie Minute mit meinem Baby spazieren. Bald hatte er eine schöne gesunde Gesichtsfarbe, und die Schwestern bewunderten ihn. Bei einem meiner Spaziergänge sprach mich eine Frau an. Sie zog einen alten Leiterwagen hinter sich her, in dem ein Baby schlief.

»Entschuldigen Sie bitte, wissen Sie, wo hier die Kirche oder das Pfarrhaus ist?« Dabei zeigte sie auf das schlafende Kind. »Ich muß es stillen, und hier draußen geht es nicht.«

Hilflos zuckte ich die Schultern. »Ich weiß es nicht, aber hier ist ein Müttererholungsheim, vielleicht versuchen Sie es einmal dort.«

»Da komme ich gerade her. Meine Tochter ist dort, sie hat auch entbunden und will mich nicht mehr sehen.«

Dabei liefen ihr dicke Tränen über die Wangen, und plötzlich erkannte ich Giselas Mutter wieder.

Gisela hatte während meiner langen Zeit im Krankenhaus ohne Komplikationen ein gesundes Kind geboren. Jetzt hatten Mutter und Tochter zur gleichen Zeit ein Kind – von demselben Mann.

Mir fielen keine bedauernden Worte zu ihrem Trost ein, dennoch erregte ihr Äußeres wieder mein Mitleid. Aber ich wollte es nicht länger ertragen und sagte kurz angebunden:

»Fragen Sie doch bitte den nächsten.«

Damit ließ ich sie einfach stehen. Mühsam schob ich den Kinderwagen durch den Schneematsch davon. So schnell es ging, wollte ich der Reichweite dieser Frau entkommen. Von Gisela hatte ich erfahren, wie alles mit ihrem Stiefvater anfing, und wußte also, daß ihre Mutter nicht ganz unschuldig daran war.

Wenn Gisela früh aufstand, um zur Schule zu gehen und sich in der Küche Stullen zurechtmachte, setzte sie sich dabei auf ein altes Sofa, das schon seit Jahren in diesem Raum stand. Eines Morgens lag dort ihr Stiefvater, von dem sie glaubte, daß er schlief. Um keinen Krach zu machen, versuchte sie, im Dunkeln ihre Brote zu streichen. Auf einmal ergriff er ihren Arm und zog sie auf das Sofa. Mit einer Hand hielt er ihr den Mund zu, so konnte sie nicht schreien, dabei hörte sie seine flüsternde und keuchende Stimme:

»Komm, du bist alt genug, ich zeige dir jetzt, was Liebe ist.«

Er zerrte ihr brutal die Kleidung vom Körper, riß ihr die Schlüpfer kaputt und vergewaltigte sie. Jeden Morgen vor der Schule mußte sie mit ihrem Stiefvater schlafen.

»Wenn du etwas verrätst«, drohte er, »dann kommst du ins Heim.«

Ihre Mutter mußte es wissen, denn er verhielt sich dabei nicht leise. Die Küche war ein Durchgangszimmer zwischen Wohn- und Schlafzimmer. Die Mutter ließ oft die Schlafzimmertür offen. Gisela sagte einmal:

»Meine Mutter war doch froh, daß er sie in Ruhe ließ.«

Ich sah der Frau hinterher – was für eine Mutter?!

Wir hatten fast alle ein ungewolltes Kind. Heftig diskutierten wir darüber, wie lange wir noch auf die Antibabypille warten müßten und daß es noch keine legalen Abbrüche gab. In einem Punkt waren wir uns einig: so schnell wollten wir kein Kind mehr.

Natürlich, wenn das Kind erst einmal geboren ist, will man es nicht mehr hergeben. Aber die Schwierigkeiten fingen erst danach an.

Ich erhielt von einer Erzieherin Besuch. Sie sagte mir gleich:

»Dein Antrag auf Abbruch der Lehre wurde von deinem Vormund abgelehnt. Du lernst zu Ende, so lange bleibst du im Lehrlingsheim.«

»Und mein Kind?« fragte ich fassungslos. »Was wird mit meinem Sohn?«

»Darum kümmern wir uns schon, mach dir keine Sorgen. Wir werden eine Lösung finden.«

»Mein Kind! Es geht hier um mein Kind und nicht um eine Mathe-Aufgabe!« schrie ich.

Sie schaute mich an und sagte, wie schon viele Erwachsene zuvor:

»Sieh mal, wir wollen doch nur dein Bestes.«

Jetzt hatte ich genug. Völlig außer mir schrie ich sie an:

»Immer geschieht alles nur zu meinem Besten! Warum fragt mich niemand, was ich für das Beste halte? Ihr Scheißerwachsenen kotzt mich an!«

Ich wollte weglaufen, aber sie hielt mich am Arm fest.

»Bitte, laß uns vernünftig darüber reden, schließlich bist du auch schon erwachsen.«

»Dann behandelt mich doch so! Und bestimmt nicht einfach über mein Leben!«

»Na gut, setz dich, wir haben für deinen Sohn einen Heimplatz gefunden, und sogar in Berlin.«

»Heim! Mein Kind in ein Heim, genau wie ich!«

Mein Kopf tat mir plötzlich weh, Tränen tropften auf mein Kleid, wie hypnotisiert starrte ich darauf. Ich konnte nicht mehr klar denken. Wie ein Wasserfall rauschten ihre Worte an meinem Ohr vorbei. Plötzlich war ich allein, sie mußte irgendwann gegangen sein.

Mit dem Wissen, eine schlechte Mutter zu sein, die ihr Kind in ein Heim steckt, holte ich meinen Sohn, setzte mich ans Fenster und schaute auf den See. Zum ersten Mal dachte ich an Selbstmord. Ich wollte nicht mehr leben und kam auf die absonderlichsten Ideen, wie ich mich töten könnte. Auf einmal öffnete er die Augen und lachte mich an. Sein erstes unschuldiges Lächeln gab mir den Mut, weiterzuleben für ihn, für mein Kind.

Abschied

27. Februar 1969. Heute ist hier mein letzter Tag. Viele neue Mädchen sind gekommen, alle mit dicken Bäuchen.

Mein Bett steht abgezogen im kahlen Raum. Das Alpenveilchen habe ich eingehen lassen, das hätte ja doch keiner gegossen.

Mein einziger Koffer steht griffbereit an der Tür, ich sehe mir das Zimmer an, ich will nichts vergessen. Im Haus höre ich Frauenlachen und Kinderweinen. Ein halbes Jahr habe ich hier gewohnt, gelebt und gelernt. Gelernt für mein Leben. Sieben Kinder wurden zur Adoption freigegeben, und noch mehr werden folgen.

Schweren Herzens verabschiedete ich mich von den netten Säuglingsschwestern, die mir eine Art Muttterersatz gewesen sind. Dann gehe ich zu den Mädchen, ich sehe ihre Blicke und weiß, ich bin keine mehr von ihnen.

»Tschüs«, rufe ich und: »Macht es gut«; nur nicht sentimental werden. Schnell drehe ich mich zur Tür und gehe, um mein Kind zu holen.

Das Auto vom Bezirksbürgermeister aus Treptow ist wieder da. Ich sehe nur auf mein Kind und weine, es sind die letzten Stunden, die wir zusammen sind.

Zum Glück sitzt die Erzieherin vorn beim Fahrer und unterhält sich mit ihm, so läßt sie mich wenigstens in Ruhe. Für Leute, die an uns vorbeifahren, sehen wir wie eine glückliche Familie aus. Eltern, die ihre Tochter mit dem Enkelkind vom Krankenhaus abholen. An den Ampeln sehe ich in neugierige Gesichter. Nur Hochzeitsautos oder Mütter mit eingewickelten Kindern werden so rührselig begafft.

Keiner ahnte, was für Insassen dieser pompöse Wagen fuhr. Der Fahrer vom Bürgermeister, eine Erzieherin, eine minderjährige Heimmutter und ein neues Heimkind.

Das Kinderheim

Plötzlich hielt der Wagen, ich schaute hoch und traute meinen Augen nicht. Das Tor mit den schmiedeeisernen Eichhörnchen wurde geöffnet, und ich befand mich in meinem Kinderheim. Hier hatte mein Leben begonnen, sollte es mein Sohn jetzt fortsetzen?

Nein, ich wollte nicht aussteigen, ich weigerte mich.

»Hör mal, es gibt noch keine Heime für Mutter und Kind, es ist doch nicht für immer«, sagte meine Erzieherin. Auf der Säuglingsstation kam uns die leitende Abteilungsschwester mit dem Ausruf entgegen:

»Da kommt ja unser jüngstes Kind!«

Mit strahlendem Gesicht und starken Armen griff sie nach meinem Sohn. Mit aller Kraft preßte ich ihn an mich.

»Es ist mein Kind, ich ziehe ihn allein aus und lege ihn ins Bett.«

Erbost über meinen Widerstand sagte sie zu meiner Erzieherin:

»Na, mit Ihnen möchte ich auch nicht tauschen«, und zu mir:

»Meine Liebe, du wirst dich hier an die Bestimmungen halten, aus hygienischen Gründen dürfen die Zimmer nicht betreten werden. Aber durch die Glasscheibe kannst du dein Kind am Mittwoch und am Sonntag für eine Stunde sehen.«

Noch einmal versuchte ich, mich gegen die Mauer aus Vorschriften und Unmenschlichkeit zu wehren, und sagte entschieden:

»Erstens bin ich nicht Ihre ›Liebe‹, und zweitens wünsche ich nicht, von Ihnen geduzt zu werden.«

Verdattert sagte sie:

»Folgen Sie mir.«

Schweigend gingen wir über den blankgebohnerten Flur an Glaswänden vorbei, hinter denen weiße Gitterbettchen standen. In jedem lag ein Kind, die meisten nuckelten an ihren Däumchen, und die, die stehen konnten, schaukelten monoton von einem Bein auf das andere. In mir drehte sich alles. Es war so schön sauber, steril und keimfrei, auch von Liebe.

Wieder sah ich mich selbst so stehen und schwor mir: Mein Kind wird kein Heimkind!

Vor einer kleinen Glasbox blieb sie stehen, sagte kühl: »Bitte!« und hielt ihre Arme auf. Ich brachte es nicht fertig, ihr mein Kind freiwillig zu geben. Vor Tränen konnte ich nicht mehr sehen, ich fühlte nur diesen kleinen warmen Körper an meiner Brust. Mein Kummer wurde so groß, daß ich es willenlos geschehen ließ, als meine Erzieherin mir den Kleinen aus den Armen nahm und ihn der Kinderschwester übergab. Erst als er in dem fremden kalten Raum lag, weit weg von mir, getrennt durch Glaswände, packte mich die Angst um ihn. Unter Tränen fragte ich:

»Darf ich ihn noch einmal drücken?«

»Nein, erst am Mittwoch!«

Wie ich wieder in das Auto kam, weiß ich nicht, aber ich drehte mich noch einmal um. Da schloß sich gerade das Tor.

URSULA BURKOWSKI

Draußen!

BASTEI LÜBBE

Für Franz

Frage und Antwort

Wann nimmt man einer Mutter das Kind weg?
Wenn sie es mißhandelt oder vernachlässigt zum Beispiel; für das Jugendamt gibt es viele Gründe. Ich habe von alledem nichts getan. Meine Schuld liegt nur darin, daß ich nach dem Gesetz noch keine Mutter sein darf. Ich bin noch nicht 18 Jahre alt und bin nicht mündig. Die Natur hat da wohl einen Fehler gemacht, als sie die Menschen nicht wie im Gesetz vorgesehen erst mit der Volljährigkeit auch zeugungs- und empfängnisbereit machte.

Jetzt ist mein Kind weg. Nicht weit von mir, nein, darauf haben die Behörden geachtet, aber trotzdem für mich unerreichbar: in einem Kinderheim, in dem ich zuvor 14 Jahre lebte.

Rückkehr ins Heim

Ich wische meine Tränen in das Taschentuch und schaue durch die blitzsauberen Autoscheiben. Draußen laufen die Menschen wie aufgezogenes Spielzeug, gleichgültig, stumpf blickend aneinander vorbei.

Ich denke an mein Kind: Ob es schläft oder schreit?

Niemand wird es tröstend auf den Arm nehmen. Zwölf Wochen ist mein Sohn erst, nur einmal habe ich ihn richtig lächeln gesehen. Viel zu schnell ist das halbe Jahr im Mütterheim vergangen. Danach hat das Jugendamt die Entscheidung getroffen – wie immer nur zu meinem Besten: Das Kind kommt ins Kinderheim und ich zurück ins Jugendwohnheim. Wenn man keine Eltern hat, ist das einfach die beste Lösung.

Meine Mutter floh 1953 nach West-Berlin, ohne uns Kinder mitzunehmen. Sie hat sich nie mehr gemeldet. Ich kenne sie nicht.

Fast 16 Jahre lebe ich deshalb in Heimen. Soll mein Kind dasselbe lieblose Leben fortsetzen? Meine Traurigkeit, der Schmerz über die Trennung von meinem Sohn, schlagen in Wut und Haß um. Eines Tages werde ich meine Mutter finden, dann schreie ich ihr die Jahre ohne Liebe ins Gesicht.

Das Auto fährt durch den häßlichsten Stadtteil von Berlin. Schöneweide! Allein der Name dieses Ortes ist ein einziger Hohn. Ständig liegt dreckig-gelblicher Nebel über den Häusern und senkt sich bis auf die Straßen hinab. Schöneweide besteht fast nur aus alten Mietskasernen und Fabriken, die mit ihren unzähligen Schornsteinen den Dreck Tag und Nacht in die Luft schleudern.

Sofort bildet sich auf unserer Windschutzscheibe eine feine graue Staubschicht. Fluchend sagt der Chauffeur darüber ein paar unverständliche Worte zu der Erzieherin neben sich.

Sie lächelt ihn höflich von der Seite an. Ich denke: Nur weil uns der Bezirksbürgermeister mit seinem Dienstwagen aus dem Mütterheim abholen läßt, kriecht sie dem Fahrer fast auf den Schoß.

Plötzlich dreht sie sich nach hinten zu mir um und fragt: »Hast du dich beruhigt?«

Ihre Frage ist mir lästig. Ich drehe meinen Kopf demonstrativ zur Seite und antworte nicht.

Nachdem wir den Baumschulenweg hinter uns gelassen haben, biegt das Auto von der Hauptstraße ab und fährt in den Plänterwald.

»Wohin fahren wir denn nun?« frage ich entsetzt und habe Angst, in ein neues Jugendwohnheim zu kommen.

Betont freundlich sagt sie: »Keine Angst, wir wohnen hier draußen in einem ehemaligen Restaurant. Die Renovierung des Jugendwohnheims dauert länger, als wir dachten.«

Als ich in das Mütterheim mußte, haben alle Mädchen die Koffer gepackt, weil das Heim saniert werden sollte. Das ist neun Monate her, und nun ist es noch nicht fertig.

Vor einer hochgewachsenen Hecke, die den Blick zum Hauseingang versperrt, hält das Auto. Mit nicht ernstgemeinten Floskeln bedankt sich die Erzieherin. Sie fordert mich auf:

»Komm schon, einige Mädchen wirst du ja kennen!«

Ich hole tief Luft, umklammere fest den Griff meines Koffers. Bei dem Gedanken, daß mich gleich alle anstarren, wird mir mulmig. Ein halbes Jahr Abwesenheit kann einen zur Fremden werden lassen. Eine alte oder neue Freundin zu finden, ist dann nicht einfach. Ich hoffe auf dem kurzen Weg ins Haus, ein bekanntes Gesicht zu sehen.

Gleich am Eingang schlägt mir ein jauchiger Geruch aus den Toiletten entgegen. Die Türen zu den Räumen sind weit geöffnet, mein Blick fällt in ein dreckiges Loch mit zwei Klos und Handwaschbecken.

Fragend sehe ich die Erzieherin an, sie schüttelt den Kopf. »Hier gibt es kein Bad.«

Und wie zu ihrer Entschuldigung fügt sie hinzu: »Es ist ja nur vorübergehend!«

Sie führt mich in einen großen Saal, den ehemaligen Gastraum. Der Anblick erschreckt mich: Dreißig Doppelstockbetten stehen so dicht nebeneinander, daß kein Stuhl oder Schrank in die schmalen Zwischenräume paßt. Jeder freie Platz wird zum Aufhängen für die Sachen genutzt, unter den Betten liegen die Koffer mit den persönlichen Dingen. Der Gestank von abgestandener Luft verschlägt mir den Atem.

Der ganze Raum gleicht einem Massenquartier aus einem Gefangenenlager; sowas kenne ich nur aus Filmen.

»Hier kann man doch nicht leben!« sage ich zu der Erzieherin.

»Alle können, auch du!« antwortet sie. Ihre Stimme duldet keinen Widerspruch.

Wir gehen durch die Reihen. Schweigend weist sie mir ein Bett in der oberen Etage zu.

»Das hält man ja nicht aus«, sage ich mehr zu mir.

Sie erwidert: »Da wird dir wohl nichts anderes übrig bleiben.«

Auf einigen Betten liegen Mädchen, neugierig verfolgen sie das Gespräch. Als ich das erste schadenfrohe Grinsen sehe, lasse ich meine Einwände und mühe mich, den Koffer unter das Bett zu schieben. Das ist nicht einfach, da schon zwei staubige Klamottenkisten den Platz beanspruchen. Ich weiß nicht, warum gerade diese Bewegung eine so große Traurigkeit in mir auslöst. Vielleicht, weil sie etwas Endgültiges hat.

Schnell steige ich auf das Bett, drücke mein Gesicht ins Kissen. Ich kann meine Tränen nicht halten und weine, wie in der letzten Nacht, bevor ich das Kinderheim verließ. Diesmal, weil ich jetzt an mein Kind denken muß.

Meine Brust beginnt zu schmerzen, ich muß abpumpen, aber wo? Verzweifelt springe ich vom Bett und renne in den Toilettenraum. Ich setze mich auf den heruntergeklappten Deckel eines Klos, mache die Brust frei und pumpe ab. Die Milch gieße ich in das Toilettenbecken. Jedesmal wenn ich den Holzdeckel hochhebe, ist der Gestank kaum zu ertragen. Ich denke an die strengen hygienischen Vorschriften im Krankenhaus. Dort mußte ich erst meine Hände und die Brust desinfizieren, bevor ich abpumpen durfte. Hier sitze ich auf einem stinkenden Klosett!

Plötzlich öffnet sich die Tür, und Dora, ein Mädchen aus meinem alten Kinderheim, steht lachend vor mir.

»Toll, daß du wieder hier bist!« Sie strahlt mich übers ganze Gesicht an. Das Leuchten ihrer graugrünen Augen bestätigt ihre ehrliche Freude. »Tut das nicht weh?« Dabei zeigt sie auf die Pumpe.

»Nein«, sage ich, »es gibt andere Schmerzen, die sitzen viel tiefer!«

Obwohl mir gleich wieder die Tränen kommen, erkläre ich ihr die Funktion der Pumpe. Nun will sie alles über die Entbindung wissen. Sie ahnt nicht, wie froh ich bin, über mein Kind zu reden. Das Klo hat plötzlich nichts Abschreckendes mehr. Weder der Geruch noch die Dunkelheit drängen uns, hier schnell wieder zu verschwinden. Dieser kleine, enge Raum bekommt etwas Beruhigendes und Vertrautes zugleich. Meine Gedanken gehen zurück in das Kinderheim.

»Dora, weißt du noch, in der Schule haben wir uns in den Pausen auch immer in den Toiletten getroffen.«

»Klar!« lächelt sie. »Wir wußten genau, daß die Jungs und Lehrer sich nicht hineintrauten. Da konnte man herrlich ungestört tratschen.«

Mit Verwunderung stellen wir beide fest, daß die Toiletten in der Schule einen Anziehungspunkt besaßen, aber wir finden keine Erklärung dafür.

Dora ist klein und kräftig von Wuchs. Ihre dunkelblonde Mähne hängt ihr wirr um den Kopf, dagegen hilft kaum ein Kamm. Ihr breiter Mund mit den vollen Lippen läßt beim Lachen große weiße Zähne blinken. Schön ist sie nicht, aber sehr fröhlich und klug. Schon in der Schule war sie Klassenbeste und für die EOS (EOS = Erweiterte Oberschule mit Abitur) vorgeschlagen. Das Lernen fiel ihr leicht, sie machte daraus keinen Staatsakt wie viele andere, sondern versuchte, jedem zu helfen oder ließ einen einfach abschreiben. Sie hat noch neun Brüder, und bei ihrer Geburt starb die Mutter. Seitdem lebt sie im Heim. Wir gehen in den Schlafraum, und sie zeigt mir, wo ihr Bett steht.

Ich sage: »Warte mal, ich hole schnell die ersten Fotos von meinem Kind«, und laufe zu meinem Koffer. Gerade als ich mich bücke, um ihn hervorzuziehen, bekomme ich plötzlich einen Stoß in den Rücken:

»He«, schreit mich eine an, »was suchst du unter meinem Bett, willst du etwa klauen?«

Augenblicklich lasse ich den Koffer los, drehe mich wütend herum und schreie wie eine Irre. Meine ganze aufgestaute Wut, meine Verzweiflung, mein Kummer und mein Haß explodieren gleichzeitig.

Eingeschüchtert weicht sie vor mir zurück, sie stammelt: »Entschuldige, so war es nicht gemeint. Ich wußte doch nicht, daß du eine Neue bist!«

»Eine Neue«, ich lache verächtlich, »ich war schon hier, da konntest du noch nicht mal ›Mama‹ sagen!«

Mama – vielleicht hat sie wirklich noch nie »Mama« sagen dürfen. »Tut mir leid.« Ich nehme die Fotos, mache den Koffer wieder zu und sehe sie weinen. Ich fühle kein Mitleid, gleichgültig gehe ich an ihr vorbei.

Bald ist ein höllischer Krach im ganzen Raum. Radiomusik, Lachen, zänkisches Geschrei um einen Pullover, Zigarettenqualm und Stimmengewirr.

»Wie hält man nur diesen Krach aus?« frage ich Dora.

»Daran gewöhnst du dich wieder, morgen früh wirst du erst merken, was wirklich nervt.«

In der Nacht schlafe ich schlecht, ständig wache ich von den vielen verschiedenen Schnarchgeräuschen auf. Angestrengt sehe ich in die Dunkelheit, bis meine Augen einen hellen Punkt finden, der sich als ein Stück Mond hinter dem Oberfenster vorbeischiebt. Trotz der vielen Menschen im Zimmer fühle ich mich einsam und verloren. Und in diesem Augenblick denke ich zum ersten Mal in meinem Leben an Gott.

Leise flüstere ich vor mich hin:

»Lieber Gott, wenn es dich wirklich gibt, hilf mir, daß ich mein Kind wiederbekomme!«

Obwohl ich in der Schule lernte, daß es keinen Gott gibt, werde ich auf einmal ganz ruhig und fühle mich auf seltsame Weise erleichtert. Mit den Gedanken daran, daß bald Mittwoch ist und ich mein Kind besuchen kann, schlafe ich fest und traumlos ein.

Lautes Rufen und Weckerläuten schreckt mich aus dem Schlaf. Das helle Licht der Deckenbeleuchtung blendet furchtbar. Schnell ziehe ich die Decke wieder über meinen Kopf und sehe auf die Armbanduhr. Vier Uhr und dreißig Minuten lese ich an den Leuchtziffern ab. Nun begreife ich Doras Worte von gestern abend. Bis ich um halb sieben aufstehen muß, ist an Schlaf nicht mehr zu denken.

Völlig übermüdet betrete ich um acht die Berufsschulklasse, wo mich mein Klassenlehrer anspricht.

»Guten Tag, Frau Burkowski«, sagt er, und die Schüler kichern verhalten.

Mir gefällt es gar nicht, mit »Frau« angesprochen zu werden; ich fühle mich als Schülerin wie alle anderen. Nach der ersten Stunde ist von der anfänglichen Scheu mir gegenüber nichts mehr zu merken. Schon nach kurzer Zeit verhalten sich alle, als sei ich nie fort gewesen. Jetzt freue ich mich, in meiner alten Klasse zu sein. Herr Reinhard, mein Klassenlehrer, bittet mich, nach der Stunde zu warten. »Frau Burkowski, ich möchte mit Ihnen über die Prüfungen sprechen.«

Das klingt so geschwollen, ich bitte ihn: »Lassen Sie doch das alberne ›Frau‹, ich komme mir dabei so alt und anders als die anderen Schüler vor.«

Lächelnd antwortet er: »Ist mir auch lieber.«

Obwohl er kein schöner Mann ist – wenig Haare, eine Hakennase und immer ernst – mag ich ihn. Seinem Gesicht sieht man sofort Unsicherheit an, wenn ein Schüler über die Lehrer witzelt. Aber er war der einzige von den Erwachsenen, der mir seine Hilfe anbot, als er von meiner Schwangerschaft hörte. Leider vertraute ich keinem Pädagogen und lehnte sein Angebot damals mit einer dummen Antwort ab.

In der Mathestunde geht Herr Reinhard durch die Bankreihen. Während er in die Hefte schaut, gibt er leise hilfreiche Tips. Bei mir angekommen, bleibt er stehen. »Strengen Sie sich an, Sie sind nicht dümmer als die anderen!«

»Ich kapiere die Aufgaben aber nicht.«

Mit großer Geduld versucht er, mir die Rechenwege zu erklären. Es ist sinnlos.

»Probieren Sie es noch mal!« fordert er mich freundlich auf. Er geht zum nächsten Schüler. Ich denke an mein Kind.

Box 3

Mittwoch. Heute darf ich meinen Sohn eine Stunde, von 14 bis 15 Uhr, besuchen.

Niemand in der Klasse ahnt, wie glücklich ich bin. Ungeduldig sehne ich den Unterrichtsschluß herbei. Dann ertönt endlich die erlösende Schulklingel. Vom S-Bahnhof Schöneweide laufe ich mit meiner Mappe unter dem Arm schnell den einen Kilometer bis zum Kinderheim. Pünktlich um 14 Uhr wollte ich bei meinem Sohn sein. Leider hatte ich erst gegen halb zwei Schulschluß. Nervös sehe ich auf meine Armbanduhr. »Zehn Minuten drüber!«

Ich renne die letzten Meter. Sieben Minuten später stehe ich, heftig nach Luft schnappend, auf der Säuglingsstation. Eine

Kinderschwester begrüßt mich unfreundlich: »Na, kommen Sie doch noch?«

Fast bin ich geneigt, eine Entschuldigung hervorzubringen. Als ich ihre Erwartung sehe, lasse ich es. »Wo ist mein Kind?« frage ich ungeduldig.

»Box drei. Aber nicht das Zimmer betreten!«

Es klingt wie ein Befehl. Entrüstet frage ich: »Was? Was soll ich denn sonst machen?«

»Sie können Ihr Kind durch die Glasscheibe sehen!«

Schnell laufe ich den langen, blankpolierten Gang entlang.

»Aber beschmieren Sie nicht die Scheiben!« ruft sie mir nach. Ich bin unfähig zu antworten, jede Minute Streit würde meinem Kind und mir von der Besuchszeit verlorengehen. Vier Tage habe ich meinen Sohn nicht gesehen. Können vier Tage ein Baby schon so verändern? Ich habe Mühe, von den drei Kindern im Zimmer das meine zu erkennen.

Jedes liegt schlafend im weißen Kinderbett, ihre Haut schimmert genauso weiß wie die ganze Einrichtung.

Hier stehe ich nun, von meinem Sohn durch zwei Glasscheiben getrennt und darf ihn nicht einmal berühren. So gerne möchte ich ihn in meine Arme nehmen. Eine jüngere Kinderschwester kommt den Flur entlang. Sie erscheint mir netter als ihre Kollegin, jedenfalls sieht sie freundlicher aus. Ich frage: »Darf ich mein Kind nur einmal streicheln? Bitte!«

Oh, wie habe ich mich geirrt. Stolz, mir ihre Macht zu demonstrieren und eine Anweisung vor der Stationsschwester zu geben, sagt sie übertrieben laut:

»Wir machen hier keine Ausnahme. Die Zimmer dürfen aus hygienischen Gründen nicht betreten werden!«

Sie bleibt, wie zur Kontrolle, neben mir stehen.

Kein Kind hat Besuch, ich stehe allein auf dem langen Flur. Wem gegenüber wäre ich eine Ausnahme gewesen? Höchstens ihren eigenen Vorschriften gegenüber. Ich kann die Tränen nicht aufhalten. In diesem Moment hätte ich am liebsten gegen die ach so saubere Scheibe gespuckt und dann richtig mit den Fingern drübergeschmiert. Meine Gedanken sind kindisch, aber der Dreck hätte sicherlich mehr Eindruck hinterlassen als die Tränen einer heulenden siebzehnjährigen Mutter.

Ist ein Kind im Heim, ist die Mutter schlecht. Kommt ein Kind aus dem Heim, ist das Kind schlecht. Was ist, wenn beides zusammentrifft, wie bei mir? Bei soviel Negativem muß man sich ja regelrecht schlecht fühlen!

Zwanzig Minuten stehe ich in Gedanken versunken vor der Glasscheibe, als mein Kind plötzlich erwacht und zu weinen beginnt. Es steigert sich schnell in ein lautes Brüllen hinein. Das durchdringt meinen Körper bis auf die Knochen, prallt zurück durch sämtliche Zimmer, den Flur entlang, erreicht jedoch die Ohren der Schwestern nicht. Niemand kommt, nach ihm zu sehen. Mein Mitleid und die Sehnsucht machen mich mutig. Ich drücke die Klinke zu seinem Zimmer hinunter, so gerne will ich meinen Sohn trösten. Mit Entsetzen stelle ich fest, das Zimmer ist verschlossen. Mein Kind ist eingesperrt!

Zornig laufe ich in das Schwesternzimmer und verlange, daß die Tür sofort aufgeschlossen wird. Die Oberschwester sagt abweisend: »Führen Sie sich nicht wie ein wild gewordener Handfeger auf! Nach der Besuchszeit werden die Türen wieder geöffnet.« In scharfem Ton fügt sie hinzu: »Wenn es Ihnen nicht paßt, dann kommen Sie doch gar nicht erst her. Schließlich ist es nicht unsere Schuld, daß Ihr Kind hier sein muß!«

Sie dreht sich den Kolleginnen zu, läßt mich stehen. Das Gespräch ist für sie beendet. Verzweifelt über die Situation, in der ich mich befinde, niedergeschlagen, meinem Kind nicht helfen zu können, gehe ich nicht zum Schaukasten zurück. Sein Schreien verfolgt mich bis zum Ausgang.

Das Kinderheim, idyllisch im Wald gelegen, war einmal mein Zuhause, in dem ich keine Liebe fand. Nun wird es meinem Kind zum gleichen Verhängnis.

Als ich Peter, den Vater meines Sohnes, kennenlernte, verlangte er als Beweis meiner Liebe, daß ich mit ihm schlafe. Und nachdem ich auch für die Mädchen meiner Klasse mit 16 Jahren als alte Jungfer galt, wollte ich allen etwas beweisen. Das Ergebnis meiner Naivität ist das Kind, das seine Kindheit dort beginnt, wo meine aufhörte.

Die Tränen verkneifend, laufe ich durch den Kiefernwald, der mir so vertraut ist und der das Heim wie ein Schutzwall vor »draußen« umgibt.

Wie lange halte ich die Besuchszeiten aus, ohne mein Kind berühren zu dürfen? Schuldgefühle, eine schlechte Mutter zu sein, lassen mich nicht mehr los. Ich hasse mich und heule. Wenn ich meinen Schmerz aus mir herausweine, fühle ich mich danach erleichtert, doch etwas, das ich nicht deuten kann, bleibt dann auch für immer weg.

Egal, was mir im Leben noch passiert, mein Kind gebe ich um keinen Preis in der Welt her.

Unglücklich fahre ich in das Jugendwohnheim. Die Mädchen sitzen zusammen, reden und lachen miteinander. Ich beneide sie, gerne würde ich in ihrem Kreis unbeschwert und fröhlich sein.

Eine Erzieherin ruft mich: »Komm bitte ins Büro!«

Die Heimleiterin lächelt mich freundlich an. »Alles in Ordnung?« Ich gebe keine Antwort.

»Du hattest Besuch, ein junger Mann. Er wartet im Restaurant Mühlenstein auf dich.«

Ich weiß, daß es nur Peter sein kann. Mit meiner Wut im Bauch gehe ich zur Bushaltestelle. Ein Mädchen aus dem Heim wartet ebenfalls auf den Bus.

»Mein Gott, du siehst ja schrecklich aus! Was ist dir denn über die Leber gelaufen?«

Ich erzähle von der Besuchszeit.

»Und wo fährst du jetzt hin?« fragt sie.

Ich schaue sie an, sie ist mir sympathisch. »Schluß machen mit meinem Freund!«

»Du meinst doch nicht etwa den Hübschen, der nach dir gefragt hat?« Sie ist plötzlich ganz aufgeregt.

»Genau den!« Der Bus kommt.

»Darf ich dich begleiten? Ich bin schrecklich neugierig.«

»Von mir aus.«

Sie lacht. Insgeheim bin ich erleichtert, nicht allein zum Treffpunkt zu müssen. Ihre Anwesenheit macht mich bei meinem Vorhaben mutiger.

Freudestrahlend kommt mir Peter entgegen, stolz verkündet er: »Ich war gerade bei meinem Sohn!«

»Wie ist denn das möglich, jetzt ist doch gar keine Besuchszeit!«

Er lacht selbstgefällig: »Mir kann eben keiner widerstehen!«

Sofort fällt mir die junge Schwester ein. Ich fasse den Entschluß, seine Besuche verbieten zu lassen. Angeregt unterhält er sich mit dem Mädchen. Sie lacht ihn immerfort an.

Ein Vierteljahr hat er sich bei mir und dem Kind im Mütterheim nicht blicken lassen; jetzt taucht er auf, als sei alles in bester Ordnung. Ich beobachte ihn und lauere auf den richtigen Moment, um ihm alles zu sagen.

Plötzlich legt er einen goldenen Armreif auf den Tisch: »Eine Überraschung für dich!« Er strahlt mich erwartungsvoll an.

Mit einer knappen Handbewegung fege ich den Reif vom Tisch. »Es ist aus mit uns, endgültig. Wehe, du gehst noch mal zu meinem Kind!«

Nach diesen Worten verlasse ich die Kneipe, laufe so schnell ich kann zur Haltestelle. Unerwartet heftig werde ich plötzlich von hinten am Arm herumgerissen. Peter hält mich grob fest und schreit: »Das kannst du nicht machen, ich liebe dich!«

Ich versuche mich aus seiner Umklammerung zu befreien, hysterisch lache ich. »Liebe! Ich lach' mich tot. Was ist denn das? Kinder machen oder welche kriegen? Loslassen!« rufe ich aufgebracht. Er weint.

Der Bus fährt vorbei. Ich bin nur von einem Gedanken besessen: Weg von ihm!

Es gelingt mir zu entkommen, ich renne in Richtung Plänterwald. Hinter mir höre ich ihn mit wütender Stimme Schimpfworte brüllen. Der Wind trägt die Ausdrücke, die ich nicht hören will, davon. Als ich Seitenstiche bekomme, bleibe ich stehen. Ich kann einfach nicht weiter, obwohl ich Peter kommen sehe. Im Licht der Laterne erkenne ich sein wutverzerrtes Gesicht.

»Bleib stehen, sonst kannst du was erleben!« ruft er mir drohend zu. Wieder packt er meine Arme und schüttelt mich wie ein Irrer. Jetzt ist seine Stimme weinerlich; er widert mich an. Gewaltsam versucht er, mich an sich zu pressen und mich zu küssen. Heftig stoße ich ihn zurück. Er kann die Balance nicht halten und stürzt rückwärts auf die Straße. »Na warte!« schreit er wütend beim Aufstehen.

Ich habe Angst vor ihm. Wie ein gejagtes Tier hetze ich durch den Wald davon. Mein einziger Gedanke ist: Hoffentlich holt er mich nicht ein!

Außer Atem, rot, verschwitzt, errege ich die Aufmerksamkeit der Mädchen, als ich im Heim ankomme. Aufgeregt umringen sie mich, jede will wissen, was mir passiert ist. Ich habe keine Lust, darüber zu sprechen. Sie verstehen mich und lassen mich in Ruhe. Von dem Mädchen, das mich begleitet hatte, erfahren sie alles. Kurze Zeit bin ich der Mittelpunkt ihrer Tratschereien.

Das stört mich nicht, ich kenne das aus der Zeit, als ich mit Erika befreundet war. Sie lebt seit einem halben Jahr in ihren eigenen vier Wänden. Erika teilte im Mädchenwohnheim nicht nur das Zimmer mit mir, sondern auch unsere kleinen Geheimnisse. Während meiner Schwangerschaft bekam sie eine Wohnung und zog aus. Eine tolle Freundin, wir haben uns lange nicht gesehen. Ich nehme mir vor, sie zu besuchen.

Eine alte und eine neue Freundin

Erika wohnt in einem Hinterhof. Der Putz bröckelt von den Fassaden, die Mülleimer quellen über, von den Fenstern blättert die Ölfarbe. Nur Erikas Fenster leuchten hell, neu gestrichen. Ich freue mich auf ein Wiedersehen mit ihr. Aufgeregt drücke ich den Klingelknopf. Sofort reißt sie die Tür auf. Bei meinem Anblick fällt ihr strahlendes Gesicht enttäuscht zusammen, wenige Sekunden nur, dann hat sie sich wieder in der Gewalt.

»Ich dachte, Willi kommt!« Sie lacht.

»Seid ihr immer noch zusammen?« frage ich erstaunt. Sie hatten sich im letzten Sommer kennengelernt, als wir mit dem Heim Urlaub in Schwerin machten.

»Natürlich, wir wohnen beide hier! Aber komm schon herein!«

Sie zieht mich am Ärmel in die kleine Einzimmerwohnung. Der Kaffee ist schnell gekocht. Während sie mich nach einigen Mädchen fragt, sehe ich mich um. Willi hat viel Mühe und Kraft darauf verwendet, die Wohnung extravagant zu gestalten. Überall schmiedeeiserner Schnickschnack; das kleine Zimmer wirkt dadurch voller und eng.

Vom Korridor dringen Schlüsselgeräusche herein. Erika springt sofort auf und läuft zur Tür. Ob ich auch mal so werde? Wie es sich für einen ordentlichen Hausherrn gehört, erscheint Willi mit Pantoffeln an den Füßen im Wohnzimmer. »Menschenskinder, ist ja großartig, daß du mal vorbeischaust!«

Wir verbringen einen gemütlichen Abend. Sie erzählen von ihren Heiratsabsichten – wobei ich allerdings den Eindruck habe, daß Willi weniger begeistert davon ist – und ich berichte über die unpersönlichen Besuche bei meinem Sohn.

Als wir uns verabschieden, muß ich versprechen, bald wiederzukommen. Ich bin froh, daß mir Erika als Freundin erhalten geblieben ist.

Die meiste Zeit verbringe ich mit Lernen für die Facharbeiterprüfung. Das ist bei dem Lärm im Haus sehr schwer. Trotzdem bringe ich zwanzig Seiten für die schriftliche Arbeit zustande. Eine Erzieherin tippt sie mit einem Einfingersuchsystem auf der Schreibmaschine ab. Pünktlich zum Abgabetermin überreiche ich die Hausaufgabe meinem Lehrausbilder, der mich verwundert fragt: »Was denn, schon fertig?« Von mir schien er nichts zu erwarten.

Jeden Mittwoch- und Sonntagnachmittag fahre ich in das Kinderheim, stehe die eine Stunde vor der Scheibe, um mein Kind zu beobachten. Ich habe dabei keine Muttergefühle, eher komme ich mir wie ein Verhaltensforscher vor. Entweder das Baby weint oder es schläft. Selbst wenn es friedlich im Bett liegt, nuckelt es mit stumpfem Blick an seinem Daumen. Es nimmt mich gar nicht wahr. Peinlich genau führen die Schwestern ein Kontrollbuch über meine Besuche. Das Besuchsverbot für den Vater nehmen sie ernst. Sie haben darüber eine Notiz im Buch gemacht.

Nach wie vor aber bleibe ich die einzige Mutter auf dem langen Flur der verlorenen Kinder.

Nach der Stunde, die mich immer mehr mit Schuldkomplexen belädt, suche ich Trost bei den Mädchen, die noch hier leben. Wegen der langen Sanierungszeit des Mädchenwohnheims mußten sie das Kinderheim nicht verlassen. Sie hatten Glück. Normalerweise zogen die großen Kinder nach dem Schulabschluß aus. Wie gerne würde ich bei ihnen, in meiner alten Umgebung, in der Nähe meines Kindes wohnen. Keines von den Mädchen mußte sich an neue Gesichter gewöhnen. Mir gegenüber verhalten sie sich wie früher, da sie mich alle kennen. Besonders zwischen Gerda und mir entwickelt sich eine vertrauensvolle Freundschaft. Stundenlang reden wir über unsere Sorgen und über mein Kind. Durch ihren tröstenden Rat fühle ich mich nicht mehr allein und komme mir nicht so hilflos vor.

Im Gegensatz zu mir kannte sie ihre Mutter, die später bei einer Abtreibung starb. Seit diesem Tag lebt sie im Heim. Ein großes, kräftiges Mädchen. Ihre Sensibilität versteckt sie. Außen hart und innen weich; um das herauszufinden, muß man sie erst richtig kennen. Viele fürchten sich vor ihrer selbstbewußten Ausstrahlung; aber alle, die bei ihr Rat und Hilfe suchen, erhalten beides prompt. Auf diese Weise ersetzt sie fast eine mütterliche Erzieherin (die es kaum gibt). Sie ist es auch, die mir Mut macht, die Kinderschwester zu bitten, meinen Sohn im Heim ausfahren zu dürfen.

Noch steht mein Kinderwagen mit sämtlichen Babysachen im Vorraum der Säuglingsstation sinnlos herum. Nach jeder Besuchszeit erinnere ich mich, wie schön es im Mütterheim war, wo ich mein Kind spazierenfahren durfte. Oft bin ich nach der Besuchszeit so deprimiert, daß ich wütend gegen das nutzlose Fahrzeug trete. Gerdas Idee versetzt mich bis zur nächsten »Glaskastenschau« in eine frohe, fast glückliche Stimmung. Mit großer Ungeduld erwarte ich den nächsten Sonntag, dann werde ich den Stationsdrachen fragen. Die vier Tage vergehen wie im Flug.

Den Sonntagmorgen verbringe ich an der Spree. Hinter unserer Wohnhauskneipe befindet sich ein großer verwildeter Garten. Früher saßen hier Ausflugsgäste unter alten Bäumen, machten Picknick mit der gesamten Familie und fuhren am Abend mit dem Dampfer zurück. Nun zeugen nur noch ein paar kümmerliche rostige Stücke des alten Gartenzaunes von verschwundener Pracht, und die vergammelten Überreste kaputter Bänke deuten, wie bei antiken Ausgrabungen, auf eine längst vergangene Epoche.

Ich schlüpfe durch ein Zaunloch, setzte mich auf die Reste aus anderen Zeiten und sehe dem Wellenspiel der Spree zu. Das Auf und Ab der Wellen versetzt mich in traurige Stimmung. Zuerst sieht es lustig aus, als ob das Wasser tief ein- und ausatmet. Dann zerbrechen die Wogen aber mit klatschendem Ton an dem steinernen Ufer, so, als ohrfeige man sie. Sie sind im Kanal gefangen, können nicht frei auslaufen. Natur gebändigt, eingezwängt durch die Menschen. Genauso wie ich?

Die Luft riecht nach Frühling, die Sonne wärmt. Schnell verscheuche ich die düsteren Gedanken, ziehe meinen Pullover aus, lege ihn unter den Kopf, schließe die Augen, lausche dem Vogelgezwitscher und denke: Die Sonne, mehr brauche ich heute nicht! Ich genieße das Alleinsein. Erst als mir heiß wird, öffne ich die Augen. Erfreut stelle ich fest, daß es schon dreizehn Uhr ist. Ich laufe ins Haus zurück. Hurra, es ist Frühling! Bald, sehr bald, genau in zwei Tagen, werde ich achtzehn Jahre alt. Volljährig. Das bedeutet, daß ich mein Kind allein erziehen darf.

Froh gelaunt fahre ich ins Heim. Erstaunlicherweise reagiert die Schwester auf meine Bitte sehr freundlich. »Vergessen Sie aber nicht, das Kind pünktlich zurückzubringen. Und nur im Heim bleiben!« lautet ihre Anweisung.

Außer mir vor Glück laufe ich ihr hinterher, ordnungsgemäß bleibe ich an der Zimmertür stehen. Sie hebt meinen Sohn aus dem Bett. Unruhig sehen seine kleinen Augen hin und her. Gott sei Dank, er weint nicht. Dann ist es soweit, nach acht Wochen halte ich ihn wieder in meinen Armen.

Vor der Schwester beherrsche ich meine Gefühle. Aber nachdem ich ihn umgezogen habe und sie nicht mehr zu sehen ist, verliere ich die Kontrolle. Ich weine los, drücke ihn an mich und küsse ihn ab. Er läßt sich alles gefallen, genießt das Geschmuse sichtlich und lacht sogar, richtig laut. Meine Küsse kitzeln ihn.

Mit dem Kinderwagen gehe ich zuerst zu den Mädchen, zeige stolz meinen Sohn. Alle finden ihn niedlich, nur sehr blaß. Also fahre ich ihn in der Sonne spazieren, bleibe alle paar Minuten stehen, um ihn zu streicheln oder anzulachen. Er bleibt sehr ernst und sieht fast ängstlich aus.

Die Stunde vergeht leider sehr schnell. Auf der Station frage ich die Schwester: »Darf ich ihn mal etwas länger haben? Nächste Woche werde ich achtzehn Jahre.«

»Darüber reden wir später, wir wollen erst sehen, ob wir uns auf Sie verlassen können!«

Ich muß mich durch pünktliches Abgeben meines Kindes beweisen.

Als ich an der Tür bin, kommt plötzlich der Mensch in ihr durch, sie fügt beim »Aufwiedersehen« hinzu: »Bis jetzt machen Sie sich prima, wenn das weiter so geht, werden Sie sicher Ihr Kind bald für immer bekommen.«

Für mich war es der schönste Frühlingstag meines Lebens.

Eine vermeidbare Erfahrung

Mein achtzehnter Geburtstag ist niemandem aufgefallen. Wie eine Verrückte pauke ich für die Facharbeiterprüfung. Aber da war noch die Mathearbeit, es graute mir vor diesem Tag.

Herr Reinhard verteilt die Prüfungsblätter. Da wir einzeln in der Bank sitzen, hat keiner die Möglichkeit, abzuschreiben.

Diese eine Arbeit konnte meinen Facharbeiterbrief zunichte machen. Alles, aber auch alles wäre dann umsonst gewesen. Herr Reinhard nähert sich meiner Bank, mein Herz schlägt bis zum Hals. Vor mir liegt das schneeweiße Blatt Papier. Er bleibt stehen, leise sagt er: »Versuchen Sie es wenigstens.«

»Ich kann es nicht«, flüstere ich mutlos.

»Schreiben Sie unbedingt Ihren Namen drauf.« Nach diesen Worten kommt er nicht mehr in meine Nähe.

Ich gebe das leere Blatt ab und laufe aus der Schule, draußen heule ich bitterlich. Energisch wische ich mir die Tränen aus dem Gesicht. Das Leben geht weiter, du wirst nicht wegen jeder Kleinigkeit verzweifeln, beschließe ich und mache einen Stadtbummel.

Ich komme am Spielzeugladen vorbei. Im Schaufenster entdecke ich einen leuchtend gelben Ball. Kurz entschlossen kaufe ich ihn. Mit dem Ball im Netz laufe ich zum Plänterwald. Die Sträucher mit ihren grünen Frühlingsblättern lassen den Weg bis ins Heim dichter und geheimnisvoller erscheinen. Der lange Weg durch den Wald bereitet allen Mädchen Unbehagen, vor allem, wenn man im Dunkeln vom Ausgang kommt.

Gott sei Dank scheint noch die Nachmittagssonne. Ich halte das Netz vor mich und trete während des Laufens gegen den Ball. Plötzlich höre ich hinter mir ein Auto. Hier ist keine öffentliche Straße, vorsichtshalber bleibe ich am Weg stehen. Das Auto nähert sich, ich erkenne eine Person am Steuer: ein Mann! In meiner Höhe hält der Wagen. Der Mann steigt aus, den Motor läßt er laufen. Er kommt direkt auf mich zu. Ich sehe keine Chance wegzulaufen und rufe ihm entgegen: »Was suchen Sie mit dem Auto im Wald?«

Er lacht: »Pferde, ich bin Tierarzt!«

»Und ich bin Försters Tochter!«

»Ach nee! Der Förster hat eine Tochter? Davon hat er nie gesprochen.«

Noch immer lacht er und bleibt vor mir stehen. Er ist nicht groß, ich schätze einsdreiundsiebzig, aber von kräftiger Statur. Sein Haar ist fast schwarz, an den Schläfen leicht ergraut. Sein Gesicht hat ebenmäßige Züge, graublaue Augen – für einen Mann fast zu schön. Ich merke sofort, daß er sich seiner Wirkung auf Frauen bewußt ist und gebe mich sehr selbstbewußt: »Den Stall, in dem Ihre Pferde stehen, kann ich mir gut vorstellen«, sage ich spöttisch. »Wenn es hier ein Gestüt gäbe, wüßte ich das, denn ich wohne hier.«

Nun ist er sprachlos und beteuert: »Hier muß ein Stall sein, ich bin doch angerufen worden!«

Ich erzähle, daß unten am Wasser nur eine ehemalige Kneipe steht, auf dem Grundstück daneben aber eine Gärtnerei betrieben wird, die demnächst abgerissen werden soll. Dort soll der größte Rummel von Berlin entstehen.

Er beobachtet mich beim Reden und lacht: »Gut, dann ist es in der Gärtnerei, soll ich dich das letzte Stück mitnehmen?«

Ich überlege hin und her, er sieht vertrauenswürdig aus. Ich zögere nicht lange, steige in das Auto. In den wenigen Minuten Fahrzeit erfahre ich, daß er verheiratet ist und zwei Jungen hat. Meine Angst schwindet, er hält tatsächlich vor der Gärtnerei.

Am Tor erscheint ein Mann, mürrisch fragt er: »Was wollen Sie?« Ehe ich begreife, stellt mich der Arzt als seine Assistentin vor. Dann reden sie über irgendeine Krankheit.

Warum lügt er? frage ich mich.

Der Gärtner führt uns in einen Stall, in dem wirklich zwei Pferde stehen. Riesige, prachtvolle, braune Hengste. Sie flößen mir durch ihre Größe Respekt ein, ich bleibe einen halben Meter entfernt stehen. Der Arzt betrachtet sie von allen Seiten, stellt dem Besitzer Fragen, ruft mich zu sich. Zögernd trete ich näher, er lacht schon wieder. »Nur keine Angst, sie beißen nicht!«

Der hat gut reden, der weiß ja nicht, daß ich mal über einen Pferdehintern in einen Schweinetrog gesaust bin.

Plötzlich drückt er mir Medikamente in die Hand und sagt: »Halt mal!«

Ich sehe die wunden Stellen auf dem Rücken des Pferdes. Bei dem Anblick zucke ich zusammen, richtig offene, blutige Stellen.

Als könne der Doktor meine Gedanken lesen, sagt er: »Die werden nicht geschlagen, das kommt vom Sattel, der scheuert ein bißchen!«

Er versorgt die Tiere mit einer Gelassenheit, daß ich denke: Das ist bestimmt der beste Tierarzt, den es gibt. Nachdem er noch ein paar Worte mit dem Pferdehalter gewechselt hat, fragt er mich: »Soll ich dich nach Hause fahren?«

»Nein, ich wohne ja gleich nebenan, vielleicht sehen wir uns mal durch Zufall wieder.«

Seine Augen betrachten mich kritisch, dann greift er meine

Hand, drückt sie kräftig und macht mir einen Vorschlag: »Wie wäre es nächste Woche? Da bin ich zur Kontrolle wieder hier.«

Ich fühle mich bedrängt, will seine Hand loslassen, aber er umklammert sie und fragt: »Was ist, bleibt's dabei?«

Ich möchte weg und sage: »Ja, ja.«

Endlich gibt er mich frei und lacht mir nach. »Bis Mittwoch!«

Im Heim erzähle ich nichts von meinem Erlebnis.

Wenn ich von meinem Sohn komme, bin ich immer traurig. Dann bin ich gern allein und vermeide den Kontakt zu anderen Menschen, die in der S-Bahn sitzen. Ich denke viel über meine Zukunft nach und habe Angst davor. Werde ich es allein mit meinem Kind schaffen? Der Abstand zu meinem Sohn nimmt für mich beängstigende Ausmaße an. Ich kenne ihn nur schlafend, weinend oder am Daumen nuckelnd. Nur wenn wir spazierengehen, beobachtet er aufmerksam die Umgebung. Ich, seine Mutter, weiß nichts von ihm; oft denke ich: Gut, daß ich nicht blind bin, was würde mir dann noch bleiben? Gibt es überhaupt blinde minderjährige Mütter, denen man auch die Kinder wegnimmt und sie nur durch eine Glasscheibe »sehen« läßt?

Es ist ein wunderschöner Frühlingsabend, der Himmel sieht nach einem Gewitter aus. Dunkle Wolken schieben sich wie trotzige Kinder vor die letzten Sonnenstrahlen: Farbkompositionen, als wäre da mein Lieblingsmaler vom Comer See, Vidoletti, am Werk! Der Wind weht sacht, auf den Blättern bildet sich trügerischer Silberglanz; ich spüre das Verlangen, all diese Schönheit zu pflücken und mitzunehmen. Ich hocke am Waldrand und beginne vorsichtig, die ersten Unkrautblüten zu brechen, um einen kleinen Strauß zusammenzubinden, als ich hinter mir plötzlich eine Männerstimme höre: »Hallo, müssen Försters Töchter die Wege säubern?«

Verdutzt springe ich auf, bringe den Strauß hinter meinem Rücken in Sicherheit. Es ist der Tierarzt. Ich lache verlegen.

»Ist heute nicht Mittwoch?«

Ich sehe ihn an und verstehe seine Frage nicht: »Wieso, was ist daran so Besonderes?«

Er lächelt wie ein Filmstar, seine weißen Zähne blitzen kurz auf. »Wir sind für heute verabredet, hast du das vergessen?«

Eine stark duftende Wolke schweren Parfüms umhüllt ihn. Er verunsichert mich.

»Was machen wir, hast du Lust auf ein Café?«

Ich überlege, mein Verstand rät mir, nein zu sagen, doch die Neugier siegt. Die ersten großen Regentropfen platschen auf den Asphalt. Die Abendsonne zwängt sich durch die Wolken, verwandelt die Natur in ein herrliches Schauspiel aus Farben und Duft. Ich steige in das Auto.

Mir ist egal, wohin wir fahren, wie gebannt sehe ich aus dem Fenster in die Welt und träume. Neben mir plappert der Tierarzt. Wortfetzen dringen in mein Bewußtsein, er erzählt etwas über Tiere. Plötzlich werde ich aus meinen Phantasien gerissen, mit Schrecken erkenne ich die Wirklichkeit. Wir haben Berlin verlassen, ich sitze bei einem fremden Mann im Auto. Niemand weiß, wo ich bin. Mein Herz schlägt Alarm, Angst kriecht mir langsam wie eine kalte Schlange durch die Glieder. Die Scheibenwischer schieben das Regenwasser von links nach rechts. Trotz der schlechten Sicht kann ich erkennen, daß wir über eine Waldlichtung am Rande eines Dorfes fahren. »Hier gibt es kein Café!« sage ich laut. Meine Stimme klingt ängstlich.

Prompt bringt er den Wagen zum Stehen, dreht sich zu mir, reißt mir den Blumenstrauß aus der Hand, wirft ihn nach hinten, drückt mich in den Autositz und will mich küssen. Alles geht sehr schnell. Ich presse meine Lippen fest aufeinander, fühle seine Zähne wie spitze Bohrer ins Fleisch dringen. Es tut fürchterlich weh. Mit einem Schmerzensschrei stoße ich ihn zurück. Sein Gesicht gleicht einer gierigen Fratze vom Karneval, eiskalte Augen verengen sich zu schmalen Schlitzen, ein grausamer Mund formt sich zum zweiten Angriff. Ich drehe meinen Kopf wild hin und her. Wütend schreie ich so laut ich kann: »Hilfe!«

Sein Lachen ist nicht mehr fröhlich, hysterisch, er versucht an meinem Pullover zu zerren. Mein Kopf bleibt seltsamerweise ganz klar. Während ich mich gegen seine brutalen Angriffe wehre, suche ich fieberhaft nach einem Ausweg. Was kann mir passieren, eine Vergewaltigung? Das will ich nicht.

Mit allen Mitteln, mit Kratzen, Schreien, Spucken und Treten, so gut, wie das im Auto geht, kämpfe ich. Wir schlagen uns herum, bis ich den Griff des Türöffners zu fassen bekomme. Er versucht, mich festzuhalten, ich reiße mich los, springe ins nasse Feld.

Es regnet fürchterlich, erste Blitze zucken, Donner kracht. Der feige Viehdoktor gibt Gas und will abhauen, aber die Räder drehen hinten in dem aufgeweichten Modder durch. Wütend springt er heraus. »Steh nicht so dumm rum, hilf mir mal schieben!«

Plötzlich muß ich lachen; ich weiß nicht, weshalb ich immer in den unmöglichsten Situationen lache. Vielleicht ist es ja auch die Freude, daß mir nichts passiert ist, und ich keine Angst mehr vor ihm habe.

Schadenfroh stehe ich im strömenden Regen und schreie: »Du altes, geiles Mistvieh, sieh doch zu, wie du deine Scheißkutsche aus dem Dreck ziehst!«

Seine Stimme wird flehend: »Bitte, entschuldige, aber du hast mich so verrückt gemacht. Wenn du mir nicht hilfst, komme ich nicht pünktlich zu einem dringenden Termin.«

»Und wenn ich dir helfe, dann läßt du mich hier stehen oder bringst mich um«, widerspreche ich.

Jetzt bekommt sein Gesicht einen verschreckten Ausdruck, er stottert: »Umbringen, wie kommst du denn auf so eine Idee? Ich verspreche dir, dich schnell nach Hause zu fahren.«

»Na gut!« Ich gebe nach. Drohend füge ich hinzu: »Wehe, mir passiert was, ich bin nämlich nicht die Tochter vom Förster, sondern aus einem Heim, und alle Mädchen wissen dort von meiner Verabredung mit dir, auch daß du Tierarzt und verheiratet bist!«

Er sieht mich entsetzt an. »Heim, wo ist denn da ein Heim?«

»Gleich neben der Gärtnerei, in der ehemaligen Kneipe. Und dort in der Gärtnerei hast du mich als deine Assistentin vorgestellt, das ist der Beweis, daß du mich kennst.«

Sein Gesicht hat die Farbe eines Lakens angenommen, er wirkt auf einmal wie ein kleiner Schlappschwanz und nicht mehr wie ein schöner Doktor.

Gemeinsam schieben wir die Karre aus dem Feld. Dreckig fahren wir schweigend in die Stadt, vor dem Heim hält er. Ohne ein Wort steige ich aus, erleichtert knalle ich die Tür hinter mir zu. Man darf niemandem vertrauen. Ich wurde um eine Erfahrung reicher.

Eine Fete mit Folgen

Erika besucht mich und lädt mich zu einer Fete ein. Dankbar nehme ich die Einladung für den kommenden Sonnabend an. Mein Leben verläuft ohnehin langweilig genug. Schule, lernen, arbeiten, der einzige Lichtblick ist mein Kind. Eine fröhliche Abwechslung kommt wie gerufen.

Voller Vorfreude schminke ich mich besonders sorgfältig, ziehe meine schönsten Sachen an und klappere die Blumenläden nach einem Strauß ab.

Vor dem S-Bahnhof entdecke ich rote Nelken, Arbeiterblumen nennen wir sie, aber besser als gar nichts. Blumen zu bekommen, das ist wie ein Treffer im Lotto.

Stolz auf meinen Erfolg, klopfe ich an Erikas Wohnungstür, die Klingel funktioniert nicht. Von drinnen höre ich lautes Lachen. Sie sind mächtig in Stimmung, denke ich. Zum zweiten Mal hämmere ich mit beiden Fäusten gegen die Tür. Dann lausche ich. Ich bin gerade in Begriff, wieder zu gehen, da reißt Willi lachend die Tür auf. »Hallo, schöne Maid, da bist du ja!«

Bei der Begrüßung umarmt er mich, ich rieche seine Fahne. Mir ist der Geruch unangenehm, ich winde mich aus seiner Umklammerung und gehe ins Wohnzimmer. Außer Erika, die mit einem fremden Mann auf dem Sofa sitzt, kann ich keine weiteren Gäste sehen. Eine Vier-Mann-Fete, wollen die mich etwa verkuppeln? Ein Scheißgefühl, wenn man merkt, was läuft und trotzdem ahnungslos tun muß. Sonst heißt es hinterher: Die war vielleicht zickig.

Ich ziehe ein freundliches Gesicht, als mir Willi seinen Arbeitskollegen vorstellt. Er greift meine Hand, seine ist feuchtwarm: »Horst.«

Ich studiere sein Gesicht: braune Augen, eine mädchenhafte Stupsnase, volle, aufgeworfene Lippen – eigentlich ein unauffälliger Durchschnittstyp. Dennoch liegt in seinem Ausdruck etwas undefinierbar Böses. Wie unter Hypnose zwingt es mich, hineinzuschauen. Als ich merke, daß er daraus andere Schlüsse zieht, sich sogar durch mein dauerndes Anstarren geschmeichelt fühlt, wende ich mich ab.

Nach einer Stunde lasse ich mich von seiner Fröhlichkeit blenden. Lache über seine Witze, höre mir seine vergangene Ehegeschichte an und bin überzeugt: Der ist gar nicht so schlecht, wie ich vermutete.

Als ich ins Heim fahren möchte, bietet er sich an, mich zu begleiten. Ich lehne ab. Er fragt nach einem Wiedersehen.

Erika und Willi sind begeistert. Sie haben auch gleich eine Idee: »Wir treffen uns nächste Woche zur Dampferfahrt!« Ich sage halb ja und halb nein. Doch es gelingt ihnen, mich zu überreden.

Horst

Zuerst gingen wir immer zu viert aus, dann fragt mich Horst, ob wir uns nicht mal allein sehen könnten. Große Lust hatte ich nicht, sagte aber doch zu, da er bisher nie aufdringlich war. Danach sehen wir uns öfter, gehen spazieren, ins Kino oder zum Kaffeetrinken. Er bleibt ein zurückhaltender, höflicher Mann. Ich fange an, ihm zu vertrauen und nehme ihn eines Tages zu meinem Kind mit. Begeistert schiebt er den Kinderwagen, versteht meine Sorgen und pflichtet mir bei, wenn ich von dem Leben »draußen« in einer eigenen Wohnung schwärme.

Bald macht es mir nichts mehr aus, daß er Anzüge trägt und schon sechsundzwanzig Jahre alt ist. Er gibt sich als verständnisvoller Freund. Ich denke oft darüber nach, daß ich ihm in Gedanken Unrecht getan habe.

Wohnungssuche

In einer Woche habe ich die Prüfungen. Die erste findet im Labor statt, die zweite mündlich vor der Prüfungskommission. Für Horst bleibt keine Zeit, nur meinen Sohn vernachlässige ich nicht.

Montagmorgen fühle ich beim Haarekämmen einen Knoten im Genick. Beim Abtasten tut er nicht weh, deshalb mache ich mir keine weiteren Gedanken, nehme mir aber einen Arztbesuch nach der Schule vor. Eine Besichtigungskarte vom Wohnungsamt verhindert mein Vorhaben. Viel wichtiger ist mir eine Wohnung. Sofort nach meinem achtzehnten Geburtstag habe ich einen Antrag im Wohnungsamt gestellt. Im Heim sind die Erzieher sehr daran interessiert, daß alle Volljährigen so schnell wie möglich ausziehen. Die beengten Wohnmöglichkeiten ändern sich nicht, das Jugendwohnheim wird das zweite Jahr saniert.

Da unmöglich ein Wohnungsamt allein mit Anträgen zugeschüttet werden kann, verteilt man uns Mädchen auf die Geburtsbezirke. Ich gehöre demnach nach Kaulsdorf, die Besichtigung gilt für Biesdorf. Bis dorthin muß ich mehrmals von der S-Bahn in den Bus umsteigen. Die Gegend ist mir unbekannt, zur Sicherheit halte ich die Karte in der Hand. Ich vergleiche die Straßennamen. Plötzlich spricht mich eine alte Frau an: »Na Kindchen, willst dir wohl eine Wohnung ansehen?«

»Ja.«

»Dann zeig mal her!« Die Forderung ist bestimmt, aber freundlich. Bereitwillig überlasse ich ihr die Besichtigungskarte.

In das Gesicht der alten Dame kommt Leben: »Großer Gott!« ruft sie aus. »Das ist bei mir im Haus, na, dann steig mal mit aus!«

Der Bus hält in einer Baumallee, einer einsamen Straße. Die Frau tippelt neben mir her, zeigt auf ein großes Eckgrundstück. »Da ist es!«

Das Haus ähnelt einer Mietskaserne. Hohe Fenster, Ziegel, die durch den kaputten Putz den Baupfusch der Nachkriegsjahre erkennen lassen, Regenrinnen, die abgebrochen an der Hauswand hängen. Wir gehen durch einen gepflegten Garten, in dem die Beete mit Steinen umsäumt sind.

»Das macht alles Herr Müller«, sage die Frau eifrig, stolz fügt sie hinzu: »Wir leben in einem anständigen Haus!«

Nach diesem Satz habe ich keine Lust mehr, die Wohnung zu sehen. Wie würde die Alte reagieren, wenn sie mich mit meinem Kind sähe und wüßte, ich komme aus einem Heim?

»Unser Garten wird von Herrn Müller in Ordnung gehalten!« Wie auf ein Stichwort erscheint er aus dem hinteren Teil der grünen Oase. Ausgeweitete Trainingshosen verdecken den dicken Bierbauch, das karierte Hemd hängt liederlich darüber.

Er glotzt mich unfreundlich an. »Schon wieder so ein junges Ding, das gibt nur Ärger!« Erst als er die Karte gelesen hat, schlurft er davon, die Schlüssel zu holen.

Wo bin ich denn da hingeraten? Bis zum Altenheim habe ich noch ein paar Jahre, das kann ja lustig werden, denke ich und steige mit den beiden eine Stiege nach oben.

Herr Müller steckt den langen rostigen Schlüssel in das Schlüsselloch, dreht einmal nach rechts, gibt der Tür einen Fußtritt, die sich darauf knarrend wie im Gruselfilm öffnet.

Das erste, was ich sehe, ist ein langes Ofenrohr, das sich durch den winzigen, höchstens zwölf Quadratmeter kleinen Raum zieht und an der Außenwand endet. Ein altes verwittertes Fenster gleicht eher einer Bodenluke. Rechts neben dem Ofen ist ein Durchgang in einen noch viel kleineren Raum. Ein gußeisernes halbrundes Ausgußbecken ist das einzige Inventar.

»Wo kocht man denn hier?« frage ich die alten Leutchen.

»Da müssen Sie sich einen Herd kaufen, hier ist nur elektrisch, kein Gas, nichts.«

»Und das Bad mit der Toilette?« frage ich zaghaft.

Sie kichert: »Verwöhnt sind wir nicht, draußen im Garten ist ein Plumpsklo.«

Nein, denke ich, hier ziehe ich niemals hin, und schon gar nicht mit meinem Kind.

Ich bedanke mich freundlich. Wütend fahre ich zum Wohnungsamt zurück.

Der Gang ist bis zum letzten Platz mit Wohnungssuchenden ausgefüllt. Ich muß zwei Stunden warten, bis ich aufgerufen werde. Eine vierzigjährige Frau sitzt hinter einem Schreibtisch und raucht. Durch ihre Brille sieht sie mich unfreundlich an. »Was ist, haben Sie sich die Wohnung angesehen?«

Ich nehme meinen ganzen Mut zusammen und sage: »Ja, aber ich nehme sie nicht.«

»Was?« ruft sie empört und springt von ihrem Platz auf. »Was denken Sie eigentlich, was Sie bekommen, ein Schloß?«

Ich starre auf das SED-Parteiabzeichen, das bedrohlich zu wackeln beginnt. Ihr Busen bebt, sie holt tief Luft, um mir weitere Vorwürfe zu machen, verschluckt sich aber an ihrem Qualm. Nachdem sie hochrot mit der Husterei fertig ist, fragt sie mich noch strenger: »Wo kommst du her?«

Bei solchen Fragen schäme ich mich immer, denn ich weiß, was oder wie von Heimkindern gedacht wird. So senke ich schon vorher schuldbewußt meinen Kopf und sage leise: »Aus einem Heim.«

»Wie, ich höre wohl nicht richtig, wo kommst du her?«

In mir regt sich der Widerstand. Ich sehe ihr ins Gesicht und sage trotzig: »Aus einem Heim!«

»Was, und da stellst du solche Ansprüche? Du weißt wohl nicht, wie viele meiner Genossen wohnen müssen?«

»Das ist mir egal, ich ziehe jedenfalls mit meinem Kind nicht in das Loch!«

Sie rastet aus: »Was bildest du dir ein? Dann bekommst du eben keine Wohnung, dann wirst du mal sehen, wie es anderen geht!«

Fehlt nur noch, daß sie ihre Zunge rausstreckt und »Bäh!« macht. Mir kommt bei dem Gedanken das Grinsen. »Sie können mich nicht ewig im Heim lassen. Ich bin achtzehn Jahre, die Plätze werden gebraucht«, gebe ich schadenfroh zur Antwort.

Sprachlos reicht sie mir ein Blatt, sie verlangt eine schriftliche Erklärung meiner Ablehnungsgründe. Ohne mich eines Blickes zu würdigen, ringt sie sich dann noch einen Satz ab: »Wir vermitteln Sie zu Ihrem bisherigen Wohnort. Auf Wiedersehen.«

Man darf sich nichts gefallen lassen!

Ich habe noch Zeit, deshalb fahre ich gleich in die Poliklinik, die zwar zum Elektroapparatewerk Treptow gehört, die Anwohner aber mitversorgt. In der Chirurgie brauche ich nicht zu warten; nach einer schnellen Untersuchung erklärt mir der Arzt: »Der Knoten muß entfernt werden, das machen wir gleich ambulant!«

Angst habe ich nicht, die Knie werden aber trotzdem weich, und ich bin erleichtert, als ich wie ein Opferlamm auf dem OP-Tisch liege. Ein kleiner Stich in den Hals, danach höre ich nur kratzende Geräusche und den erstaunten Ausruf des Arztes: »So etwas habe ich noch nie gesehen!« Er hält mir ein Reagenzglas entgegen, in dem eine kleine weiße Kugel schwimmt. »Das schicken wir nach Potsdam, du hörst von uns!« Mit einem Halsverband verlasse ich den Behandlungsraum.

Prüfung

Am nächsten Tag wache ich mit Schmerzen im Genick auf. Ich fühle mich schlecht, auch weil heute mein Prüfungstag ist. Zwei Stunden später stehe ich im Betriebslabor. Alle Geräte sind mir vertraut, ich habe keine Angst vor den Fragen der Prüfer.

Auch das komplizierte Defogerät beherrsche ich gut. Ich bin in der Lage, Gummimischungen selbst zusammenzustellen und sie in ihrer Härte und Dichte zu prüfen. Als Prüfer erscheint der von uns gefürchtetste Mann: unser Lehrobermeister.

Ausgerechnet ihn mußte ich erwischen, mein Mut sinkt. Bei seinem Eintritt beugen sich die Laborantinnen über ihre Arbeit. Es ist mir nicht möglich, durch Blickkontakt eine falsche Antwort zu korrigieren. Eigenartig, er stellt mir zu keinem Gerät eine Frage. Ich rede wie ein Wasserfall. Unbeeindruckt schreitet er durch das Labor. Will er den Frauen imponieren oder was? Verunsichert schweige ich auch. Plötzlich bleibt er vor der Zerreißmaschine stehen, zeigt auf einen Knopf: »Wie heißt der?«

Ausführlich erkläre ich, daß damit die Zerreißfestigkeit der Wellendichtringe geprüft werden kann. Er beharrt auf dem Namen des Schalters, der keine weitere Funktion hat, als die Geschwindigkeit zu verändern, wodurch die Ringe schneller oder langsamer zerrissen werden.

Nachdem ich mir Namen ausdenke, wie zum Beispiel Schaltknopf oder Schalthebel, verläßt er plötzlich den Raum. Meine praktische Prüfung ist zu Ende. Eine Laborantin bedauert mich: »So eine Prüfung habe ich noch nicht erlebt, da hast du ja völlig umsonst gelernt, wenn er nur diesen blöden ›Gewichtsveränderungsschalter‹ hören wollte.«

Das war also das Zauberwort.

Anschließend ruft man mich in den Prüfungsraum. Hinter einer langen Reihe zusammengestellter Tische sitzen acht Männer.

Sie beginnen ein peinliches Verhör darüber, wer mir meine Hausarbeit angefertigt habe. Fragen wie: »Die haben Sie doch nicht selbst geschrieben?« kann ich ehrlich mit »doch« beantworten. Als mich einer aber fragt: »Wer hat sie Ihnen mit der Schreibmaschine getippt?« reicht es mir, und ich frage zurück: »Was meinen Sie, wer mir im Heim meine Schularbeiten macht, vielleicht die Erzieher?«

Peinliche Stille im Raum. Ich werde hinausgeschickt. Draußen stehen alle aus meiner Klasse und reden wild durcheinander. Haben wir es geschafft oder nicht? Bedrückend hängt die bange Frage im Raum. Immerzu denke ich an meine Matheprüfung. Mathe ist ein Hauptfach, mit einer Fünf ist man durchgefallen. Nur ich und mein Klassenlehrer Reinhard wissen, daß ich das Blatt leer abgegeben habe.

Damit scheint die Sache für mich entschieden. Mir dröhnt der Kopf vor Schmerzen, als ich wieder ins Zimmer gerufen werde. Dort höre ich im feierlichen Ton: »Bestanden.«

Hurra! Im stillen danke ich einem Lehrer. Das hätte ich nie von mir geglaubt.

Danach folgen noch Mahnungen: »Das Leben besteht aus Lernen, und wenn Sie hier hinausgehen, denken Sie nicht, bestanden ist bestanden. Lernen, lernen und nochmals lernen!« Irgendwie schaffe ich es bis ins Heim, lege mich sofort ins Bett. Mein Kopf schmerzt fürchterlich.

Auszug aus dem Heim

Die Heimleiterin bittet mich am nächsten Tag in das Büro. »Du bist 18 Jahre, hast deinen Facharbeiter und wartest auf deine Wohnung. Gibt es nicht eine Möglichkeit für dich, vorher zu irgend jemandem zu ziehen? Wir brauchen hier dringend jedes Bett. Jetzt ist Juli, und Ende August kommen die neuen Lehrlinge. Ich weiß nicht mehr wohin mit allen.«

Neben dem richtigen Wohnheim wohne eine Familie mit drei kleinen Kindern. Hin und wieder habe ich mit ihnen gespielt oder auf sie aufgepaßt, wenn die Mutter etwas erledigen mußte. Vielleicht könnte ich dort eine kurze Zeit wohnen.

Ich fahre zu Frau Wilke, sie ist von meinem Vorschlag begeistert. Kurz entschlossen packe ich meine Sachen und verlasse, ohne »Tschüs!« zu sagen, das Heim.

Wilkes Kinder freuen sich riesig, als ich in ihr Kinderzimmer ziehe. Nie mehr Heim, die erste Nacht draußen. Ein eigenartiges Gefühl zwischen Freude und Neugier auf das Leben ohne Vorschriften. Die 9jährige Anke und ihre 10jährige Schwester Gabi halten mich fast die ganze Nacht mit Geschichten wach. Trotz meiner Kopfschmerzen erzähle ich ihnen lustige Erlebnisse aus dem Heim. Sie lachen sich in den Schlaf.

Krankenhaus

Mir ist schlecht. Mühsam erreiche ich die Toilette und breche. Mein Kopf schmerzt dermaßen, daß ich weinen muß und Mühe habe, ins Bett zu gehen.

Anke und Gabi sind für die Schule fertig, sie hocken vor meinem Bett und versuchen, mich zu trösten.

Frau Wilke bringt mir ein Thermometer. Nachdem sie es abgelesen hat, ruft sie: »Du hast über vierzig Grad Fieber, ich rufe einen Krankenwagen.«

Willenlos lasse ich alles geschehen. Wenn nur mein Kopf nicht so schmerzen würde. Selbst mit geschlossenen Augen sehe ich tausend kleine Lichter, die als Punkte und grelle Farben wild durcheinanderwirbeln. Ich glaube, verrückt zu werden.

Der Weg zur Poliklinik ist wie eine Höllenfahrt. Jedes Loch in der Straße, jede noch so geringe Erschütterung verursacht in mir das Gefühl, als reiße man mir mit Gewalt das Gehirn aus dem Kopf.

Die Untersuchung dauert nicht lange. Fiebermessen, Lunge, Herz abhören und dann die Diagnose: Kreislaufstörung. »Bleiben Sie im Bett und nehmen Sie dreimal diese Tropfen!« Der Arzt reicht mir eine Flasche mit braunem Inhalt.

Wie ein altes Weib schleppe ich mich zum Bus. Alle Plätze sind besetzt. Ich stelle mich in eine Ecke und umklammere so fest die Haltegriffe, daß meine Fingerknochen weiß hervortreten. Bloß nicht umfallen, denke ich, vor Schmerzen hätte ich laut schreien können.

Frau Wilke ist entrüstet über die Diagnose. »Kreislaufstörung, mit so hohem Fieber, der Arzt spinnt doch.« Unfähig, ein Wort zu sagen, lege ich mich ins Bett.

Plötzlich erreiche ich einen Punkt, an dem ich den Schmerz nicht mehr ertrage, wie eine Irre schreie ich: »Ich spring' aus dem Fenster, ich spring' aus dem Fenster!« Familie Wilke wohnt im vierten Stock eines Altbaus. Wilkes Mädchen beginnen zu weinen, sie weichen nicht von meinem Bett.

Die Schmerzen machen mich, zum Glück für alle, bewegungsunfähig. Sobald ich mich erhebe, dreht sich alles vor mir, und mir wird schlecht.

Um 15 Uhr telefoniert Frau Wilke mit dem Notdienst. Aber der beginnt frühestens gegen 19 Uhr. Die Tropfen vom Arzt lindern weder meine Schmerzen, noch senken sie das Fieber. Ich verbringe Stunde um Stunde mit Jammern und Weinen. Erst beim zweiten Anruf kann Frau Wilke den Notdienst überzeugen, daß ich schwerkrank sein muß. Gegen 18 Uhr betritt eine junge Ärztin das Zimmer. Sie sieht mich an und sagt: »Setz dich auf!«

Mühsam gelingt mir das. Mit aller Kraft versucht sie, meinen Kopf nach unten auf die Brust zu drücken. Es geht nicht. Mein Genick ist steif, gelähmt. Ich kann nicht mehr nicken.

»Sie muß ins Krankenhaus«, sagt die Ärztin und schreibt gleich eine Einweisung nach Buch. Als sie die Flasche mit der Flüssigkeit sieht, schüttelt sie ungläubig den Kopf. »Die können Sie wegwerfen, das Mädchen hat eine Hirnhautentzündung und keine Kreislaufstörungen.«

Sie ordnet »Transport im Liegen« an und geht.

Erst gegen 21 Uhr kommt der Krankenwagen, die Fahrer können die Diagnose nicht lesen, sie schieben die Trage wieder hinein.

Frau Wilkes Einwand: »Sie muß aber liegend transportiert werden«, tun sie mit einem Satz ab: »Wenn die Ärzte nicht ordentlich schreiben, haben die Patienten eben Pech!«

Und das hatte ich wirklich. Nach über einer Stunde Fahrt war ich vor Schmerzen dem Wahnsinn nahe.

Im Klinikum Buch kommt mir eine Ärztin mit einem Rollstuhl entgegen. »Um Himmels willen«, ruft sie. »Sie dürfen doch nicht laufen!«

»Ob ich laufe oder sitze, davon wird mir nicht besser«, sage ich niedergeschlagen, todtraurig und müde.

»Haben Sie etwa die ganze Fahrt im Sitzen verbracht?«

Ich nicke und sage: »Die Fahrer konnten die Diagnose nicht lesen.«

Empört hält sie den Fahrern den Einweisungsschein unter die Nase: »Hier steht deutlich lesbar: Meningitis; das wird ein Nachspiel für Sie haben.«

Ich staune über mich; obwohl es mir so dreckig geht, empfinde ich Schadenfreude. Diese Fahrt werde ich mein Leben lang nicht vergessen.

Behandlung

»Wir müssen Sie leider noch untersuchen.« Die Worte der Ärztin klingen wie eine Entschuldigung und tun mir gut. »Dazu gehört eine Punktion Ihrer Wirbelsäule.«

Sofort fällt mir ein, daß ich als kleines Kind schon einmal punktiert worden bin. Ich weiß nicht, warum, aber es hat fürchterlich weh getan.

»Heute nicht«, flehe ich die Ärztin an. »Ich möchte nur etwas gegen die Schmerzen, danach können Sie mit mir machen, was sie wollen!«

Sie lacht und sagt: »Na gut, aber um eine Punktion wirst du nicht herumkommen.«

Eine Schwester fährt mich in ein Einzelzimmer. Sie hilft mir beim Ausziehen und ins Bett. »Ich bringe Ihnen etwas zum Schlafen«, flüstert sie, tief über mein Gesicht gebeugt. Ich versuche, dankbar zu lächeln. Es wird aber nur ein schmerzverzerrtes Grinsen.

Nach Einnahme der Medizin falle ich in einen festen, schmerzlosen Schlaf.

Jemand ruft meinen Namen. Ich muß mich anstrengen, die Augen zu öffnen. Ein Arzt und zwei Schwestern stehen am Bett. Ehe ich begreife, was los ist, ziehen mir die Schwestern das Nachthemd aus. Sie rücken das Bett einen Spalt von der Wand weg, setzen mich so an den Rand, daß meine Knie das kalte Ölpaneel berühren. In dieser eingeklemmten Haltung schieben sie mir ein Kissen in den Bauch, das ich fest umklammern muß, und drücken, so gut es geht, meinen Oberkörper in eine Beuge.

Angst kommt, ich versuche zur Seite zu schielen und sehe in der Hand des Arztes eine Kanüle aufblitzen, groß wie eine Stricknadel.

Ein starker Einstich, und ich schreie. Sobald die Kanüle im Rücken ist, schwindet der Schmerz. Das Abzapfen dauert. Währenddessen spricht der Arzt eindringlich auf mich ein: »Wenn wir fertig sind, legen wir dich gleich auf den Rücken. Du darfst dich dann vierundzwanzig Stunden nicht bewegen, auch nicht auf die Seite drehen und schon gar nicht aufstehen, sonst bekommst du starke Kopfschmerzen.« Mir fällt auf, daß ich seit heute früh schmerzfrei bin.

Kaum hat er die Nadel aus meinem Rücken gezogen, geht alles sehr schnell. Die Schwestern verkleben die Einstichstelle mit Pflaster und legen mich sofort kerzengerade ins Bett.

»Wie lange muß ich hierbleiben?« frage ich.

»Zuerst müssen wir sehen, was für eine Art Hirnhautentzündung du hast. Aber auf alle Fälle vier Wochen und jede Woche eine Punktion; nur daran erkennt man, ob es besser wird mit dir.«

Vier lange Wochen. Ich denke an meinen Sohn, den ich so lange nicht besuchen kann, und weine.

»Na, na, wer wird denn da gleich weinen?« sagt der Arzt. Ich erzähle von meinem Kind, er verspricht, eine Schwester im Heim anzurufen und mich zu entschuldigen. Unvermittelt fragt er mich: »Warst du in letzter Zeit erkältet oder zu lange in der Sonne?«

»Nein, aber ich hatte einen Knoten im Genick, der ist mir entfernt worden.«

»Zeig mir die Stelle morgen bei der Visite und ruh dich jetzt aus.«

Am nächsten Tag geht es mir viel besser. Ich habe kaum Fieber und fühle mich beinahe gesund. Bei der Visite füllt sich das Zimmer mit dermaßen vielen Menschen in weißen Kitteln, daß ich mich furchtbar schäme, vor allen die Fragen des Arztes zu beantworten. Der Reihe nach begutachtet jeder mein Genick.

Sie schütteln verständnislos ihren Kopf und werfen sich vielsagende Blicke zu. Mir sagen weder ihre Blicke was noch ihre Münder.

Der Oberarzt sieht mich an: »Dir wurde ein Lymphknoten entfernt. Jeder Teil des Körpers benötigt eine bestimmte Anzahl von Lymphknoten als Schutzorgan. Sie sind regionale Entgiftungsstätten, sie dienen als Filter und können Krankheiten abwehren. Wir haben den Befund aus Potsdam, dort wurde der Knoten untersucht. Du hast Toxoplasmose, die durch die Entfernung des Knotens vielleicht deine Hirnhautentzündung verursachte. Jetzt müssen wir dich auf beide Krankheiten behandeln!«

Von alledem, was er sagt, verstehe ich nicht das geringste, außer, daß mir der Arzt in der Poliklinik etwas herausgenommen hat, was er nicht sollte, und Kreislaufstörungen bei mir feststellte, die ich nicht hatte.

»Hast du ein Tier zu Hause?« fragt mich ein anderer Schneemann.

»Nein, hin und wieder streichele ich mal eine Katze.«

»Toxoplasmose kann man durch Tiere, rohe Eier, ungekochte Milch (die trinke ich besonders gern) oder durch rohes Fleisch bekommen. Aber keine Angst, wer sie einmal hatte, ist dagegen für ewig immun.«

Ein schwacher Trost für das, was ich hier durchmachen muß, um gegen eine Krankheit immun zu sein.

Da ich mich auf einer Isolierstation befinde, darf mich niemand besuchen. Sobald es mir besser geht, beginnt die Langeweile. Die einzige Abwechslung sind das Essen und die Schreie der Patienten. Eine nette Schwester versorgt mich mit üblen Büchern, die ich dennoch lese. Fast alle haben denselben Inhalt. Partisanenkampf gegen die Deutschen.

Nach drei Wochen darf ich aufstehen, sofort habe ich das Bedürfnis, meine Haare zu waschen. Frohgelaunt springe ich aus dem Bett, sehe rote Kreise und falle sofort wieder hinein.

Mein Körper ist von dem langen Liegen so abgemagert, daß meine Beine wie Streichhölzer aussehen. Ich beginne im Bett zu turnen, bis ich mich fit fühle, und probiere das Aufstehen noch einmal. Siehe da, es klappt.

Meine Beine sind weich wie Pudding, aber ich schaffe es bis zum Fenster.

Welch wunderschöner Blick ins Grüne. Die Natur kommt mir, nachdem ich drei Wochen kahle Wände angesehen habe, wie Zauberei vor.

Ich sehe hinaus, weine vor Freude und finde mich albern.

Besuch kommt. Sie stehen vor meinem Fenster und reden oder lachen mit mir. Gerda erzählt von meinem Kind, darüber freue ich mich sehr. Erika spricht von Willi – und Horst von einer Überraschung. Nach vier Wochen Krankenhausaufenthalt werde ich entlassen.

Meine Wohnung

Horst holt mich mit einem Taxi ab. Mir wäre es lieber gewesen, allein ins Leben zurückzukehren.

Die ganze Fahrt über redet er von einer Überraschung, ich kann es nicht mehr hören. Ich will nach draußen sehen. Die Stadt, die Menschen und der Sommer machen mich glücklich genug. Noch eine Überraschung brauche ich nicht, ich freue mich, daß ich lebe, und auf meinen Sohn. Das Taxi hält in Schöneweide in einer dreckigen Straße. Kein Baum, kein Strauch, rechts eine Fabrik und links die Wohnhäuser.

»Was soll ich hier?«

»Laß dich überraschen.« Er lächelt.

»Ich habe genug von der blöden Überraschung. Entweder du sagst mir, wo wir hingehen, oder ich komme nicht mit!« rufe ich aufgebracht.

Er guckt mich sauer an und sagt: »Na gut, hier ist deine Wohnung.«

»Wie?« rufe ich entsetzt. »Meine Wohnung, du spinnst wohl!«

Über meinen Gefühlsausbruch hinweggehend, sagt er ruhig: »Sieh sie dir doch erst einmal an, meckern kannst du dann immer noch.«

Wir gehen durch das Vorderhaus in einen verwilderten Hof mit hohen Bäumen und grünen Sträuchern. Angesichts des vielen Grüns zeige ich mich versöhnlicher. Die Wohnung liegt ebenerdig. Wir betreten zuerst einen kleinen Korridor. Es stinkt nach Farbe. Eifrig öffnet Horst die Tür zur Toilette, ein langer schmaler Schlauch, einziger Luxus ein Handwaschbecken. Die nächste Tür ist geöffnet, und ich sehe in eine dunkle Küche. Das Küchenfenster wird durch die Wand zur Toilette geteilt. Die rechte Seite des Unterfensters gehört zur Speisekammer, das Oberlicht zum Klo.

In der Mitte, direkt an der Wand, steht ein schöner alter Küchenschrank mit kleinen Butzenscheiben. »Den hat der Vormieter hiergelassen«, sagt Horst.

Ich gehe geradeaus ins Wohnzimmer. Auch hier ist es sehr dunkel, obwohl das Zimmer zwei Doppelfenster hat und ziemlich geräumig wirkt. »Das liegt an den Bäumen draußen. Die lassen wenig Licht herein.«

Horst beantwortet meine Gedanken, und mich wundert, wessen Wohnung das eigentlich ist. Laut frage ich: »Wie bin ich zu dieser Wohnung gekommen? Ich hätte sie nie genommen.«

»Frau Wilke hat mir die Besichtigungskarte gebracht. Ich habe mir die Wohnung angesehen, fand sie toll und habe für dich zugesagt. Du brauchst nur den Mietvertrag zu unterschreiben, er liegt fertig bei der Wohnungsverwaltung. Sie wissen, daß du im Krankenhaus warst.«

Und dann zeigt er mir stolz die Tapeten. »Frau Wilke hat mir dein Kostgeld zurückgegeben, davon habe ich gleich mit der Renovierung begonnen.«

Mit seinem Eifer tut er mir plötzlich leid, ich denke: Laß ihn doch, wenn es ihm Freude macht, vom Malern habe ich ja doch keine Ahnung.

»Und nun kommt das Schönste!« ruft er. »In einer Stunde bringen meine Kollegen die Möbel.«

»Was denn für Möbel?«

»Na meine, ich ziehe zu dir, oder glaubst du, ich bleibe bei meiner Geschiedenen?«

Ein kurzer, aber intensiver Schreck lähmt meine Gedanken, in mir bricht Panik aus: Ich will nicht mit ihm leben, ich kenne ihn ja kaum.

Plötzlich fühle ich nur noch Angst. Angst vor dem Alleinwohnen, ohne die vielen Mädchen, ohne jemanden, der mir sagt, wo es lang geht.

Wochenlang habe ich mich auf meine Wohnung gefreut. Keine Vorschriften mehr hören – wie sehr sehnte ich mich danach. Deutlich erinnere ich mich an die Warnungen der Erzieher: »Ihr werdet euch noch wundern, wenn ihr draußen seid. Da seid ihr ganz allein auf euch gestellt, und keiner wird euch dann helfen.«

»Draußen« nannten wir alles, was außerhalb des Heimes war. Das jahrelange Warnen wirkt sich jetzt negativ auf mich aus. Nun, wo ich vor einer wichtigen Entscheidung stehe, nämlich mir selbst zu beweisen, was ich kann, siegt die Angst. Ich behalte meine Gedanken für mich und sage nichts zu seiner Absicht, bei mir einzuziehen.

Die leere, dunkle, kalte Wohnung und seine Nähe werden mir unangenehm. Ich beginne zu frieren und sage: »Ich will hier raus.« Meine Stimme schallt fürchterlich, sie hört sich fremd an.

Horst zieht ein beleidigtes Gesicht. »Du kannst jetzt noch nicht gehen«, sagte er, »außerdem kommen gleich meine Kollegen und bringen die Möbel.«

Na bitte! denke ich, er hat seinen Einzug fein säuberlich geplant. Seine Möbel in meiner Wohnung, nichts gehört mir.

Plötzlich höre ich eine innere Stimme: Laß nicht zu, daß er bei dir einzieht, du bist gleich wieder von jemandem abhängig. Ich beobachte mich, der Wunsch endlich allein zu sein, und die Angst davor streiten sich. Wieder halte ich meinen Mund, die Angst hat gesiegt. Enttäuscht muß ich feststellen, wie feige ich bin. So entscheide ich mich, wie ich dummerweise glaube, für den bequemeren Weg.

Aber er war alles andere als das.

Den Nachmittag verbringen wir nur in Geschäften, um den nötigen Kleinkram für die Wohnung zu kaufen. Dann gehe ich zur Sparkasse und nehme einen Kredit für zwei Sessel und einen Schrank auf. Danach bin ich total pleite, alles bezahle ich mit meinem wenigen ersparten Lehrlingsgeld.

Nach vier Wochen Bettruhe fühle ich mich von der Lauferei wie eine Kranke. Ich sage zu Horst: »Ich kann nicht mehr. Laß uns nach Hause gehen.« Wo soll ich auch sonst hin? Im Heim bin ich abgemeldet, aus dem Krankenhaus entlassen, und Eltern habe ich nicht. Weil wir keine Stühle haben, setze ich mich auf die braunen Holzdielen.

Ich komme mir richtig verlassen vor. Horst fummelt an der Deckenbeleuchtung, endlich flimmert die Glühlampe. Das grelle Licht läßt alles noch viel kälter und einsamer erscheinen. In der Zimmermitte steht eine Leiter, darauf ein Eimer Farbe, und überall liegen Tapenterollen herum. Am liebsten hätte ich geheult, so jämmerlich fühle ich mich.

Plötzlich schrillt die Klingel laut durch die Wohnung. Horst lacht, ruft beim Hinausgehen: »Meine Kollegen bringen die Möbel.«

Ich stehe auf, gehe zum Fenster, lehne mich an das Fensterbrett und beobachte sie. Zuerst tragen sie eine ausklappbare Couch herein, dann den Tisch und danach einen Fernseher. Sie begrüßen mich lautstark und witzeln herum. Schnell steht ein Kasten Bier im Zimmer. Ehe ich erst richtig begreife, was los ist, machen sie eine Einweihungsfete.

Nach kurzer Zeit ist das Zimmer blau vom Zigarettenqualm. Die vier Männer amüsieren sich, als wenn es ihre Wohnung wäre. Ich gehe in die Küche, öffne das Fenster und sehe in den nachtschwarzen Hof hinaus. Ein kühler Sommerwind streift durch die staubigen Blätter der Bäume und läßt sie rascheln, so daß sie einen warmen Ton erzeugen. Dann weht er sacht über mein Gesicht, und ich spüre die geballte Wärme der sechs Wochen ohne Regen. Einen so heißen Sommer wie 1969 habe ich noch nie erlebt. In den Geschäften gibt es kaum noch Brause oder Saft, aber nebenan trinken sie Bier.

Niemand kann sich vorstellen, wie allein und hilflos ich mir vorkomme und welche Ängste mich plagen. Ich sehe hinauf zu den Baumkronen, sie erinnern mich an das Kinderheim. Am liebsten würde ich mich jetzt in den Hof schlafen legen, so vertraut kommt er mir vor.

Plötzlich sehe ich drei Männer über den Hof gehen, gleichzeitig wird es unheimlich ruhig in der Wohnung.

Horst kommt herein, legt den Arm um meine Schultern und lallt: »Schön, nicht wahr, hier machen wir es uns gemütlich.« Er stinkt nach Bier.

Wortlos drehe ich mich aus seiner Umarmung. Er greift nach meinem Handgelenk, will mich zurückziehen, ich wehre mich. »Laß, ich bin müde.«

Ich klappe die Couch herunter und lege mich hin. Meine erste Nacht »draußen«. Obwohl ich mich elend fühle, kommt der Schlaf nicht. Horst legt sich neben mich, seine Nähe stört.

Ich verhalte mich ganz ruhig und stelle mich schlafend. Er hat sich mit der einzigen Decke, die wir besitzen, zugedeckt. Nach einer Weile beginne ich zu frieren, vorsichtig ziehe ich ein Stück Decke zu mir. Doch plötzlich ist er hellwach, kriecht ganz dicht an mich heran und versucht mich zu küssen. Dabei flüstert er: »Na, komm schon, hab dich nicht so.«

Ich versuche, ihn von mir zu drücken. Er fühlt meinen Widerstand und wird grob: »Na, na, du bist ja wie meine Geschiedene, da hätte ich ja gleich bei ihr bleiben können!«

Entsetzt springe ich aus dem Bett und schreie ihn an: »Dann geh doch wieder zu ihr, ich brauche dich nicht!«

Seit der Geburt meines Sohnes habe ich nicht mehr mit einem Mann geschlafen und will es auch nicht.

Ich zittere vor Angst und Wut am ganzen Körper. »Mir ist kalt!«sage ich.

»Entweder du kommst unter meine Decke, oder du hast Pech«, sagt er laut in die Dunkelheit hinein.

Nur nicht unterkriegen lassen, denke ich und lege mich demonstrativ auf die Holzdielen.

Wenn mich jetzt ein Mädchen aus dem Heim sehen würde; gestern noch im Krankenhaus und heute kein Bett. Schon bald vernehme ich lautes Schnarchen, die Geräusche nerven mich, ich gehe wieder in die Küche. Wie soll ich nur mit diesem Mann und meinem Kind hier leben?

Ich sehe den Morgen grauen und ahne nicht, daß dies nicht die schlimmste Nacht meines Lebens gewesen ist.

Horst ist zur Arbeit gefahren, ohne ein Wort mit mir zu sprechen. Seine Rache? Wenn er wüßte, daß mir das gar nichts ausmacht.

Tagsüber räume ich die Wohnung auf, putze den Fußboden, gehe im Park Blumen pflücken, freue mich über meine geleistete Arbeit und denke nicht an ihn.

Todmüde lege ich mich schlafen. Gegen Abend erwache ich. Mit Schrecken stelle ich fest, es ist 18 Uhr, gleich kommt er! Was dann?

Ich drehe das Radio laut auf. Plötzlich steht er im Zimmer, ich habe ihn nicht kommen hören. »Möchtest du was essen?« frage ich, weil mir nichts Besseres einfällt.

»Essen können wir später!« Er nähert sich mir. Verzweifelt suche ich nach einen Ausweg, mir fällt nichts ein.

Augen zu und nicht mehr denken …

Ich bin gesund

Die Tage vergehen mit Behördengängen und Arztterminen, zwischendurch besuche ich mein Kind.

»Noch ein paar Wochen, dann bekommen Sie Ihren Sohn!« sagt die Stationsschwester. Die Mütterberatung habe eine Frau vorbeigeschickt, die sich das Bett für Timo ansehen will. Ich lache. »Bis jetzt ist keine gekommen!«

»Kommt noch, kommt noch.« Sie hat Erfahrung.

Die Ablenkung durch meinen Sohn tut mir gut. Sobald Horst nach Hause kommt, habe ich Angst. Jedesmal versucht er, mich zu zwingen, mit ihm zu schlafen. Weil ich nicht ständig die Kraft habe, mich zu wehren, lasse ich es mit Ekel und Scheu über mich ergehen.

Hinterher beschimpft er mich mit schlimmen Ausdrücken. Niemand ist da, mit dem ich darüber sprechen kann; aus Scham würde ich ohnehin schweigen.

Wegen der Nachuntersuchung muß ich ins Klinikum Buch fahren. Ich steige in die S-Bahn, zum Glück finde ich einen freien Platz am Fenster, die Hitze ist kaum auszuhalten. Eine Stunde Fahrt liegt vor mir. Eine Woche ist seit meiner Entlassung vergangen, ich fühle mich krank. Erst die Lauferei wegen der Wohnung, Mietvertrag, Rathaus wegen der Kohlenkarte und die polizeiliche Ummeldung, und überall warten in der

Schlange. Das Warten in den nach Schweiß stinkenden Räumen, am Abend Horst mit seinem Genöle, weil ich nichts richtig mache: Das Leben »draußen« ist auch nicht besser.

Das Abteil füllt sich, nach drei Stationen stehen die Menschen dicht gedrängt. Froh über meinen Sitzplatz am offenen Fenster, sehe ich die Sommergärten der Kleingärtner vorbeifliegen. Plötzlich tippt mir jemand kräftig auf die Schulter. Ehe ich was sagen kann, bricht ein Wortschwall über mich hernieder: »He, Fräulein, wollen Sie nicht aufstehen? Sie sehen doch, daß hier viele ältere Herrschaften stehen!«

Ich blicke hoch, über mir glänzt ein fettes, rotes, verschwitztes Gesicht, aus dem wäßrige blaue Augen wütend funkeln. Eine Entschuldigung meinerseits hätte mich nicht gerettet, da die Frau wie ein Kampfhahn zum Streit bereitsteht. Ihre dicken Arme, in die breiten Hüften gestemmt, sprechen für ihren Sportsgeist: Diesen Platz will sie nur als Sieger verlassen.

Die Erwachsenen mit ihrem frechen Benehmen weist keiner zurecht, da übt man lieber Solidarität, indem man auch entrüstet guckt. Ich sehe die fette Wachtel von oben bis unten treuherzig an und sage: »Nichts verstehen!«

Vor Empörung klappt ihr der Unterkiefer herunter, sprachlos schnappt sie nach Luft, dann, ja dann legt sie los, wettert und keift: »Ach neee, niks vastehn, det kenn wa schon, de Ausländа dürfen sich ja allet alaum!« Ihr Berliner Dialekt überschlägt sich.

Meine Antwort verblüft sie: »Wenn der Hahn kräht auf dem Mist, ändert sich das Wetter oder es bleibt wie es ist!«

Diese alte Bauernweisheit habe ich von meinem Heimleiter, Herrn Hühne, gelernt, als ich elf Jahre alt war und mir beim Weihnachtsfest kein Gedicht einfiel. Damals half er mir aus meiner Verlegenheit mit dem Zweizeiler.

Hilfesuchend wendet sie sich den Reisenden zu, keiner pflichtet ihr bei. Ich drehe mich wieder zum Fenster, da tippt sie abermals an meinen Körper: »Wolln Se nich oder könn Se nicht?«

»Was denn?«

»Na uffstehn, ick brauch Platz!«

»Das sieht man!« sage ich und erhebe mich.

Ihr platzt der Kragen. »Frechheit, wat man sich heute von da Jujend bieten lassen muß!«

Stimmung belebt nun die träge Masse, jetzt kommt in das Abteil tatsächlich der Hauch eines Kampfturniers. Die Parteien werden sich über den Tatbestand, wie schlecht die Jugend von heute ist, nicht einig. Die Alte läßt mir mit ihrem Körpervolumen kaum Platz vorbeizukommen. »Na bitte, warum nicht gleich so!« schnieft sie mir ins Gesicht.

Eingekeilt in die schwitzende Menge, wage ich kaum zu atmen. Die heruntergezogenen Fenster bringen keine erfrischende Luft; was hereinweht ist die warme Ausdünstung der Erde. Jedesmal, wenn die S-Bahn hält, versuche ich das Bahnhofsschild zu lesen. Ich komme mir wie ein Etappenläufer vor, der nur sein Ziel vor Augen hat und immer schneller draufzuläuft. Erleichtert sehe ich das große weiße Schild, auf dem sich die Buchstaben zu dem Wort »Buch« zusammensetzen. Der Ausstieg kommt mir wie die Befreiung aus dem Pferd von Troja vor.

Als Kinder haben wir aus festlichen Anlässen im Heim selbstinszenierte Theaterstücke aufgeführt, darunter »Der Trojanische Krieg«, die Sage aus der griechischen Mythologie, die Homer in seiner »Ilias« schildert. Ein riesiges Holzpferd diente bei der Eroberung der Stadt Troja für eine Kriegslist. In seinem Inneren versteckten sich viele Krieger, die auf die Dunkelheit und den Schlaf der Bürger warteten, um sie dann zu erschlagen und die Stadt einzuäschern. Die Erzieher bauten mit den Jungen ein großes Pferd aus Pappe, und wir Kleineren krochen als Krieger verkleidet hinein. Es war eng, muffig und dunkel, und meine Empfindungen von damals entsprechen den jetzigen.

Die Dauer der Untersuchung steht in keinem Verhältnis zu dem langen Anfahrtsweg: Nach fünf Minuten werde ich mit einer Gesundschrift entlassen. Die Rückfahrt ist angenehmer, die Abteile sind fast leer. Da ich nun einmal unterwegs bin, fahre ich gleich noch zum Betrieb. In der Gummifabrik hat sich nichts geändert. Es stinkt ekelhaft nach Gummi. Mein Weg führt geradewegs zur Kaderabteilung. Auf der Treppe begegnet mir ein Mädchen aus der Berufsschule: »Du siehst ja fürchterlich blaß aus, warst du nicht im Urlaub?«

Ich erzähle ihr, daß ich krank war und frage sie, ob sie weiß, wo ich arbeiten werde. Sie lacht. »Wenn mich nicht alles täuscht, bist du dem Labor zugeteilt. Die im Büro wissen das besser.«

Ich klopfe an die Tür und trete gleichzeitig ein. Zigarettenqualm umgibt mich. Vorwurfsvoll heben die zwei anwesenden Frauen die Köpfe: Wie kann ich es wagen, ohne ein »Herein« den Raum zu betreten!

Kaum habe ich die Gesundschrift auf den Tisch gelegt, springt eine Frau, wie von der Tarantel gestochen, auf, geht zum Aktenschrank, greift einen gelblichen Pappdeckel und schlägt ihn auf. Und dann passiert etwas, woran ich mich langsam gewöhne. Ein strenger Blick wird gegen den zuvor abweisenden ausgetauscht, mit arroganter Stimme stellt sie fest: »Ach, Sie sind *die* aus dem Heim?«

Das Wort »Heimkind« weckt Schuldgefühle in mir, obwohl ich für mein Schicksal nichts kann. Meine Mutter hatte mich einfach bei Nacht und Nebel verlassen, eingeschlossen mit meinen Geschwistern in einem alten Haus, ohne Essen und Trinken. Zum Glück fand uns mein Opa rechtzeitig. Unsere Rettung hatten wir dem nahen Weihnachtsfest zu verdanken, zu dem er erschien. Meine Geschwister und mich verteilte man auf verschiedene Heime. Ich war zwei Jahre alt, wo lag meine Schuld?

Trotzig sehe ich in das unfreundliche Gesicht, die Gedanken quälen mich, irgendwie bringe ich es fertig zu sagen: »Ja«. Empört über meine Respektlosigkeit, antwortet sie: »Wir hatten Sie für das Labor vorgesehen, aber wir brauchen Sie in der Produktion.«

Sie läßt mich nicht zu Wort kommen. Schnell fügt sie hinzu: »Dreischichtsystem!« Sie erwartet keinen Widerspruch, steckt sich eine Zigarette in den Mund und hofft, ich würde gehen. Ich gehe auch, aber nur bis zur Tür, dann drehe ich mich noch mal um: »Das geht nicht, ich habe ein Kind!«

Ihre Kollegin schickt mich hinaus, ich solle fünf Minuten warten, man müsse sich besprechen.

Aus den fünf Minuten werden zehn, dann zwanzig, und nach einer halben Stunde werde ich wieder hereingerufen.

»Montag um 6 Uhr melden sie sich im Labor, aber pünktlich«, fügt sie leicht drohend hinzu.

Ich sage gar nichts mehr und verlasse schnell die Fabrik.

Die Maske fällt

Erschöpft von der Hitze, niedergeschlagen von dem Kadergespräch komme ich nach Hause.

Horst ist schon da, er lungert auf dem Sofa herum, der Fernseher läuft. Ich gehe in die Küche, sehe den Berg Abwasch vom vergangenen Abend und denke: Er verläßt sich darauf, daß ich das tue. In mir regt sich Widerstand.

Widerstand gegen Horst, einfach gegen alles in meiner Umgebung.

Wütend bringe ich heraus: »Es sieht hier aus wie in einem Campinglager! Warum muß ich hier alles allein machen?« Die Frage hängt drohend im Raum.

Mit affenartiger Geschwindigkeit dreht er sich mir zu; plötzlich sehe ich, was mich an ihm vom ersten Tag an gestört hat. Sein Gesichtsausdruck läßt keinen Zweifel offen: Es ist sein nacktes Gesicht, das Spiegelbild seines Inneren – kalt, brutal und feist. All die Wochen verbarg er es hinter einer Maske, wie ein Schauspieler es nicht besser gekonnt hätte. Nun entblößt er es.

Ich bekam Angst: Der Mann, der da in deiner Wohnung sitzt, ist ein Fremder, von dem Gefahr droht. Instinktiv laufe ich davon.

Draußen blendet mich die Abendsonne, ich weiß nicht, wohin ich gehen soll. Meine Schritte lenken mich zur Spree. Dicht neben der Brücke, von wucherndem Gestrüpp versteckt, führt eine steile Treppe hinunter zum Kanal.

Kein Mensch ist weit und breit zu sehen, nur ab und zu stört das Geräusch eines über die Brücke fahrenden Autos die Stille.

Ich entdecke eine verwitterte kleine Holzbank, die nicht

kaputt ist. Das geschützte Versteck gibt mir ein Gefühl von Sicherheit.

Die heiße Augustsonne des Tages zeigt sich zum Abend hin gnädig, läßt ihre Glut nun matt und sanft auf den Wellen in den Schlaf schaukeln. Jeder Wellenschlag klingt wie ein Seufzer, ein Versuch, sich von der Last der Hitze zu befreien, die seit Wochen auf die Erde, die Stadt und das Wasser drückt. Zu schwach, sich kräftig aufzubäumen, müde geworden wie ein kleines Kind, plätschert die Spree träge dahin. Bin ich so stark wie das Wasser, um alles zu tragen? Oder soll ich, wie die Sonne, einfach auf den Wellen liegen und mich treiben lassen? Doch wehe, sie geht unter, dann ist nichts mehr da, außer Dunkelheit. Die Sonne hat Glück, sie erhält jeden Tag die neue Chance, ihr Recht auf Unvergänglichkeit zu beweisen.

Ich bin nicht die Sonne, auch nicht das Wasser, ich bin ein Mensch, der vielleicht (mit viel Glück) achtzig Jahre lebt. Dennoch wünsche ich mir in diesem Moment etwas von der Stärke der Natur. Wer die Natur erkennt, fühlt auch die Kraft, die in ihr schlummert. Ich sehe in die warmen Strahlen der Sonne, die wie ein Teppich aus Tausenden funkelnder Diamanten die graue Oberfläche bedecken, unter dem sich ungestört die Wassermassen der schmutzigen Spree weiter bewegen. Plötzlich erkenne ich: Du bist ganz allein auf der Welt, niemand wird dir helfen, also hilf dir selbst.

Aber wie?

Wie haben wir im Heim davon geträumt, eine eigene Wohnung zu haben, in der uns niemand mehr zur Schrankkontrolle, zur Pionier-/FDJ-Versammlung zwingen kann, wo uns keine Ausgangssperre mehr aufgebrummt wird. Endlich allein leben ohne Bevormundung, ohne die ständige Angst, etwas falsch zu machen. Nun merke ich, daß es nach der strengen Heimerziehung noch Schlimmeres gibt: das plötzliche Alleinsein. Keine Freundin, kein Lachen, nichts mehr von der großen Gemeinschaft: Nur noch ich mit meiner Angst bleibe hier draußen übrig. Ich fühle mich im Stich gelassen. Schmerzhaft muß ich feststellen: Mir fehlt die Gemeinschaft, das Heim. Ich vergleiche mich mit einem aus dem Rudel ausgestoßenen Tier.

Hoffnungslos, tieftraurig, mit der Sehnsucht nach dem Heim und mit der Gewißheit, kein Zuhause zu haben, laufe ich zurück in die Wohnung.

Schon im Hof sehe ich, daß im Wohnzimmer noch Licht brennt. Mir wäre es lieber gewesen, ins Schwarze zu blicken, denn dann hätte ich gewußt, daß Horst schläft.

Leise stecke ich den Schlüssel in das Türschloß. Plötzlich wird sie von innen aufgerissen, Horst packt meinen Arm und zieht mich mit Wucht in die Wohnung. Rücksichtslos knallt er die Tür zu und schreit mich an: »Wo warst du, du Schlampe, wo?«

Ehe ich antworten kann, schreit er erneut fürchterliche Ausdrücke. Er hält meinen Arm derart fest, daß es mir weh tut. Sein Gesicht ist zorngerötet, bläuliche Adern treten häßlich auf der Stirn hervor. Sein Atem stinkt nach Alkohol.

Ich schweige, die Angst lähmt mich. Mit einem schmerzhaften Ruck dreht er mir den Arm auf den Rücken, packt mit der anderen Hand meine Haare und schubst mich ins Wohnzimmer.

Ich kann mich nicht wehren, jede kleinste Bewegung, die ich versuche, um mich aus seinem Griff zu befreien, verursacht mir Schmerzen.

Er schmeißt mich auf das Sofa, setzt sich auf meinen Rücken und beginnt, mit ruckartigen Bewegungen meine Arme schmerzhaft zu drehen, ohne mit seinen Beschimpfungen aufzuhören.

Mein Gesicht ist in das Kissen gedrückt, ich rieche den Stoff, der nach Rauch stinkt, und bekomme kaum Luft.

Unerwartet läßt er mich plötzlich los und brüllt drohend: »Das war nur der Anfang. Ich warne dich. Treibst du dich noch einmal den ganzen Tag herum, dann lernst du mich richtig kennen!«

Ich erwidere nichts, sondern schließe mich in der Toilette ein, wo ich warte, bis ich nichts mehr aus dem Wohnzimmer höre. Dann schleiche ich mich wieder hinaus, nehme eine Jacke und verlasse die Wohnung.

Die Bank steht im kalten Mondlicht. Stunde um Stunde sitze ich und sehe dem Auf und Ab der Wellen zu. Was bin ich, wer bin ich, und warum sitze ich hier? Ich denke an mein Kind und male mir aus, wie schön es wäre, mit ihm allein zu leben. Horst existiert nicht, ich verdränge den Gedanken an ihn. Wenn ich erst mein Kind habe, ist er weg, muß er weg sein.

Von der Straße höre ich plötzlich Schritte, die sich den Stufen nähern. Obwohl ich nicht sehen kann, wer da kommt, wittere ich keine Gefahr. Bald darauf erkenne ich eine männliche Gestalt, sie hält einen Eimer in der Hand. An der Kaimauer bleibt der Mann stehen, setzt den Eimer ab, steckt eine Angel zusammen und wirft sie seelenruhig aus. Er nimmt keine Notiz von mir.

Es mag vielleicht eine Stunde vergangen sein, da höre ich eine alte, leise flüsternde, nicht neugierig klingende Stimme: »Das hier draußen ist doch nichts für dich, Kindchen, mußt du nicht nach Hause?«

Ich gehe zu dem Angler. Ohne mich anzuschauen, beschäftigt er sich ausgiebig mit der Befestigung eines Regenwurmes. Auf einmal beginne ich zu sprechen: über mein kurzes, langes Leben, mit all seinem Kummer. Aus mir drängt alles heraus, zum Schluß weine ich.

Er hat mich nicht unterbrochen, nur hin und wieder stumm seinen Kopf geschüttelt. Sein Zuhören tut mir gut – wie ein Pflaster auf einer Wunde. Als ich aufhöre zu weinen, sagt er: »Du bist ein armer Wurm!« Er sagt es ohne Mitleid, eher lustig. Plötzlich lachen wir beide erleichtert.

»Sieh mal«, flüstert er. »Ich hatte schon viele Würmer an meinem Haken, nicht alle werden gefressen. Es gibt auch ganz schlaue, sie winden sich im Wasser so lange, bis sie vom Haken fallen. Dann habe ich Pech und sie haben Glück. Nach bestimmten Würmern braucht man nicht lange zu suchen. Doch es gibt welche, nach denen gräbt man ewig, und wenn man glaubt, gleich hast du sie, dann entkommen sie einem trotzdem. Die Erde ist voll von Würmern, die sich fressen lassen, willst du dazugehören?« Er erwartet keine Antwort, sieht mir fest in die Augen, und unter seinen Bartstoppeln sehe ich ein Lächeln.

Ich habe ihn nie wiedergetroffen, aber in meinem ganzen späteren Leben muß ich beim Anblick eines Anglers immer an ihn denken.

Besuchszeit

Sonntag. Wenn ich mit meinem Sohn zusammen bin, verrinnt die Zeit wie Sand zwischen meinen Fingern. Mit seinen acht Monaten kennt er mich nun sehr genau. Ihm ist zwar nicht bewußt, daß ich seine Mutter bin, aber zumindest bin ich ein Mensch, der ihm Aufmerksamkeit schenkt. Zur Begrüßung lacht er mich an und streckt mir seine Ärmchen entgegen.

Sein Haar ist goldblond und sehr fein. Das Kind ist sehr zart, ich wundere mich immer wieder, daß ich seine Mutter bin. Wir spielen mit Plastikfiguren. Er versucht, mir alles nachzumachen, das sieht zu drollig aus. Wenn ich lache, juchzt er mit.

Die Stationsschwestern haben sich daran gewöhnt, daß ich keine »Monatsmutter« bin, sondern regelmäßig mein Kind besuche. Sie sind jetzt freundlicher zu mir und gucken nicht mehr ganz so streng auf die Uhr, wenn ich vom Spaziergang mal später zurückkomme.

Von Besuchszeit zu Besuchszeit macht mein Kind in seiner Entwicklung Fortschritte. Ich habe ein kleines Türmchen mitgebracht, das aus vier Bausteinen zusammengesetzt ist. Er streckt mir seine Arme entgegen, ich hebe ihn hoch und drücke ihn an mich. Als er ganz vertieft in sein Spiel mit dem Türmchen ist, tritt die Schwester plötzlich an mich heran. »Frau Burkowski, Sie dürfen Ihr Kind nächstes Wochenende probeweise mit nach Hause nehmen.«

So lange sehnt man etwas herbei, und wenn es dann soweit ist, kann man es gar nicht fassen. Mein Herz schlägt bis zum Hals, ich frage: »Wirklich? Aber ich habe von Säuglingen keine Ahnung!«

»Keine Angst.« Die Schwester lacht. »Sie bekommen alles aufgeschrieben.«

Während ich mit meinem Sohn durch die Königsheide gehe, überlege ich hin und her: Wie kocht man eine Flasche? Wie macht man den Brei? Woran merke ich, wenn er plötzlich krank ist? Von alledem weiß ich nicht das geringste. Alle haben es versäumt, mir in Kinderpflege etwas beizubringen.

Panik und Angst vor dem nächsten Wochenende drohen die bisherige Sehnsucht nach meinem Kind abzulösen.

Als ich Timo nach der Besuchszeit der Schwester gebe, beginnt er plötzlich fürchterlich zu schreien.

»Nanu, unser kleiner Mann wird ein Mensch!« ruft sie entzückt und verschwindet schnell mit ihm.

Der Abschied macht mir schmerzlich bewußt, daß es Zeit ist, mein Kind aus dem Heim zu holen.

Wie macht man Buletten?

In der Wohnung gehe ich, so gut ich kann, Horst aus dem Weg. Nun muß ich ihm dringend die neue Situation erklären, denn mein Kind braucht nicht nur ein eigenes Bett, sondern auch eine Ecke, wo es seine Ruhe hat.

In einer Einzimmerwohnung fast unmöglich.

Den Abendbrottisch decke ich besonders schön, obwohl es nie etwas Besonderes zu essen gibt. Ich habe weder von Wurst- noch von Fleischsorten große Ahnung.

Ich kaufe jedesmal die Wurst ein, die ich aus dem Heim kenne, Teewurst und Leberwurst. Ab und zu hole ich auch mal harte Wurst. Horst flippt über das Angebot am Abend jedesmal unflätig aus. Meist nennt er es: »Schweinefraß.«

Heute verlangt er richtig gekochtes Essen: Buletten mit Mischgemüse und Kartoffeln.

Vor dem Fleischerladen steht eine Schlange von Käufern. Ich stelle mich hinten an. Als mich die Verkäuferin endlich fragt: »Was wünschen Sie?« ist über eine Stunde vergangen.

»Buletten, vier Stück.«

»Ja gut, Rind oder Schwein?«

»Weder Rind noch Schwein, Buletten!« Ich lache sie an.

»Möchten Sie Schabefleisch oder Hackepeter?«

»Nein, Buletten«, sage ich bestimmt.

Die Verkäuferin wird ungehalten, die Leute hinter mir beginnen zu murren.

»Sie müssen doch wissen, was Sie wollen. Nehmen Sie Gemischtes?«

»Nein.« Ich fühle, wie ich dunkelrot werde, schnell laufe ich aus dem Laden. Wo kriege ich bloß diese blöden Buletten her, überlege ich krampfhaft, und versuche, meine Hand aus dem Netz zu winden, in das ich sie vor Aufregung verwickelt habe.

Ich bin dem Heulen nahe, da spricht mich plötzlich eine ältere Dame an: »Entschuldigen Sie, Fräulein, ich habe zufällig im Laden Ihr Gespräch verfolgt. Glauben Sie mir, ich bin nicht neugierig. Sie können wohl nicht kochen?«

Ich schüttle meinen Kopf und bin über ihr Verständnis gerührt.

»Das macht gar nichts, ich war auch einmal jung.« Sie nimmt aus ihrer Handtasche einen Bleistift, ein Stück Papier und schreibt eilig darauf. Dann drückt sie mir den Zettel in die Hand. »Schon gut mein Kind.«

Ich habe keine Zeit, mich zu bedanken, denn sie verschwindet sofort im Hausflur. Verdutzt schaue ich ihr hinterher, und wie aus heiterem Himmel denke ich plötzlich: Das müßte deine Mutter sein!

Seit meinem sechzehnten Lebensjahr habe ich diese plötzlichen Eingebungen. Es begann damals in der S-Bahn. Mir saß eine Frau gegenüber, so Mitte Vierzig. Erst schaute ich zum Fenster hinaus, dann fing ich an, die Leute im Abteil zu mustern, und plötzlich kam mir der Gedanke, von all den älteren Frauen hier könnte eine meine Mutter sein.

Zuerst betrachtete ich die Frau gegenüber, sie war nicht besonders schön, dafür hatte sie eine warme Ausstrahlung. Sie schien meine Aufdringlichkeit nicht lästig zu finden, sondern erwiderte meinen Blick eher liebenswürdig. Ich verglich ihren Mund mit dem meinen. Er war etwas schmal, wirkte aber durch den Lippenstift voller und zuckte. Der unruhige Mund stand im krassen Widerspruch zu ihren grünlichen Augen, die ruhig zu mir herüberblickten. Die Nase, leicht nach oben gebogen, gab ihrem Gesicht einen fröhlichen Touch, gerade an der Grenze zum Clownsgesicht vorbeigeschlittert.

Ich kam zu dem Ergebnis, daß sie mir gar nicht ähnelte und demzufolge nicht meine Mutter sein konnte. Aber seit diesem

Tag suche ich sie ständig in den Gesichtern der fremden Menschen, ich denke öfter an meine Mutter, als sie jemals an mich denken wird.

Auf dem Zettel lese ich nun:

Eine kleine Zwiebel klein hacken,
etwas Salz und Pfeffer,
250 g Hackepeter
250 g Schabefleisch
ein Brötchen in Wasser aufweichen und alles zusammenmengen.
Handtellergroße Kugeln rollen und in der Pfanne mit etwas Margarine braten, das sind dann Buletten!
P. S.: Wenn Sie Glück haben!

Ich bin nicht wieder zum Fleischer gegangen, doch ich nahm mir vor, den Zettel nicht zu verlieren.

Das Abendessen verläuft stumm, ich warte, bis Horst sein Bier vor sich hat und eine Zigarette raucht, dann erzähle ich ihm die Neuigkeit:

»Am Sonnabend darf ich meinen Sohn über Nacht zu Hause behalten!«

Seine Augen werden schmal, er raucht hastiger, dann ringt er sich die Antwort ab: »Was geht mich das an?«

Empört schweige ich und grüble, wie ich diesen Mann loswerde, der wie ein Schmarotzer auf meine Kosten in meiner Wohnung lebt. Was er verdient, behält er für sich. Ich erhalte weder Geld für die Miete noch für das Essen. Alles bezahle ich von meinen zweihundertachtzig Mark Krankengeld.

Gegen 21 Uhr lege ich mich schlafen, ich muß spätestens um 4 Uhr raus. Mein erster Arbeitstag steht mir bevor.

Horst nimmt keine Rücksicht. Bis zum Programmschluß hockt er vor dem Kasten, erst beim Piepen des Testbildes trinkt er den letzten Schluck Bier und macht das Licht aus. Die Flaschen, den Aschenbecher, alles läßt er so stehen. Ohne noch mal zu lüften, steigt er ungewaschen, nach Rauch und Alkohol stinkend, zu mir ins Bett.

Ich drehe mich von ihm weg und hoffe, er läßt mich in Ruhe. Bald darauf höre ich ihn schnarchen, ich finde ihn widerlich.

Warum fehlt mir der Mut, ihn hinauszuwerfen?

Der Wurm an der Angel

Schon vor dem Weckerläuten wache ich auf. Mein erster Arbeitstag, ich bin schrecklich aufgeregt. Schnell gehe ich mich waschen und schminken. Als ich fertig bin, bleiben mir noch zwanzig Minuten.

Ich koche eine Tasse Kaffee, setze mich an den Küchentisch und schmiere mir eine Marmeladenstulle. Plötzlich kommt Horst, nur mit einem Unterhemd bekleidet, herein und bleibt stehen. Sein Geschlechtsteil befindet sich genau in Höhe meiner Stulle.

Abscheu, Wut und Ekel packen mich, ich will hoch, aber er drückt mich wieder auf den Stuhl. Sein Ding baumelt mir vor der Nase herum, mir wird bei diesem Anblick schlecht. Mein Blick fällt auf das Brotmesser, es liegt zu weit entfernt. Hineinstechen, abhauben, denke ich, und endlich kommt Leben in meinen Körper. Unerwartet für ihn springe ich plötzlich hoch und schreie: »Du Drecksau!«

Er verstellt mir den Weg, Wut verzerrt sein Gesicht zu einer häßlichen Fratze: »Du blödes Heimgör, du Nutte, du Schlampe, mit dir werde ich auch noch fertig, aber so, daß dich keiner mehr erkennt!« Und er holt zum Schlag aus. Ich trete schnell einen Schritt zurück, seine Hand findet keinen Widerstand, kracht gegen den Türrahmen.

»Na warte, die können heute lange auf dich warten!« brüllt er.

Er kommt auf mich zu, ich greife das Brotmesser und rufe: »Wage es nicht, ich meine es ernst!«

Leichenblaß weicht er zurück, gibt die Tür frei. Ich lasse das Messer im Korridor fallen und renne hinaus. Mein ganzer Körper zittert, ich habe mich kaum noch in der Gewalt. Wie sehr hätte ich jetzt einen Menschen gebraucht, bei dem ich mich hätte aussprechen können.

Immer haben uns die Erzieher gewarnt: »Draußen, da seid ihr ganz allein. Draußen, da wird euch niemand mehr helfen. Draußen, draußen, draußen. Dieses Wort hämmert in meinem Kopf. Ich will nicht draußen sein und weiß, wie recht die Erzieher hatten. Ich bin draußen, allein, ohne Hilfe. Aber ich bin doch erst achtzehn Jahre alt, zwei Monate aus dem Heim, was soll ich denn bloß machen? Ist das das Leben, verprügelt zu werden, mit jemandem ins Bett zu gehen, den man nicht liebt? Ich komme mir vor wie der Wurm an der Angel.

Der alte Angler, ja, der würde mir zuhören. Ohne daß ich es bemerke, befinde ich mich mitten auf der Brücke. Schnell renne ich zurück, steige die Stufen hinunter. Außer der Morgensonne und ein paar Schwänen tröstet mich niemand mit seinem Anblick. Niedergeschlagen setze ich mich auf die Bank. Während ich dem Treiben der Tiere zusehe, weiß ich: Dein erster Arbeitstag, und du kommst zu spät!

Nach einer Weile, die mir wie eine Ewigkeit erscheint, beruhigen mich das Wasserplätschern und das Rufen der Vögel. Wenn das die Art der Natur ist zu trösten, so nehme ich es an. Wenn das das Geheimnis der Angler und Fischer ist, so habe ich es entdeckt.

Die Arbeit

Im Umkleideraum stehe ich allein, ich ziehe rasch den weißen Kittel über und laufe in die Fabrik. Als ich das Werkstor betrat, war es auf der großen Uhr schon zehn Minuten nach sechs Uhr gewesen.

»Kommen Sie auch noch?« begrüßt mich unfreundlich eine Dunkelhaarige. Das Labor besteht aus drei Räumen. Im ersten stehen Waagen, Zylinder, Glaskolben und alle möglichen chemischen Reagenzen. Der Raum darf wegen der Empfindlichkeit der Waagen nie gelüftet werden.

Vom ersten Raum führt eine Tür gleich in den nächsten, in dem zwei Schreibtische für die täglichen Protokolle der Produktionsüberwachung stehen, daneben Geräte, die den Gummi auf seine Stärke, Dichte und Zerreißfestigkeit prüfen, sozusagen das Versuchslabor. Nebenan, im dritten Raum, dieselben Maschinen wie in der Produktionshalle, nur in kleinerer Form.

Hier wird gemischt, gestanzt, gepreßt, gewalzt, und es stinkt nach Gummi. Hier ist es nicht so pingelig sauber, und den weißen Kittel tauscht man lieber gegen einen blauen ein. Der Laborleiter stellt mich wegen meiner Unpünktlichkeit mit saurer Miene den Mitarbeiterinnen vor. Doris, das Mädchen aus der Berufsschule, lächelt als einzige. Mir ist es peinlich, wie mich alle ansehen.

Uta, eine schicke Frau etwa Mitte Dreißig, hätte eher in einen Modesalon gehört als in eine Fabrik. Aber sie war ja keine Arbeiterin, sondern Laborantin.

Zwei weitere ältere Laborantinnen mustern mich geringschätzig; ich fühle mich unter ihren Blicken unbehaglich.

Für diesen Monat teilt mich der Leiter dem dritten Raum zu. Doris erklärt mir, wo ich alles für die Arbeit finde. Als ich mit ihr allein im Labor bin, sagt sie plötzlich entrüstet: »Wundere dich nicht über das Verhalten der Frauen. Der Leiter hat uns am Freitag in der Mittagspause gesagt, es kommt eine Neue, die ist aus dem Heim und hat schon ein Kind. Da haben alle gleich herumdiskutiert, wie oft du fehlen wirst und ob du überhaupt was kannst.«

Doris, denke ich, warum erzählst du mir das, ahnst du nicht, wie minderwertig ich mich mit dem Makel »Heimkind« fühle? Nein, sie ahnt nichts, hilfsbereit reicht sie mir das Walzmesser herüber, sie lacht: »Keine Angst, hier kommt dich keiner stören, es stinkt denen zu sehr nach Gummi!«

Mit ihr macht das Arbeiten Spaß. Wir sind schnell, deshalb fertigen wir an diesem Tag mehr Prüflinge an als sonst. Im Mittelzimmer wird kein Wort gesprochen, wenn wir Nachschub liefern. Gegen 16 Uhr 30 duschen wir uns den Gummigestank vom Körper und fahren gemeinsam zur S-Bahn. In Ostkreuz trennen sich unsere Wege, ich gebe Doris die Hand. »Arbeiten wir morgen wieder zusammen?«

»Ich weiß nicht, glaube aber schon, wenn der Chef es sich nicht anders überlegt.«

»Tschüs, bis morgen dann«, rufe ich hinterher. Sie winkt mir im Davonlaufen noch mal zu und steigt in den Zug nach Erkner.

Der erste Arbeitstag war toll, ich freue mich auf morgen und nehme mir fest vor, nicht zu spät zu kommen.

Ein Schrecken mit Ende

Frohgelaunt schließe ich die Tür zur Wohnung auf und rufe: »Hallo, Horst, bist du schon da?«

Ich will ihm alles berichten, von meinem ersten Tag, und wie schön er war.

Aus dem Zimmer höre ich Fernsehgeräusche, ich gehe hinein und bleibe vor Schreck an der Tür stehen. Horst liegt noch im Bett.

Das Zimmer ist blau vom Qualm, die Gardinen sind zugezogen, auf den Dielen liegen seine Sachen, und er guckt in die Röhre. Mit drei Schritten durchquere ich den Raum, reiße die Vorhänge beiseite und sperre die Fenster weit auf.

Die warme Abendsonne flutet in das Zimmer, in ihren Strahlen sehe ich dicke Rauchschwaden hinausziehen.

Er schreit: »Bist du blöd? Mach die Vorhänge zu, die glotzen uns von gegenüber herein!«

»Mir ist es egal, ob jemand in meine Wohnung sehen kann oder nicht. Die aus dem Vorderhaus haben hinten nur das Bad und die Schlafzimmer. Da habe ich noch nie jemanden herausschauen sehen«, antworte ich. Außerdem freue ich mich immer auf die Abendsonne, denn tagsüber liegt die Wohnung im Dunkeln.

Mit einem Satz springt Horst plötzlich aus dem Bett, knallt die Fenster zu, so daß ich Angst bekomme, sie gehen kaputt, und schubst mich beiseite. Ich sehe ihn in seiner ganzen Widerwärtigkeit da stehen: Weißes Unterhemd, dessen Rippen sich breit über den Schwabbelbauch spannen. Die bunte Unterhose, die lose herumschlabbert, weil seine Mutter immer noch glaubt, der Junge wächst noch, und das Gesicht, in dem ich erkenne, daß er mir gleich etwas antun wird. Die Angst kriecht langsam, ganz langsam in mir hoch. Ich sehe mich nach einem Fluchtweg um, mein hilfesuchender Blick ist für ihn das Signal.

Er greift mich an meinem langen Zopf, dreht ihn ein paarmal um seinen Handballen, bis ich vor Schmerz bewegungsunfähig bin, und zieht mich zur Tür. Die verriegelt er mit einem Dreh, wendet sich mir zu, holt aus und schlägt mir ins Gesicht. Dabei zieht er an meinen Haaren den Kopf so weit nach hinten, daß ich nicht mehr weiß, was mehr schmerzt. Er hat Freude an meinem Ausgeliefertsein. Während er mich rechts und links ohrfeigt, schreit er mir zynisch böse Schimpfworte ins Gesicht.

»Du Dreckstück, jetzt wird dir deine große Schnauze vergehen. Dich haben sie im Heim viel zu wenig geprügelt. Dir werde ich es beibringen, wie man sich zu benehmen hat. Mistvieh, du bist nichts wert, merk dir das!«

Ich beiße meine Zähne zusammen und habe nur den einen Gedanken: Nicht heulen!

Meine Sturheit bringt ihn zur Raserei. Brutal schubst er mich zum Bett. Ich rutsche auf dem Teppich aus, doch ehe ich stürze, reißt er mich an meinen Haaren wieder hoch. Meine Kopfhaut brennt wie eine Wunde. Ein schmerzerfüllter Schrei kommt aus meinem Mund. Voller Entsetzen höre ich mir zu und denke: Das bist du, das bist du, du Wurm!

Nun begehe ich einen Fehler, indem ich mit aller Kraft versuche, mich zu wehren. Ich winde und drehe mich, um von ihm loszukommen. Für einen Augenblick bin ich frei und springe über das Sofa, aber er bekommt meine Ferse zu packen und ich stürze der Länge nach auf die Couch, die uns als Bett dient. Wutschnaubend, seine Nasenflügel sind gebläht wie die Nüstern eines Pferdes, schmeißt er sich auf mich und schlägt ziellos auf mich ein.

Ich versuche, mit den Armen meinen Kopf zu schützen. Irgendwie schaffe ich es, mich zur Seite zu rollen, um aus dem Bett zu kommen, dabei hängt mein Oberkörper nach unten. In dieser Stellung bin ich noch hilfloser als vorher. Er erkennt meine Situation, greift wieder meine Haare und schlägt meinen Kopf auf die Holzdielen. Nur noch dumpf nehme ich jedesmal den Aufprall wahr, plötzlich schreie ich wie von Sinnen, der Gedanke, ich werde totgeschlagen, erfüllt mich und mobilisiert meine letzten Widerstandskräfte. Trotz der Schmerzen denke ich plötzlich klar und deutlich: Stell dich ohnmächtig.

Ich schließe die Augen, schreie nicht mehr und bewege mich auch nicht. In meine Nase steigt der Geruch von Bohnerwachs. Es sind die Dielen, die danach riechen.

Bohnerwachsgeruch: Ich erinnere mich an das Kinderheim. Im Flur, wo wir zum Appell anstanden, gab es einen verschlossenen Raum. Wir Kinder wußten, daß darin die Faschingskostüme und die Bohnerwachsflaschen in Weinkörben aufbewahrt wurden. Von dort führte auch eine Stiege nach oben auf den Dachboden. Wir nannten den Raum die Abstellkammer. Eines Tages muß ich ungezogen gewesen sein, die Erzieherin sperrte mich zur Strafe in das Kabuff. Die Luft war durchtränkt vom Gestank des Bohnerwachses. Meine Angst vor dem schwarzen Mann, der vom Dach kommen könnte, war größer als die, an dem Geruch zu ersticken. Ich zwängte mich hinter die Körbe und versuchte den Atem anzuhalten, bis mir übel wurde. Nach Stunden holten sie mich heraus, die Erinnerung an den Geruch ist mir geblieben.

Plötzlich hört er mit dem Schlagen auf. War ihm mein lebloser Körper zu langweilig geworden?

Ich schnelle hoch und laufe zum Fenster. Alles spielt sich in Sekundenschnelle ab. Auf dem Fensterbrett liegt ein Hammer, ich habe ihn nie zuvor gesehen. Ohne zu zögern, greife ich danach, der Hammer ist schwer und der Holzstiel rauh, ich hebe ihn hoch, drehe mich blitzschnell herum, und während ich gezielt auf Horst werfe, habe ich nur den einen Wunsch, er möge ihn treffen. In diesem Moment weiß ich genau, was ich tue. Ich sehe Horsts vor Angst weit aufgerissenen Augen, eine Sekunde, dann schlägt der Hammer in sein Gesicht.

Er greift sich ans Auge, zwischen seinen Fingern sickert Blut hervor. Er stöhnt: »Du hast mir das Auge ausgeschlagen!« Dann sinkt er auf die Knie.

Ich laufe an der zusammengekauerten Gestalt vorbei aus der Wohnung. Wie eine Verrückte trommle ich an die Wohnungstür meiner Nachbarn.

Endlich öffnet Frau Hoffke die Tür, ich mache einen Schritt in den Flur, drücke schnell ihre Tür zu, und ehe Frau Hoffke zu Wort kommt, schießen mir die Tränen aus den Augen. Ich will ihr alles erzählen, bin aber viel zu aufgeregt.

»Ich glaube, er ist tot«, stammle ich immer wieder.

Herr Hoffke erwidert entschieden: »Quatsch, so schnell stirbt es sich nicht.«

Als sie aus meinem Durcheinander entnehmen können, was wirklich passiert ist, stürzt Herr Hoffke mit den Worten: »Na, warte, den schmeiße ich raus!« aus dem Wohnzimmer.

Auf das Klingeln und Klopfen an meiner Wohnungstür passiert nichts. Herr Hoffke kommt zurück, holt einen Dietrich und öffnet die Tür. Zitternd vor Angst wage ich mich nicht hinaus.

Schnell ist Herr Hoffke zurück. »Keine Angst, Kleine«, sagt er zu mir: »Tot ist er jedenfalls nicht, denn Tote können nicht laufen: In der Wohnung ist keiner.«

Während ich immer noch zittere, begleiten mich die Hoffkes in meine Wohnung. Unheimlich still ist es in ihr, sämtliche Lampen sind an und beleuchten, wie das Flutlicht einen Fußballplatz, die Unordnung, die der Kampf mit sich gebracht hat.

Wie eine hölzerne Puppe, leer, gefühllos lasse ich mich in einen Sessel fallen und höre plötzlich Herrn Hoffke sagen: »Wenn der Kerl hier noch mal auftaucht, schmeiße ich ihn achtkantig raus!«

Hoffkes wurden mir in dieser Nacht gute und hilfsbereite Nachbarn. Immer wenn ich einen Rat brauchte, waren sie seither für mich da. (Leider zogen sie bald in eine größere Wohnung um.) Als ich sie kennenlernte, wohnten sie mit ihren zwei kleinen Kindern in einer Anderthalb-Zimmerwohnung ohne Bad.

Nachdem meine Nachbarn in ihre Wohnung zurückgegangen sind, empfinde ich mein Zuhause plötzlich als noch größer und unheimlich. Ohne mich auszuziehen, lege ich mich bei Licht ins Bett, den Hammer verstecke ich unter meinem Kopfkissen. Jetzt erst wird mir bewußt: Ich bin zu allem bereit gewesen, um mein Leben zu verteidigen, selbst zum Töten. Heulkrämpfe überkommen mich, jedes Geräusch im Hof läßt mich zusammenzucken. Ich springe auf und verriegele alle Türen, dann weine ich mich in den Schlaf.

In der Fabrik verrichte ich meine Arbeit monoton, ohne von der Nacht zu erzählen. Auch in den Pausen weiche ich den Kollegen aus, indem ich einfach weiterarbeite.

Doris kommt plötzlich zu mir und fragt: »Was ist mit dir?«

Ich erfinde eine Ausrede, die eigentlich gar keine ist: »Ich bekomme bald meinen Sohn für immer, natürlich erst übers

Wochenende, aber ich habe noch kein Kinderbett, und wenn die von der Fürsorge kommen und sehen, daß mein Kind nicht einmal ein eigenes Bett hat, kriege ich mein Kind nie.«

»Kein Problem«, meint sie lachend, »wir haben noch ein altes, ein bißchen neue Farbe drüber und fertig!«

Am Freitag bringen sie mir wirklich ein kleines Holzbett, das ich mit Begeisterung so lange streiche, bis ich Blasen an den Fingern habe. Die ganze Wohnung stinkt nach Farbe, in der Nacht schlafe ich mit weit geöffnetem Fenster, obgleich ich daran denke, daß jeder bei mir einsteigen könnte.

Am Sonnabend laden mich die Hoffkes zu sich auf ihr Wochenendgrundstück ein. Ich überlege lange, ob ich mitfahre, ich will mich nicht aufdrängen, aber die kleine Tochter von ihnen ruft bittend: »Tata, meine Tata, komm mit!«

Sie kann nicht Tante sagen, sondern ruft mich immer »Tata«.

Ihr zuliebe fahre ich mit und genieße das Sitzen auf der Hollywoodschaukel an einem Familientisch, gedeckt mit Kuchen und Kaffee. Obwohl alle furchtbar nett sind, fühle ich mich allein und lehne später jede weitere Einladung ab.

Die Krankheit bricht aus

Mein Sohn ist nun neun Monate alt. Zweimal durfte er schon bei mir schlafen.

Freudig hole ich ihn. Die Sonne im September ist sehr warm, ich will nicht, daß er schwitzt und ziehe ihm das Jüpchen aus. Erschreckt stelle ich in seinen Armbeugen dicke rote Flecke fest. Schnell entferne ich das Strampelhöschen; in den Kniekehlen finde ich die gleichen Symptome. In aller Eile decke ich ihn zu und bringe ihn zurück ins Heim.

Aufgeregt erzähle ich der Kinderschwester von meiner Entdeckung beim Spaziergang.

»Nun, das wird von der Wäsche sein, vielleicht verträgt er das Waschmittel nicht!«

Stimmt, denke ich, die Kinderwäsche ist immer knochenhart vom Kochen, und ich bin beruhigt. Sie gibt mir eine Creme, mit der ich seine wunden Stellen bestreiche. »Nächstes Wochenende ist es soweit, Sie dürfen Ihr Kind für immer behalten!«

Am liebsten hätte ich sie umarmt, doch ich habe gelernt, keine Gefühle zu zeigen. Fröhlich verlasse ich das Heim.

Die Kollegen haben sich an mich gewöhnt und wünschen mir am Freitag für das Wochenende viel Glück. Ich bin noch im Labor, um aufzuräumen, da klingelt wie gewöhnlich das Telefon kurz vor Feierabend.

»Vielleicht ein Fehler in der Produktion!« ruft Doris und hebt ab. Instinktiv fühle ich, daß es um mich geht. Schon oft habe ich bei mir den sechsten Sinn erlebt.

Wie gebannt sehe ich auf Doris, sie senkt den Blick und nickt, dazu murmelt sie leise: »Ja, ich verstehe, einen Moment bitte.«

Sie reicht mir den Hörer herüber. »Hallo«, rufe ich.

»Sind Sie Frau Burkowski?« Die Stimme klingt ernst. Mein Herz beginnt zu klopfen, mühsam bringe ich ein leises »Ja« heraus. Und dann geht plötzlich alles sehr schnell, die Stimme überschlägt sich fast. »Ihr Sohn ist schwerkrank, er muß sofort ins Krankenhaus nach Lindenhof, aber ich bin allein, das müssen Sie nun selbst machen, da ich die Station nicht verlassen kann. Sie hätten ihn ja heute mit nach Hause nehmen können, daraus wird nun leider nichts. Wann können Sie hier sein?«

»Eine Stunde brauche ich schon«, bringe ich heraus und lege sofort auf. Keiner stellt mir Fragen, ich jage zum Heim. Völlig verschwitzt renne ich in das Stationszimmer.

»Nur keine Panik«, sagt die Schwester, »den Krankenwagen habe ich schon bestellt, ziehen Sie Ihr Kind in Ruhe an.«

Timo liegt mit hochrotem Kopf im Isolierzimmer. Ich reiße ihn an mich und fühle, wie der kleine Körper vor Fieber kocht. Wo sind seine Privatsachen, ich kann sie nirgendwo finden. Ich bin zu durcheinander und laufe wieder zur Schwester: »Bitte helfen Sie mir, ich finde seine Sachen nicht.«

»Ach, das ist mir aber peinlich, wir haben heute früh ein anderes Kind ins Krankenhaus bringen müssen, und weil unsere Sachen so häßlich sind, haben wir Ihre genommen. Es konnte doch niemand ahnen, daß Ihr Sohn auch noch krank wird.«

Sie holt aus einem Wäscheschrank eine rote Strumpfhose, einen Pullover und verschiedenfarbige Unterwäsche. Mühsam versuche ich meinem Sohn, der gerade eingeschlafen ist, die viel zu großen Sachen anzuziehen. Sein kleiner schmächtiger Körper hängt in den Sachen herum, als wäre er kein menschliches Wesen, sondern eine Lumpenpuppe.

Der Krankenwagen läßt lange auf sich warten. Mein Sohn wird derart von Hustenanfällen geschüttelt, daß ich Angst bekomme, er könnte ersticken.

Endlich höre ich ein Hupen und laufe hinaus, die Schwester gibt mir die Papiere. Ohne ein Wort mit dem Krankenfahrer zu sprechen, steige ich im Kinderkrankenhaus aus. In der Anmeldung ist keine Schwester. Laut rufe ich: »Hallo, hallo!«

Unwillig über die Störung wird mit lautem Krach eine Tür aufgerissen. Mein Sohn erwacht und beginnt zu weinen. Eine Krankenschwester steht vor mir.

»Wer sind Sie, und weshalb kommen Sie?« fragt sie im barschen Ton.

»Aus dem Heim, und das hier ist mein Kind und braucht Hilfe«, antworte ich.

»Folgen Sie mir.«

In einem kleineren Untersuchungsraum soll ich mein Kind auf eine Trage legen.

Entrüstet sagt sie: »Größere Sachen haben Sie wohl nicht gefunden!« Sie betrachtet meine Lumpenpuppe.

Und sie hat ja so recht, ich schäme mich. Die langen leeren Strumpfbeine baumeln lose herum, als wenn mein Kind keine Gliedmaßen hätte. Die Ärztin betritt den Raum, ich weiß auf ihre Fragen keine Antwort. Die Schwester klärt sie flüsternd auf, trotzdem verstehe ich jedes Wort. »Die Mutter ist achtzehn Jahre, war auch Heimkind, wie der Säugling hier, mehr brauche ich ja nicht zu sagen.« Sie tauschen bedeutungsvolle Blicke und schicken mich auf den Flur hinaus.

Draußen höre ich das Schreien meines Sohnes, ich werde ungeduldig. Plötzlich erscheint die Schwester im Gang: »Sie können jetzt gehen, Ihr Kind bleibt hier.«

»Aber warum denn?« will ich wissen, ich bin doch die Mutter.

»Das erfahren Sie im Heim, dort ist das Sorgerecht.«

Meine Einwände helfen nichts. In einem unerbittlichen Ton fährt sie fort: »Kommen Sie am Sonntag um halb drei zur Besuchszeit, dann wird Ihnen der Stationsarzt Auskunft geben.«

Nach diesen Worten verschwindet sie schnell durch die Tür, hinter der mein Sohn weint.

Niemand kann ermessen, wie minderwertig, hilflos und machtlos ich mich fühle. Ich habe einfach keine Rechte, nicht an meinem Kind, auch nicht an seinem Leben und erst recht nicht an seiner Krankheit. Ich habe ihn einfach nur geboren, ein Kind dieses Staates, der mich überwacht, kontrolliert und bestimmt, was mit mir geschieht.

Erst einmal volljährig sein, dann eine Wohnung, dann die staatliche Fürsorge (hat das Kind ein Bett?), dann Kontrollwochenenden, dazu Berichte und dann, ja dann erhalte ich – vorausgesetzt, ich bin brav – mein Kind zurück.

Als ich das Krankenhaus verlasse, wird es langsam dunkel, ich laufe zur Straßenbahn, damit die Schwellung meiner verheulten Augen ein wenig zurückgeht und ich nicht neugierig angeschaut werde.

Es wäre das erste Wochenende mit meinem Kind gewesen.

Die Wohnung ist mir immer noch fremd, so still, so groß und so kalt. Ich setze mich vor das Kinderbettchen, das ich mit lustiger bunter Bettwäsche bezogen habe, und spiele traurig mit den kleinen Plastikfiguren, die an den Streben hängen.

Besuchszeit

Im Krankenhaus stehen viele Eltern vor den Glasscheiben, die Kinder dahinter weinen. Ich frage eine Schwester nach meinem Sohn. Sie nennt mir die Station, und ich mache mich auf die Suche durch ein Labyrinth von Gängen. Sie sind durchtränkt von Desinfektionsmitteln, dem typischen Krankenhausgeruch, an den ich mich später zu gewöhnen begann.

Endlich lese ich an einer Glastür ST. V. Ich suche sofort das Arztzimmer. Meinen Sohn kann ich später noch sehen, jetzt habe ich nur den einen Gedanken: Was ist mit ihm?

Vor der Tür stehen zwei Frauen, die Zeit vergeht, drinnen wird geredet und geredet. Nervös sehe ich auf meine Uhr: Mein Gott, denke ich, wenn jede Mutter zwanzig Minuten beim Arzt ist, dann bleibt mir von der einen Stunde Besuchszeit nicht viel.

Ich überlege, ob ich zu meinem Kind laufen oder stehenbleiben soll. Die Frau vor mir ist nett und fragt mich: »Sind Sie zum erstenmal hier?« Den Tränen nahe, nicke ich.

»Dann gehen Sie mal vor«, sagt sie tröstend. Die Tür öffnet sich in diesem Moment.

»Danke«, sage ich schnell und befinde mich schon einem Arzt gegenüber, der sichtlich genervt aussieht.

»Name des Kindes?«

Sein unpersönlicher Blick schnürt mir fast den Hals zu. »Timo«, antworte ich leise, aus Angst, er könnte das Gespräch beenden.

Doch ich irre mich. Er mustert mich neugierig: »Sind Sie die Mutter?«

»Ja.«

»Nun, ziemlich jung für eine Mutter, aber weshalb ist Ihr Kind im Heim?«

Kurz erzähle ich ihm meine Lebensgeschichte.

»Wissen Sie, da wird noch viel auf Sie zukommen. Ihr Sohn hat Asthma und nicht nur das, sondern auch ein endogenes Ekzem.«

Ich verstehe kein Wort und frage: »Was heißt das auf deutsch?«

Er versucht, mir die Krankheit zu erklären, und dann begreife ich. Mein Kind ist krank, es wird Atembeschwerden haben, die ohne schnelle Hilfe zum Ersticken führen können. Es wird eine kranke Haut haben, die ständig eingecremt werden muß. Und dann sagt er den entscheidenden Satz: »Die Lebenserwartungen bei solchen Kindern sind nicht sehr hoch!«

Ich begreife nur eins: Ich habe geglaubt, ein gesundes Kind geboren zu haben, und nun entpuppt es sich als nicht vollkommen. Ich bin traurig. »Wie alt kann mein Kind werden?«

»Mit Prognosen sind wir vorsichtig, wir haben da schon oft Überraschungen erlebt. Zum Beispiel verändern sich in der Pubertät die Hormone, und ihrem Kind geht es dann vielleicht besser als zuvor.«

Sofort verdränge ich den Gedanken, daß mein Kind zu den Schwachen, zu den Verlierern, gehört und sage: »Er schafft es, er hat nämlich etwas von mir.«

Der Arzt zieht erstaunt die Augenbrauen in die Höhe und fragt: »Und das wäre?«

»Wir Heimkinder sind trotzig!« Nach diesen Worten verlasse ich das Zimmer.

Ich suche das Zimmer von Timo, darf aber nicht hinein. Wie im Heim schaue ich durch die Glasscheibe in sein schneeweißes Gesichtchen. Sein kleiner Brustkorb hebt sich schwer unter der Anstrengung, die Luft einzuatmen, die er zum Leben braucht. Das Bett ist schräg nach oben gestellt, die Fenster sind weit geöffnet, dick eingemummelt liegt er da. Eine Schwester geht in das Zimmer, schließt die Fenster und zieht ihm vorsichtig, richtig liebevoll, die Sachen aus. Sie gibt ihm die Flasche. Das Trinken bereitet ihm große Schwierigkeiten, aber mit vielen Pausen schafft er es. Er weint auch nicht, als sie ihn ins Bett zurücklegt; sie streichelt seine Haare (ich beneide sie darum) und wendet sich dem nächsten Baby zu.

Ich kann nichts machen, nur dastehen und zusehen. Aber was mir so weh tut, ist die Gewißheit, daß ich über meine Gefühle nicht sprechen darf. Ich bereue zutiefst diese eine Nacht, die frühe Schwangerschaft und daß ich ein Kind habe, dem ich nicht mal eine Mutter sein darf oder kann.

Die Tage vergehen mit Arbeit im stinkenden Labor. Am Abend sitze ich auf meinem Lieblingsplatz an der Spree. Ich träume mit offenen Augen von einer anderen Welt. Einer Welt nur aus Farben, leuchtenden, hellen Farben. Daraus entwickelt sich ganz allmählich meine Art von Fröhlichkeit und Humor. In tieftraurigen Situationen habe ich sie mir bis heute bewahrt. Mein Schutzwall!

Mein Sohn kommt zu mir

Ich kann mein Kind aus dem Krankenhaus abholen und es gleich für immer mit nach Hause nehmen: Timo muß nie mehr ins Heim zurück. Glücklich renne ich in die Geschäfte, um die schönsten Sachen für mein Kind zu kaufen. Ich will keine Zeit damit verlieren, erst in die Wohnung zu fahren und seine Sachen zu holen.

Auf der Station laufen die Schwestern aufgeregt durcheinander. Jede will mir die Neuigkeit mitteilen, die ich schon lange weiß. Der Stationsarzt hatte alles mit der Heimleitung besprochen. Ich entsinne mich noch der Begehung meiner Wohnung durch die Mütterfürsorge. Die Frau war eine warmherzige, mitfühlende Person und schien erstaunt, mit welcher Ungeduld ich mein Kind erwartete. Mein Wohnzimmer glich schon fast einem Kinderzimmer, außer uns beiden sollte es keinem gehören.

Und dann war es endlich soweit, nach seiner Geburt vor fast zehn Monaten halte ich nun endgültig meinen Sohn für den Rest seiner Kinderjahre in meinen Armen. Das glaube ich.

In der ersten Nacht lausche ich auf jedes Geräusch, das aus seinem Bettchen kommt. Ich schlafe fast nicht. Der Morgen beginnt mit plappernden Tönen, die sich wie Lachen oder Sprechenlernen anhören. Mein Sohn ist ein liebes Kind, er spielt viel und weint nie.

Ein Kind muß essen, und da ich mir nicht sicher bin, wie ich die Kinderspeisen zubereiten muß, wird Frau Hoffke meine ständige Ratgeberin. Wenn sie jemals dieses Buch liest, soll sie wissen, wie dankbar ich ihr bin.

Frau Hoffke zeigt mir, wie ich Griesbrei kochen muß und erklärt mir die Fertigbrei-Nahrung.

Seit ich mit meinem Kind zusammen lebe, habe ich Schwierigkeiten mit der Arbeit. Nie schaffe ich es, pünktlich im Labor zu sein. Um 5 Uhr wecke ich Timo, wir brauchen eine halbe Stunde, dann verlassen wir die Wohnung. Mit dem Kinderwagen laufe ich im Eiltempo zur Straßenbahn. Mit viel Glück kommt sie gleich, oft fällt eine aus. Um 6 Uhr öffnet die Kinderkrippe, mein Kind ist immer das erste. Wenn ich es abgebe, schreit es erbärmlich und streckt seine Ärmchen hilfesuchend nach mir aus.

Jeder Morgen fängt mit diesem Drama an. Ich fühle mich wie ein Kuckuck, der sein Kind in ein fremdes Nest legt. Im Dauerlauf renne ich über die stark befahrene Straße, um die nächste Straßenbahn zurück zur S-Bahn nicht zu verpassen. Dicht gedrängt stehen die Arbeiter, erzählen Witze oder lassen Dampf ab zu den Themen, die in den vielen Versammlungen nach Feierabend behandelt werden. Ist der Zug in Richtung Schönhauser Allee weg, muß ich zwanzig Minuten warten. Habe ich Glück, steige ich 7 Uhr 15 in der Greifswalder Straße aus. Dort warte ich auf den Bus in Richtung Weißensee, wo ich dann, wenn alle Verbindungen klappen (aber auch alle!) um halb acht im Labor stehe, eine halbe Stunde zu spät.

Die Kollegen sind sauer. Ich komme jeden Tag zu spät. Am Abend wiederholt sich der ganze Ablauf rückwärts. Die Krippe hat bis 18 Uhr geöffnet, mein Kind ist das letzte um 19 Uhr: Jetzt sind die Krippentanten sauer.

Auf der Arbeit als Ewigzuspätkommende, in der Krippe als Rabenmutter unbeliebt, nehme ich den Streß für dreihundertachtzig Mark im Monat auf mich. Wenn ich dann noch wegen der Krankheit meines Kindes fehle, gelte ich als arbeitsfaul. Nur Doris hält als einzige zu mir.

Die Herbstsonne schwindet, meine Wohnung wird merklich kälter. Ich nehme einen Haushaltstag, setze Timo in den Wagen, und wir gehen das erste Mal in meinem Leben zur Kohlenhandlung. Der Kohlenhändler fragt nach meiner Karte, die ich vom Rathaus erhalten habe. »In Ordnung!« brummt er. »Eine Stiege Holz und dreiundzwanzig Zentner Kohlen, liefern wir morgen, haste mächtig Glück.«

»Wieso Glück, gibt es denn sonst keine Kohlen?«

Er lacht lautstark: »Du bist ja vielleicht witzig, Kohlen muß man fast ein Jahr vorher bestellen, sonst ist nichts.«

Er kriegt sich vor Lachen bald nicht mehr ein. Vor einem Jahr, denke ich, da war ich ja noch im Heim.

»Sei morgen um 9 Uhr zu Hause«, ruft er und nimmt mir mit seinen rußgeschwärzten Händen die Karte aus der Hand.

»Das geht nicht«, versuche ich einzuwenden, »da bin ich auf der Arbeit.«

»Ist nicht mein Problem, entweder bist du da oder keine Kohlen.«

»Ich sage meinen Nachbarn Bescheid, liefern Sie die Kohlen und schütten Sie sie einfach in den Hof.«

In der Nacht wache ich durch ungewohnte Geräusche auf. Sie kommen aus dem Kinderbettchen. Unheilahnend springe ich auf und mache Licht. Mein Sohn atmet schwer, laut gurgelnde Töne dringen aus seinem kleinen Mund, so als drücke man mit Gewalt eine Gießkanne unter Wasser. Mit einem Ruck reiße ich ihn hoch, klopfe auf seinen Rücken, aber es wird nicht besser. Luft, denke ich, er braucht Luft.

Ohne zu wissen, daß ich instinktiv das Richtige tue, ziehe ich ihn warm an, lege ihn in den Wagen und gehe mitten in der Nacht mit Timo spazieren. Und wirklich, das Atmen fällt ihm leichter. Stunde um Stunde laufe ich herum. Gegen 2 Uhr schläft er ein, ich laufe nach Hause. Ohne ihn auszuziehen, stelle ich den Kinderwagen an das geöffnete Fenster und lege mich in seiner Nähe schlafen.

Nach einer Stunde erwacht er wieder und röchelt fuchtbar. Ich weiß mir nicht zu helfen. Kein Mieter im Haus besitzt ein Telefon. Mir wäre auch gar nicht die Idee gekommen, einen Arzt zu rufen. Voller Verzweiflung nehme ich Timo aufrecht auf den Arm und laufe, leise Lieder summend, durch die Wohnung. Der Hof ist gespenstisch dunkel, ich habe Angst vor dieser Dunkelheit, in der ich nichts sehen kann, aber noch stärker ist die Angst, mein Kind könnte ersticken.

Ich lausche auf das Rascheln der letzten Herbstblätter im Wind und möchte an etwas Lustiges denken, damit meine Angst vergeht. Plötzlich erinnern mich die geheimnisvollen Töne der Natur an Priros. Unser Heim besaß dort ein Wassergrundstück mit einer großen Holzbaracke, mitten im Wald.

Dort war die Nacht so ähnlich. Nur die Laternen leuchteten in die Zimmer. Und dabei entsinne ich mich doch einer sehr lustigen Geschichte.

Zwei große Zimmer dienten zum Schlafen, in ihnen standen so viele Doppelstockbetten, wie hineinpaßten. In einem etwas kleineren Raum war die Küche mit einem gußeisernen Herd, der nur mit Holz oder Tannenzapfen beheizt wurde. Links neben dem Herd stand ein hohes, offenes Regal für das Geschirr. Genau vor dem Regal aber befand sich eine in den Fußboden eingelassene Holzklappe, unter der sich, steil in die Tiefe führend, ein viereckiger Schacht zum Kühlen der Lebensmittel befand.

Jeden Tag war eine andere Gruppe mit Küchendienst dran, im Wechsel. Mehr als zwei Gruppen konnten aber ohnehin nicht nach Priros fahren.

An diesem Tag hatte meine Gruppe Küchendienst. Die Holzluke war aufgeklappt, da wir ständig etwas heraufholen mußten. Vorsichtshalber stellte ein Mädchen einen Stuhl über die Öffnung. Ich saß auf der rechten Seite, schälte mißmutig Kartoffeln. Da fiel mein Blick auf Rosi, die kein Heimkind war, sondern eine Außenschülerin, wie wir die Kinder nannten. Es gab in unserer Heimschule nur ein paar davon.

Diese Kinder wohnten gegenüber vom Heim, aber die meisten Eltern trauten sich nicht, ihre Sprößlinge in einem Heim zur Schule zu schicken. In Rosis Familie schien es uns gegenüber nicht solche Vorurteile zu geben. Dennoch hatte sie es nicht immer leicht mit uns, da sie bessere Stullen mit zur Schule brachte und eben Eltern hatte. Doch der wahre Grund für unsere Sticheleien war ihre Figur – sie war schlichtweg dick.

Also: Rosi kam fröhlich in die Küche, griff sich einen Stapel Teller, und ehe ich etwas rufen konnte, fegte sie mit einem kurzen Tritt den Stuhl aus dem Weg und verschwand von der Bildfläche.

Das passierte so schnell wie in einem Dick-und-Doof-Film. Wir wurden vom Lachen überwältigt. Ich schmiß meine Kartoffeln zur Seite und krümmte mich, so habe ich in meinem ganzen Leben noch nicht gelacht. Niemand kam auf die Idee, nach

Rosi zu sehen. Plötzlich hörten wir aus der Tiefe ihre vom Lachen unterbrochenen Rufe: »Hilfe, ich sitze auf den Eiern!«

Wir stürzten zum Loch. Den Anblick, der sich uns bot, werde ich nie vergessen können! Rosi saß tatsächlich mit ihrem Hintern auf drei plattgedrückten Eierpaletten wie eine Glucke, und um ihre Nase herum baumelten die Würste. Vor lauter Lachen hatten wir kaum die Kraft, Rosi herauszuziehen, da sie so breit wie das Loch war. Von da an gehörte Rosi voll zu uns.

Mein Sohn schläft jetzt in meinen Armen, meine Angst vor der Dunkelheit ist durch die Erinnerung an Rosi geschwunden. Bis zum Morgengrauen wandere ich weiter durch die Wohnung mit der Gewißheit: Wir werden es schon schaffen!

Gleich um 7 Uhr stehe ich vor der Kinderarztpraxis. Um 7 Uhr 30 werde ich hineingelassen. Die Ärztin ist eine blonde junge Frau. Routinemäßig untersucht sie mein Kind, verschreibt mir ein Rezept und stellt mir eine Überweisung zum Hautarzt aus.

Beim Hautarzt muß ich lange warten. Nach einer Stunde wird mir übelriechende Teersalbe verschrieben und mein Sohn sofort damit eingeschmiert.

»Die Medikamente muß er alle zwei Stunden nehmen«, sagt die Apothekerin ernst, vorsichtshalber schreibt sie mir die Dosierung noch extra auf einen Zettel. Als ich alles erledigt habe, merke ich, daß ich todmüde bin. Ich muß noch zur Post, ein Telefon suchen, um in der Firma Bescheid zu sagen, daß mein Kind krank ist. An der Strippe hängt ausgerechnet der Laborleiter: »Was denn, Kind krank, schon wieder!«

»Ja, schon wieder.«

Es klingt nicht nach Mitleid, sondern nach Vorwurf, und Vorwürfe werde ich die nächsten Jahre noch oft zu hören bekommen. Ich habe ein schlechtes Gewissen den Kollegen gegenüber und wundere mich, warum. Irgendwie schaffen sie es immer wieder, mir dieses Gefühl zu vermitteln, wenn ich wegen Krankheit meines Kindes fehle.

Nur wenn Timo später im Krankenhaus lag, dann bedauerten sie mich alle: Da stand ihnen dann ja auch meine Arbeitskraft zur Verfügung.

Ich komme nach Hause in den Hof und traue meinen Augen

nicht: Zwei Männer tragen gerade die letzten Körbe mit den Kohlen heran.

Auch das noch, denke ich. Um die vielen Zentner in den Keller zu tragen, werde ich den ganzen Tag brauchen.

Plötzlich hält mir ein Kohlenträger eine Rechnung unter die Nase: »So, kleenes Fräulein, nun kriege ick och Kohle von Ihnen, aber richtige!«

»Wie bitte, ich höre wohl nicht richtig.« Ich lache über seinen Witz. »Von mir kriegen Sie nicht einen Pfennig, schließlich habe ich eine Kohlenkarte abgegeben.«

»He, Otto, komm mal!« brüllt er plötzlich über den Hof, »die will nicht zahlen.«

Jetzt bin ich wütend: »Warum auch, ich habe einen Ofen und dafür einen Kohlenbezugsschein vom Rathaus, weshalb muß ich die Kohlen, die ich zum Heizen brauche, bezahlen?«

Otto kommt. »Laß doch Rudi, wat solln wa uns da offrejen, kriegtse ebend ne Mahnung vom Chef, meinste wir schippen die Dinga zurück?«

Erfreut über meinen Erfolg, trage ich Timo in die Wohnung, versorge ihn mit Medikamenten, lege ihn schlafen und beginne, die Kohlen in den Keller zu schleppen. Treppauf, treppab, bald tun mir sämtliche Knochen weh, Arme und Beine. Im Heim hatten wir eine Zentralheizung. Einen Ofen kannte ich nur von meinen Pflegeeltern, ich habe nie gesehen, wie sie ihn heizten.

Die Nase voll von rußigem Staub, die Hände wie die der Kohlenträger, vergeht mir die Lust an der Schlepperei. Durchhalten, mache ich mir Mut, gleich bist du fertig.

Gegen halb drei, nachdem ich Timo eingecremt habe und er schläft, falle ich wie tot aufs Sofa und schlafe sofort ein.

Der Wecker klingelt, ich schrecke hoch, mein Sohn schläft friedlich und atmet ziemlich ruhig, die Medizin scheint zu wirken. Trotzdem muß ich ihn wecken, es ist Zeit für den nächsten Schub. Er weint und will die Tropfen nicht nehmen. Vorsichtig lecke ich daran, sie schmecken sehr bitter. Armer kleiner Kerl. Ich träufle sie auf ein wenig Zucker, und er nimmt sie willenlos.

Mit dem Luftholen wird es zusehends besser, nur seine Haut verschlechtert sich ständig. Sie ist an einigen Stellen aufgeplatzt und blutig. Richtige tiefe Risse bilden sich an den Handgelenken, in Armbeugen und Kniekehlen. Mit der Salbe sieht alles noch viel schlimmer aus, die Stellen wirken bald schmutzig, und ich schäme mich für mein eigenes Kind. Wenn ich zum Arzt oder zur Mütterberatung gehe, sehen mich alle abweisend an. Dabei ist mein Sohn nicht schmutzig, keiner weiß, daß es »nur« eine Hautkrankheit ist.

Timo wird nach drei Wochen gesund, nur die Haut ist noch nicht in Ordnung.

In der Krippe behandeln mich die Schwestern, als würde ich Timo nicht richtig pflegen. Eine hat sich vorgenommen, mir mal gründlich die Meinung zu sagen. Ahnungslos ziehe ich Timo an, da kommt sie in die Garderobe und legt los: »An Ihrer Stelle würde ich das Kind mal richtig waschen, oder haben Sie keine Seife? Von der Kleidung ganz zu schweigen: An Waschpulver scheint es bei Ihnen wohl auch zu mangeln.«

Ich antworte nicht, es hat keinen Zweck. Zu oft habe ich versucht, den Frauen klarzumachen, daß die Flecken von der Teersalbe sind, Timo nichts Ansteckendes hat; sie wollen uns nicht. Sie rufen mich auf der Arbeit an: »Holen Sie Ihr Kind, es kratzt sich die Haut blutig!«

Ich bin fast mehr zu Hause als auf der Arbeit. Geld verdiene ich kaum. Heimfreundinnen treffe ich nicht. Das Leben mit Timo gibt mir nicht die Freude, die ich erwartet habe. Ich tue alles für ihn, möchte eine gute Mutter sein, kann es aber nicht. Ich fühle keine Mutterliebe, mir fällt es immer schwerer, mit ihm zu kuscheln. Ich zwinge mich dazu, indem ich mir sage: »Du mußt, du bist seine Mutter!«

Ich kümmere mich um ihn wie um einen kleinen Bruder. Als Bruder kann ich ihn eher annehmen, auch seine Krankheit, für die er nichts kann, unter der auch ich leide. Es tut mir weh, ihn nicht richtig zu lieben, wie das eine Mutter sollte.

Ich bin nie geliebt worden, woher sollte ich das Gefühl kennen, um es meinem Kind weitergeben zu können. Eine mechanische Mutter wäre der richtige Ausdruck für mich; ich versuche, ihm alles zu geben, nur zur Liebe fehlt mir was. Die Erkenntnis, daß mein Sohn nicht wie andere Babys bewundert, sondern von seiner Umgebung abgelehnt wird, läßt mich noch härter werden.

Oft stehe ich vor seinem Bett und mache mir bittere Vorwürfe: Nimm ihn hoch, drücke ihn, küsse ihn, ruft es in mir, und leise antwortet es: Ich kann nicht, ich will nicht! Am liebsten würde ich in die Welt schreien: Warum werden Heimkinder nicht geliebt?

Nur zu gut kenne ich die Antwort: Heimkinder liebt man nicht, Heimkinder gehören zum Arbeitsfeld der Erzieher wie das Werkzeug zum Arbeiter. Heimkinder versorgt man. Die Liebe wird vergessen. Was man nicht lernt, kann man nicht weitergeben. DAS STIMMT NICHT

Die Oma

In meiner Not schreibe ich an Peters Mutter einen langen Brief. Ich hoffe, sie wird mich verstehen. Lange brauche ich auf eine Antwort nicht zu warten: Sie schreibt, ich könne jederzeit kommen. Auf einmal stehe ich mit meinen Sorgen nicht mehr allein da. Gleich am nächsten Wochenende packe ich, wir fahren mit dem Bus zu ihr aufs Dorf. Am Busbahnhof in Lauchhammer merke ich den Unterschied von Berlin zu einer Kleinstadt. Sämtliche Fußgänger schauen mich aufdringlich, verwundert und neugierig an. Mein langes blondes Haar, der Minirock – die Sensation im Ort.

Timo interessiert das alles nicht, vergnügt sitzt er im Wagen und spielt mit seinen bunten Bällen, die an einer Schnur hängen. Ich bin froh, als der nächste Bus kommt und ich den Blikken der Leute entweichen kann. Das stellt sich gleich als Irrtum heraus: Im Bus treffen mich die gleichen neugierigen Blicke.

Totenstille herrscht im Bus, nur das Brummen des Motors ist zu hören. Die Menschen sehen für mich alle gleich grau aus, richtig krank, und die Luft reizt zum Erbrechen. Es stinkt erbärmlich in Lauchhammer, mir wird allmählich übel. Ein freundlicher Mann bietet mir seinen Platz an: »Setzen Sie sich doch, sind wohl nicht von hier? Wir riechen das schon gar nicht mehr, kommt aus der Kokerei, Braunkohle.« Plötzlich hält er inne, und die Leute lachen. Ja, sie lachen, ein fröhliches unbeschwertes Lachen, obwohl sie in diesem Gestank leben. Das hatte ich in Berlin noch nie erlebt, daß es ein Zusammengehörigkeitsgefühl dieser Art überhaupt gibt.

Ich freue mich auf das Dorf, die Bewohner und die Umgebung. Nur mit dem Geruch komme ich bis heute nicht klar.

Das Gehöft besteht aus einem Haupthaus, in dem alle Familienmitglieder wohnen, dem Hof in der Mitte und der großen Scheune mit einer alten verglasten Veranda gegenüber. Hinter der Scheune steht ein Hühnerstall in dem riesigen Garten, in dem Uroma noch alles selbst pflanzt – von der Möhre bis zur Zwiebel und vielen Blumen.

Meinem Sohn gebe ich auf diese Weise eine Oma und eine Uroma, die ihn und mich auf das herzlichste verwöhnen. Ich schlafe in einem alten Bauernbett in der Mädchenkammer, ein Bett mit dicken Federdecken, die von der Oma selbst gefüllt sind.

Im Zimmer kriecht eisige Kälte durch alle Ritzen, es gibt keinen Ofen, und dennoch verbringe ich, ohne zu frieren, die bisher schönste Nacht meines Lebens. Am Morgen weckt mich der Hahn. Vorsichtig lasse ich meine Füße auf den eiskalten Steinfußboden gleiten und schlüpfe schnell in meine Hausschuhe. Im Nachthemd laufe ich über den Hof zum Klohäuschen. Ich friere schrecklich, trotzdem fühle ich mich wohl.

Mit meinem Kind streife ich stundenlang durch die Natur. Die Stoppelfelder erstrecken sich endlos gegen den Horizont, der mir in seiner unerreichbaren Weite klarmacht, wie klein ich bin. Wenn es mich nicht mehr gäbe, niemand würde mich vermissen, aber alle Menschen würden sich wundern, wenn über Nacht ein großes Feld verschwindet und an seiner Stelle ein tiefes Loch klafft.

Die beiden Omas kochen für uns, ich spiele den Tag über nur

mit meinem Kind. Das Wochenende ist so schön, daß ich am liebsten nicht mehr nach Berlin fahren will. Peter ist nicht daheim, nichts stört unsere Ruhe.

Am Abend sitzen wir am warmen Kachelofen, und die jüngste Tochter der Oma schaut interessiert in meine Schminktasche. Sie ist ein rothaariges Mädchen, neun Jahre alt und seit ihrer Geburt gehbehindert. Viele Operationen hat sie überstanden. Keine half: Sie muß an zwei Krücken laufen. Die Oma hat ihre Kinder allein aufgezogen und versucht, mich über das Schicksal meines Kindes zu trösten. Bald bilde ich mir ein, daß die Haut meines Sohnes hier draußen auf dem Land besser wird.

Die Charité

Zurück in Berlin fahre ich mit Timo in die Charité. Das Wartezimmer der Hautabteilung ist mit Patienten überfüllt. Die Krankheiten entstellen bei einigen Menschen so sehr das Gesicht, daß ich mich verstört abwende. Für den Arzt, der meinen Sohn untersucht, ist er kein wichtiger Fall. Die Krankenschwester ist von Anfang an unfreundlich zu uns, deshalb braucht sie sich nicht zu verstellen, als Timo plötzlich zu weinen beginnt. Er ahnt wohl im voraus, was der Arzt sagen wird, dabei hat er gerade erst seinen ersten Geburtstag gefeiert.

»Liebe Frau Burkowski, wir behalten den Jungen für eine Weile in stationärer Behandlung.«

Schon wieder ins Krankenhaus! Seine Tränen fließen, ohne daß er einen Ton von sich gibt.

Sein kleines Gesicht ist stark gerötet, durch die Tränen juckt es ihn mehr als sonst, er versucht, den Juckreiz mit Kratzen zu stillen. »Sehen Sie«, sagt der Arzt, »wir wollen ihm nur helfen.« Beide, weder die Schwester noch der Arzt, sind von unserem Kummer beeindruckt.

Mit Timo auf dem Arm, in der anderen Hand seine Sachen, laufe ich der Schwester zur Aufnahmestation hinterher.

Dann geht alles viel zu schnell. Sie versuchen, mir Timo abzunehmen, und er fängt ein mörderisches Geschrei an. Dazu kommt seine Angst vor weißen Kitteln, er weiß schon, daß von dieser Farbe Gefahr droht. Die Heimschwestern trugen sie, die Krankenschwestern und die Ärzte, die ihm durch Spritzen oder Infusionen weh taten. Die Schwester erlaubt mir, ihn auszuziehen. Als sie mich jedoch im lauten Ton anfährt: »Was fällt Ihnen denn ein, einem hautkranken Kind eine Windelhose aus Gummi anzuziehen!« weine ich auch.

»Nun fangen Sie bloß nicht an zu heulen, hätten Sie mal früher dran gedacht.«

Aus ihrem vorwurfsvollen Ton höre ich heraus: Wie kann man sich nur so früh ein Kind anschaffen!

Der Arzt, von dem Gespräch nicht im geringsten beeindruckt, nennt mir die Besuchszeiten, und die Schwester verläßt mit dem schreienden Timo das Zimmer.

Der Arzt versucht, mich abzulenken, indem er mit mir spricht. Ich höre nicht zu. In Gedanken schwöre ich mir, nie wieder ein Kind zu bekommen. Wenn ich jemals wieder in meinem Leben schwanger werde, will ich alles dagegen unternehmen.

Als ich Timo besuche, bin ich entsetzt. Seine Arme befinden sich in zwei langen Papp- oder Plastikröhren, die mit einer Schnur rechts und links am Kinderbett angebunden sind. Er kann sich nicht zum Spielen bewegen, zum Kratzen natürlich auch nicht. Empört darüber gehe ich zur Schwester und sage ihr: »Mein Kind in einer Papprolle festbinden, kann ich auch zu Hause, dazu muß er nicht ins Krankenhaus.«

»Kommen Sie«, flüstert sie beruhigend. Sie geht mit mir über die Station, und ich sehe etliche Kinder so daliegen. Mein Kind ist keine Ausnahme, und dennoch kann ich nicht an einen medizinischen Erfolg glauben.

Nach drei Wochen darf ich Timo nach Hause holen, seine Haut ist heil, aber seine Aufgeschlossenheit allem gegenüber ist dahin. Ich habe eine brave Puppe zurückbekommen. Im Bus klammert er sich ängstlich an mich, er will nicht im Wagen bleiben, vor lautem Straßenlärm hat er Angst.

Als ich ihn zum Mittagsschlaf hinlege, breitet er freiwillig seine kleinen Arme nach links und rechts zum Anbinden aus. Ich nehme ihn wieder hoch und wiege ihn mit zärtlichen Worten: »Mein kleiner Schatz, deine Mami bindet dich nicht an, hörst du, niemals.«

Er guckt, als überlege er, und dann steckt er plötzlich seinen Daumen in den Mund und schläft nuckelnd in meinen Armen ein.

Wiedersehen

Ich treffe zufällig Mädchen aus meinem Heim wieder. Sie sind völlig anders als ich. Sie lachen, reden von Jungs, den neuesten Musikgruppen und vom Tanzengehen. Sie scheinen frei zu sein, unabhängig und glücklich. Beim Abschied sehe ich ihnen neidvoll hinterher. Während ich meinen Kinderwagen schaukelnd von der Krippe nach Hause oder zum Arzt schiebe, genießen sie ihre Jugend.

Ostern fahre ich mit Timo zur Oma. Peter wohnt nicht zu Hause, er ist im Arbeitslager, drei Jahre. Asozialer Lebenswandel. Gegen solche Aussteiger gibt es die Lager, in denen die Arbeitsunwilligen umerzogen werden sollen. Körperlich schwere Arbeit im Gleisbau oder in Betonwerken erzielen Erfolge, wenn auch nicht bei allen. Die Oma spricht nie darüber, sie schämt sich für ihren erwachsenen Sohn, der keine Lust zur Arbeit hat und für Timo keinen Unterhalt zahlt. Vom Lager bekomme ich wenigstens fünfundzwanzig Mark im Monat geschickt.

Die Oma bekommt einen Schreck, als sie mich sieht: mit meinen einsdreiundsiebzig bringe ich zweiundfünfzig Kilo auf die Waage. Sie stopft mich mit Essen voll, packt mir Eingewecktes in die Tasche und fragt mich zum Abschied: »Willst du nicht den Jungen bei mir lassen? Du bist doch noch so jung, genieß deine Jugend, sie ist schneller vorbei als du denkst.«

Ich staune über ihre moderne Einstellung, kann mich aber nicht sofort entscheiden und bitte sie, das zu verstehen. Ich hätte ein furchtbar schlechtes Gewissen, mein Kind einfach wegzugeben. Sie wendet entrüstet ein: »Aber du gibst es doch nicht weg, ich bin ja seine Oma, und bei mir hat er es gut.«

Ich kündige in der Gummifabrik; darüber ist keiner traurig, da ich wegen Timo mehr fehle als arbeite.

In Wohnnähe finde ich schnell eine neue Arbeit, sie erspart mir die lange Fahrzeit, und Timo ist nicht mehr der letzte in der Krippe.

Im Prüflabor einer Batterienfabrik teste ich die neuesten Westmodelle. Die langweiligste Arbeit meines Lebens. Alle zwanzig Minuten mit zwei Kabeln hantieren, plus und minus, Werte in Volt in eine Liste eintragen. Dazwischen muß ich so tun, als ob ich was tue.

Eine Woche später fehle ich wegen Timo. Er bekommt schwere Asthmaanfälle. Es helfen nur noch Spritzen und Inhalationen.

Vier Wochen dauert seine Krankheit, danach packe ich seine Sachen samt Spielzeug und bringe ihn zur Oma. Ich habe die Nase von dem Gerede über mich und Timos Krankheiten voll. Eine bessere Lösung gibt es für uns nicht. Ich muß Geld verdienen.

Die Oma freut sich über meine Entscheidung. »Sieh mal Kind, bei uns hat er den Garten, das Obst und viel Luft. Uroma und ich sind den ganzen Tag daheim, wir haben Zeit für den Jungen.«

Timo läuft mit kleinen Schritten in den Hühnerstall. Er klatscht in die Händchen und versucht sich mit der Sprache: »Piep, piep.« Begeistert kommt er auf mich zu, da richtet sich seine Aufmerksamkeit plötzlich auf die Erde: Mitten im Lauf stoppt er, hockt sich hin und beginnt, Gänseblümchen zu rupfen. Mit der Gewißheit, daß es ihm hier wirklich besser geht, fahre ich ohne Bedenken nach Berlin zurück.

Wiedersehen mit Ehemaligen

Es gibt Menschen, die sich für etwas Besseres halten, weil sie keine Heimerziehung brauchten, in der Schule leichter lernten und hilfreiche Eltern hatten. All das wußte ich, aber daß Menschen glauben, sie seien wertvoller durch ihre Kleidung oder andere materielle Güter, ein Haus oder ein Auto, wurde für mich mit meinen neunzehn Jahren eine neue Erfahrung.

Allein das Tragen eines weißen Kittels läßt manche Menschen regelrecht abheben. Im Betriebslabor halten sich die Laborantinnen für besser als die Prüfassistentinnen; die wiederum fühlen sich den Arbeitern überlegen. In der Pause wird das besonders deutlich. Gehen wir in die Kantine, schauen die Schichtarbeiter mit müden Gesichtern gleichgültig an uns vorbei. Selten, daß ein Arbeiter seine Meinung in Form eines derben Witzes äußert. Niemals habe ich gesehen, daß sich Angestellte, Ingenieure und Arbeiter zusammen an den Tisch setzen.

Stumm leeren die »Intelligenzler« im Arbeiter- und Bauernstaat ihren Teller, gehen anschließend in die Büros, um dann mit dem Gefühl, bessere Menschen zu sein, die Zigarette am Schreibtisch zu rauchen. Jedesmal höre ich, wenn wir Kittelträger die Gemeinschaftskantine verlassen, das erleichterte Lachen der Arbeiter. Keinem wird klar, daß der eine ohne den anderen ein Nichts ist. Die Arbeiter lachen trotz ihrer körperlich schweren Arbeit, während ich in den heiligen Hallen der Westprodukte zu Ruhe und Langeweile verdammt bin. Im Gegensatz zur Gummibude muß ich hier so tun, als schufte ich.

Langeweile auch am Abend. Timo fehlt mir. Ich brauche dringend Gesellschaft, junge Leute, wie und wo treffe ich sie?

Mißmutig laufe ich nach der Arbeit die sogenannte Geschäftsstraße entlang. In den Schaufenstern verstaubte Konsumangebote. Seit Jahren die immer gleichen Schuhe, Röcke, Kleider und Taschenmodelle. Die gelblichgrauen Lebensmittelverpakkungen mit roter oder blauer Schrift haben nichts mit verlockenden Reklameangeboten gemeinsam. Bei den Waschmittelpakkungen allerdings fällt den Werbeleuten ab und zu eine andere

Aufmachung ein. Wie sollte man sonst den Käufer davon überzeugen, daß das Waschmittel noch sauberer wäscht als vorher?

Die unverputzten, dreckigen Häuser aus der Vorkriegszeit, teilweise notdürftig repariert, dazwischen »Modernes Wohnen« im sozialistischen Einheitsstil, die vielen veralteten Fabriken – alles bestätigt mir, in einem trostlosen Arbeiterviertel zu leben. Hier fährt kein repräsentativer Wagen hoher Staatsfunktionäre vorbei, nein, die werden über die Edisonstraße umgeleitet. Dort wurden in Sichthöhe eines winkenden Staatsmannes die Hauswände renoviert. Für den sichert auch die Polizei die Straße mit »begeisterten« Begrüßungskomitees, die man extra aus den Fabriken holt. Kein Politiker wäre auf die Idee gekommen, seinen Kopf höher zu heben, wenn das Volk ihm zujubelt.

Mir fällt ein, ich brauche Kohlenanzünder, die gibt es in der Drogerie. Ein kleiner Umweg, ich habe Zeit, auf mich wartet keiner. Plötzlich sehe ich Gerda. Sie steht vor dem Laden und betrachtet die Fensterauslagen. Ich schleiche mich von hinten an sie heran: »Hübsch, die Türmchen aus Ata und Imi!« Erschreckt zuckt sie zusammen, wir lachen herzlich und freuen uns über das Wiedersehen.

Eine Stunde stehen wir auf der Straße und reden über unsere Erfahrungen in der »neuen Freiheit«. Sie erzählt, daß sie am Bahnhof eine kleine Wohnung hat. Ich bin begeistert: »Dann können wir uns öfter treffen.«

»Von mir aus heute abend«, meint sie. Bevor ich Tschüs sage, fällt mir etwas ein. Ich frage sie: »Konntest du deinen Ofen heizen?«

Gerda ist erstaunt: »Wieso?«

Ich lache. Weil es uns im Heim nicht beigebracht wurde, mußte ich erst meinen Nachbarn fragen.

»›Kein Problem, Kohlen hinein, Ofen zu, fertig!‹ sagte Herr Hoffke.

Also, ich soviel Kohlen in den Ofen gesteckt wie rein paßten, alle Klappen zugemacht und gewartet.

Der Ofen blieb kalt. Auch nach einer Stunde wurde er nicht warm, und das blieb so. Den ganzen Abend wartete ich auf Wärme. Ich wieder zu Hoffke rüber: ›Bitte helfen Sie mir, ich habe alles gemacht, wie Sie sagten, aber der Ofen bleibt kalt.‹

Hoffke lacht: ›Holz, hast du Holz dazugetan?‹

›Nein.‹

Gerda, stell dir vor, ich laufe in die Wohnung zurück, hole alle Kohlen wieder raus, wie ich danach aussah, kannst du dir ja vorstellen, lege einen großen Holzklotz hinein, darüber drei Kohlebriketts, mehr passen nicht rein, schraube das Ding wieder zu.«

»Und?« fragt sie gespannt.

»Nichts! Es tat sich einfach nichts. Wäre mir nicht jämmerlich kalt gewesen, ich hätte bei Hoffkes nicht ein drittes Mal geklingelt. Nun kommt er mit in die Wohnung, er will es selbst wissen. Nachdem er die Ofentür aufgemacht hat, fängt er zu lachen an: ›Ohne Feuer brennt nichts, du brauchst Kohlenanzünder.‹

›Kohlenanzünder, was ist das denn?‹ Er geht in die Wohnung zurück und bringt mir ein Stück braunes Zeug, das komisch stinkt und wie getrocknete Pferdescheiße aussieht!«

Gerda bekommt einen Lachanfall.

»Lange Rede kurzer Sinn: Hoffke erklärt mir noch mal die Reihenfolge, fragt, ob ich alles verstanden habe, ich nicke freundlich, nichts habe ich verstanden.

Er verläßt mich mit der Warnung: ›Nicht zu früh zuschrauben, sonst fliegt dir der Ofen um die Ohren, erst wenn die Kohlen glühen!‹ Für jeden ›Normalen‹ hört sich das vielleicht lächerlich an, mir war angst und bange, daß das Ding explodiert. Den Ofen habe ich zugesperrt, als keine Kohlen mehr zu sehen waren, und warm ist er trotzdem geworden.«

Ich freue mich auf den Abend, laufe nach Hause, hole die alte Zinkwanne, das Waschbrett und wasche meine Wäsche wie vor hundert Jahren. Eine Waschmaschine kann ich mir nicht leisten, außerdem gibt es lange Wartezeiten dafür. Ich halte eine kleine Strumpfhose von Timo in den Händen. Ob er mich vermißt? Sehnsucht überkommt mich, ich werde am Wochenende zu ihm fahren.

Die Wäsche hänge ich auf den Dachboden, dann ziehe ich mich für den Abend um. Seit meiner Heimentlassung ist es der erste Abend, an dem ich ausgehe. Große Erwartungen habe ich nicht, ich will mich einfach vom Leben überraschen lassen.

Gerda sieht toll aus, sie trägt ein langes Kleid aus dem »Ex«, ein verdammt teurer Laden, nicht mit dem Konsum vergleichbar. Als Kellnerin im größten Hotel der Stadt bekommt sie viel Trinkgeld und kann sich damit Wünsche erfüllen, die ohne Westgeld nicht realisierbar sind. Dafür gibt es Intershop-Läden, wo Ware nur gegen Westgeld verkauft wird. Wir Bürger dieses Landes haben keinen Zutritt. Wer beim Einkauf dort erwischt wird, dem nimmt man nicht nur die Ware und das Geld ab, sondern bringt ihn auch zum Verhör zur Polizei. Mit den Methoden eines solchen Verhörs sollte ich später noch Bekanntschaft machen.

Wir setzen uns in die S-Bahn und fahren zum Alexanderplatz. Sie führt mich in ein kleines Café unterm Fernsehturm. Wir sind sofort vertraut miteinander, wie es Heimkindern eigen ist. Auch wenn man sich Jahre nicht sieht, es gibt ein Zusammengehörigkeitsgefühl, was sich nicht erklären läßt. Mag sein, daß die Probleme der Heimkinder nach der Entlassung aus dem Heim die gleichen sind oder bleiben, wer weiß?

Wir stellen solche Gemeinsamkeiten fest, wie zum Beispiel die Hausbewohner oder Arbeitskollegen gucken, wenn sie hören »Heimkind«.

Der Ober kommt, fragt nach unseren Wünschen. Gerda bestellt zwei Eisbecher. Ein Herr am Nachbartisch beschwert sich laut: »Herr Ober, mein Kaffee ist kalt!« Mit süßsaurer Miene erwidert der Kellner schlagfertig: »Dann tauschen Sie doch mit dem Herrn nebenan, dem ist das Bier zu warm!«

Wir brechen in lautes Lachen aus, Gerdas Wimperntusche verläuft, eine angeklebte Kunstwimper löst sich, sie hängt ihr schräg überm Auge, es sieht aus, als würde sie sich mit einer schlafenden Gesichtshälfte von diesem Abend verabschieden wollen. Wir können vor Lachen das Eis nicht essen, es schmilzt wie Gerdas Wimperntusche dahin.

Unter Tränen sagt sie: »Sieh mal, wer da kommt!« Ich traue meinen Augen nicht, es ist Ina.

Wir rufen und winken, bis sie uns bemerkt. Mit einem verlegenen Grinsen kommt sie zu uns an den Tisch. Das Wiedersehen dreier ehemaliger »Königsheider«, so wurden wir außerhalb des Heimes genannt, macht uns noch fröhlicher. Neugierig fragen wir, wie es ihr geht.

Ina erzählt, daß sie eine Wohnung in Pankow bekommen hat und beim Fernsehfunk als Sekretärin arbeitet. Die Möbel für die Wohnung hat sie vorübergehend aus der Requisite ausgeliehen. Ihr macht die Arbeit Spaß, die Kollegen helfen ihr, wo sie können.

Plötzlich hat sie eine fabelhafte Idee: »Wißt ihr was? Ich lade euch in die Möwe ein, das ist der Künstlerclub, da kommen Ottonormalbürger nicht hinein. Nur Schauspieler, Schlagersänger, Architekten, Angestellte von Funk und Bühne dürfen sich da amüsieren. Jeder darf in Begleitung zweier Gäste kommen.«

Gerda bezahlt, und mit dem Ausruf: »Kommt, Mädels!« marschieren wir albern hinter Ina in Richtung Friedrichstraße her. Wir sind aufgeregt, gespannt, was uns dort erwarten wird.

Am Ende einer schmalen Straße, in S-Bahnnähe, steht das Haus. Unscheinbar hebt es sich nur durch die große, kunstvolle, aus Eisen geschmiedete Möwe über dem Eingang ab.

Die äußere Schlichtheit des Clubs, von den Russen für Kulturschaffende (nicht für Trümmerfrauen) ins Leben gerufen, hat anscheinend heil den Krieg überstanden. Sie verbirgt den inneren Prunk. Die nüchterne, spiegelverglaste Empfangshalle aber dürfen wir erst nach einer Ausweiskontrolle mit Eintragung ins Hausbuch passieren.

Unsere Schritte werden von einem dicken roten Läufer auf der Treppe verschluckt. In der ersten Etage angekommen, bleibt uns das Kichern im Halse stecken. Sprachlos stehen wir im Gang, der zu mehreren kunstvoll verzierten, bis zum Kitsch dekorierten Räumen führt.

Neugierig beginnen wir wie in einem Museum den Rundgang auf der rechten Seite. Der Speiseraum: wunderschöne Malereien, dicke Holzwände mit Ornamenten, dazu ein Kamin und das gedämpfte Licht der Kristallampen. Alles zusammen verleiht dem Raum eine schwülstige Atmosphäre. Er wirkt einfach überladen, und mir scheint, die Gäste fühlen das auch. Sie unterhalten sich nicht beim Essen, sondern wirken wie Statisten, die nicht in dieses Ambiente gehören.

Im zweiten Raum protzen riesige Ölbilder in schweren Goldrahmen, und von der Decke hängt eine mit vielen Rosenblüten bestückte Meißner Porzellanlampe. Die Biedermeierstühle und Tische laden in ihrer Zierlichkeit nicht gerade zum Sitzen ein – vielleicht ein Grund dafür, daß nur der Hocker am Piano mit einem dicken Mann besetzt ist, der sich mehr Mühe mit dem Notenlesen gibt als mit dem Spiel.

Der nächste Raum spiegelt die Gegenwart, das Jahr 1969, er enthält die Theke, Bar genannt, und dicht gedrängt steht hier die Crème de la Crème.

Bisher habe ich nie einen Sänger oder Schauspieler persönlich gesehen, ich kenne sie nur als Helden, Kämpfer oder Parteigenossen, die in den sozialistischen *DEFA*-Filmen meist sterbend als Märtyrer gegen das Böse gefeiert werden.

Jetzt glaube ich mich auf einem Faschingsball. Männer sehen wie Frauen aus und tanzen engumschlungen, Frauen sehen sich verliebt in die Augen und küssen sich ungeniert. Homosexuelle waren damals für mich nichts Normales, da man sie in der Öffentlichkeit nicht sah, und es den Paragraphen 175 gab. Ich denke entsetzt: »Pfui, alles Schweine, uns spielen sie die heile Welt vor, und im Grunde sind sie Schweine!« Später ändert sich das, als ich Schwule besser kennenlerne und unter ihnen tolle und verständnisvolle Freunde gewinne.

»Gerda«, flüstere ich, »ich glaube, wir sind hier falsch.«

»Macht nichts«, erwidert sie lachend, »Schwule lassen uns wenigstens in Ruhe«, und sie fügt ein »Heididei« hinzu.

Bald bin ich mir nicht mehr sicher, welches Geschlecht den Raum betritt.

»Komm, Gerda, wir gehen mal zur Toilette.« Prompt folgen uns zwei Männer. »Schnell, wir verstecken uns«, will ich ihr gerade zuflüstern, als mich doch tatsächlich einer von ihnen mit hoher Stimme anspricht: »Wollt ihr schon wieder gehen, Mädels?«

Darauf kichern wir los, und Gerda sagt: »Nein, wir restaurieren nur unsere Fassade.«

Verwirrt darüber, daß es sich um Frauen handelt, verlassen wir fluchtartig das Klo.

Je weiter es auf Mitternacht zugeht, desto eigenartiger sehen die eintreffenden Gäste aus und desto seltsamer verhalten sie sich. Das Kostümfest, das keins ist, erreicht seinen Höhepunkt. Die Männer knutschen sich ab (das war noch das Angenehme), die Betrunkenen beschimpfen sich oder lallen herum, der Pianospieler rutscht ein paarmal vom Hocker, und ein Kellner versucht vergeblich, vornehm zu wirken. Ich erlebe die angeblichen Helden des Volkes im Alkoholrausch, Trinker, die ihre wahre Rolle glänzend spielen.

Angeekelt, müde aber aufgewühlt, will ich nach Hause gehen. Ina hat Freunde getroffen und bleibt. Gerda geht die Mäntel holen, und ich mache mich noch mal auf den Weg zur Toilette.

Auf der Treppe nach unten begegnet mir plötzlich ein großer, kräftiger junger Mann. Er sieht mich, und dann gibt es den berühmten Funken, der gleich überspringt.

Wir stehen uns gegenüber und lächeln einander an, keiner wagt sich eine Stufe weiter, ich nicht nach unten und er nicht nach oben. Erst als sein Freund hinter ihm erscheint, fragt er schnell: »Willst du schon gehen?«

Hier duzen sich alle. So gerne ich jetzt geblieben wäre, ich habe meinen Stolz und bleibe bei meinem Entschluß. Ich kann kein Wort herausbringen und nicke nur. Er greift ungeniert meinen Arm und zieht mich ins Foyer zum Spielplan der Berliner Theater. Dort tippt er auf »Die Diebe« in der Volksbühne und auf den Namen »Timo Feld«.

Obwohl ich sofort begreife, stelle ich mich dumm und frage: »Ja, und?«

So, glaube ich, kann ich ihn aufhalten, seinem Freund nach oben zu folgen. Er lacht mich an: »Timo Feld, das bin ich!«

Ina steht neben uns und ruft begeistert: »Das gibt es doch gar nicht, du heißt ja genauso wie ihr Sohn!«

In Timos überraschtem Gesichtsausdruck spiegelt sich kindliche Freude, als hätte er auf dem Adventskalender ein Türchen zu früh geöffnet und etwas sehr Schönes darin entdeckt.

»Stimmt das?«

Seine Frage animiert Ina dazu, sofort die ganze Geschichte der Namensgebung meines Sohnes zu erzählen. Wenn es im Leben wirklich Zufälle gibt, dann ist dies ein ganz ungewöhnlicher.

Während meiner Schwangerschaft fiel mir kein Jungenname ein, aber ich wünschte mir für mein Kind einen Namen, der nicht so oft vorkommt.

Eines Tages brachte das Fernsehen »Straßen übers Land«, einen Film in drei oder vier Teilen. Mir gefiel die Rolle des Sohnes der leidgeprüften, aber starken Mutter so gut, daß ich Ina damals sagte: »Wenn ich einen Jungen bekomme, soll er wie dieser Schauspieler heißen!« Ich war heilfroh, daß im Abspann nicht Otto oder Fritz stand, sondern Timo.

Und nun stehe ich diesem Timo gegenüber. Er sieht anders aus als im Film. Keine blondgefärbten Haare und nicht so dünn, eher ein großer Junge, denke ich.

Gerda ruft: »Nun komm endlich!«

Timo hält meine Hand und sagt: »Bis Donnerstag, 17 Uhr, U-Bahnhof Schönhauser Straße!«

Schnell entziehe ich ihm meine Hand. »Ja«, sage ich leise.

Den Donnerstag erwarte ich mit Spannung. Wie wird Timo sein? Kommt er? Hat er es nur so dahingesagt? Drei Tage lang stelle ich mir diese Frage.

Donnerstag wundern sich alle im Labor über meine Fröhlichkeit. Die langweiligste Arbeit können sie mir zuteilen, nichts bringt mich von meiner Freude ab. Nur der Neue, ein Student aus dem Iran, sieht zum Heulen aus. Seit zwei Wochen lernt er hier und wohnt in einer Betriebswohnung.

Vom ersten Tag bemerke ich sein Interesse an mir; wo es nur geht, ist er mir behilflich. Wenn er eine Frage hat, kommt er zu mir, dabei habe ich weniger Ahnung als er. In den Pausen schwärmt er mit großer Sehnsucht von seiner Heimat.

In den Gesichtern der Kollegen sehe ich kein Mitgefühl, sie verstehen ihn mit seiner schlechten Aussprache nicht oder wollen ihn nicht verstehen. Weil ich seine Einsamkeit nachfühlen kann, höre ich ihm zu. An die abwertenden Blicke habe ich mich gewöhnt, sie machen mir nichts mehr aus. In der Mittagspause fragt er mich: »Warum du heute so glücklich?«

Ich lache. »Ich habe einen Mann kennengelernt, wir treffen uns.«

Seine braunen Augen verdunkeln sich, vorwurfsvoll sagt er: »Ich auch Mann, warum nicht treffen mit mir?«

Die Frage ist mir peinlich, ich gehe zum Prüfgerät, um Arbeit vorzutäuschen. Er läuft mir nach: »Was ist, warum?«

Es reicht mir, ich fahre ihn heftig an: »Laß mich in Ruhe, verstanden!«

Beleidigt dreht er sich weg, er tut mir leid. Ein wenig.

Timo kommt nicht. Die Bahnhofsuhr zeigt zehn Minuten nach fünf. Reingefallen.

Ich laufe durch die Schönhauser, sauer, nein, wütend und verfluche meine Gutgläubigkeit. Plötzlich steht er mit seinem Freund vor mir. Er ist verlegen, hat bestimmt nicht mehr mit mir gerechnet. Schauspieler ist Schauspieler, er spielt den Überraschten: »Wohnst du hier?«

»Nein, du?« und ich denke: Blödmann.

Herausfordernd fragt er: »Waren wir nicht für heute verabredet?«

Ich spiele mit: »Wir? Ich glaube das Wort ›nicht‹ stimmt eher!« Gelassen sage ich: »Und wenn, dann habe ich das vergessen.«

Sein Ehrgefühl ist verletzt. »Vergessen, eine Verabredung mit mir vergißt man nicht!« kontert er gleich und fügt selbstbewußt hinzu: »Man kommt höchstens zu spät, wobei die Betonung auf ›Mann‹ liegt.«

Jetzt lachen wir gemeinsam, sein Freund Didi lädt uns zum Bowling ein. Auf der Spielbahn treffen sie Freunde, wir bilden Mannschaften. Timo bringt mir das Spielen bei, und wir gewinnen. Der Sieg wird mit Sekt begossen, ich trinke nicht. Mich wundert es, wieviel Timo und die anderen vertragen. Geld scheint auch kein Problem zu sein. Die Rechnung beträgt einen Monatsverdienst von mir.

Spätabends ziehen wir alle in die »Möwe«. Mit einer Clique im Club der sogenannten Hungerkünstler ist es viel lustiger.

Mich stören weder die Schwulen noch die Lesben und schon gar nicht ihre schrille, schräge bunte Kleidung. Das Haus lebt erst durch sie und das Geheimnis, das sie umgibt. Hier fühlen sie sich zu Hause, hier müssen sie sich nicht verstecken, verstellen oder heucheln. Sie scheinen zu sagen: Hier bin ich schwul, hier darf ich's sein!

Timo bringt mich nicht nach Hause, sondern verabschiedet sich am Ostbahnhof. »Sehen wir uns morgen?«

Ich freue mich über seine Frage, sage nein, denn ich fahre zu meinem Sohn. Er küßt mich auf die Wange. Als der Zug losfährt, ruft er: »Bis Montag, ruf mich an!«

Er rennt dem Ausgang zu.

Mein Sohn Timo breitet seine Ärmchen weit aus, als er mich sieht. »Schnell!« rufe ich ihm zu, und er stürzt mir in die Arme, ich hebe ihn hoch, wir drehen uns im Kreis, sein Lachen schwebt über meinem Kopf.

Prächtig rund und gesund sieht er aus. Die Haut ist zwar nicht besser, aber auch nicht schlechter geworden.

Die beiden Omas füttern mich wie eine Weihnachtsgans. Stundenlang sitze ich in der alten Holzveranda, höre Geschichten von früher, atme den Duft aus den zum Trocknen aufgehängten Kräuterbündeln und bin glücklich. Bei den Omas fühle ich mich zu Hause. Ich darf faul im Garten liegen, esse und spiele nur mit Timo.

Aus der Stadt bringe ich Kleinigkeiten mit, die es im Dorf nicht gibt. Die Oma schimpft dann immer: »Kind, du sollst dein Geld für dich behalten!« Sie meint es nicht so. Wenn ich Timo ins Bett bringe, schläft er sofort ein, die Landluft bekommt ihm. Überzeugt, daß es ihm nirgendwo auf der Welt besser gehen kann, fahre ich Sonntagabend nach Berlin.

Der Schauspieler Timo

Noch in der Nacht rufe ich Timo vom Busbahnhof an. Seine Stimme ist hellwach und klingt erfreut: »Kommst du zu mir?«

Ich überlege, ich muß sehr früh zur Arbeit, der Weg ist weit.

»Bitte!« bettelt er.

»Okay«, rufe ich in die Muschel.

Eine halbe Stunde später stehe ich vor seiner verschlossenen Wohnungstür, hinter der ich laute Musik und Stimmen höre.

»Verflixt, will mir hier niemand öffnen?« rufe ich und trete wütend gegen die Tür.

Erschrocken weiche ich zurück, sie wird von einem fremden Typen aufgerissen. »Was guckst du denn, komm rein, du wirst schon erwartet.« Er zieht mich am Arm hinein.

Die Einzimmerwohnung ist winzig, erstaunlich, daß hier soviel Menschen Platz haben. Überall sitzen oder liegen Leute herum, die meisten sind kaum ansprechbar. Timo lacht mich an, hält mir eine Rotweinflasche entgegen. Ich winke ab und will wieder gehen. Er springt von der Liege und versucht mich festzuhalten. »Komm, bleib bitte! Hier, sieh mal, die Leute gehen gleich, dann sind wir beide allein.« Er nimmt ein Glas Cola und sagt: »Trink das, danach geht es dir besser.«

Ich habe Durst, hastig leere ich das Glas. Im selben Moment dreht sich alles vor mir. »Timo«, rufe ich, »was war das?«

Er lacht in weiter Ferne, zieht mich auf seinen Schoß, nimmt eine Zigarette und raucht.

Mir ist das unangenehm, aber die anderen kümmert es nicht. Plötzlich steht Ralf, ein bekannter Charakterdarsteller, mitten im Raum. Er ist total betrunken und schreit wie ein Irrer: »Hiroshima, Nagasaki!« Dabei rauft er sich wild die Haare. Keiner beachtet seinen Auftritt.

Didi hat über Beziehungen aus West-Berlin eine Platte von Santana einschmuggeln lassen, denn Popmusik aus dem Westen ist verboten. Die Musik animiert den älteren Schauspieler zu einem weiteren Anfall. Plötzlich trampelt er wie ein ungezogenes Kind bockig mit den Füßen: »Musik aus! Ich kann sie nicht mehr hören! Musik aus!« Das Schreien verwandelt sich in tierisches Brüllen. Mein Gott, denke ich, da könnte man ja dem Zoll mit dem Einfuhrverbot Recht geben.

Ralf nervt. Die Platte wird schnell heruntergenommen, aus Angst, er zertrümmert sie.

»Timo«, flüstere ich leise, »was war in meinem Getränk? Mir ist so eigenartig.«

»Später, meine Kleine, später.« Er will mir nichts sagen. Nach und nach verschwinden alle Gäste. Ich denke nicht daran, die Wohnung aufzuräumen, sondern lege mich angezogen auf die Liege. Timo fällt wie besinnungslos neben mich, vorher bestellt er jedoch den Weckdienst. Er hat sehr früh einen Drehtermin und will das Taxi nicht warten lassen.

Um 6 Uhr klingelt das Telefon.

»Timo«, rufe ich und schüttele ihn wach.

Wie ein Roboter greift er automatisch nach dem Hörer, sagt: »Ja, ja!«, und läßt sich in die Kissen zurückfallen.

Mein Kopf schmerzt fürchterlich, mir ist nicht wohl. Gerade als ich mich hinlegen will, schellt ununterbrochen die Türglocke: der Taxifahrer.

Timo steht auf, geht unter die Dusche, zieht sich um und legt mir Geld hin. Hundertfünfzig Mark.

»Psst, Kleine«, er streichelt flüchtig meine Haare. »Kannst hierbleiben. Wenn du gehen willst, ziehst du die Tür einfach nur ran!«

Gegen 14 Uhr werde ich wach, es klingelt, ich nehme den Telefonhörer ab. Timo ist am Apparat: »Schön, daß du nicht gegangen bist. Komm am Abend in die Theaterkantine, okay?«

»Ja.« Mir wird bewußt, daß ich die Arbeit geschwänzt habe. Blitzschnell räume ich nun doch seine Wohnung auf, dusche ausgiebig, lege einen Zettel hin. – Mußte dringend etwas erledigen, komme am Abend, Deine U. – und fahre nach Hause. In meinem Kopf jagen die Gedanken kreuz und quer. Ich brauche unbedingt einen Krankenschein, wer kann mir helfen? Dann kommt mir eine Idee: der Arzt, der sich bei meinen Diagnosen immer geirrt hat. Dem kann ich etwas vorlügen, der kann ja doch nichts. Frohen Mutes fahre ich in die Poliklinik.

Die Schwester fragt mich im Warteraum, weshalb ich ohne Anmeldung komme. Ich zucke hilflos die Schultern. Krankheiten kann man doch nicht im voraus anmelden, denke ich. Sie ruft mich trotzdem ins Sprechzimmer. Der Arzt fragt mürrisch: »Und was fehlt Ihnen?«

Alles, denke ich, vor allem ein Krankenschein. Laut sage ich: »Mein Kopf, ich habe starke Schmerzen!« Routinemäßig werde ich untersucht und bekomme, was ich will: einen Krankenschein.

Trotz meines schlechten Gewissens schicke ich ihn gleich in den Betrieb und melde mich telefonisch krank. Von der Post aus fahre ich sofort ins Theater. In der Kantine sehe ich Timo nicht, aber viele seiner Kollegen sind da. Es ist schwierig, hinter der Schminke jemanden wiederzuerkennen. Ich bin erstaunt, wie ein Maskenbildner es fertigbringt, aus einem jungen Mann einen zahnlosen alten Räuber zu zaubern oder umgekehrt.

Ein grausig aussehender Mann nähert sich mir, mein Herz klopft zum Zerspringen. Obwohl ich weiß, daß es sich um eine Maske handelt, erschreckt mich sein Aussehen.

»Huh«, macht die Gestalt vor mir. Ich erkenne die Stimme. Es ist Timo.

»Wahnsinn, du siehst ja echt schlimm aus«, stelle ich erleichtert fest.

Er möchte, daß ich hier auf ihn warte, er hat noch einen Auftritt. Plötzlich leert sich die Kantine, die eigentlich nur als Kneipe dient, weil alle Anwesenden Alkohol trinken – und das nicht zu knapp. Mag sein, daß es am Lampenfieber liegt oder an den Rollen, die sie ungern spielen, ich begreife es nicht.

Nach dem Ende der Vorstellung versammelt sich alles wieder, es gibt heiße Diskussionen über Patzer oder geglückte Szenen. Ich merke, daß ein Schauspieler ein Schauspieler bleibt, solange er mit seinen Kollegen zusammensitzt. Jeder hält nur seine Meinung für die richtige, zum Schluß loben sie sich alle selbst.

Ich beobachte das ganze Theater und frage mich, ob diese Menschen noch ein eigenes Ich haben dürfen, wollen oder sollen. Ruhig sitze ich auf meinem Stuhl, ich bin Gast in einer sehr privaten Vorstellung und erlebe den Schauspieler in der Rolle als Mensch.

Niemals würde ich meine Arbeit mit diesem anstrengenden Beruf tauschen wollen, ständig von Selbstzweifeln geplagt und mit der Sucht nach Perfektion, nur um zu gefallen.

Timo reicht meine Anwesenheit als eine Art Bestätigung für sein Können. Ich bin diejenige, die ihn anhimmelt, ein Mädchen, das ihm nachläuft. Ich ahne nicht, wie unwichtig ich in diesem Fall bin, daß seine Kollegen ihn genug loben, daß ich aber – wie sich später herausstellte – als wichtiger Beweis seiner Männlichkeit galt, die er, wie er glaubte, nicht besaß.

War der Alkohol ein Schutz? Ich glaube, er fiel lieber betrunken ins Bett, als mit einer Frau zu schlafen. Sein Äußeres versprach alles, wovon viele Frauen träumen. Seine große, kräftige Gestalt mit den breiten Schultern, die sportliche Kleidung, lachende blaue Augen, wirkten auf Frauen. Selten war er schlecht gelaunt, ausgelassen wie ein kleiner Junge war er zu jeder Dummheit bereit. – Ein großer Teddy zum Liebhaben.

Er litt, wie sehr, habe ich nicht ermessen können. Ich glaubte sein Problem zu kennen und wollte ihm helfen. Niemand konnte es, zehn Jahre später starb er durch einen tragischen Unglücksfall.

Nach dem Theaterabend, der sich bis Mitternacht ausdehnt, ziehen wir mit dem Rest der Mannschaft wieder in die »Möwe«. Hier fühle ich mich inzwischen schon wie zu Hause. In der ungewöhnlichen Atmosphäre erzeugen neue Gäste stets Spannung. Die Leute kommen hierher, um zu sehen und gesehen zu werden. Das habe ich sehr schnell begriffen. Sie gehen auch nicht in eine Ausstellung der Bilder oder Plastiken wegen, nein, in erster Linie stellen sie sich mit ihrem Kunstverständnis selbst zur Schau.

Einmal besuchte ich mit Timo die Eröffnungsausstellung eines Freundes, eines Bildhauers. Die Männer unterhielten sich angeregt, ich wollte nicht stumm daneben stehen und machte einen Rundgang. Vor einer unvollendeten weiblichen Skulptur standen mehrere Betrachter, die ungeheuer wichtig taten, sie interpretierten Dinge hinein, die der Künstler nicht beabsichtigt hatte. Ohne Kopf, Arme und Beine hatte er den Körper einer zarten Frau modelliert, deren Brüste mit ihren Warzen überdimensional ausfielen. Dem Betrachter bot sich besonders der Unterleib dar, dessen Venushügel glatt, kahl und abschrekkend nüchtern wirkte. Wer einen anmutigen Rücken erwartete, wurde enttäuscht: Der Körper war hohl wie eine Wanne. Entzücken gerade über diese Art der Gestaltung drückten alle aus.

Neugierig ging ich zu dem Künstler und fragte: »Warum ist die Alte so hohl?«

Er sah mich entgeistert an, brauchte wohl eine Weile, um meine Frage zu verstehen, und lachte los: »Für den Rücken reichte mein Messing nicht, da ist mir eben die Lust vergangen!«

»Typisch für unseren Osten, mal fehlt es an Nägeln und mal an Brettern, deswegen brauchen wir keine Angst vor der Hölle zu haben, denn Benzin zum Feueranzünden haben wir auch nicht«, meinte Timo, als ich ihm von dem Gespräch erzählte.

Ich gewöhne mich daran, daß neue Gäste in der »Möwe« als Exoten im Kreis der Stammkunden gelten und dringend für die eigene Selbstdarstellung gebraucht werden, der Sucht, um jeden Preis zu gefallen. Langsam, aber sicher verändere ich mein Äußeres. Ich schminke mich stärker, klebe mir hochmoderne künstliche Wimpern an, und unterscheide mich so nicht mehr von den anderen.

Am nächsten Morgen wache ich sehr früh auf. Timo schläft noch. Ich betrachte ihn ausgiebig, der erste Mann, der nichts von mir will. Er schlägt die Augen auf und blickt direkt in die meinen, schlingt die Arme um mich und küßt mich. Sein Streicheln ist angenehm, kuschelig drücke ich mich an ihn. Seit drei Wochen schlafen wir zusammen, ohne daß etwas passiert. Ich genieße seinen warmen Mund, seine Zärtlichkeiten, und dann erlebe ich den verzweifelten Versuch eines Mannes, der vieles hat, Anerkennung, Beruf, gutes Aussehen und Geld, bis auf eines, das gewisse Etwas: klein, schlaff, ohne Potenz. Man mußte schon Akrobat sein, um es halbwegs zustande zu bringen.

Er hat sich preisgegeben, ich kenne sein Geheimnis, es ist ihm peinlich. So sehr, daß mir seine Verlegenheit auffällt. Deshalb reagiere ich auf unseren Akt mit keinem Wort.

Was ihn so unglücklich macht, ist für mich dabei nicht einmal so wichtig. Im Gegenteil, seit der Bekanntschaft mit Horst sehe ich einen Mann lieber von hinten als von vorn. Keiner soll mehr die Gelegenheit bekommen, mich zu schlagen, zu beschimpfen oder auszunutzen. Nie mehr!

Bei der Oma

Timos turbulentes Leben ist recht amüsant, am Tage schlafen und nachts herumziehen, doch auf Dauer recht anstrengend. Aus diesem Grund flüchte ich zur Oma.

Sie macht mir keine Vorwürfe, weshalb ich nicht früher gekommen bin. Wenn ich da bin, bin ich da.

In der Nähe meines Sohnes fühle ich mich häufig als schlechte Mutter. Darf ich mein Kind überhaupt bei den Omas lassen? Die Frage geht mir nicht aus dem Sinn. Am Wochenende schenke ich ihm meine ganze Aufmerksamkeit, überschütte ihn mit Geschenken, mache Ausflüge über die Wiesen mit ihm und lese an seinem Bett aus Kinderbüchern lustige Geschichten vor. Eifersüchtig wache ich über seinen Tagesablauf. Wenn ich hier bin, möchte ich ihn allein versorgen. Das ist ein Punkt, wo ich mit der Oma aneinandergerate. Sie nimmt nicht die richtige Salbe für seine Haut, sondern vertritt die Meinung, Gänsefett helfe besser. Ich finde nur, daß es widerlich stinkt.

Nachts liege ich wach und denke: Warum schiebe ich die Besuche plötzlich hinaus, warum drücke ich mich um die Verantwortung, warum bin ich froh, daß sich die Oma um das Kind kümmert?

Die Wahrheit steht deutlich vor mir: Ich will keine Mutter sein.

Der nächste Morgen macht mir deutlich, daß Timo mich gar nicht braucht, er ruft: »Oma gehen!«

Ich fühle mich danach weder schlechter noch besser. Nein, das stimmt nicht, ich mache mir was vor: Tiefe Traurigkeit steigt in mir auf, die ich nicht wahrhaben möchte und verdränge. Ich reiße Timo an mich, singe fröhliche Kinderlieder, und er ruft nicht mehr nach seiner Oma.

Rauschgift

Ich kündige in der Fabrik, ohne neue Arbeit zu haben. Timo ist mir gegenüber großzügig, Geld bedeutet ihm nichts. Wenn ich welches brauche, gibt er es mir. Nie fragt er, wo ich es gelassen habe. Mein Leben entfernt sich immer weiter von dem, das ich vorher führte, bis ich beinahe im Sumpf steckenbleibe. Ich habe mir das Cola-mit-Wodka-Trinken angewöhnt, und rauchend sehe ich mich immer in guter Stimmung. Deshalb finde ich auch nichts dabei, daß wir eines Abends von einem Fremden aus der »Möwe« zum Wochenende eingeladen werden. Didi und sechs Freunde von Timo kommen mit. In drei Taxen fahren wir raus aus Berlin in Richtung Süden. Neben mir sitzt eine Ballettänzerin, die Frau eines bekannten Schauspielers, auf dem Schoß ihren vierjährigen Sohn. Das Kind nörgelt wegen der Enge im Auto.

»Soll ich ihn mal nehmen?« frage ich. Sie sieht mich gleichgültig an und reicht ihn mir.

Die Unruhe des Jungen stört mich nicht, ich zeige nach draußen und erkläre ihm die Natur, die verschiedenen Arten von Bäumen. Plötzlich schleudert das Auto stark nach rechts, vor Schreck presse ich das Kind fest an mich. Entsetzt sehe ich den Anlaß, der das Auto aus der Spur brachte: Timo hält eine Spritze in der Hand, wirft sie lachend in die Luft und fängt sie mit dem Unterarm auf. Die Kanüle rammt sich in das Fleisch, die Spritze wackelt, als sie zur Ruhe kommt, drückt Timo die Flüssigkeit in sich hinein. Das Gesicht des Taxifahrers ist schneeweiß. Gleich fällt er in Ohnmacht, denke ich. Keiner lacht, Totenstille.

Ob er vor dem nächsten Polizeirevier hält? Er fährt deutlich schneller, dann gibt er Gas und rast mit uns über die Autobahn, als würden wir verfolgt. Vor dem Grundstück bremst er scharf. Die zwei anderen Taxen treffen ein, seine Kollegen springen heraus, wütend tobt einer: »Formel-1-Rennen mit einem Wolga, du spinnst wohl!«

Didi, Timo, die Frau und ich sehen den Taxifahrer an. Wird er reden?

Schweigend nimmt er die hundert Mark Trinkgeld, setzt sich hinters Lenkrad und braust davon.

Zurück bleibt die Angst. Wo bin ich da reingeraten? Ich habe soeben etwas mitangesehen, das in der DDR wie überall auf der Welt verboten ist: der Konsum von Drogen. Meine Beine sind weich wie Pudding. Ich bin in eine Falle gegangen, wie soll ich von hier wegkommen?

Timo sieht nicht, wie verstört ich bin. Laut öffnen sie die Tür zu einem großen Grundstück, das unbewohnt scheint. An der Tür lese ich ein Schild: »Augenarzt Dr. ...«

Unheimliche Stille liegt über den Häusern, kein Hund bellt, kein Vogel zwitschert, nur wir sind zu hören. Ein Garten mit Obstbäumen, die prächtig blühen, verwehrt die Sicht zum See. Im kniehohen Gras leuchtet ein Meer von Butterblumen und Margeriten. Die anderen verschwinden in der Villa, es ist kein kleines Wochenendhaus. Ich gehe durch den herrlichen Blumenduft zum Wasser hinunter. Hinter mir bleibt die Spur der gebrochenen Gräser, ich möchte mich am liebsten verstecken.

Auf der anderen Seeseite entdecke ich einen Zeltplatz. Ich beneide die Campingfreunde, die friedlich in ihren Zelten den Sommer erwarten. Um keinen Preis möchte ich wissen, was im Haus passiert, will wie der Vogel Strauß meinen Kopf in den Sand stecken, nichts sehen und hören. Gut versteckt lege ich mich deshalb ins dichte Gras. Mit geschlossenen Augen fühle ich die Wärme der Sonne auf meinem Gesicht. Jedes leise Geräusch nehme ich wahr und das sanfte Wiegen der Grashalme, so, als würden sie sich gegenseitig mit ihren schmalen Blättern kitzeln.

Ein dumpfes Dröhnen auf der Erde ist ein Zeichen dafür, daß

sich jemand nähert. Schnell öffne ich die Augen, zu spät. Mein Pullover liegt unter dem Kopf, wenn ich mich aufsetze, werde ich entdeckt. Fast halte ich den Atem an. Ich sehe einen jungen Mann vom Haus kommen und direkt auf den Bootssteg zu gehen. Der Kunststudent, denke ich, und als könnte er mich sehen, ruft er in meine Richtung: »Wollen wir schwimmen?«

Ich reagiere nicht.

»He«, ruft er, »kannst du nicht schwimmen?«

Nun muß ich antworten, ich will nicht, daß er näherkommt. »Nicht besonders gut, und einen Badeanzug habe ich auch nicht«, antworte ich laut.

»Macht nichts, ich habe auch keine Badehose.«

Er zieht sich splitternackt aus. Mit einem kurzen Anlauf springt er ins Wasser, das ringsherum aufspritzt. »Na komm schon, es ist herrlich warm!« Nach dieser Aufforderung dreht er sich um und schwimmt hinaus. Sein Desinteresse an meinem Körper läßt mich ihm vertrauen, und ich hüpfe, wer weiß weshalb, hinterher.

Kaum bin ich im Wasser, schwimmt er mir entgegen: »Schwimmst du mit zum anderen Ufer?«

»Nein, das schaffe ich nicht«, erwidere ich lachend.

»Doch, du schaffst es, ich bleibe in deiner Nähe!«

Seine Fürsorge macht mir Mut, ich gestehe ihm, daß ich eigentlich vor Wasser Angst habe.

Darauf lacht er und ruft: »Los geht's!«

Wir erreichen wirklich die andere Seite, ich bin stolz auf meine Leistung. Ob ich auch die Kraft für die Rücktour besitze? Völlig schlapp, aber glücklich über den Erfolg, klettere ich ans Ufer, und setze mich zu ihm in den Sand. Die Nacktheit ist kein Thema mehr. Stimmen von Kindern sind zu hören, und wir springen wie die Frösche in das rettende Wasser.

Von weitem erkennen wir ein Boot, Timo steuert mit seinen Freunden direkt auf uns zu. »Mein Gott«, schreie ich, »wenn die sehen, daß wir nackt sind!«

Der Student bleibt ruhig und sagt: »Schwimm langsam weiter, ich versuche, das Boot zu kapern.«

Mit kräftigen Zügen, wie ein Meisterschwimmer, legt er los.

In wenigen Augenblicken ist er am Boot. Die Freunde erkennen ihn, springen alle gleichzeitig von ihren Plätzen hoch, verlieren die Balance, das Boot kentert. Sofort erkennt der Student seine Chance, richtet es auf, klettert hinein und rudert zu mir. Ich bin kaum noch kräftig genug, hineinzukommen, und er zieht mich mit aller Kraft über den Rand. Siegesbewußt lachen wir über die hilferufenden Schwimmer. Die wiederum wollen ihre Niederlage nicht so ohne weiteres hinnehmen, und als sie sehen, daß wir nackt sind, rufen sie: »Na wartet, euch kriegen wir noch!«

Der Student ist unschlagbar in seinem sportlichen Ehrgeiz, wir erreichen ohne einen weiteren Passagier das Ufer. Schnell laufe ich ins Haus, um mich abzutrocknen. Plötzlich spüre ich einen kleinen Schmerz am Fuß, eine Glasscherbe. Ich bücke mich und erkenne ein Stück von einer aufgesägten Ampulle. Was hier passiert war, weiß ich nicht, ahne es aber, erschrocken werfe ich das Glas ins Gebüsch. Wie konnten sie nur so leichtsinnig sein, das Zeug einfach in den Garten zu werfen, überlege ich. Ich wage nicht, Timo danach zu fragen.

Im Haus bin ich von der Größe der Innenräume überrascht. Sie erinnern eher an ein Konferenzgebäude als an ein Privathaus. Alles deutet auf mehrere Benutzer hin. Im unteren Raum stehen, wie in einem kleinen Hotel, Tische und Stühle mit leeren Blumenvasen herum.

Die Küche ist sehr geräumig. In einem Schrank finde ich viele dicke Handtücher. Bevor die anderen zurück sind, bin ich fix und fertig angezogen. Von oben kommt plötzlich die Mutter des Jungen. »Wo ist denn der Kleine?« frage ich.

»Der schläft.« Dabei legt sie »Psst«-sagend ihren Finger an den Mund, und verschwindet mit dem Studenten in den ersten Stock.

Obwohl ich alles wunderlich und eigenartig finde, zum Beispiel, daß ein Kind so lange schlafen kann oder was im Haus vorgeht, kümmere ich mich nicht darum, sondern halte es für das beste, den Rest des Tages zu schweigen, zumal jetzt die Schwimmer in ihren nassen Sachen übellaunig hereinkommen.

Ein Mann erregt dadurch meine Aufmerksamkeit, daß er sich im Haus sehr gut zurechtfindet; er muß schon öfter hiergewesen sein. Ob es ihm gehört? Der etwa Fünfzigjährige, ausländisch ausehend, mit dunklem Haar und Schwabbelbauch, der sich Mühe gibt, hochdeutsch zu sprechen, um seinen Dialekt zu verbergen, duzt alle und benimmt sich aufdringlich. Ich gehe ihm lieber aus dem Weg, auch deshalb, weil er ständig mit einer Spritze in der Hand herumfuchtelt.

Irgendwann erscheint der Kunststudent wieder auf der Bildfläche, gefolgt von der Frau des Schauspielers. Beide sehen ziemlich aufgelöst aus. Der Student geht mir aus dem Weg. Was sich zwischen den beiden abgespielt hat, interessiert mich nicht. Ich hätte nur zu gerne gewußt, ob das Kind immer noch schläft. Ich sehe, daß die Frau Timo anspricht. Hatte sie von dem Studenten nicht genug? Ich kann Timos Antwort nicht verstehen, er läßt sie einfach stehen und kommt zu mir.

Wir setzen uns ins Gras, er versucht, mich mit der Bootsgeschichte aufzuheitern. Beim Zuhören merke ich, daß er nicht mehr ganz klar redet, seine Augen sehen durch mich hindurch. Trotzdem fühlt er meine Traurigkeit: »Was ist mit dir?«

»Nichts.«

Ich kann ihm einfach nicht sagen, was mich bedrückt, ich bin mir sicher, er würde sich und mich belügen.

Daß er mehr trinkt, als gut für ihn ist, weiß ich seit langem, aber was tut er sich mit den Spritzen an! »Timo, bitte hör auf, mit allem!« sage ich, zum erstenmal seit unserem Kennenlernen.

Doch sofort höre ich sein entwaffnendes Lachen, gegen das ich nicht ankomme.

Lachend läßt er sich nach hinten ins Gras fallen, zieht mich mit beiden Armen zu sich her und gibt mir einen brüderlichen Kuß auf den Mund. »Nur noch heute«, flüstert er.

Ich will ihm glauben und sage nichts, zufrieden schließt er die Augen und schläft ein.

Timo – ich sehe nachdenklich in sein Gesicht. Er hat mir aus seinem Leben erzählt. Einmal war er verheiratet, seine ehemalige Frau flüchtete nach West-Berlin, während er sich zu Dreharbeiten in Bulgarien aufhielt. Sie holten ihn sofort nach Berlin zurück, er wurde verhört und der Mitwisserschaft verdächtigt. Beinahe hätte er seinen Beruf an den Nagel hängen müssen.

Ich sehe »Schwabbelbauch« durch den Garten gehen, bei jedem Schritt wackelt das Fett über die blaue Badehose, ungeniert kratzt er sich den Hintern, er glaubt sich allein.

Tief drücke ich mich in die Wiese und beobachte ihn. Er schreitet in stolzer Haltung über den Bootssteg, den Bauch vor sich herschiebend, nimmt stramme militärische Haltung an, schlägt die Fersen zusammen, reißt plötzlich ruckartig die Arme über den Kopf, als wäre er ein Kunstspringer, und macht einen Kopfsprung geradewegs durch das Wasser. Wie ein Torpedo bohrt er sich tief in den Schlamm und steckt aufrecht, wie eine Kerze am Weihnachtsbaum, fest. An dieser Stelle hat das Wasser gerade Knietiefe.

Mir kommt das Lachen. Ich sehe die behaarten Beine einsam aus dem Wasser ragen, verzweifelt strampeln sie in der Luft, während die Wellen gegen seinen Bauch schlagen. Mein Gott, denke ich, wie lange hält der einen Kopfstand unter Wasser aus?

Ich schüttele Timo wach. »Sieh mal«, japse ich nach Luft, »ich glaube, der Dicke steckt fest!« Und lache weiter.

Sofort erkennt Timo die Situation, in der sich der Mann befindet, und rennt ins Wasser. Mir schreit er zu: »Hol Hilfe!«

Mit einem Schlag wird mir klar, daß der Dicke nicht der Hausherr sein kann, sonst würde er die Wassertiefe kennen. Auf mein Rufen laufen mir alle aus der Villa entgegen. Mit vereinten Kräften ziehen sie den dicken Fisch an Land.

Der Student kümmert sich um den Verletzten. »Ein Wunder, du hättest dir das Genick brechen können«, sagt er zu ihm.

Dem Dicken reicht die Verstauchung im Nacken, er ist vor Schmerzen bewegungsunfähig.

Die restlichen Nachmittagsstunden vergehen mit seinen Klageliedern, die aus dem Haus schallen. Jedem, der an seinem Krankenlager vorbeigeht, will er von seinem Kopfsprung erzählen und merkt gar nicht, wie er nervt. Deshalb erwarten wir ungeduldig die bestellten Taxen für die Rückfahrt nach Berlin. Keiner möchte länger hierbleiben.

Auf das Hupen der Autos eilen einige fluchtartig aus dem

Haus, sie hinterlassen ein Schlachtfeld aus Unordnung und Dreck.

Timo bittet mich, seine Sachen herunterzuholen. Oben sehe ich den Jungen, der im Gitterbettchen sitzt und spielt, er wirkt so artig und verloren. Draußen ist das schönste Wetter.

Am Abend fahren wir zu einem Open-Air-Konzert am Müggelsee. Timo trinkt übermäßig viel Bier. Wütend darüber sage ich: »Du wirst nie deine Traumrolle, den ›Simplicissimus‹ spielen, sondern in einer Anstalt landen!« Plötzlich wirft er sich in aller Öffentlichkeit vor mir auf die Knie und spielt theatralisch die beste Rolle seines Lebens. Mit schluchzender Stimme und Tränen in den Augen ruft er laut: »Nun hast du es erreicht, du bist die erste Frau, vor der ich weine!«

Bei seinem, für mich peinlichen Auftritt haben wir mehr Zuschauer, als ein Theater Plätze hat. Für mich aber fällt der Vorhang, hier endet die Vorstellung. Ich laufe zum Ufer hinunter und warte auf das Fährschiff.

Mit der Fähre gondele ich über den Müggelsee nach Friedrichshagen und steige anschließend in die Straßenbahn um, die mich nach Hause fährt.

Gerda ist für meine Sorgen die einzige Rettung. Eigenartig, sie findet auch immer die richtigen tröstenden Worte: »Such dir eine Arbeit, sonst haben dich die Bullen eines Tages auf dem Kieker!« Und dann schlägt sie vor: »Wir machen eine Auslandsreise nach Ungarn, da brauchst du Geld.«

Ihre Idee begeistert mich, ich sehe einen neuen Anfang und stelle mich in Kaderabteilungen einiger Betriebe vor. Entweder besitze ich nicht die richtige Ausbildung, oder ich bin für die Produktion überqualifiziert. Männer fragen mich mit gierigen Augen: »Können Sie vielleicht Schreibmaschine schreiben?«

»Nein, kann ich nicht.« Ihr Interesse gilt selten meinen Fingern.

Am nächsten Tag rufe ich Timo an. In seiner Stimme ist kein Vorwurf, nur Freude. Wir verabreden uns für den Freitag, und diesen Freitag werde ich nie vergessen.

Vor dem Bowlingcenter treffen wir Didi mit seiner Freundin. Er kennt die Frau an der Reservierungskasse, wir bekommen ohne Probleme sofort eine Bahn. Die Spieler dürfen nur mit hauseigenen Turnschuhen den Holzboden der Spielbahn betreten. Mir ist es jedesmal eklig, Turnschuhe anzuziehen, die vorher schon von anderen getragen wurden. Aus diesem Grund will ich auch nicht mitspielen.

»Gut«, sagt Timo, »dann setz dich an die Bar und halte ein paar Plätze für später frei.«

Das Restaurant zwei Stufen höher grenzt an die Spielbahnen an.

»Halt aber wirklich drei Plätze frei!« ruft er mir nach.

Gelangweilt sitze ich auf meinem Hocker und sehe den anderen beim Spielen zu. Ich ärgere mich. Wie konnte ich nur so dumm sein und mich ausschließen. Kurzentschlossen stelle ich das Glas Cola mit Schuß auf den Tresen und gehe mir nun doch Turnschuhe holen. Gerade als ich durch die Glastür in den Spielraum gehen will, spricht mich plötzlich ein fremder, etwa dreißigjähriger Mann in einem befehlenden Ton an: »Tun Sie so, als ob Sie mich kennen!«

»Spinnen Sie!« sage ich entrüstet, da ich glaube, es handelt sich um eine Wette. »Suchen Sie sich für Ihre Spielchen eine andere.«

Er gibt die Tür nicht frei, sondern fordert, betont freundlich: »Sie tun, als ob Sie mich kennen, ich gehe vor, und Sie folgen mir!«

Hilfesuchend sehe ich zu Timo, doch der ist so ins Spiel vertieft, daß er seine Umwelt nicht wahrnimmt. Didi läßt seinen Blick durch den Raum schweifen. Als unsere Augen sich treffen, nickt er, meine Situation erkennend, unauffällig ein Okay, dreht sich gelassen seiner Freundin zu und spielt weiter.

Nun weiß ich gar nichts mehr: Warum kommt er mir nicht zu Hilfe? Da wir den Eingang versperren, wird der Mann ungeduldig. »Machen Sie kein Theater, es geht nur um eine Flasche Sekt.«

Ich lache verlegen, plötzlich erkenne ich den Ernst der Situation, irgend etwas stimmt hier nicht.

»Na gut, wenn Sie unbedingt gewinnen wollen«, gebe ich, naiv tuend, zur Antwort. »Ja, ja.«

Der Mann ist sichtlich erleichtert. Er geht vor, ich folge ihm mit den Turnschuhen in der Hand und schäme mich wegen der vielen Blicke, die wir auf uns ziehen.

Von einer inneren Stimme zur Vorsicht gemahnt, sind meine Nerven zum Zerreißen gespannt. Heimlich sehe ich zu Timo, der aufgeregt mit Didi tuschelt. Was wird hier gespielt? frage ich mich beunruhigt. Beim Anblick des fremden Mannes an meiner Seite gefriert das Gesicht des Barkeepers zu einem seiner Eiswürfel. Mit kühler, unpersönlicher Stimme erkundigt er sich nach den Wünschen. Ohne mich zu fragen, bestellt der Mann zwei Getränke. Plötzlich hält er mir, durch seine Hand halb verdeckt, eine Karte hin und sagt: »Polizei, weisen Sie sich aus!«

Für einen kurzen Augenblick steht mein Herz still, um in derselben Sekunde stärker als vorher zu schlagen. Verstört krame ich in meiner Handtasche herum, um die Papiere zu finden. Dann hole ich einmal tief Luft und lege den Ausweis wütend auf die Theke. Erschreckt fährt er mich unfreundlich an: »Nehmen sie ihn sofort da runter!«

Trotzig antworte ich: »Nehmen Sie ihn doch selbst!«

Hastig greift er das blaue Papierheft in der Plastikhülle, blättert die Seiten durch und fragt: »Liebe Frau Burkowski, wer sind die Leute, mit denen Sie hier sind?«

»Timo«, sage ich brav.

»Und die anderen?«

»Kenne ich nicht, fragen Sie sie doch!«

»Ich frage aber Sie!« Seine Stimme ist drohend.

Der Typ geht mir auf die Nerven, ich sage gereizt: »Die haben wir vor dem Bowlingcenter kennengelernt und zum Spiel eingeladen.«

»Daß ich nicht lache, wir wissen, daß Sie sich seit Wochen kennen«, sagt er zynisch. Am liebsten hätte ich ihm eine verpaßt, wenn er kein Bulle gewesen wäre.

Mühsam bringe ich eine Antwort zustande: »Na, dann lachen Sie doch, wenn Sie schon alles wissen. Ich an Ihrer Stelle würde mich da sehr freuen!«

Er ändert seine Taktik und zeigt auf Didi. »Der heißt?« Er wartet meine Antwort nicht ab, sondern nennt mir den richtigen Namen. Bei Didis Freundin triumphiert er genauso.

»Gewonnen!« Ich lache gekünstelt. »Ich kannte nur ihre Spitznamen.« Erst jetzt wird mir bewußt, daß das keine Lüge ist: Ich habe nie nach den richtigen Namen der beiden gefragt.

Aus der Innentasche seiner Ziviljacke holt er plötzlich Fotos heraus und zeigt sie mir. Auf den Bildern sind wir in verschiedenen Gasträumen zu sehen. Höhnisch fragt er: »Und Sie wollen mir erzählen, Sie kennen die Namen nicht?«

Über seine Dreistigkeit bin ich empört und weise seine Behauptung zurück: »Von wollen kann ja wohl nicht die Rede sein, Sie wollen etwas von mir! Da Sie ja angeblich so schlau sind, können Sie mir auch die Antworten verraten, die ich meinen Freunden geben soll, falls die Fragen über Sie haben.«

»Bleiben Sie bei einem Freund.«

»Ich dachte, Freunde kann man sich aussuchen, was bei uns nicht zutrifft«, antworte ich.

Da erhebt er sich und verschwindet mit einer Warnung: »Kein Wort über das Gespräch.«

Nach seinem Weggang fühle ich mich unsicher, was wollte er wirklich? Angst erfüllt mich. Wer war er, was will er und was macht er? Diese Fragen gehen mir nicht mehr aus dem Kopf.

Die Lust am Bowling ist mir endgültig verdorben, hastig ziehe ich die Turnschuhe an und gehe zu Timo.

In den Gesichtern von Didi und seiner Freundin lese ich Schrecken. Nur Timo guckt unbeschwert. Na ja, er ist eben ein Schauspieler, denke ich. »Wer war das?«

Die Frage schießt aus Didis Mund wie ein Pistolenschuß, fast zu laut.

»Ein Freund«, ich sage es gleichgültig.

»Ein Bulle«, schreit Didi, »ein Scheißbulle!« Er ist aufgebracht. »Der hat dir doch an der Tür aufgelauert, die Bullen erkenne ich meilenweit, komm schon, erzähl!«

Es hat keinen Zweck zu lügen, ich will es auch nicht, trotzdem ärgere ich mich über seine Art und Weise, in der er mich ausfragt: »Mensch, du verhörst mich genauso wie der Bulle.«

Didi, ein Mann ohne Laster – er trinkt nicht, er raucht nicht, und eine Spritze sah ich auch nie bei ihm –, ist jetzt nur noch ein nervöses Bündel Mensch.

Didi, der Mann, den sich Frauen erträumen, groß, schlank, mit welligem schwarzem Haar und schneeweißen Zähnen, die zu einem Römer der Antike gepaßt hätten.

Nie war seine Sprache gewöhnlich, stets akzeptierte er gelassen die negativen Gewohnheiten seiner Freunde, besonders die seiner Freundin »Suffke-Elli«, wie alle sie spöttisch nannten. Elli vertrug eine Menge Alkohol, ohne betrunken zu wirken. Wir verstanden uns glänzend. Sie hörte mir zu und tröstete mich oft, indem sie mir die Realitäten dieser Welt zeigte.

Obwohl sie klein und zierlich war, hatte sie eine ganz starke persönliche Ausstrahlung. Oft wünschte ich, sie würde nicht trinken, weil ich nicht wollte, daß man sie Suffke-Elli nannte.

Elli wußte das, es war ihr egal, sie führte schon viele Jahre dieses Leben. Über ihre Familie haben wir nie gesprochen. Überhaupt wissen wir in unserer Clique nichts von der Vergangenheit des anderen. Jeder wird angenommen, wie er ist – oder abgelehnt.

Mich stört ihre Sauferei nicht so sehr wie bei Timo, der schnell betrunken wird und dann die Kontrolle über sich verliert.

Didis Verhalten überrascht mich und plötzlich fällt mir etwas ein: Wenn jemand Wünsche nach Sachen aus dem Westen hatte: Er erfüllte sie. Er sprach keinen Berliner Dialekt, kannte sich aber trotzdem hervorragend in Berlin aus. Außerdem hatte er immer viel Geld bei sich, wobei er nie geizte und viele Rechnungen bezahlte.

Der Abend ist durch den unheimlichen Unbekannten verdorben. Didi will schnell mit Elli nach Hause fahren, sie verlassen uns mit einem kurzen »Tschüs«.

Seine letzten Worte gehen mir nicht aus dem Kopf. An der Garderobe mahnte er mich zur Vorsicht: »Paß auf, wen *die* erst mal am Wickel haben, den lassen sie nicht mehr los.«

Timo, getrieben von seiner ständigen Unruhe, will mit mir in den Studentenclub in der Linienstraße gehen. Unterwegs spekulieren wir, wie die Polizei zu den Fotos von uns kam und was sie von uns eigentlich will.

Vor der Eingangstür stehen viele Jugendliche, die hineinwollen. Plötzlich schreit der Türsteher: »Schluß für heute, alles überfüllt!«

Zum Glück treffen wir den Studenten vom Müggelsee, der sofort leise auf Timo einredet und dann laut lacht: »Geht in Ordnung!«

»Wer will zu einer Fete mit?« ruft er dann in die Menge. Eine junge Frau, deren Oberkörper nur aus Busen besteht, meldet sich.

Niemals in meinem Leben werde ich diesen Abend vergessen. Wäre ich nur nach Hause gefahren. Aber ich bin nicht nach Hause gefahren, weil ich mich in der Wohnung in Schöneweide nicht zu Hause fühle. Ich erlebe die Widerwärtigkeit des Lebens und die Hoffnung darauf, das Lebenswerte kennenzulernen.

In einer Seitenstraße nahe der Warschauer Straße überqueren wir einen Hinterhof. Das Treppenhaus riecht nach der Sauberkeit eines Aufwischeimers. Dickgeschnitzte Holzgeländer erinnern an die goldenen zwanziger Jahre.

Der Student drückt auf den Knopf einer Messingklingel, die die Form eines Löwenkopfes hat. Darüber befindet sich ein Namensschild: »Dr. Frank«.

Flüchtig denke ich: Kennt der aber viele Ärzte.

Die schwere Eichentür öffnet sich, und wir stehen einem freundlichen Mann gegenüber, der uns wie alte Bekannte begrüßt.

Fast überschwenglich hilft er der jungen Frau aus dem leichten Sommermantel und führt uns in die Wohnung. Er wirkt sympathisch: graumeliertes Haar, dazu Goldrandbrille, die seinem jungen Gesicht die nötige Würde des Doktors verleiht. Seine hagere Gestalt vermittelt den Eindruck des ewig beschäftigten Arztes und entspricht so jeder Vorstellung von Seriosität.

Der lange Flur endet in einer Nische, die als Sitzecke zum Essen oder Fernsehen genutzt werden kann. Sie bietet genau Platz für eine Sitzbank rechts und links der Flurwand. Auf jeder Seite befindet sich eine Tür, die zu dem jeweiligen Zimmer führt. Zwischen den Bänken steht ein großer Eßtisch, und über die gesamte Breite der Wand hängt dekorativ ein Aquarium, auf dem ein kleiner Kofferfernseher steht.

Der Student will unbedingt einen gerade laufenden Western sehen. Ohne den Hausherrn zu fragen, schaltet er den Apparat ein. Ich hasse Westernfilme und öffne neugierig die rechte Tür, um zu schauen, wo die anderen geblieben sind.

Plötzlich habe ich mit dem Sehen Schwierigkeiten: Der Raum ist dunkelrot beleuchtet wie der Vorraum einer Röntgenkabine.

Nach und nach erkenne ich vier Männer, einschließlich Timo, dazu die fremde Frau. Mitten im Raum steht eine große Liege, links an der Wand befinden sich eine Reihe hüfthoher Schränke. Meine Augen haben sich an das Licht gewöhnt, ich sehe in gespannt lauernde Gesichter. Der Doktor hat nichts Freundliches mehr an sich, besonders von ihm fühle ich mich feindselig betrachtet. Und dann mache ich die Entdeckung: fein säuberlich, wie es sich bei einem Arzt gehört, liegen viele Spritzen auf weißem Zellstoff nebeneinander.

»Timo!« Ich suche seine Augen. Er sieht mich ernst, doch freundlich warnend an. Hastig sagt er: »Geh raus.«

Zwei Worte nur, ich gehorche sofort. Der Student sitzt auf demselben Fleck. Ich kann meine Aufregung nicht länger verbergen und frage: »Weißt du, was die da drinnen machen?«

Angestrengt hält er seinen Blick in Richtung Fernseher gerichtet. So spannend ist der Film nun auch wieder nicht. Eine Horde von Reitern jagt eine Horde Reiter, nebenbei fallen laute Schüsse, und ab und zu stürzt ein Statist als Toter vom Pferd.

»He«, schreie ich, »weißt du es oder nicht?«

Plötzlich sieht er mich an, und ganz selbstverständlich sagt er: »Ja, aber dagegen kann man nichts machen. Laß sie«, fügt er hoffnungslos hinzu.

Eine Weile bleibe ich, seinem Rat folgend, sitzen, dann springe ich auf. Ich kann nicht länger untätig herumhocken. Leise, um nicht aufzufallen, drücke ich die Tür einen Spalt weit auf und stecke meinen Kopf vorsichtig in das dunkle Rot. Als hätte mir der Teufel den Blick in das Innere seiner Hölle durch einen Felsspalt gewährt, sehe ich wegen der roten Glut erst einmal nichts. Aber dann fügen sich wie bei einem großen Puzzle Tausende Teilchen zu einem deutlichen Bild. Alles hätte ich erwartet, nur nicht das, was ich dann erkennen muß.

Auf der Liege rollt sich eine Fleischmasse hin und her, alle im Zimmer sind nackt. Die Frau liegt breitbeinig auf dem Rücken und stöhnt unter einer Last eines Mannes, während ein zweiter Mann an ihrem Busen herumfummelt.

Das restliche Menschenknäuel läßt sich nicht entwirren. Ich suche Timo und entdecke ihn, blödsinnig vor sich hinstarrend auf dem Boden hocken. Sieht er dem Gruppensex zu oder nicht?

Meine Gedanken fliegen wie aufgeschreckte Vögel wild durcheinander. Was in mir bleibt, ist Wut, Enttäuschung und Verzweiflung. Das ist also das Leben draußen, eine einzige riesige Party, wo man sich im Rausch selbst betrügt und verliert.

Ich fühle mich innerlich so zerstört, als hätte in mir ein Spätzünder geschlummert, der unerwartet explodiert.

Heulend finde ich mich in der Küche wieder. »Schweine, alles Schweine!«

Wenn jetzt die Polizei käme, ich hätte nichts dagegen. Am liebsten würde ich sie selbst holen. In meinen Gedanken bin ich rachsüchtig und beginne mir vorzustellen, wie sie die Wohnung stürmen und alle mitnehmen. Gut, daß ich darüber nachdenke, denn mir wird klar, daß ich ja dazugehöre. Die Heimerziehung tut ein übriges: Ich war nie eine Petze, wollte keine sein und keine werden.

Für die da drinnen gibt es keine Hilfe, und wenn doch, ich bin nicht ihr Retter. Aussichtslos!

Eine verschlafene, piepsige Kinderstimme dringt plötzlich an mein Ohr: »Ich habe Durst!«

Vor mir steht ein kleines Kind im langen Nachthemd, ob Junge oder Mädchen, kann ich nicht erkennen. Die Forderung des Kindes bringt mich in die Wirklichkeit zurück, unauffällig reibe ich die Tränen aus meinem Gesicht und frage, um einen normalen Ton bemüht: »Wo steht die Milch?«

Das Kind streckt wortlos den Finger zur Speisekammertür. Ich drehe den Schlüssel herum und stehe in einer Kammer, in der Eßwaren bis unter die Decke gestapelt sind, darunter viele Konserven aus dem Intershop.

»Wo ist deine Tasse?« frage ich. Das Kind hält sie schon in der Hand. Wir setzen uns an den Küchentisch. Beim Trinken stellt es die Frage: »Wo ist mein Papa?«

Am liebsten hätte ich zurückgefragt: Wo ist deine Mama? Der Schreck fährt mir erneut durch die Glieder, und ich bin nur noch von einem Gedanken besessen: Du **mußt** verhindern, daß das Kind den Vater sucht – und findet!

Schnell fasse ich seine Hand und frage: »Zeigst du mir dein Zimmer?«

Ich weiß, daß es dumm ist, um Mitternacht ein müdes Kind, das Sehnsucht nach dem Vater hat, nach seinem Zimmer zu fragen. Deshalb versuche ich meiner Stimme einen harmlosen Klang zu geben, als ich lüge: »Dein Papa arbeitet, wir dürfen ihn jetzt nicht stören.«

Das Kind scheint Fremde gewöhnt zu sein, es läßt sich willig in sein Zimmer führen. Trotz der schwachen Beleuchtung entdecke ich einige Autos: »Bist du ein Junge?« frage ich.

Verwundert, ja staunend fragt er zurück: »Woher weißt du das?«

Ich tue geheimnisvoll und sage leise: »Ich weiß es eben.«

Seinem Mund sehe ich die Enttäuschung an und füge schnell hinzu: »Du siehst eben wie ein Junge aus.«

»Wirklich?« fragt er unsicher.

»Ich schwöre«, sage ich und lache für ihn.

»Alle, die zu Papa kommen, sagen immer: ›Ist die Kleine aber süß.‹«

»Ja«, sage ich, »das liegt an der Haarmode. Früher trugen nur die Mädchen langes Haar, heute eben auch die Jungen, da kann man sie nur schwer unterscheiden. Weißt du, darüber mußt du nicht traurig sein. Viele Mädchen werden auch für Jungen gehalten.«

Er ist gespannt und fragt: »Warum?«

»Nun, weil die Mädchen kurzes Haar und Hosen tragen.« Damit scheint er zufrieden, kuschelt sich in seine Decke und schließt die Augen. Leise sage ich: »Ich bleibe noch ein bißchen bei dir.«

Er nickt und schläft sofort ein.

Auf Zehenspitzen verlasse ich das Kinderzimmer. Vorwurfsvoll frage ich den Studenten: »Hast du nicht das Kind aus dem Zimmer kommen sehen?«

»Welches Kind?«

Raus hier, denke ich. Nichts wie weg.

Während ich mir meine Jacke anziehe, geht plötzlich die junge Frau nackt über den Flur, direkt auf mich zu. Angewidert weiche ich einen Schritt zurück und stehe mit dem Rücken an der Wand. Sie bleibt vor mir stehen, schlingt ihre Arme fest um mich und heult los: »Ich bin eine Nutte, ich bin eine Nutte, was habe ich nur gemacht?«

Ekel, Abscheu, alles steigt in mir hoch, nur kein Mitleid. Sie preßt ihren nackten verschwitzten Körper an mich, als wäre ich ihr rettender Anker. Ich rieche ihre Ausdünstungen, bekomme kaum Luft und verspüre Aggressionen: Lust, sie zu schlagen, sie wegzustoßen, ihr einfach weh zu tun. Energisch versuche ich, mich aus der Umklammerung zu befreien.

»Hör auf mit der Heulerei, zieh dich an und komm mit!«

Es fällt mir schwer, meine Wut zu zügeln. Sie läßt mich los, läuft in das Zimmer und kommt mit einer Strumpfhose zurück.

»Ich finde meine Sachen nicht«, jammert sie. Von neuem verfällt sie in Selbstanklage: »Ich bin eine Nutte!«

Ich widerspreche nicht.

Obgleich mich das alles furchtbar anekelt, helfe ich ihr beim Anziehen. »Bleib sitzen«, sage ich und gehe ihren Mantel holen.

Als ich in das Zimmer zurückkomme, denke ich, ich sehe nicht richtig. Halb angezogen liegt sie willig unter einem Mann. Sie heult nicht mehr.

Inzwischen hat sich Timo angezogen und bettelt auf Knien: »Bitte gehe nicht!«

Er will mich am Verlassen der Wohnung hindern. Mir wird klar: Er liebt mich nicht, er braucht mich nicht, nein, viel schlimmer – er umgibt sich mit dir wie mit einem Luxusgegenstand, den man sich leistet oder auch nicht. An dieser Erkenntnis drohe ich zu erstricken. Wütend versetze ich ihm einen heftigen

Fußtritt gegen den Brustkorb, daß er umfällt, und schreie in das Zimmer: »Ihr seid alles Dreckschweine!« Alle Schimpfworte dieser Welt erscheinen mir noch zu harmlos für das, was ich sagen will.

Ich knalle die Tür hinter mir zu und renne davon.

Die Nacht in meiner Hinterhofwohnung überstehe ich bei Licht, mit meinem Hammer zur Sicherheit unter dem Kopfkissen und mit vielen Tränen. Nie mehr will ich zu Timo und in seine Kreise zurück.

Am nächsten Morgen setze ich mich in die Straßenbahn und fahre ohne Ziel durch die Stadt. »Endstation, Fräulein«, höre ich plötzlich. Der Straßenbahnfahrer kontrolliert die Wagen, schließt die Türen und fährt durch die Schienenschleife zur Pause.

Außer einem Krankenhaus ist nichts in der Nähe, ich bin am Anfang der Müggelberge mit ihren Wäldern und Seen. Was nun? In den Wald laufen oder in das Krankenhaus gehen und nach Arbeit fragen? Begeistert von meiner Idee und mit der Gewißheit, daß es klappen wird, betrete ich das alte Gebäude.

Ehe ich weiß, wie mir geschieht, bin ich mit einem Arbeitsvertrag als Stationshilfe für vier Monate eingestellt.

Die Vorladung

Die Sonne strahlt mit mir um die Wette, der Himmel ist tiefblau, ich beschließe nach Hause zu fahren, meine Badesachen zu holen und ins Lichtluftbad Wuhlheide zu gehen. Aus meinem Vorhaben wird nichts, denn als ich meinen Briefkasten aufschließe, liegt darin eine Postkarte von der Polizei mit einem Termin, heute 14 Uhr. »Zwecks Klärung eines Sachverhalts«, steht da geschrieben.

Verdammt, was wollen die von mir? Didis Worte klingen mir

in den Ohren: »Wen die einmal am Wickel haben, den lassen sie nicht mehr los.«

Ich bin mir keiner Schuld bewußt, nehme meinen Personalausweis und fahre in die Keibelstraße zum Präsidium. Unterwegs wundere ich mich, weshalb ich nicht zu meinem Revier in Schöneweide mußte.

Das Präsidium ist von innen ein dunkles, unangenehmes Haus, es steht am Alexanderplatz. Langsam steige ich im großen Treppenhaus in die Etage hinauf, die mir der Polizist am Eingang nannte. Plötzlich springt mir ein junger Mann entgegen: »Etwas schneller, meine Dame, Sie werden schon erwartet!«

Spontan erwiderte ich: »Ich glaube, nach unten sind die Leute schneller als nach oben.«

Darüber wird er wütend und sagt: »Mit Ihnen werden wir auch noch fertig!«

Diese Drohung aktiviert meinen heimeigenen Panzer. Vorsichtig, aber trotzig betrete ich einen nüchtern eingerichteten Raum. Langweilige hölzerne Parteimöbel, zwei Tische mit jeweils vier Stühlen, zwei Büroschränken und ein Walter-Ulbricht-Bild an der Wand.

Ein Mann in Zivil begrüßt mich freundlich: »Bitte nehmen Sie Platz.«

Mir bleibt keine andere Wahl, ich gebe ihm meinen Ausweis und nehme Platz.

»Nun, sicherlich können Sie sich denken, weshalb wir Sie kommen ließen«, sagt er.

»Ich bin kein Hellseher«, gebe ich gespielt fröhlich zurück.

Er legt viele Fotos auf den Tisch und fragt mich nach den Personen. Es sind Aufnahmen von Leuten, die an einer Straßenbahnhaltestelle stehen oder sonstwo in Berlin. Keiner kommt mir bekannt vor, deshalb bin ich erleichtert, daß ich nicht lügen muß.

Er glaubt mir nicht und fragt mich immer und immer wieder.

Bald hängt mir das Verhör zum Hals heraus, ich schalte innerlich ab, eine Schutzfunktion.

»Aber einen Didi kennen Sie doch!« dieser Satz schreckt mich auf. Nur nichts anmerken lassen, denke ich und sage: »Ja.«

Plötzlich zeigt er nach draußen. »Das gegenüberliegende Gebäude hat vergitterte Fenster. Es gehört auch zum Präsidium, der Untersuchungsknast! Dort ist Ihr lieber Freund, für mindestens zehn Jahre.«

In seiner Stimme klingt Schadenfreude, und er genießt meine Überraschung. Vor dir sitzt ein kleiner Sadist, denke ich und habe nach dieser Erkenntnis keine Angst mehr. Pech für ihn, daß er sich für so schlau hält und sich mir offenbart. Nun weiß ich, was er will. Ich bin mir sicher, daß ich dieses Zimmer als Sieger verlassen werde.

Frage: »Wie erklären sie sich die vielen Spritzen, die wir in seiner Wohnung gefunden haben?« Es klingt, als wüßte er schon alles.

»Vielleicht ist er zuckerkrank!« antworte ich, erleichtert über meine schnelle Reaktion.

Damit hat er nicht gerechnet. Überzeugt, daß nur die Wahrheit so schnell ausgesprochen werden kann, darf ich nach dieser Antwort gehen. Vorher ringt er sich noch eine Mahnung ab: »Halten Sie sich von solchen kriminellen Elementen fern, die sind nicht der richtige Umgang für Sie.«

Zum zweiten Mal habe ich an diesem Tag Glück.

Didi ein Dealer, ich kann es nicht glauben. Wenn der Bulle wüßte, daß ich mich schon allein entschieden habe, nie mehr zu Timo zu gehen. Ich habe schon vor langer Zeit erkannt, daß ich keine klugen Ratschläge mehr brauche, sondern durchaus in der Lage bin, eine richtige Entscheidung zu treffen.

Fröhlich, zu einem neuen Anfang bereit, fahre ich zu Gerda. Sie hat ihren freien Tag. Wir trinken ausgiebig Kaffee und machen einen Einkaufsbummel, der endet in meiner Wohnung. An der Wohnungstür steckt eine graue Karte. »Von wem?« fragt Gerda neugierig.

»Bitte zur Sprechstunde des ABV (Abschnittsbevollmächtigter) in die ›Grüne Aue‹ kommen«, steht, immerhin etwas höflich, auf der Vorladung. Ich habe Gerda die Geschichte vom Vormittag erzählt, nun rätseln wir, worum es geht. Sie ist der Meinung, es könne nicht schlimm sein, sonst hätten sie die Karte nicht an die Tür geklemmt. Und in ihrer entschiedenen Art sagt sie: »Ich komme mit.«

Lustlos machen wir uns auf den Weg in die Grünanlage. Hoffentlich dauert es nicht lange, am Abend wollen wir in den Prater zum Jazz gehen.

Plötzlich sagt Gerda: »Wieso mußt du eigentlich in eine Kneipe und nicht aufs Revier?«

Sie hat recht, nun wundert mich das auch. Im Schankraum fragen wir nach dem Polizisten. Der Wirt zeigt schweigend in den Nebenraum. Meine Hände sind blutleer und eiskalt vor Aufregung. Der Raum ist klein, nur ein Polizist und eine Frau in Zivil sitzen dort. Ich lege die Karte und meinen Ausweis ahnungslos auf den Tisch, als ich plötzlich folgende Worte höre: »Im Namen des Gesetzes, Sie sind verhaftet.«

Alles um mich herum versinkt, nur Gerda ist wahrhaftig da. Mühsam ringe ich mir ein Lächeln ab und sage zu ihr: »Gib den anderen Bescheid und laß mir ein paar Blumen für die Zelle da!«

Gerda steht wie aus Stein gemeißelt, gibt mir ihre Blumen, die sie vorher gekauft hat, und geht traurig hinaus.

Kämpferisch drehe ich mich zu dem Polizisten um und frage: »Was machen Sie, wenn ich mich weigere?«

»Wollen Sie in Handschellen abgeführt werden?« fragt die Frau höhnisch zurück.

Ich gehe in der Mitte, rechts und links die Bewacher, so verlassen wir das Lokal. Ob die Leute auf der Straße sehen, daß ich verhaftet bin? Ich wage keinen Blick zur Seite. Mit gesenktem Kopf laufe ich durch mein Wohngebiet bis zum Revier.

Auf der Wache werde ich in ein Dienstzimmer geführt, in dem sich ein Polizist bei seinen Kollegen für das Zuführen meiner Person bedankt. Ich verlange für die Blumen eine Vase, und mir wird eine mit Wasser gefüllte Brauseflasche gebracht. Dann legt er mir das Gesetzbuch der DDR unter die Nase, schlägt eine Seite auf und fordert mich auf, einen Paragraphen durchzulesen, dessen Inhalt ich kaum verstehe. Aber ich begreife, auf was sie hinauswollen. Angeblich schlafe ich mit Männern und nehme dafür Geld. Und einen Satz werde ich nie vergessen: »Wer sich auf unlautere Art und Weise Geld verschafft, macht sich strafbar!«

Empört weise ich diese Unterstellung zurück. Niemand beachtet meine Wut. Das Telefon klingelt: »Ja, ja, sie ist hier!«

Ich bekomme einen neugierigen Blick zugeworfen.

Was wird hier nur gespielt, weshalb bringen sie mich nicht in eine Zelle, wenn ich verhaftet bin?

»Wie lange muß ich hier warten?« frage ich.

»Bis Sie geholt werden.«

Die Tür öffnet sich nach einer halben Stunde, und herein kommt der Bulle vom Vormittag. »Alles klar?« fragt er. Die zwei Polizisten nicken unterwürfig, und ich muß dem Zivilen folgen. Auf der Straße sehe ich kein Polizeifahrzeug, nur ein himmelblauer Trabant steht vor dem Revier. Und genau den schließt er auf und fordert: »Steigen Sie ein!«

»Wo fahren wir hin?« wage ich zu fragen.

»Wohin Sie wollen.«

»Wie bitte?« Habe ich mich verhört?

Er lacht plötzlich breit über das ganze Gesicht. »Sie haben mir gefallen, und ich wollte Sie unbedingt wiedersehen, da habe ich mir zur Tarnung die Verhaftung einfallen lassen.«

Die schlimmste Erfahrung meines Lebens entpuppt sich als Jux. Abscheu, Verachtung und Haß machen mich hilflos. Nur nicht in Tränen ausbrechen! Ich bin mir bewußt, daß ich mich in seinem Auto befinde und ihm ausgeliefert bin.

Ich gehe aufs Ganze: »Sie fahren mich dorthin, wohin ich will?«

»Ja«. Er lacht wieder.

»Und ich bin nicht verhaftet?«

»Nein, verdammt noch mal, nein!«

»Gut, dann möchte ich zum Prater!« Ich gebe Anweisungen wie im Taxi.

»Kann ich da mit hinein?«

»So wie Sie aussehen, erkennt man Sie auf hundert Meilen.«

Eitel fragt er: »Wie sehe ich denn aus?«

Abwertend sehe ich ihn an. »Wie ein Bulle, wie ein richtiger Bulle.« Das »Scheiß« unterdrücke ich mit Mühe.

Er lacht selbstgefällig und sagt: »Dann warte ich eben draußen, oder was wollen Sie dort?«

»Nur Bescheid sagen, daß ich heute nicht bleiben kann.« Dabei denke ich an Gerda. Was die wohl für Augen macht. Vor dem Prater fährt er auf einen Parkplatz, ich steige aus und sage: »Bis gleich«, denke aber: Du kannst hier warten, bis du schwarz wirst, mich siehst du nicht wieder.

Ich treffe viele Bekannte, doch der Schreck sitzt mir noch immer in den Gliedern. Ich habe keine Lust, mit ihnen zu reden, sondern warte nur auf Gerda. Didis Verhaftung spricht sich schnell herum. Endlich betritt Gerda das Lokal, als sie mich sieht, bleibt ihr die Luft weg. Sie stürzt auf mich zu und fragt: »Was machst du denn hier?« und antwortet sich gleich selbst: »Blöde Frage.«

Nachdem ich ihr alles erzählt habe, ist sie furchtbar wütend: »Wo leben wir eigentlich, kann hier jeder mit uns machen, was er will?«

»Darauf werden wir keine Antwort bekommen«, sage ich, und durch eine Seitentür verlassen wir das Restaurant.

Ich werde »Schwester«

Der erste Arbeitstag im Krankenhaus beginnt um 6 Uhr früh. Die Kollegen sind nett, sie geben mir einen weißen Kittel, und gleich geht die Arbeit los. Patienten waschen, die Betten machen, Schieber reinigen und Staub wischen. Vierzig Betten sind belegt, die meisten Frauen sind alt und sehr krank.

Die Stationsschwester erklärt mir den Arbeitsablauf auf der Station. Sie ist geduldig, wenn ich Fragen habe, und behandelt mich als Kollegin. Ich habe keine Zeit zum Nachdenken, erst in einer kurzen Pause, in der zwei Schwestern mit mir frühstükken, erfahre ich, daß ich auf der Inneren Station arbeite. Hier liegen Frauen mit offenen Beinen, Leberentzündungen, Schlaganfall, Zuckerkrankheit und Frauen mit ungeklärten Symptomen. Meine Arbeit soll die Schwestern entlasten, indem ich kleine Hilfsarbeiten erledige.

Der Tagesbeginn ist bis zur Visite ein einziger Streß. Meine Füße brennen von der Lauferei wie Feuer. Ich bin vom Ehrgeiz besessen, alles richtig zu machen. Ich laufe zu jeder Alarmklingel, die im langen Flur über jeder Tür gelb aufleuchtet, wenn ein Patient draufdrückt.

Vorsichtig öffne ich die Zimmertür, nachdem die Stationsschwester mir gleich eingeschärft hat: »Niemals rennen oder Hektik zeigen, das verunsichert nur die Patienten!« Sechs Augenpaare sehen mich neugierig an.

»Schwesterchen«, sagt eine dicke Frau, »mir ist mein Taschentuch aus dem Bett gefallen!«

Ich hebe es auf und frage, wer geklingelt hat.

»Na ich«, sagt die Dicke entrüstet.

»Und was kann ich für Sie tun?« frage ich freundlich.

Sie lacht, daß ihr Bett wackelt. »Sie haben doch schon mein Taschentuch aufgehoben.«

Da ich einmal im Zimmer bin, frage ich gleich: »Hat noch jemand Wünsche?«

Schüchtern meldet sich eine junge Frau: »Würden Sie meinen Schieber mitnehmen?«

Ich greife die schwere Metallpfanne und laufe zum Spülraum. Schieber säubern ist für mich eine ekelhafte Arbeit, vor allem, wenn Stuhlgang drin ist und das Papier am Rand klebt. Nach der Säuberung muß jede Pfanne desinfiziert werden. Oft passiert es, daß ich mit zwei Schiebern hinaus muß, zurückkehre und der nächste schon voll wartet. Bei vierzig bettlägerigen Frauen muß ich oft mit den Dingern über den Flur laufen.

Nach der Visite stellt die Stationsschwester den Medikamentenplan zusammen und bereitet mit vielen Zetteln den Versorgungswagen vor. Sie nimmt mich zu allen Arbeiten mit. Den Wagen schieben wir von Zimmer zu Zimmer und geben jedem Kranken seine Medizin. Ich sammle die benutzten Gläschen und Löffelchen wieder ein, lege sie auf ein Tablett und versuche, mir kein Wort entgehen zu lassen. Neugierig und interessiert verfolge ich die Behandlungsmethoden, wobei ich wenig von dem Latein verstehe.

Zum ersten Mal macht mir das Arbeiten Spaß. Alle rufen mich Ursula, und die Kranken sagen »Schwester« zu mir, obwohl ich ein kleines Heftpflaster am Kittel mit der Bezeichnung »Hilf. Schw. Uschi« trage. Aber das interessiert keinen Kranken, sie freuen sich über meine Hilfe, und ich freue mich, daß ich ihnen helfen kann. Die Stationsschwester bittet mich, einen Rollstuhl zu holen und einen Patienten in die Röntgenabteilung zu fahren. Eine Abwechslung, denke ich erfreut und gehe gleich los, den Stuhl von der Chirurgie zu holen.

Auf dem Gang spricht mich ein großer Schwarzhaariger im weißen Kittel in sehr arrogantem Ton an: »Man sagt guten Tag, wenn man sich begegnet!«

Ich werde feuerrot, denn er ist jung und sieht außerdem toll aus. Ärgerlich über seinen Ton und meinen roten Kopf, schiebe ich ohne ein Wort den Stuhl mit tief gesenktem Haupt an ihm vorbei. Soll er denken, ich sei eingebildet, er ist es auf jeden Fall.

Die Kranke, die ich zum Röntgen bringe, ist eine vierzig Jahre alte Frau, sehr blaß und schmal. Ich helfe ihr beim Hineinsetzen, lege eine Decke über ihre Beine, denn die Gänge durch das alte Haus sind sehr zugig. Sie lächelt müde und kraftlos. Ich habe nicht mehr für sie getan als nötig ist, doch empfinde ich dieses Lächeln als große Dankbarkeit. Der Aufzug ist leer, wir haben mit dem Rollstuhl genügend Platz. Kaum schließt sich die Tür, spüre ich die Angst der Frau; sie faßt nach meiner Hand.

Ich drücke sie beruhigend, und es sprudelt wie aus einer Quelle aus ihr heraus: »Schwesterchen, glauben Sie, daß ich Krebs habe? Seit drei Wochen liege ich hier, und kein Arzt findet etwas. Dreißig Pfund an Gewicht habe ich verloren, nichts bleibt in meinem Magen, alles muß ich erbrechen!«

Sie läßt sich willig streicheln, ihre Hand zittert. Ich will sie beruhigen und sage: »Sie sind bestimmt nicht so krank, wie Sie glauben; denken Sie nicht an das Schlimmste, vielleicht ist es ein harmloses Magengeschwür.«

In meinem Kopf habe ich andere Gedanken: Mein erster Tag, und sie redet, als ob ich von Krankheiten eine Ahnung hätte. Sie vertraut mir. Sie ruft aber Gefühle in mir wach, als wäre sie ein schutzloses Kind und ich müßte sie vor dem Bösen bewahren. Oder macht ihr der Aufzug Angst, der den Kranken das Gefühl vermittelt, sich in einem Sarg zu befinden, unwiderruflich eingeschlossen zu sein?

Erleichtert sehe ich die Helligkeit des Tages wieder, als sich die Aufzugstüren öffnen und wir hinaus müssen. Ich habe wie die Kranke gefühlt, und mir wird klar: Ein Aufzug ohne Fenster gleicht einem Sarg. Daß es so ist, habe ich noch bei vielen Patienten festgestellt. Jeder, den ich später in den Aufzug begleite, erzählt von der Angst zu sterben. Ich habe nie darüber nachgedacht, meine Jugend erschien mir unendlich.

Langsam schiebe ich den Rollstuhl an den Fenstern vorbei. Die Frau bewundert die Natur und wird richtig fröhlich dabei. Sie erzählt von ihrem Sohn, der gerade geheiratet hat, und sie hofft, daß ihre Schwiegertochter genauso lieb ist wie ich. Frohen Mutes, auch ich freue mich über ihren seelischen Aufschwung, kommen wir in die Röntgenabteilung. Der Gang ist voll wartender Patienten, sie wird gleich in die Kabine gerollt.

»Schwester, warten Sie auf mich?«

Aus ihrer Frage höre ich erneute Angst heraus, schnell antworte ich: »Die Schwester ruft oben an, dann hole ich Sie!«

Sie lächelt ergeben.

Das Mittagessen dauert lange, da zwölf Frauen gefüttert werden müssen. Die meisten hatten einen Schlaganfall, eine Hälfte ihres Körpers blieb gelähmt. So haben sie kein Gefühl in der betroffenen Mundhälfte, sie hängt schlaff nach unten. Beim Füttern sabbern sie, und das Schlucken dauert länger. Ich wußte nicht, daß diese Arbeit große Geduld erfordert und die Schwestern froh sind, daß ich sie erledige. Natürlich machen die Frauen auch ständig ins Bett. Das ist für mich ein unangenehmer Augenblick, wenn ich beim Füttern sitze, und aus dem Nachbarbett stinkt es entsetzlich. Ich kann nicht so tun, als bemerke ich das nicht und das Säubern der nächsten Schwester überlassen. Die Schwerkranken sind nicht immer in der Lage, zu klingeln, deshalb sehe ich oft nach, ob sie Hilfe brauchen.

Die Arbeitszeit vergeht im Nu, ständig leuchtet die Klingel. Am ersten Tag bleibe ich gleich eine Stunde länger im Dienst. Dienst im wahrsten Sinne des Wortes, denn ich diene den Kranken, wo ich nur kann.

Mit dem Gefühl, eine sinnvolle Arbeit getan zu haben, fahre ich völlig k.o. nach Hause. Die Sonne scheint, die Menschen laufen normal herum, und ich wundere mich, daß sie alle gesund und munter sind, komme ich doch aus einem Haus der Sorgen, Kummer, Ängste und Toten. Ist es gut, denke ich, daß sie nicht ahnen, was das Leben ihnen bringen kann, oder ist es schade? Würden die Menschen dann netter miteinander umgehen?

Am zweiten Tag bin ich zu früh da. Die Nachtschwester wundert sich, ich erkläre ihr, daß es am Fahrplan der Straßenbahn liegt, entweder komme ich eine halbe Stunde zu früh oder zu spät. Es ist 5 Uhr 30, wir haben eine halbe Stunde Zeit. Sie kocht eine Tasse Kaffee.

»Hast du schon Trinkgeld bekommen?«

Ich wundere mich über ihre Frage: »Von wem?«

»Es gibt Patienten, die stecken einem oftmals Trinkgeld in die Kittelschürze. Eigentlich dürfen wir es nicht annehmen, aber dann sind die meisten beleidigt, und deshalb bedanken wir uns und tun es in die Kaffeekasse«, sie zeigt mir eine Blechbüchse.

»Ja aber warum tun sie das, es ist doch unsere Pflicht, ihnen zu helfen?«

Sie lacht und sagt: »Viele Kranke denken, sie müssen wie draußen für alles bezahlen. Es gibt einige, die glauben, mit Geld werden sie besser behandelt, oder sie wollen die Wahrheit erkaufen. Das ist das Gefährliche an unserem Beruf, abzuwägen, wo fängt die Wahrheit an und wo hört sie auf. Wissen wir, daß ein Patient sterben wird, ist das eine Tatsache, so wie wir alle eines Tages sterben werden. Die Wahrheit jedoch ist: Die wenigsten wollen es wirklich wissen. Es gibt auch Patienten, die verkraften die Wahrheit erstaunlich gut. Wenn ein Weiterleben nur noch mit Schmerzen verbunden ist, dann hat keiner mehr Freude daran. Wie sich der Mensch über die Geburt eines Kindes freut, so ängstigt er sich vor dem Unbekannten, dem Tod, dem Nichts, aus dem er vorher kam. Du siehst, es ist ein schwerer Beruf, nicht nur körperlich, sondern auch seelisch, denn oft verstehen wir selbst nicht, warum ein junger Mensch plötzlich stirbt, um den wir zuvor gekämpft haben.«

Diese Erfahrung blieb auch mir nicht erspart.

Um sechs Uhr betrete ich mit einem fröhlichen »Guten Morgen!« das erste Krankenzimmer. Die Frauen antworten müde, ich finde die Weckzeit viel zu früh, doch bis halb acht brauchen wir zu zweit eineinhalb Stunden, um die vierzig Betten zu machen und die Patienten zu waschen.

Im ersten Zimmer liegen sechs Frauen, Pflegefälle aus Altersgründen ohne Krankheit. Sie sind schwierig, da sie oft der Unterhaltung wegen klingeln oder sich streiten. Ich mag sie nicht, deshalb beeile ich mich, aus dem Zimmer zu kommen. Die Verwandten nehmen sie nicht, und Pflegeheime haben keinen Platz. Sie liegen hier laut Vorschrift, jede Station hat eine begrenzte Zahl aufzunehmen und zu behalten.

Im nächsten Zimmer sind acht Patienten, davon eine Beinamputierte, eine Frau mit offenem Bein und eine stark Gelbgesichtige mit einem Wasserbauch wie im neunten Monat. Diese drei Frauen brauchen am Morgen meine ganze Pflege. Es ist rührend zu sehen, wie die Patienten versuchen, sich gegenseitig zu helfen, um uns die Arbeit zu erleichtern. Alles was laufen kann, hüpft um das Waschbecken herum oder macht sein Bett allein.

In der Flurmitte befindet sich der Glaskasten, die Schwestern gaben ihm den Namen, weil die Zimmertür viele Glasscheiben hat. Dieser Raum ist das Sterbezimmer. Dort liegen Patienten, die keine Chance mehr haben. Ihr Sterben soll den anderen Patienten verborgen bleiben. Diese Frauen erwecken mein besonderes Mitleid, weil sie mir so abgeschoben vorkommen. Wenn ich vorsichtig mit dem Lappen ein Gesicht berühre, sehe ich manchmal ein Lächeln, das mir zeigt, sie lebt. Leise rede ich mit ihnen. Ich erhalte selten Antwort. Ob sie ahnen, wie es um sie steht?

Als ich das vorletzte Zimmer betrete, lacht mich die Frau aus dem Rollstuhl an: »Gestern ist der Haferbrei nicht wieder rausgekommen!« Dabei sitzt sie aufrecht im Bett und schaut in einen großen Handspiegel.

Es freut mich für sie, und ich sage hoffnungsvoll: »Sie werden wieder gesund.«

Sie hat den Glauben an das Leben wiedergefunden und betrachtet sich ausgiebig, als sähe sie sich zum erstenmal. Keiner von uns beiden ahnt, daß sie den Spiegel nicht mehr lange benutzen wird.

Kräftig schüttele ich ihr Kopfkissen auf und lege es ordentlich hin. Plötzlich schiebt sie ihre Hand in meine Kittelschürze. Entsetzt trete ich einen Schritt zurück: »Was soll das?« Ich versuche streng auszusehen, was mir bei ihrem Anblick nur schwer gelingt.

Sie hält mir einen Fünf-Mark-Schein hin: »Nehmen Sie, bitte, Sie haben mir so viel Mut gemacht!«

Wie konnte ich ihr diese Bitte abschlagen? Niemals hätte ich das fertiggebracht. Das Leuchten in ihren Augen, die Freude darin und die leichte Schamröte, die sich sanft auf ihren eingefallenen Wangen zeichnet, will ich nicht zerstören. Mit einer zögernden Handbewegung nehme ich das Geld und sage: »Davon wird uns der Kaffee aber schmecken.«

Sie ist froh und fragt schnell, eine Spur zu schnell: »Schwester, sagen Sie mir den Befund?«

Ich weiß nichts, leider aber hat sie mein weiches Herz, mein Mitleid erkannt; es gelingt ihr, mich in die Enge zu treiben. Ich weiß, jetzt hilft nur noch eine Lüge: »Ja, gut, wenn ich ihn erfahre.«

Mit einem fürchterlich schlechten Gewissen verlasse ich fluchtartig das Krankenzimmer und erzähle der Stationsschwester davon. Die belehrt mich, daß ich nur für die Arbeit hier sei und nicht für die persönlichen Belange der Patienten. Das sei die Aufgabe der ausgebildeten Schwestern und Ärzte.

Das Gespräch verläuft sehr ernst, ich sollte darüber wütend sein, freue mich jedoch, denn dadurch erhalte ich meinen Selbstschutz durch Lügen aufrecht.

In der Mittagspause wertet der Stationsarzt die Visite und die Befunde aus. Ich höre, lerne und begreife schnell, so daß ich später eigene Diagnosen treffe – natürlich nur in Gedanken – die sich durch Aussagen des Arztes häufig bestätigen.

Nach zwei Wochen Bettenmachen, Heben und Drehen der Patienten schmerzt mir der Rücken, meine Beine gleichen mit den kräftigen Waden denen eines Bergsteigers. Trotzdem gehe ich Tag für Tag gern zur Arbeit.

In einer Mittagspause höre ich den Befund der Magenkranken. Der Stationsarzt bespricht die Röntgenaufnahmen. Nach

Tagen ist ein winziger Schatten auf dem Bild zu sehen. Nun vermutet er ein Magengeschwür. Die Frau soll in die Chirurgie verlegt werden.

Ich übernehme sie im Gang. Vorbereitet zur Operation, liegt sie auf einer Trage, hilflos wie ein kleines Mädchen. »Hallo«, rufe ich fröhlich, »nun ist bald alles überstanden.«

Sie klammert sich förmlich an meine Hand: »Kommen Sie mich in der Chirurgie besuchen?«

»Sicher«, sage ich, »aber erst einmal müssen Sie operiert werden, dazu drücke ich fest die Daumen!«

»Und es ist nichts Schlimmes?«

»Ganz bestimmt nicht!«

Sie wird zusehends ruhiger, die Beruhigungsspritze beginnt zu wirken. Im Aufzug schließt sie die Augen, sie will die Enge nicht sehen. Nur ein mutiges Lächeln, das viel Hoffnung enthält, zeigt mir, daß sie wach ist. Auf der OP-Etage wird sie schon erwartet, tapfer sagt sie zu mir: »Bis Morgen dann.«

»Toi, toi, toi!«

Die OP-Schwester bittet mich, aus dem Labor zwei Blutkonserven zu holen. Mit den dunkelroten Glasbehältern bleibe ich im Desinfektionsraum stehen und schaue durch die große Fensterscheibe in den OP-Saal. Die Ärzte tragen einen Mundschutz, und alle sind in grüne Sachen eingehüllt; sie sehen wie Astronauten aus. Im Licht der OP-Lampen blitzen silberfarbene Instrumente in ihren Händen. Niemand spricht, es ist so ruhig, daß ich durch das Fenster das regelmäßige Pumpen der Beatmungsmaschine höre.

Eine Schwester winkt mir plötzlich zu, ich soll die Flaschen hineinbringen. Mein Herz beginnt aufgeregt zu schlagen, niemals zuvor habe ich einen geöffneten Menschen gesehen. Ich schlüpfe mit meinen Füßen in weiße Gummischuhe und bemühe mich, leise zu gehen. Die Patientin ist mit grünen Tüchern abgedeckt, nur der Magen ist frei und geöffnet, es sieht überhaupt nicht grauenvoll aus. Schnell stelle ich die Flaschen auf einen kleinen Wagen und verlasse mit Ehrfurcht den OP.

Als ich zur Station zurückkomme, ist ein Neuzugang da. Die Frau sitzt im Flur und weint. Ich frage, was sie bedrückt. Unter

Tränen erzählt sie mir: »Wissen Sie, ich habe ein offenes Bein, der Hautarzt hat mir eine falsche Salbe verschrieben. Nun ist die Wunde so schlimm, daß man mir das Bein amputieren will. Es wächst einfach nicht mehr zu.« Sie beginnt erneut zu weinen.

Ihre Verzweiflung trifft mich hart, viel härter, als ich mir eingestehe, deshalb antworte ich fast zu heftig: »So schnell wird kein Bein amputiert. Man wird Ihnen helfen, und ich mache mit, das verspreche ich!« Dann greife ich entschlossen ihre Tasche, bringe sie ins Zimmer und helfe ihr beim Ausziehen.

Der Verband am linken Schienbein ist durchgesuppt und stinkt ekelhaft. Ich gehe hinaus, suche die Stationsschwester und finde sie im Schwesternzimmer über den Dienstplan gebeugt. Fragend hebt sie ihren Koppf, sieht mich an. Sie lacht. »Kannst du auch am Wochenende kommen?«

Sie weiß, daß ich einen Sohn habe, den ich nur am Wochenende besuchen kann, aber es fehlt ständig an Personal. Die Schwestern machen alle Überstunden. Oft ist nur eine Vollschwester mit mir allein auf der Station. Immer mehr pflegerische Aufgaben werden mir anvertraut. Nie mache ich etwas falsch, lieber frage ich vorher. Ich versorge durchgelegene Stellen am Gesäß mit Salbe, ich entferne Tröpfe, schreibe die Fieberkurven, fühle den Puls, gieße die Blumen, wische Staub, füttere und wickele die Hilflosen, renne mit den Schiebern über den Flur, tröste und beruhige die Ängstlichen, schmiere die Brote, wasche das Geschirr, verteile Medikamente – und besitze dafür keine Ausbildung. Es fehlen auf allen Stationen Schwestern.

Einmal mußte ich auf die Männerstation, da nur eine Schwester zum Dienst erschien. Mir war das unangenehm, die nackten, alten Männerkörper zu waschen und zu betten. Doch die Männer, die nicht im Bett liegen mußten, halfen, wo sie nur konnten. Sie entleerten die Enten, brachten das Geschirr in die Küche und erledigten den Abwasch. Die gelbe Klingel leuchtete so gut wie nie, nur im Notfall, wenn medizinische Versorgung nötig wurde. Das Arbeiten auf der Männerstation war deshalb wesentlich leichter als bei den Frauen. Dennoch fand ich den menschlichen Kontakt zu den Frauen schneller und wollte lieber auf meine Station zurück.

Sämtliche Schwestern haben Familie, wie soll ich den Wochenenddienst verweigern, wenn ich sehe, daß auch sie auf ein Wochenende verzichten? »Ja, ich komme am Sonnabend und Sonntag.« Die Stationsschwester freut sich, ich nutze die Gelegenheit und erzähle von dem Verband der neuen Patientin. Sie ruft eine Schwester, und gemeinsam gehen wir zu der Neuen. Der Verband wird entfernt. Ich erschrecke bei diesem Anblick: Das Fleisch ist bis auf den Knochen verfault, stinkt und eitert. Ob das Bein noch zu retten ist?

»Ursula, Sie fahren die Frau in den OP, das Bein muß oben versorgt werden!« unterbricht mich die Stationsschwester in meinen Gedanken.

Auf der OP-Station schiebt man die Patientin in einen Behandlungsraum, wo die Schwestern fachmännisch totes Gewebe entfernen, Salbe auf die große Wunde streichen und einen neuen Verband anlegen. »Sie muß jeden Tag zum Verbandswechsel kommen und die Wunde reichlich kühlen!«

Ich nehme die gelbe Flüssigkeit an mich, bedanke mich für ihre Hilfe und fahre mit der Frau auf unsere Station. Ich bin glücklich, als ob es um mein Bein gegangen wäre, und sage: »Sehen Sie, Ihr Bein ist drangeblieben und wird dranbleiben.«

Sie stammelt nur: »Ich kann's nicht glauben.«

Jede freie Minute gehe ich zu ihr ans Bett, ob sie schläft oder wach ist, und kühle das Bein mit der Flüssigkeit. Meine Kraft, den Anblick zu ertragen, wird von meinem Trotz unterstützt, das Bein zu retten.

In der Mittagspause versetzt mir die Auswertung der Operation der Magenkranken einen tiefen Schlag: zwei männerfaustgroße Tumore und viele Metastasen, bösartig. Die Patientin hat vielleicht noch sechs Wochen zu leben. Mir schießen sofort die Tränen in die Augen, eine Schwester reicht mir Baldriantropfen zur Beruhigung. Obwohl ich den Geruch verabscheue, schlucke ich das Zeug hinunter, doch ruhiger werde ich nicht. Ich breche in Heulkrämpfe aus, und die Stationsschwester schickt mich nach Hause. Ihre Abschiedsworte: »So ergeht es uns allen, wenn man sein Herz an einen Patienten hängt, daran gewöhnst du dich noch.«

Es ist früher Nachmittag, ich nehme meine Badesachen und gehe ins Lichtluftbad Wuhlheide. Einige russische Offiziersfrauen sitzen, nur mit BH bekleidet, in Grüppchen zusammen und beobachten ihre vielen kleinen Sprößlinge. Da ich ihre Sprache nicht verstehe, stört mich das laute Gerede nicht, und bald schlafe ich ein.

Als ich erwache, ist die Sonne hinter dichten Wolken verschwunden, mich friert. Verwundert stelle ich fest, wo ich liege. Die Frauen sind weg, dafür spielen die Offiziere jetzt Fußball. Mir kommt die Erinnerung an das Krankenhaus. Ich arbeite gern dort, aber mir wird klar, daß ich meinen Arbeitsvertrag nicht verlängern lasse. Ich würde es seelisch nicht aushalten.

Ich packe meine Sachen zusammen und rufe Timo an. Einfach mal lustig sein und das Gefühl haben, ich lebe.

Angestrengt höre ich in den Hörer hinein, die Verbindung ist sehr schlecht. Wie aus weiter Ferne vernehme ich endlich seine Stimme. Er freut sich und sagt: »Komm her.«

Alle meine guten Vorsätze, Timo nie mehr zu sehen, werfe ich über den Haufen. Eine Stunde später stehe ich vor seiner Tür. Er sieht nicht aufgedunsen aus, demnach hat er in letzter Zeit wenig getrunken. Seine Umarmung ist herzlich wie immer. Gemeinsam bleiben wir am Abend zu Hause, ich erzähle von der Arbeit im Krankenhaus, und er verwöhnt mich dabei mit Kaffee und Keksen. Alles hätte so schön sein können, hätte Alexander Bell das Telefon nicht erfunden. Plötzlich klingelt es, Timo hebt ab, hört zu und sagt: »Ich komme mit Uschi.«

»Nein«, sage ich, »laß uns hierbleiben.«

»Paß auf«, er legt den Hörer auf und spricht weiter: »Nur noch heute, das verspreche ich dir, danach gehe ich nie mehr in die ›Möwe‹. Ich rufe dich von da an, und um punkt 24 Uhr bin ich wieder hier.«

Er ruft dreimal an, immer mit dem Versprechen: »Noch eine halbe Stunde.«

Im Fernsehen spielen sie einen Krimi, ich setze mir mit dem Filmende selbst eine Frist. Gegen 24 Uhr und 15 klingelt das Telefon erneut, ich erkenne, daß Timo betrunken ist, er bettelt wieder um Zeit. Ernsthaft wütend, knalle ich den Hörer auf, springe von der Liege, nehme meine Jacke und fahre in meine Wohnung. Nie mehr will ich ihn treffen, nie mehr.

Es gelingt mir nicht, mich zu beherrschen. Die kalte dunkle Wohnung gibt mir das Gefühl, einsam und verlassen, wie ein Tier in der Höhle zu leben, deshalb fließen mir vor Selbstmitleid Tränen über Tränen. Morgen ist mein freier Tag, ich brauche unbedingt etwas Schönes, einfach etwas, worauf ich mich freuen kann. Mir fällt zum Glück das Strandbad Rahnsdorf ein, gleich frühmorgens will ich da hinfahren und den Tag über nichts anderes machen, als baden oder faul in der Sonne liegen.

Meine Tränen versiegen, trocknen auf meinem Gesicht. Nun habe ich mich genug bedauert und habe noch eine Entdeckung gemacht: Wenn ich meine Traurigkeit bis auf den Grund auskoste, wenn ich mich in Gedanken quasi selbst beerdige, dann ist auch meine Traurigkeit mitbeerdigt, und ich kann Hoffnung in der Freude finden.

Frisch und ausgeruht erscheine ich am Sonnabend zum Frühdienst. Die Oma hat mir geschrieben: Ich solle mir keine Sorgen machen, es gehe allen gut, und Klein-Timo ließe grüßen. Die Karte trage ich bei mir, dadurch habe ich das Gefühl, mein Sohn wäre in meiner Nähe.

Im Glaskasten liegt eine blinde, alte Frau. In den anderen Zimmern war kein Bett frei, und die Schwestern glaubten, weil sie nichts sieht, bemerke sie auch ihre Umgebung nicht. Sie ist eine sehr freundliche alte Dame. Da heute keine Visite ist, nehme ich mir etwas Zeit für sie und setze mich zu ihr aufs Bett. Sie fragt: »Was sehen Sie draußen?«

»Soll ich das Fenster öffnen?«

»O ja«, sagt sie glücklich. Ich überzeuge mich, daß alle Patienten gut zugedeckt sind, und sperre die Fensterflügel weit auf. Gierig schnuppert sie die Morgenluft.

»Danke, Schwesterchen«, sagt sie gerührt, und ich beschreibe ihr die Ahornbäume mit ihren farbenprächtigen Blättern, den Sonnenaufgang und die vorbeiziehenden Wolken.

Die Tür öffnet sich plötzlich, und der Schwarzhaarige steht im Zimmer. Auf der Station machen zwei Medizinstudenten ihr Praktikum, er ist einer von ihnen. Der andere heißt Viktor, ist blond, sehr ruhig, hilft, wo er kann. Er ist sympathisch, während dieser hier nur seine Wirkung auf die Schwestern auskostet. Dabei ist er verheiratet.

Er sagt: »Guten Morgen«, geht zu einer Patientin, kontrolliert ihren Tropf, der in Ordnung ist, und schaut mich aufdringlich an. Ich schließe das Fenster, ziehe die Decke der Patientin glatt, als er dicht an mich herantritt und fragt: »Haben Sie in der nächsten Woche Zeit?«

Frechheit, denke ich, er wagt es, mich in diesem Zimmer laut um eine Verabredung zu bitten.

Die Blinde lacht. »Sieht er gut aus?«

Man müßte blind sein, seine Schönheit nicht zu sehen, denke ich, antworte aber: »Mein Typ ist er nicht.«

Es kommt Leben in die Kranken, das Gehör funktioniert bei allen. Endlich ist was los in ihrem Zimmer, sie wollen wissen: »Was ist, Schwesterchen, treffen Sie sich, ja oder nein?«

»Sie müssen sich mit mir treffen, ob Sie wollen oder nicht; wir beide wurden vorgeschlagen, die Wandzeitung zu gestalten.« Seine Stimme klingt verunsichert.

»Darüber können wir später reden, ich habe jetzt zu tun«, sage ich und gehe aus dem Zimmer.

Scheißwandzeitung, wer interessiert sich denn dafür oder hat Zeit, davor stehenzubleiben, um sie zu lesen. Im Heim, in der Schule, dann in der Berufsschule und später in der Fabrik, überall hingen die Wandzeitungen. Ein Stück Pappe, mit rotem Fahnenstoff umspannt, darauf Verpflichtungen und Zeitungsartikel über Parteitage: Sie begleiten einen durch's Leben wie der Personalausweis.

Ich denke an die Frau mit dem Magengeschwür, sie wartet auf mich. Wenn ich nicht komme, glaubt sie bestimmt, ich hätte sie vergessen. Auf der Station ist alles ruhig, ich frage die Schwester, ob ich mal kurz zur Chirurgie hinübergehen kann. Sie hat nichts dagegen. Die leeren Flure im Krankenhaus sind am Wochenende unheimlich, meine Schritte schallen laut, wie mit einem Echo; sie übertönen das aufgeregte Klopfen meines Herzens. Wie gut werde ich lügen? Diese Frage bringt mich beinahe dazu, auf der Stelle kehrtzumachen.

Aber meine Hand klopft schon an die Tür, als ich meinen Entschluß noch einmal überdenke. Nie werde ich den Anblick vergessen: Die Patientin ist umringt von ihren Verwandten, für sie gilt keine Besuchszeit mehr. Sie sitzt im Bett und sieht wie das blühende Leben aus, als hätte die Natur sie für die letzten Lebenstage geschminkt. Bei meinem Anblick lacht sie und ruft: »Da sind Sie ja, Schwester, ich dachte, Sie haben mich vergessen! Mir geht es ausgezeichnet. Heute habe ich schon richtig gegessen, es war doch bloß ein Geschwür.«

Wie gut, daß sie mir die Lüge erspart. Die Verwandten sind über ihren Zustand aufgeklärt und schweigen bedrückt. Ich weiß, daß nur die großen Tumore entfernt wurden, deshalb blieb vorläufig das Essen drin.

»Ich wünsche Ihnen alles Gute, wir werden uns nicht mehr sehen. Ich habe so viel Arbeit, und danach fahre ich nach Ungarn in Urlaub.«

Strahlend vor Glück drückt sie meine Hand und sagt: »Ich bin dem Schicksal so dankbar und daß Sie mir Mut gemacht haben, alles Gute auch Ihnen.«

Ihr Mann dreht sich zu mir, Tränen ersticken seine Stimme: »Ich bringe Sie hinaus.«

Auf dem Gang weint er und sagt: »Sie weiß es nicht, ich bringe es nicht übers Herz.«

»Vielleicht leben wir leichter, wenn wir nicht alles wissen. Gönnen Sie ihr die paar Tage oder Monate, irgendwann erkennt sie die Wahrheit allein. Sie haben eine mutige und sensible Frau. Gehen Sie lieber hinein, sonst ahnt sie etwas.« Ich gebe ihm die Hand, ohne ein weiteres Wort trennen sich unsere Wege.

Der Sonntagmorgen beginnt mit Aufregung, eine Notaufnahme, Suizidversuch. Eine ältere Dame mit starken Unterkühlungen wird von einem Autofahrer ins Krankenhaus gebracht. Die Schwester ist mit den Papieren beschäftigt und überläßt mir die Arbeit. Die Frau soll zuerst ein warmes Bad nehmen und dann ins Bett gebracht werden.

Allein mit ihr, fragte ich: »Mensch Oma, wie konnte das passieren?«

Sie ist klein, zierlich und trägt über ihrem grauen Haar ein Tuch wie die Trümmerfrauen 1945. All ihre Sachen tropfen vor Nässe. »Ach Kindchen, mir ist das ja so peinlich, und nun mache ich Ihnen auch noch mehr Arbeit.«

Sie schien Humor zu haben, und ich spiele weiter, um zu erfahren, was geschehen ist. »Hättest du nur früher daran gedacht, nun ist es zu spät, jetzt muß ich mich um dich kümmern.«

Lachend halte ich ihren dicken rosa Schlüpfer in der Hand. »Hier sieh mal, den kann ich gar nicht auswringen, so dick ist der.«

Wie sie nackt vor mir steht, sehe ich, daß die eine Brust vollkommen verunstaltet ist, so, als ziehe sich die Haut nach innen. Das ist Brustkrebs, denke ich und frage sie: »Was ist mit deiner Brust?«

»Das ist ja der Grund, weswegen ich nicht mehr leben wollte!«

Sie erzählt mir ihre Geschichte. Paul, ihr Verlobter, kam aus dem Krieg nicht zurück. Sie glaubte jedoch nicht, daß er tot war, sondern in Gefangenschaft, und eines Tages bestimmt zurückkommen würde. Dann bemerkte sie die Veränderung an der Brust und bekam Angst, Paul würde sie verschmähen. Einen anderen Mann als Paul wollte sie nicht, also beschloß sie, sich im Müggelsee zu ertränken. Plötzlich mußte sie feststellen, daß sie schwimmen konnte. Seit ihrer Kindheit war sie nie mehr zum Baden gegangen, und gegen ihren Willen schwamm sie ans Ufer zurück, wo sie der Autofahrer gegen 4 Uhr früh fand.

Der Krieg ist vierundzwanzig Jahre vorbei, und sie glaubt fest daran, daß Paul kommt. Sie sitzt in der Wanne und spielt mit dem Wasser und guckt mich wie ein Kind nach der Schelte fragend an: »Was passiert nun?«

Ich nenne sie weiterhin »Oma« und tröste sie: »Nun kommst du ins Bett, dann sieht der Arzt nach dir, und danach sprechen wir weiter, einverstanden? Und tu das nie wieder, hörst du!« Scherzhaft füge ich hinzu: »Paul würde dich ganz schön vermissen.«

Sie lacht. »Wenn er kommt.«

»Oma, stell dir bloß mal vor, er ist da und du bist weg.« Wir lachen.

Der Arzt ist erstaunt über die gute Verfassung, in der er die Patientin vorfindet. Nach der Untersuchung kommt er ins Dienstzimmer. »Eigentlich ist sie gesund, bis auf ihre Brust, sie muß unbedingt entfernt werden, der Tumor ist bösartig.« Er benutzt die lateinischen Begriffe dafür, ich verstehe ihn trotzdem.

»Wer bringt ihr das bei?«

Die Schwester dreht sich zu mir um. »Ursula, das machen Sie, Sie können gut mit alten Menschen umgehen.«

Das Gespräch schiebe ich hinaus. Bis alle Untersuchungen abgeschlossen sind, ist eine Woche vergangen. Die Oma hilft, wo sie kann. Wenn ich sie suche, steht sie in der Küche und wäscht ab. Ich warte auf den Nachmittagsdienst, lade sie zu einem Spaziergang durch den Garten ein und erkläre ihr, wie nötig die Operation ist. Erstaunlich, wie ruhig und gelassen sie reagiert. »Was sein muß, muß sein!«

»Richtig!« Ich lache erleichtert. »Und Paul liebt dich auch mit einer.«

Wir lachen wie zwei Freundinnen, als wir zur Station zurückgehen.

Die Operation übersteht sie gut. Ich besuche sie danach, sie hebt ihren Arm und sagt: »Sieh mal, tut gar nicht weh.«

Der Befund fällt nicht schlecht aus, sie hat keine Metastasen, die Lymphknoten sind nicht betroffen, sie hat mit viel Glück ein langes Leben vor sich. Leider habe ich sie nicht mehr gesehen.

Wenn ich frei habe, fahre ich zur Oma und meinem Sohn. Er ist groß geworden, spielt am liebsten mit den Dorfkindern im Sandhaufen, den die Oma extra hat anfahren lassen. Munter erzählt er mir von seinen Erlebnissen, und ich bin erfreut, wie gut seine Haut aussieht.

Das Wochenende vergeht viel zu schnell, ich nutze die wenigen Stunden mit Timo für lange Spaziergänge, bei denen ich ihm von der großen Stadt erzähle. Beim Aufwiedersehensagen weint er nie, sondern winkt mir eifrig nach.

Gerda spart für mich, ich gebe ihr mein ganzes Geld. Nach ein paar Wochen auf der Station nimmt mich eine Schwester beiseite und sagt: »Es fällt langsam auf, daß nur von dir Kaffeegeld in der Büchse ist, behalte es lieber für dich, wir geben es auch nicht ab.«

Das Trinkgeld zu behalten ist mir zuerst peinlich, aber dann gewöhne ich mich daran, und es reicht für ein Eis oder für einen kleinen Einkauf.

Viktor wird genau wie ich bei jeder Begegnung verlegen. Er kehrt nicht den angehenden Arzt heraus, sondern greift zu, wenn ich eine schwere Frau herumdrehen muß. Einmal waren alle Schwestern anwesend, und die Oberschwester ordnete an: »Ursula, du streichst heute die Tropfständer!«

Der Rost nagt an vielen Stellen, und neue Farbe ist bitter nötig. Nur, daß ich vom Streichen keine Ahnung habe. Ich hocke im Flur und versuche, mit einem Holzstab die feste Farbe in der Büchse zu verrühren. Plötzlich kommt die Weiße Wolke, die Chefarzt-Visite, aus einem Zimmer. Sie gehen an mir vorbei, als sei ich Luft, niemand traut sich, ein Wort an mich zu richten.

Ich hänge förmlich mit dem Stock in der Farbe fest, er bewegt sich nicht hin und nicht her. Viktor geht als letzter. Er sieht meinen verzweifelten Versuch, den Stock herauszuziehen, hockt sich zu mir und probiert es auch. Dafür bekommt er eine Rüge: »Untersuchen wir Büchsen oder Patienten?!« Der Oberarzt verleiht seiner Stimme das Volumen eines Opernsängers.

Viktor antwortet nicht, er probiert ein letztes Mal, aber es gelingt ihm auch nicht, der Stock klebt fest. »Das hat keinen Zweck, die Farbe ist zu alt, wirf sie weg.«

Er lächelt freundlich und geht der Weißen Wolke hinterher. Ich glaube, in diesem Moment habe ich mich verliebt. Mein Herz klopft bei diesem Gedanken wie wild. Durch meinen Körper geht ein Kribbeln wie nach einem Stromschlag, und ich denke: Warum bin ich nur so schüchtern!

Über der letzten Tür leuchtet die Alarmlampe, schnell laufe ich hin. Die Patienten sind aufgeregt, eine Frau ist vom Stuhl gefallen. Sie haben Angst, daß sie tot ist. Sie liegt ohne Bewußtsein auf dem Fußboden. Ich gehe langsam hinaus und hole eine Schwester. Mühsam heben wir die Bewußtlose ins Bett und rollen es hinaus. Die Frauen werden hysterisch. »Sie ist tot, sie ist tot!« Die Schwester bringt sie in einem energischen Ton zur Ruhe.

Wir schieben das Bett ins Bad, die Luft ist ekelhaft süßlich. »Weshalb stinkt es hier so?«

»Es sind die Toten, die so riechen. Wir schieben sie, bis sie abgeholt werden, ins Bad.«

Mir wird übel, ich habe noch nie einen Toten gesehen und frage entsetzt: »Ist die Frau etwa tot?«

»Nein, aber hier können wir sie in Ruhe versorgen, danach kommt sie in den Glaskasten.«

Die Patientin erhält eine Spritze. Wir waschen sie und beziehen das Bett neu, danach bringen wir sie ins Sterbezimmer. »Was hat sie eigentlich?«

»Zucker«, sagt die Schwester.

Nach einer halben Stunde höre ich laute angstvolle Schreie. Ich laufe in den Glaskasten, auch andere Schwestern kommen herein. Die Frau ist wach und schreit vor mörderischen Schmerzen. »Mein Bein, mein Bein, Hilfe, es tut so weh!«

Eine Schwester holt den Arzt, der untersucht sie und ordnet zur Förderung der Durchblutung einen Tropf an. Unterhalb des rechten Knies ist eine Ader verstopft, das Bein wird nicht mehr durchblutet. Sie muß grausam leiden, denn solche Schreie habe ich noch nie gehört. Sie bekommt dagegen wieder eine Spritze, und alle verlassen das Zimmer. Nur ich bleibe bei ihr und streichele beruhigend ihren Kopf. Sie ist hellwach und wartet auf die betäubende Wirkung. Erst als sie ruhig wird, gehe ich hinaus. Mein Feierabend ist seit zwei Stunden vorbei.

Fünf Minuten später bin ich wieder bei der Patientin mit dem offenen Bein. Sie ist gerade aus der Mittagsruhe erwacht und bittet mich, die Kühlflüssigkeit zu holen. Die Flasche ist leer. Jeden Morgen fahre ich sie zur Wundbehandlung in den OP, die

Wunde bessert sich zusehends, das Bein ist gerettet. Mittlerweile tränkt sie den Verband selbst und ist an einer schnellen Heilung sehr interessiert. Mich wundert es nicht, bekanntlich kann ja der Glaube Berge versetzen. Von dem Tag an, als sie mir glaubte, daß das Bein dran bleiben würde, half sie mit. Es ist ein schönes Erfolgserlebnis für mich.

Als ich mit der Flasche zurück bin, höre ich schon wieder die Schreie aus dem Glaskasten. Sie gellen über die gesamte Station und dringen mir durch Mark und Bein. Beunruhigt gehe ich mich umziehen, ich will unbedingt nach draußen, das Leben sehen.

Ich verabschiede mich schon, als plötzlich ein Bett aus einem Zimmer geschoben wird. Die Schwester rollt es ins Bad, ich gehe hinterher und breche in Tränen aus, als ich erkenne, daß es eine Frau ist, um die ich mich besonders bemüht habe. Sie ist nicht alt, um die Fünfzig, und hatte einen Schlaganfall, der so schlimm war, daß kaum noch Hoffnung bestand. Sie wurde gleich in das Sterbezimmer gebracht. Jeden Tag habe ich während der Fütterung mit ihr geredet und ihr Mut gemacht, sie schien mir einfach zu jung zum Sterben. Die Sprache kam bald wieder, sie machte von Tag zu Tag Fortschritte, worauf man sie in ein normales Zimmer legte und mit der Gymnastik begann. Einmal sagte sie zu mir: »Wenn ich hier wieder herauskomme, Kindchen, dann fängst du bei mir zu arbeiten an. Das Krankenhaus ist doch nichts für dich, den ganzen Tag das Elend. Das ist nichts für einen jungen Menschen wie dich.«

Sie arbeitete im Rathaus, und ihre Überlegung gefiel mir.

Die Gymnastikschwester kommt mit dem Arzt in das Bad, sie sieht verstört aus. »Mitten in der Übung kriegte sie einen Herzanfall.« Es klingt wie eine Entschuldigung. Überall werden Spritzen in sie hineingejagt, doch ehe sie wirken können, stirbt die Frau.

Ärzte sind keine Götter, aber im stillen glaube ich, daß mit dem Sport zu früh begonnen wurde. Doch es steht mir nicht zu, ein Urteil abzugeben. Deprimiert gehe ich zur Straßenbahn.

Gerda hat Spätschicht, sie arbeitet als Serviererin im Hotelrestaurant. Ich laufe durch die Empfangshalle, die durch die großen Marmorfliesen an den Wänden und auf dem Boden eine kühle und strenge Atmosphäre vermittelt. Alle Angestellten an der Rezeption haben den Gesichtsausdruck freundlicher Unpersönlichkeit.

Das Restaurant ist bis auf den letzten Platz besetzt. Gerda sieht fremd aus, wenn sie in ihrer Berufskleidung die Gäste bedient. Sie zeigt auf einen Stuhl, der an einem Tisch mit einem Reserviertschild steht. Ich setze mich, nehme die Karte und höre die Stimme Gerdas dicht an meinem Ohr: »Klöße mit Blaubeeren gibt es heute als Personalessen.«

Ich tue, als wenn ich lese, und sage: »Die nehme ich!«

Aufgeschlagen stelle ich die Karte vor mir auf den Tisch, damit keiner der anderen Gäste mein Essen sieht. Gerda hat mich auf diese Weise oft kostenlos versorgt.

Nach dem Essen warte ich auf ihren Dienstschluß und beobachte die Gäste, die gesund und munter ihre Mahlzeiten in sich hineinschieben. Und plötzlich geht mir ein Vers nicht mehr aus dem Kopf:

Du kennst die Blumen nicht, die duften,
Du kannst nur arbeiten und schuften.
So gehn sie hin, die schönen Jahre,
und endlich liegst du auf der Bahre.
Und hinter dir, da grinst der Tod,
Kaputt geracker t, du Idiot!

Wer das gereimt hat, hat recht, denke ich, und beschließe, mit Gerda zum Jazz in die »Große Melodie« im alten Friedrichstadtpalast zu gehen, der jeden Montag die verschiedensten Typen von Musikern und Fans zusammenbringt.

Mein Vorschlag gefällt ihr, wir treffen uns draußen vor dem Personalausgang und fahren mit der S-Bahn zur Friedrichstraße.

Dort steht auch der Grenzübergang nach West-Berlin, ein Glasbau, er wird von den Berlinern »Tränenpalast« genannt. Hier liegen sich täglich heulende Ost-Berliner mit ihren West-Berlinern in den Armen und beweinen ihr Schicksal. Die Westler haben's gut, sie dürfen, wohin sie wollen, nur uns bleibt der Eintritt in die Freiheit des Westens verwehrt.

Jeder Montag, den wir im Friedrichstadtpalast zubringen und an dem wir hier vorbei müssen, macht mich neugierig, traurig und wütend zugleich. Bei den Reisebestimmungen zeichnet sich in naher Zukunft keine Änderung ab. Gerda und ich zweifeln, ob wir überhaupt ein Visum für Ungarn bekommen – selbst das kann ohne Begründung verweigert werden.

Timo fällt mir sofort auf. Er ist von einer Truppe Schauspieler umringt und lacht lautstark in den Saal. Natürlich sieht er uns sofort und brüllt: »Hallo, Mädels, herkommen!«

Der Abend wird lustig und endet in seiner Wohnung. Nur Gerda und ich bleiben übrig, der Rest haut ab. Timo hat nichts dagegen, daß wir bei ihm schlafen wollen. Gerda zieht eine Scherengitterlampe zu sich und stülpt ihre Perücke über den Lampenschirm. Das sieht witzig aus und sie mit ihren angeklatschten Haaren nicht weniger. Beim gegenseitigen Betrachten bekommen wir einen Lachkrampf. Perücken sind groß in Mode, es gibt sie jedoch nur gegen Devisen im Intershop. Nachdem wir unsere künstlichen Wimpern entfernt haben, lacht Timo: »Und wenn ihr vorne die rostigen Nägel rauszieht, fallt ihr dann zusammen?«

Wir krümmen uns vor Lachen und schlafen irgendwann angezogen ein. Gegen Morgen wird plötzlich die Wohnungstür aufgeschlossen, und ehe wir richtig sehen können, steht eine Frau keifend im Zimmer: »Timo, was soll das, kannst du mir vielleicht mal sagen, was das für Leute sind?«

Timo liegt in der Mitte, verschlafen richtet er sich kurz auf, läßt sich ohne ein Wort zurückfallen und schnarcht weiter. Ich sehe Gerda an, sie sieht mich an, und gleichzeitig richten wir uns auf und fangen an zu lachen.

Die Frau reißt die Augen auf und schreit: »Raus hier!«

Wir lachen noch mehr. Sie macht auf dem Absatz kehrt und schlägt die Tür wütend hinter sich zu.

Davon erwacht nun Timo endgültig und sagt: »Ihr dummen Hühner, müßt ihr die so fertig machen? Das ist eine Lesbe, die mich liebt!«

Das hätte er lieber nicht sagen sollen, nun hören wir mit dem Lachen gar nicht mehr auf. An Schlafen ist nicht mehr zu denken, wir richten uns im Bad wieder her und verabschieden uns von Timo. Danach habe ich ihn nie mehr gesehen, sondern nur seine Todesanzeige gelesen.

Aber der letzte Morgen mit ihm wird mir immer in lustiger Erinnerung bleiben.

Der Mittwoch bringt eine Veränderung in mein Leben. In der Nacht wurde ein verletztes Mädchen auf unsere Station gelegt. Sie war nach einer Betriebsfeier leicht alkoholisiert auf der falschen Seite der S-Bahn ausgestiegen und an das Starkstromkabel gekommen. Warum sie überlebte, kann sich niemand erklären, außer einigen Brandwunden im Gesicht und an einem Fuß ging es ihr relativ gut.

Mit dieser Neuigkeit begrüßt mich die Nachtschwester zum Frühdienst. Ich gehe gleich zu der Patientin, weil ein junges Mädchen eine Abwechslung auf unserer Station ist. Sie ist ungefähr siebzehn Jahre alt, sitzt im Bett und beschaut sorgenvoll die Brandblasen im Gesicht. Als sie mich sieht, legt sie den Kosmetikspiegel beiseite und fragt ängstlich: »Bleibe ich so häßlich?«

»Wie heißt du?« frage ich.

Sie versucht ein Lächeln, was nicht gelingen will, denn eine große Brandblase am Mundwinkel hindert sie. »Bärbel.«

»Das wird schon wieder in Ordnung kommen, aber erstmal etwas Wichtiges«, sage ich. »Du darfst auf keinen Fall sagen, daß du getrunken hattest, sonst gilt das nicht als Betriebsunfall, und die Versicherung zahlt dir kein Krankengeld.«

»Aber ich weiß nicht, was die Notärzte aufgenommen haben.«

»Gar nichts, dazu sind sie wohl nicht gekommen, sie haben es nur erzählt. Hast du mir zugehört?« frage ich.

Sie sagt: »Mein Vater ist Anwalt, der macht das schon.«

»Der nützt dir erst hinterher!«

Sie will wieder lachen, wir verstehen uns prächtig. »Toll, daß du hier arbeitest«, sagt sie. Ich kläre sie über meine Tätigkeit auf. Sie staunt, wie mutig ich bin, mal hier und mal dort zu arbeiten.

»Das hat mit Mut nichts zu tun, das erzähle ich dir später.«

»Hoffentlich bleibst du, solange ich hier liege«, meint sie.

Ihr Vater sorgt dafür, daß ein Bett auf der Unfallchirurgie bereitgestellt wird, und in wenigen Stunden ist Bärbel eine Etage höher. Beziehungen sind das halbe Leben.

Vorher muß ich ihr versprechen, daß ich sie besuchen werde.

Nach Dienstschluß ziehe ich mich um. Mit Hot Pants, knallroten Wildlederschnürstiefeln und offenen Haaren betrete ich die Unfallstation. Im Schwesternzimmer brauche ich nicht zu fragen, wo Bärbel liegt, ich habe sie ja am Vormittag selbst gebracht.

Sie freut sich über mein gehaltenes Versprechen, eine Freundschaft scheint sich anzubahnen. Bald kennt sie meine Lebensgeschichte, und ich sage: »Morgen komme ich um die gleiche Zeit.«

Da steht plötzlich ein Arzt im Zimmer und weist mich mit lautem Ton hinaus: »Kommen Sie gefälligst zur Besuchszeit!«

Ich drehe mich noch mal zu Bärbel um und frage sie etwas. Meine Gedanken sind allerdings woanders. Der Arzt hat seine Mutter auf unserer Station liegen, gleich im erstem Zimmer, wo die Pflegefälle sind. Sein Gesicht kam mir gleich bekannt vor. Na warte, denke ich, Rache ist süß. »Tschüs bis Morgen!« rufe ich fröhlich und gehe, gleichgültig blickend, an ihm vorbei.

Am nächsten Tag, ich wasche gerade die Mutter des Arztes, steht er plötzlich unangemeldet im Zimmer. »Auch für Sie gilt die Besuchszeit«, sage ich herausfordernd. Er erkennt mich, seine Verlegenheit tröstet mich für gestern, und ich wende mich wieder seiner Mutter zu.

Am Nachmittag gehe ich wieder zu Bärbel. Sie sitzt heulend im Bett und jammert: »Die wollen mir den kleinen Zeh abnehmen!«

»Na und«, lache ich, »dann läufst du eben auf allen neunen, es soll ja Lebewesen geben, die laufen nur auf allen vieren!«

Sie muß durch ihre Tränen hindurch lachen und umarmt mich: »Wenn du nicht hier wärst, würde ich verrückt werden!«

Ich entdecke, daß ihr Augenweiß ganz gelb aussieht und frage: »Hast du Gelbsucht?«

»Bloß nicht, das würde mir gerade noch fehlen!«

»Achte mal darauf«, sage ich.

»Wieso, was kann mir denn passieren?«

»Nichts, außer daß du dann in ein anderes Krankenhaus mußt, auf eine Isolierstation.«

»Um Gottes willen, dann lieber Zeh ab!«

Ihr Kommentar bringt uns zum Lachen. Plötzlich öffnet sich die Tür, ein kleiner Mann im weißen Kittel schreit mich an: »Hinaus, aber auf der Stelle, wir sind doch kein Zirkus!«

Anschreien vertrage ich gar nicht, seit Horst reagiere ich darauf allergisch. Deshalb brülle ich zurück: »Schreien können Sie mit den Schwestern auf Ihrer Station, aber nicht mit mir!«

Er verläßt sofort das Zimmer; wenig später steht der Arzt vom Vortag vor mir und bittet mich freundlich: »Sie müssen sich im Schwesternzimmer anmelden und sagen, daß Sie eine Kollegin sind.«

Sieh einmal an, denke ich, wie nett der plötzlich ist, und sage zu Bärbel: »Ich bringe dich zur Toilette, dann gehe ich!«

Sie kann kaum laufen, im Klo erzählt sie mir, daß sie mit ihrem Vater über mich gesprochen habe. Er meint, ich solle mich beim Rechtsanwaltkollegium bewerben.

»Und was soll ich da machen?« frage ich erstaunt.

»Eine Ausbildung zur Mahn- und Sparkassensachbearbeiterin.«

Darunter kann ich mir nichts vorstellen, aber ich nehme das Angebot an. »Also gut, ich bewerbe mich. Vorher fahre ich aber nach Ungarn!«

Im Schwesternzimmer sage ich: »Morgen komme ich wieder.«

Die Schwester ist über mein Verhalten empört: »Was fällt Ihnen ein, unseren Chef anzuschreien?«

»Mir fällt dazu nur ein: Wie man in den Wald hineinruft, so schallt es heraus.«

Sie ringt nach Luft: »Es ist der Chef!«

»Und wenn er der Prinz von Mazedonien wäre, es ist mir egal.«

Danach lasse ich sie stehen und gehe.

In dieser Nacht schlafe ich schlecht. Ich mache mir Gedanken, ob ich entlassen werde, denn ich glaube, daß es eine Beschwerde über mich bei der Oberin geben wird. Doch der Morgen beginnt wie immer mit Waschen und Bettenmachen. Auf der Beinwunde hat sich neue, zarte rosa Haut gebildet, die Frau ist überglücklich darüber, daß sie bald nach Hause gehen kann.

Die Schreie der armen Zuckerkranken höre ich jetzt seit vier Wochen. Ihr Bein ist dunkelblau, die Zehen sind glasig, total abgestorben. Warum keiner das Bein amputiert, ich verstehe das nicht. Meine besondere Fürsorge gilt ihr, denn sie spürt die Schmerzen trotz der Morphine, die sie erhält. Zu mir sagt sie oft: »Ursula, laß mich sterben!«

Sie hängt am Tropf, kann sich nicht bewegen, ist wundgelegen, ihr Leben ist die Hölle, und trotzdem bringe ich sie dazu, von mir die Schnabeltasse zu nehmen. Die Schwestern haben mir erzählt, daß sie jede Nahrung verweigert, wenn ich frei habe. Vorsichtig wickele ich das tote Bein in Watte und lege einen Verband darum. Das dauert ewig, da ich vorsichtig sein will, um unnötige Schmerzen zu vermeiden. Die Tochter der Patientin hat sich bei mir darüber beklagt, daß man ihre Mutter so leiden läßt und eine Dauerbesuchszeit erwirkt. Sie steht hilflos neben mir, ich weiß keinen Rat. Irgendwann erschöpfen sich alle tröstenden Worte an der hoffnungslosen Wirklichkeit. Wäre ich Arzt, ich hätte längst entschieden.

Gegen Mittag, nach vier Wochen Qualen, kommt sie in den OP, die Tochter und ich begleiten sie. Im Aufzug erkennt sie mich. Ich fühle mit ihr, hier drinnen kommt die Angst: »Schwester Ursula, ich will nicht sterben!«

Ihr letzter Versuch, wider besseres Wissen sage ich: »Sie sterben nicht!« Dabei habe ich diesmal keine Hoffnung mehr. Ich sage ihr auf Wiedersehen, wie ich es bei meiner Mutter nicht hätte aufrichtiger tun können.

Bärbel ist tieftraurig, die Diagnose steht fest, sie hat tatsächlich Gelbsucht und wird verlegt. Wir tauschen die Adressen, und ich sage zum Abschied: »Dafür mußt du weiter auf allen Zehnen gehen, der Kleine bleibt dran!«

Tapfer lacht sie: »Du hast wie immer recht.«

Am Nachmittag sterben zwei Frauen, ich rufe Knochenkalle an; er holt immer die Toten ab. Am Telefon fragt er: »Dicke oder Dünne?«

Ich verstehe seine Frage nicht. »Wie meinen Sie das?«

»Na, ob es zwei Dicke sind, dann muß ich zwei Mal mit der Bahre kommen. Sind es eine Dicke und eine Dünne, komme ich einmal.«

Nach wie vor begreife ich seine Frage nicht und sage: »Keine Ahnung.«

Ärgerlich wirft er den Hörer auf die Gabel.

An den Toten wird ein Zettel mit Geburtsdatum, Sterbetag und Namen am rechten großen Zeh befestigt. Ich ziehe sie nackt aus und schlage die Laken darüber. Ich habe mich an die Toten gewöhnt, sie machen mir keine Angst mehr.

Knochenkalle kommt, schaut auf die Leichen und brummt: »Was für ein Glück, ich kriege sie auf einmal weg!« Zuerst legt er die Dickere auf die Bahre. Er hat ein System dafür. Die Arme werden seitlich an den Körper gepreßt und die Beine gespreizt, darüber legt er die Dünne, die Arme auf den Rücken, die Beine in der Mitte zwischen die der anderen Frau. Der Anblick schokkiert mich. Wie würdelos mit den Toten umgegangen wird. Zwei Menschen, die sich nie begegnet sind, liegen nackt übereinander. Wie ein Liebespaar im Tode vereint – nur für die Bequemlichkeit eines Lebenden.

Die freien Tage brauche ich zur Erholung. Mit Gerda gehe ich das Visum für Ungarn beantragen, danach fahre ich zum

Rechtsanwaltskollegium und bekomme dank Bärbels Vater die Stelle.

Gerda bezahlt im Reisebüro die Flüge, und dann fahre ich zur Oma.

Ich freue mich, wie gut es den beiden alten Damen geht, von Krankheit und Alterserscheinungen keine Spur. Die Oma hilft in der Gemeinde, und die Uroma bewirtschaftet den Garten. Mein Sohn freut sich über den Kipper, den ich ihm mitgebracht habe, und spielt tagsüber nur draußen. In der Nacht hustet er. Ehe ich bei ihm bin, steht schon die Oma an seinem Bett. »Leg dich schlafen«, sagt sie zu mir, »ich kümmere mich.«

»Nein«, sage ich, »das kann ich auch machen.« Plötzlich spüre ich Kälte zwischen uns. Ich will unbedingt meinen Sohn versorgen, aber sie läßt mich nicht.

»Geh ins Bett!« Sie behandelt mich wie ein Kind. Ich wage keinen Widerspruch, aus Angst, sie könnte sagen: Sonst kümmere ich mich ja auch um ihn.

Diesen Vorwurf möchte ich nicht hören, den mache ich mir öfter, als sie denkt.

Am nächsten Tag geht es ihm besser, aber ich möchte nicht mehr nach Berlin fahren. »Fahr ruhig, mach dir keine Sorgen und schreib uns aus Budapest!«

Gleich am ersten Arbeitstag nach dem Wochenende und zwei freien Tagen möchte ich die Zuckerkranke besuchen und frage die Stationsschwester, ob ich für kurze Zeit in die Chirurgie darf. Sie kennt mich seit drei Monaten und weiß, wie sehr ich mich um die Patientin gekümmert habe. Sie erlaubt es, möchte aber, daß ich meine Pause dazu benutze.

Im Dienstzimmer fragt sie mich: »Wollen Sie sich zur Schwester ausbilden lassen? Sie haben sich prima eingearbeitet und zeigen großes Interesse an dem Beruf.«

Ein Lob! Wann wurde ich jemals in meinem Leben gelobt?

Sie bittet mich: »Überlegen Sie in Ruhe!«

Viktor kommt herein, er lächelt mich an. Seine Prüfungen sind bald zu Ende, ich werde ihn dann nie wiedersehen, weil er nicht in Berlin bleibt, sondern nach Jüterbog geht. Alle schätzen seinen Fleiß, und es hat sich herumgesprochen, daß er das Praktikum mit einer Zwei abschließt. Sein Kollege hat gerade eine Vier geschafft, fehlt ständig und lebt bei den Schwestern von seinem Augenaufschlag. Er will als Chirurg in der Armee arbeiten, darüber kann die übrige Menschheit nur froh sein. Wenn ich zufällig mit Viktor in einem Zimmer arbeite, unterhalten wir uns, besser gesagt, ich höre zu und fühle nur mein Herz schlagen.

Nie wird er mein Geheimnis wissen, seit einem Vierteljahr bin ich in ihn verliebt. Ich verrate mich nicht, sondern freue mich jedesmal, wenn ich ihn sehe.

In der Pause fragt er mich: »Was machen Sie nach den Ferien?«

So eine persönliche Frage habe ich nicht erwartet und werde verlegen. Ich zucke mit den Schultern, würge den Kloß in meinem Hals hinunter und sage: »Im Anwaltsbüro arbeiten.«

Dabei vermeide ich, daß sich unsere Blicke kreuzen. Mein Herz springt und hüpft wie ein Tänzer in der Disco. Gleichzeitig bedauere ich meine Schüchternheit. Weshalb verwickelst du ihn nicht in ein längeres Gespräch? Das Gegenteil tue ich, ich gehe aus dem Raum, in dem wir die Luft gemeinsam einatmen und ihre Schwingungen spüren.

Im Schwesternzimmer der Chirurgie frage ich nach der Beinpatientin. Eine Schwester sieht mich spöttisch an und sagt eiskalt: »Zu der brauchen Sie nicht mehr, die macht nicht mehr lange.«

In meinem Bauch rumort es vor Wut, ich beherrsche mich und frage bestimmt: »Wo liegt sie?«

Ihre Antwort ist kurz, als verscheuche sie damit eine lästige Person: »Im Bad.«

Der Schreck fährt mir durch und durch, mein Blut scheint in den Adern zu gefrieren. Schnell mache ich mich auf die Suche nach dem Bad. Ich drücke die Metallklinke hinunter und höre hinter der Tür ein unmenschliches Stöhnen.

Mit einem Schritt stehe ich im Raum, die Luft ist von Krankheit, Eiter und Tod verpestet. Der Geruch bremst meine

Schritte: Raus hier! denke ich und bleibe dennoch wie angewurzelt stehen.

Ich presse meine Hand vor die Nase und will hinausgehen, doch das merkwürdige Stöhnen ist wieder zu hören, als sende jemand einen letzten, verzweifelten Hilferuf.

Reiß dich zusammen, überwinde den Ekel, denke ich und trete an das Krankenbett. Den Anblick von Kranken oder Toten kenne ich, aber nun sehe ich in die Augen eines Menschen, der mir vertraut und in mir seinen Retter sieht. Diese vor Schmerz getrübten Augen schreien stumm nach Hilfe.

Überglücklich bringt sie meinen Namen über die ausgetrockneten Lippen, deren Risse der Beweis dafür sind, daß sie lange nichts mehr getrunken hat.

Die Schnabeltasse steht neben ihr auf dem Fensterbrett. Der Tee ist kalt, dankbar trinkt sie in winzigen Schlucken. Mühsam hebt sie ihren Stumpf hoch: »Sie verbinden ihn nicht einmal neu.«

In der Tat, der Verband hängt dreckig, durchtränkt von Eiter und Blut lose herum und verursacht den entsetzlichen Gestank.

Sie selbst sieht ungepflegt aus, die grauen Haare stehen wild durcheinander, die Decke liegt zerknüllt am Fußende. Sie zieht ihr Nachthemd hoch, und ich sehe das andere Bein, das den Beginn der gleichen Krankheit zeigt.

Ich schüttele ihr Kopfkissen auf, kämme ihre Haare, wasche mit dem Lappen vorsichtig das Gesicht und decke sie richtig zu. Der Fäulnisgeruch hängt wie ein Vorbote des Todes im Bad, und ich bekomme Angst, als streckte er seine Krallen nach mir aus.

Plötzlich stöhnt sie laut, und sichtbar versinkt sie in die Welt der Schmerzen, die niemandem Zugang gewährt.

Mein Weggang gleicht einer Flucht, ich fliehe vor der Erkenntnis, daß ein Mensch nichts wert ist, wenn er alt und krank ist. Sie will leben, doch die Bequemlichkeit des Pflegepersonals verurteilt sie zu einem grausamen Tod.

Um keinen Preis in der Welt will ich Krankenschwester werden und niemals in einem Krankenhaus sterben.

Erschüttert über das Gesehene, schweige ich den restlichen Arbeitstag. Darüber zu sprechen, halte ich für sinnlos. Die Kollegen würden bestimmt sagen, was geht dich die Chirurgie an, und außerdem bist du keine Schwester.

Eine Schwester bittet mich, einer Sterbenden das Gebiß herauszunehmen. Die persönlichen Dinge der Verstorbenen werden den Hinterbliebenen ausgehändigt, dazu gehören Schmuck, Geldbörse, die Kleidung und eben das Gebiß.

Diese Arbeit finde ich widerlich: Meine Hand in den Mund einer Fremden zu stecken und ihr die Zähne herauszuholen. Die Frau hatte einen Schlaganfall, kann also nicht sprechen und bringt nur unverständliche Laute hervor. Da ich sie nicht verstehe und das Gebiß sich auch nicht entfernen läßt, hole ich eine zweite Schwester zur Hilfe. Gemeinsam ziehen und wackeln wir in ihrem Mund herum, ohne Erfolg. »Lassen wir das Gebiß eben drin!« sage ich. Die Schwester ist einverstanden. Am nächsten Tag übergebe ich die persönlichen Dinge dem Sohn und sage: »Die Zähne haben wir nicht herausbekommen.«

Darauf antwortet er empört: »Meine Mutter hatte kein Gebiß, ich bin Zahnarzt!«

Mein Gott, die arme Frau, was muß sie in ihren letzten Lebensminuten gedacht haben: Noch nicht tot, und schon klauen die meine Goldzähne.

Mein letzter Arbeitstag verläuft nicht anders als der erste. Nach der Visite darf die Frau mit dem ehemals offenen Bein nach Hause, sie bedankt sich herzlichst bei allen Schwestern.

Ich wasche, kämme und pflege die Patienten. Mit den Schiebern renne ich fröhlich über den Flur. Nur noch heute, dann ist Schluß, dann sehe ich eine neue, andere, unbekannte Welt. Jedem Patienten sage ich Tschüs, einige sind traurig. Den Neuzugängen bin ich nicht vertraut, sie bleiben höflich reserviert.

Die Kollegen bedauern meinen Weggang. Wir haben uns alle gut verstanden. Ich habe sehr viel in der Zeit gelernt. Die Arbeit einer Krankenschwester ist Schwerstarbeit.

Bis zum endgültigen Dienstschluß helfe ich in der Küche die Brötchen schmieren. Die Marmelade ist alle, ich gehe zum Schrank und schaue in die vollen Marmeladeneimer, wo die dicke, klebrige rote Masse in Pappbehältern vor sich hin stinkt. Plötzlich greift mir jemand von hinten an meine hochgesteckten Haare und wackelt an dem Dutt. »Fall nicht in den Topf!« Viktor lacht.

Mein Kopf nimmt die Farbe der dunkelroten Marmeladenmasse an. Wie eine Krake schlingt sich meine Verlegenheit um meinen Körper. Unfähig zu sprechen stecke ich den Kopf tiefer in den Behälter, als sei Marmelade das Wichtigste und Interessanteste auf dieser Welt.

»Ich wollte nur Tschüs sagen und alles Gute wünschen.«

Viktor klingt schüchtern, er hat den ersten Schritt gewagt, und ich? Ich kratze mit dem Löffel sinnlos in der Wabbelmasse und ärgere mich über mein dummes Verhalten. Er scheint zu warten, ich sage in den Eimer hinein: »Mach's gut.«

Die Worte klingen dumpf wie aus dem Inneren eines Berges. Ich höre, wie die Tür zuschlägt, krieche hervor und unterdrücke die Tränen, die zum Überlaufen bereit sind. Eine vertane Chance für die Liebe.

Die Auslandsreise

Flughafen Schönefeld. Die Reisenden stehen in langen Schlangen und warten auf ihre Abfertigung. Gerda sagt lachend: »Komm, wir gehen noch einen Kaffee trinken.«

Ich nehme das Neue rundherum mit einer Gier auf, als käme ich von dieser Reise nie zurück. Da leuchten Schilder mit Abflugzeiten nach Istanbul, London, Paris und Cuba. Menschen verschiedener Herkunft stehen in Grüppchen zusammen, sie lachen, reden und vermitteln mir einen Hauch von wirklicher Freiheit.

Wir dürfen nur die Ostblockländer bereisen. Für meine Reise nach Ungarn habe ich vier Monate hart gearbeitet, das Geld reicht gerade für den Flug und die Übernachtung. Dafür wollen wir beim Essen sparen. Die letzte Nacht verbringe ich bei

Gerda. In meiner Wohnung hätte ich kein Auge zugemacht. Die Traurigkeit über den Verlust von Viktor, meine Schüchternheit, die mich seine erste zaghafte Berührung ignorieren ließ, beschäftigen mich zu sehr. Stundenlang rede ich mit Gerda in die Nacht hinein. Als der Morgen graut, gehörte Viktor der Vergangenheit an. Was nicht ist, kann nichts werden, deswegen lasse ich keinen Grund zu ewiger Trauer zu, das Leben geht weiter. Wie eine Tür schließe ich das Vergangene ab. Sehr selten suche ich den Schlüssel.

Ich will nicht leiden. Es macht mich hart, auch wenn ich damit anderen weh tue. Meine Wunden aus Kindheit und Jugend werden nie heilen, ich kann sie nur vor neuen Verletzungen schützen. Niemals im Leben will ich meine Freiheit wegen eines anderen Menschen aufgeben. Ich bin ich und werde es bleiben. Niemals soll ein Mann dazu Gelegenheit bekommen, bei mir zu wohnen, mich zu schlagen, zu demütigen oder Sex von mir zu erzwingen. Niemals.

Unser Flug wird aufgerufen. Die Paßkontrolle ist unmenschlich. Ich habe nicht das Gefühl, ein Urlauber zu sein, sondern eher ein Verbrecher, der gesucht wird. Die Zöllner lassen mich den Inhalt meiner Handtasche ausschütten, alles schrauben oder legen sie auseinander. Dann die Frage: »Wohin?«

»Budapest.«

»Wie lange?«

»Vierzehn Tage.«

»Zu wem?«

Ich denke schnell nach. Gerda kann mir nicht helfen, sie sieht auf ihre durchwühlten Sachen, die vor ihr liegen. Am besten ich übergehe die Frage und sage gar nichts. Es funktioniert. Er fragt nicht weiter, mir läuft das Wasser unter den Armen herunter. Gerda hat mir hundert Mark zum Schmuggeln gegeben. Sie selbst hat mehrere Scheine im Schuh zwischen der Sohle. Gestern beim Einkaufen machte sie Probelaufen. Als ich an der Kasse beim Bezahlen nach unten sah, da schaute eine Ecke von einem Hunderter heraus. Draußen sagte ich es ihr, und wir haben herzlich darüber gelacht.

Sie hat das Geld dann so fest eingeklebt, daß sie hofft, der Schuh hält bis Budapest.

Ich halte ihr Geld einfach im Taschentuch in meinen Händen, so, als hätte ich Schnupfen.

Erleichtert atme ich auf, ich darf in den Transitraum gehen. Gerda sitzt schon da und winkt mir zu. Fröhlich über unser Glück kauft Gerda im Transitshop was zum Naschen.

Endlich steigen wir in den Zubringerbus, der in wenigen Minuten total überfüllt ist. Dicht gedrängt stehen wir zusammen und müssen den Geruch von Schweiß, Deodorant und Rauch ertragen. Dafür steigen wir als erste an Bord der Maschine. Gerda sitzt am Fenster, ich habe eiskalte Hände und Angst. Fliegen ist mir unvorstellbar, meine Phantasie läßt eher einen Absturz zu.

Nach dem Start gelingt es Gerda, mich dazu zu bringen, einen Blick nach unten zu werfen.

Alles sieht wie Spielzeug aus. Ich habe das Gefühl, das da unten geht mich nichts mehr an. Ich bin hier oben in der Luft ein freier Mensch. Ein Glücksgefühl flutet durch meinen Körper, am liebsten würde ich laut rufen: Ich bin frei!

Einzig und allein bin ich nun von der Technik abhängig, die mich, wenn sie nicht versagt, erst nach der Landung zu dem macht, was ich vorher war: ein Mensch mit beschränkter Reisefreiheit, ein Deutscher zweiter Klasse, der der Fürsorge und Aufsichtspflicht des Staates untersteht, bewacht und kontrolliert wird, dessen Liebe und Treue zum Staat als oberstes Gebot seiner Erziehung gilt. Ich, das Mädchen Ursula, fliege in den blauen Himmel hinein und ahne nicht, welch düstere Wolken sich gegen mich zu einem Gewitter zusammenballen.

Die Angst vor dem Absturz wird von der Freude auf das unbekannte Land abgelöst.

Ich werde als Fremde ohne Vergangenheit durch Straßen gehen, ich werde eine Sprache hören, ohne sie zu verstehen. Ich werde Menschen treffen, die mich nicht kennen, und ich werde für niemanden »Die aus dem Heim« sein.

Die Maschine landet sanft auf dem Rollfeld, die Fluggäste greifen laut schwatzend ihr Handgepäck und streben eilig der Gangway zu. Liebe Erde, ich habe dich wieder.

Schnaufend, schiebend drückt und drängelt sich alles in den Bus.

Wir nehmen uns ein Taxi. Gerda sagt eine Adresse, und mitten in der Stadt steigen wir aus. Wir haben kein Hotel oder sonst eine Unterkunft. Die Straßen sehen anders aus als in Ost-Berlin. Viel schöner mit den bunten Auslagen in den Geschäften, den vielen Cafés und Restaurants.

Von einem Arbeiter erfahren wir, mit Händen und Füßen redend, wo sich das Reisebüro mit der Zimmervermittlung befindet. Schwitzend tragen wir unsere Koffer über die lange Kettenbrücke, die über die Donau führt.

Es ist ein heißer Oktobertag, ich sehe in den trüben dunklen Fluß hinunter und denke: Sieht aus wie die Spree, von wegen Donau so blau, so blau.

Nach langem Herumirren finden wir das Büro. Schnell begreifen wir, daß Deutsche mit Westgeld sofort und ohne Komplikationen ein Zimmer bekommen, wir hingegen vergeblich warten müssen. Ein Mann fragt uns, ob er helfen kann. Er ist Westdeutscher, und im Handumdrehen ist alles geklärt. Natürlich erwartet uns am Abend eine Einladung, die wir annehmen, ohne daran zu denken hinzugehen.

Wir erleben Ungarn nicht wie die Sommertouristen, vielmehr lernen wir den normalen Alltag der Leute kennen. Nichts bleibt von der Illusion: Irgendwo auf der Welt leben die Menschen besser.

Die Männer sind lästig wie Fliegen; wo wir auftauchen, werden wir umschwärmt. Die erste Frage gilt dem Geld. Sie drükken sich dann so aus: »Ost oder West?« Sagen wir Ostberlin, hauen sie ab, nur hartnäckige versuchen es weiter, da die Mädchen angeblich mit jedem ins Bett gehen.

Wir verbringen unsere Zeit mit Schwimmen auf der Margareteninsel, Herumsitzen in Cafés und mit Einkäufen. Ich denke viel an meinen Sohn und nehme mir vor, die nächste Reise mit ihm zusammen zu machen.

Nirgendwo können wir ruhig sitzen, überall werden wir von Zigeunerkindern umlagert; sie betteln. Mir dreht sich der Magen um, wenn ich sehe, daß sie abends in der Kälte ohne Schuhe barfuß laufen. Gerda und ich neigen zum Mitleid, großzügig verteilen wir Geld. Aber die kleinen Biester lehnen Forint, die Landeswährung, ab, sie wollen: »Deutsch-Mark«.

Einige Passanten kommen uns zur Hilfe und verjagen sie. Eine Frau sagt: »Geben Sie ihnen nichts, die werden Sie nie mehr los. Ihre Eltern warten um die Ecke in dicken Autos, die Kinder werden nur zum Betteln so ärmlich angezogen.«

Die Kinder klammern sich an mir fest, ich fürchte, laut zu werden, sie sind dreckig und sehen mich aus schwarzen, ernsten Augen wirklich traurig an. Wie verhält man sich? Wenn ich ihnen nichts gebe und sie sind doch in Not? Ich frage Gerda: »Was nun?«

Sie entscheidet: »Komm«, und zieht mich am Arm. Die Kinder folgen uns. Gerda ruft: »Haut ab!« Es nützt nichts, wie streunende Hunde bleiben sie uns auf den Fersen. Eine Ungarin scheucht in der Landessprache die Kinder weg. Erstaunlich, wie schnell sie verschwinden.

Die Hauswirtin verlangt jeden Abend nach 22 Uhr von uns Geld, wenn sie die Tür öffnet. In diesem Land verlangt man für alles Geld. Die Männer betrachten uns als Freiwild, so daß wir nach Discobesuchen immer Schwierigkeiten haben, nach Hause zu fahren. Sie versuchen, uns aufzuhalten, wir verpassen oft die Metro.

Das Gefühl, ständig wegen des Geldes verfolgt zu werden, ob von Kindern oder Männern, macht mir die Stadt unsympathisch. Von der anfänglichen Freude auf das Fremde ist nichts geblieben. Ich fiebere dem Tag der Abreise entgegen. Vollbepackt mit Geschenken für mein Kind und von unangenehmen Eindrücken belastet, steige ich nach vierzehn Tagen in das Flugzeug.

Wir starten im Dunkeln, ich sehe auf das Lichtermeer von Budapest. Tausendfaches Funkeln schickt die Stadt zum Abschied in den Himmel, ich ahne nicht, daß das einmal das Leuchten der Liebe werden wird.

Ich komme mir vor wie der Weihnachtsmann, als ich die Geschenke bei den Omas und meinem Sohn ausbreite. Die alten Damen haben nie das Land verlassen, und ich muß alles genau erzählen. Timo spielt und hört staunend zu, als ich vom

Fliegen spreche. »Und das nächstemal nehme ich dich mit«, sage ich zu ihm.

Er lacht, schlingt seine Arme um mich und fragt: »Holst du mich dann?«

»Ja«, antworte ich lachend.

Die Oma ist entrüstet: »Der Junge ist doch noch viel zu klein.« Ich befürchte eine Auseinandersetzung und sage nichts mehr.

Mit seinem Teddy im Arm fragt er mich noch einmal: »Holst du mich auch wirklich?«

Ich gebe ihm einen Gutenachtkuß und sage: »Ja, wenn du ein bißchen größer bist, fliegen wir zusammen ganz weit weg.«

Im Wohnzimmer sitzt die Oma am Tisch und ist empört: »Wie kannst du dem Kind nur so einen Blödsinn erzählen, du mußt doch erst lernen, auf eigenen Füßen zu stehen!«

Warum streitet sie mit mir? Jedesmal, wenn ich da bin, fällt es mir mehr auf.

Wir entfernen uns immer weiter voneinander. Sie bringt mich dazu, daß ich immer weniger Lust verspüre, sie zu besuchen. Neuerdings widerspricht sie mir in allen Dingen. Frage ich: »Weshalb nimmst du nicht die richtige Salbe für Timos Haut?« hält sie mir entgegen: »Vaseline hilft gegen alles.« Sage ich: »Der Hautarzt läßt sie extra anfertigen«, sagt sie: »Die Ärzte haben keine Ahnung, Uroma ist kerngesund, sie war auch nie beim Arzt.« Punktum!

Ich schweige dann, ich fühle mich abhängig, weil sie mein Kind betreut. Sie ermöglicht es mir, meine Jugend auszuleben, aber bin ich dadurch zum Schweigen verurteilt? Ich finde mich mit Erwachsenen nicht zurecht und gebe nach. Sie hilft mir nicht, sie zu verstehen.

Im Kollegium

Das Rechtsanwaltskollegium befindet sich in einer Seitenstraße der Prachtstraße Unter den Linden. Es ist ein moderner Lückenbau, dessen untere Etage nur dem Kollegium dient. In hellen großen Büros arbeiten sieben Anwälte und sechs Sekretärinnen, alle sind dem Stadtgericht Berlin in der Littenstraße unterstellt.

Die Bürovorsteherin begleitet mich durch das Kollegium, um mich als neue Mitarbeiterin vorzustellen. Die Frauen sind freundlich, ich entdecke in ihren Augen keine Ablehnung. Wissen sie nicht, woher ich komme? Ich fühle mich sofort aufgenommen. Auch die Herren Anwälte stehen extra zu meiner Begrüßung von ihren Stühlen auf. Es ist keine Anwältin unter ihnen. Der Vater von Bärbel, mein Schutzpatron, reicht mir die Hand: »Na, dann fangen Sie mal an!«

Meine erste Arbeit beginnt im, scherzhaft so bezeichneten, Leichenzimmer mit der Vernichtung alter Akten. Die Verjährungsfristen sind längst abgelaufen, doch niemand fand die Zeit, sich darum zu kümmern. Es ist ein winziger Raum, in dem sich auf dem Fußboden verstaubte Aktenberge türmen.

Ich muß die Akten durchsehen und die Urteile herausnehmen. Sie werden gesondert aufgehoben. Der Rest wird zu einem Zehnerstapel zusammengeschnürt, um anschließend in den Reißwolf zu wandern. Nichts geschieht ohne ordentliche Ein- und Austragung in einem Buch.

Auf der Suche nach dem Urteil fesselt mich beim Durchblättern einer Akte plötzlich der Inhalt des Verhandlungsprotokolls. Mit Spannung lese ich einen Krimi, den das Leben geschrieben hatte: Ein neunzehnjähriger Ausländer kommt nach Westberlin. Seine Freunde überreden ihn, mit nach Ostberlin zu fahren. Er befindet sich noch keine vierundzwanzig Stunden in Deutschland.

Neugierig stimmt er zu. Am Alex verlieren sie sich aus den Augen. Der junge Mann geht zur S-Bahn und spricht dort eine gleichaltrige Frau an. Er möchte von ihr wissen, wie er nach

Westberlin zurückkommt. Sie verständigen sich mit Händen und Füßen, sie spazieren in den nahegelegenen Park.

Dann teilen sich die Meinungen. Die Frau sagt aus: »Er wollte mich vergewaltigen.«

Der Ausländer meint: »Sie hat sich freiwillig hingelegt und mit Zärtlichkeiten begonnen. Dafür sollte ich ihr eine Bluse mitbringen.«

Einziger Zeuge: ein Spaziergänger mit Hund, der Hilferufe hörte und den Ausländer über die Frau gebeugt sah.

Urteil: »Schuldig.«

Sein erstes Zuhause in Deutschland wurde das Gefängnis in Ost-Berlin. Wegen versuchter Vergewaltigung mußte er für Jahre hinter Schwedische Gardinen. Ich halte ihn für unschuldig.

Am Alexanderplatz treiben sich tatsächlich viele Ausländer herum. Für fünf Mark Eintritt dürfen sie in die Hauptstadt der DDR einreisen und sich vierundzwanzig Stunden in ihr aufhalten. Das Westgeld tauschen sie auf der Straße zum Schwarzmarktkurs und machen sich damit einen schönen Tag. Es ist allgemein bekannt, daß einige Mädchen für hübsche Sachen aus dem Westen so manches machen. Das ist kein Geheimnis.

Mit großer Spannung lese ich Akte für Akte. Die Kollegen holen mich zur Mittagspause, die ich vergessen hätte. In der Pause schlendere ich Unter den Linden, hole mir in der Reinhardstraße aus dem besten Eisladen von Ost-Berlin ein Eis und bin richtig zufrieden mit mir und der neuen Arbeit. Nach dem Genuß von dreißig Minuten Sonnenschein sitze ich pünktlich zum Arbeitsbeginn wieder in meiner Leseecke und versetze mich in die Situation der Täter und Opfer. Ungern verlasse ich zum Feierabend das Büro.

Jeden Mittwoch besuche ich einen Schreibmaschinenkurs. Laut Arbeitsvertrag sollte ich mich zur Sachbearbeiterin qualifizieren.

Beim Jazz in der »Großen Melodie« lerne ich Dean kennen, einen blonden, bärtigen Mann. Jeans und Parka, dazu ein alter

Pullover und eine Gitarre zeigen mir einen gutmütigen, anspruchslosen Menschen, für den Träumen und Singen noch Ausdruck von Gefühlen ist, die er nicht als sentimentalen Quatsch abwertet. Im Westen hat gerade die Hippiezeit ihren Höhepunkt. Das Fernsehen weckt mit seinen Bildern und Filmen die Sehnsucht nach fernen Ländern und ihren Kulturen.

Eine Freundin malt sich als Zeichen ihrer Befindlichkeit immer eine kleine Blume über das linke Augenlid. Buntbestickte Blusen, Mittelscheitel, lange Haare, eingeflochtene Zöpfe, bunte Bänder am Handgelenk sind die einzigen sichtbaren Zeichen vom westlichen Trend.

Wir treffen uns in kleinen Gruppen bei Dean, er spielt dann amerikanische Songs, denen wir stumm lauschen. Jeder hängt seinen Gedanken nach. Unsere Freiräume sind zwar begrenzt, trotzdem holen wir uns auf diese Art das Glück der Jugend, wir ziehen uns ins Private zurück.

Ich habe in dieser Zeit die nettesten und interessantesten Menschen getroffen. Ein Mädchen nahm sich meiner wie eine Lehrerin an. Sie führte mich in die moderne Literatur ein, machte mich mit Françoise Sagan, Günter Grass und Alexander S. Neill vertraut. Ihre Lieblingsbücher sollten auch meine werden. Sie fand in mir nicht nur eine eifrige Schülerin, sondern auch eine begeisterte Leserin. Alles, was sie an Büchern mitbrachte, stopfte ich in mich hinein, oft ohne den Inhalt zu begreifen. Darüber wurde anschließend heftig und leidenschaftlich diskutiert, nach und nach verstand ich, worum es ging. Ich habe Bücher gelesen, weil man sie einfach gelesen haben mußte. Hier zählte nicht der Inhalt einer Geldbörse oder das Ansehen deines Berufes, sondern nur dein geistiges Potential. Ich habe eine Kostbarkeit dadurch entdeckt. Niemals war mir ein Buch so nahe wie »Draußen vor der Tür« von Wolfgang Borchert.

Nachdem ich das gelesen hatte, hatte ich von den anderen Büchern, die wie »Das Prinzip Summerhill« damals aus dem Westen herüberschwappten, die Nase voll. Ich lehnte plötzlich Lesen und intellektuelles Gehabe ab. Mir war egal, ob jemand sagte: Schön aber dumm! Ich bin beides nicht.

Als ich Dean meine Gedanken anvertraue, lacht er und ist der Meinung, ihm ergehe es nicht anders. Von nun an sind wir Verbündetete, Freunde.

Eines Morgens gegen 4 Uhr gehen wir beide in den nahegelegenen Bürgerpark Panow, setzen uns an die Mauer, und Dean beginnt, auf seiner Gitarre ein englisches Lied zu spielen. Dazu singt er. Die Grenzsoldaten kommen aus ihrem Wachturm und hören zu. Wir sehen den Sonnenaufgang, lauschen den Vögeln und haben keine Angst. Alle sind friedlich und leise, was bleibt, ist der traurige sehnsuchtsvolle Klang des Liedes, dessen Inhalt ich nicht verstehe.

O ja, Dean hat es geschafft, für wenige Minuten dem eigenen Ich Vorrang zu geben vor den Gesetzen. Niemand klatscht, als er aufhört zu singen. Freundlich, aber bestimmt fordert uns ein Soldat auf: »Nun müßt ihr aber hier unten verschwinden, es ist Grenzgebiet.«

Wir wollen keinen Streit, wir wollen nicht verhaftet werden, wir sind glücklich, und ein klein wenig von diesem Glück dringt am Beton nach oben, wo junge Menschen wie wir Sehnsucht nach Leben spüren, obwohl sie die Waffe des Todes tragen.

Durch Dean lerne ich Sven kennen. Groß, schlank, blond. Liebe auf den ersten Blick. Er wohnt im Neubau gegenüber vom alten Dom, der nach dem Krieg nicht wieder aufgebaut wurde und nur noch eine traurige, alte Ruine ist. Zu gerne stehe ich bei Sven auf dem Balkon und sehe über die narbigen Dächer von Berlin. Immer will ich fort aus dieser Stadt, die ich liebe und hasse. Wird es mir jemals gelingen?

Sven ist ein ausgesprochen schöner Mann mit tiefblauen Augen. Vier Wochen sehen wir uns täglich, wir schlafen in einem Bett, ohne daß etwas passiert. Seine Zärtlichkeiten sind sanft, fast schüchtern. Wäre er nicht fünfundzwanzig Jahre, ich würde glauben, er hatte noch nie ein Mädchen.

Seine Zurückhaltung tut mir anfangs gut, mit der Zeit möchte ich mehr, ich mag ihn sehr und würde gern mit ihm schlafen.

Doch bei Sven ist alles anders. Er liegt ruhig neben mir, wir reden viel und gar nichts, nie versucht er eine sexuelle Annäherung. Wenn wir ausgehen, bin ich am nächsten Tag müde, ähnlich, wie ich es in der Zeit mit Timo war. Richtig wach werde ich nur beim Lesen der Akten. Sven begleitet mich in Gedanken bis zu meiner Bürotür, dann versinke ich in eine Welt aus Spannung und Neugier. Heute nehme ich eine besonders dicke Mappe vom Stapel.

Ein bekannter Journalist möchte nach Israel ausreisen, weil er Jude ist. Ich kenne seine Artikel aus der Zeitung und bin erstaunt über seinen Entschluß, denn ich entnahm seinen Artikeln eine gewisse Treue dem Staat gegenüber. Nun mußte er eine Entscheidung hinnehmen, die im Namen des Volkes gesprochen worden war. »Im Jahre ... wurden neue Personalausweise der DDR ausgestellt. Mit Empfangnahme des neuen Ausweises haben Sie auch die Staatbürgerschaft der DDR angenommen«, steht im Urteil. Verloren. Pech!

Ja, ja, die Deutschen, Herren über Land und Leute.

In der Mittagspause treffe ich Charlotta. Sie arbeitet um die Ecke in der Datenverarbeitung. Im Kinderheim lagen wir in einem Zimmer. Wir freuen uns riesig, uns zu sehen, und schon geht es los: »Was macht die, und was ist aus der geworden.«

Gemeinsam gehen wir Eis essen und wollen uns öfter in den Pausen treffen. Charlotta hat in der Zwischenzeit einen Sohn bekommen, ist noch genauso schlank wie immer, es geht ihr gut.

Sven holt mich von der Arbeit ab. Wir gehen im Park spazieren. Ich bedränge ihn mit Fragen, warum er nicht mit mir schlafen will. Ich sehe, daß ihm das unangenehm ist. Mir ist es egal, jetzt und hier muß ich es wissen, auch wenn wir uns streiten. Er findet eine Bank, die ziemlich abseits steht, nimmt mich auf seinen Schoß und beginnt plötzlich zu erzählen, wobei er weint. Ich glaube meinen Ohren nicht zu trauen, was ich da zu hören bekomme: Sven wuchs in einer Kleinstadt auf, in der sein Vater Direktor einer Schule war und mit einer anderen Frau ein Verhältnis hatte. Plötzlich drang das an die Öffentlichkeit und wurde schnell zum Stadtgespräch. Sein Vater erhängte sich daraufhin auf dem Dachboden, wo ihn der vierzehnjährige Sven durch Zufall fand. Schockiert über den Tod seines Vaters und das Gerede der Leute, suchte er die Schuld bei seiner Mutter:

Wenn seine Eltern sich stritten, hatte er ständig seine Mutter schreien und heulen gehört.

Seinen Vater vermißte er sehr. Trost und Schutz suchte er bei dessen Freund. Liebevoll nahm der sich seiner an, so sehr, daß er ihn eines Tages sexuell mißbrauchte. Aus Angst, seine einzige Vertrauensperson zu verlieren, schwieg er darüber. Zwei Jahre später erkannte Sven die perversen Neigungen des alternden Schauspielers und löste sich von ihm. Im Jahr seiner Abiturprüfung schlief er das erste Mal mit einem Mädchen aus seiner Klasse. Am nächsten Tag lag ein Brief auf seinem Platz: »Ich bin schwanger.«

Es sollte ein Gag sein, verursachte bei Sven aber eine totale Blockade seiner Sexualität. Erst später, während seines Studiums, nahm er Beziehungen zu einem Mädchen auf, die zu einer festen Bindung führten. Sven glaubte sich glücklich, als er plötzlich feststellen mußte, daß seine Freundin ihn betrog. Sven schmiß das Studium, ging nach Berlin und arbeitete beim Fernsehen. Schnell fand er Eingang in Künstlerkreise. Hier hoffte er nun, sein wahres Ich zu entdecken. Aber es wurde eine Enttäuschung. Ziellos, verzweifelt trank und amüsierte er sich mit Männern, trug Frauensachen und besaß keine eigene Identität mehr.

Getrieben von Todessehnsucht spielte er stundenlang traurige Lieder auf der Klarinette und fesselte damit unbewußt die Aufmerksamkeit der Zuhörer, unter denen ich mich eines Tages befand.

Ich sage nichts, ich schäme mich, weil ich mich schuldig fühle. Ich wollte ja auch mit ihm schlafen. Warum treffe ich nur immer auf Menschen mit Problemen? Ich glaube nicht, daß unsere Beziehung von langer Dauer sein wird, zu sehr habe ich meine eigene Vergangenheit mit mir herumzutragen. Aber ich werde es mit Sven versuchen.

Wir umarmen und küssen uns wie Bruder und Schwester. Was zu sagen war, ist gesagt. Die Zeit wird es bringen.

Der Mittwoch mit seinem Schreibmaschinenlehrgang ist furchtbar. Ich treffe keine Frau in meinem Alter, alle sind nette Muttis. Sie sind langweilig und nehmen sich selbst sehr ernst. Die Fingerübungen reizen mich zum Lachen, worauf ich gerügt werde, die Schule sei kein Kindergarten. Lieber Gott, laß nette Leute um mich sein! Vier Stunden sind eine Ewigkeit. Lernen unter Zwang hat mir noch nie Spaß gemacht, aber ich halte durch.

Im Büro bringen sie mir das Schreiben von Mahnungen, Vollstreckungstiteln und Zinsrechnungen bei. Ich lerne, eine Akte anzulegen und Kontoauszüge zu sortieren. Am liebsten sitze ich in meinem Kabuff und lese.

Ein vom Fernsehen und Film bekannter Komiker liebt junge Männer. Bei Dienstreisen vertraut er jedesmal seinem jeweiligen Liebsten die Wohnungsschlüssel an. Wenn er zurückkommt, ist der Jüngling samt Inventar verschwunden.

Schon drei Prozesse hat er deshalb verloren. Der Arme. Die Namen der Täter stimmten nie. Der Anwalt lacht über ihn und verdient sich dabei eine goldene Nase. Dummheit muß bestraft werden, meint der Anwalt: Wer sich nicht den Ausweis zeigen läßt und jedem blind vertraut, dem ist nicht zu helfen.

Das möchte ich mal erleben, daß Verliebte sich gegenseitig erst einmal identifizieren, bevor sie sich küssen!

Montag sind alle wieder beim Jazz. Sven trinkt zuviel. Zur Warnung für ihn schreibe ich in meinen Taschenkalender: »Sven ist angetrunken. Dean und ich bringen ihn nach Hause.« Diese Eintragung sollte Sven eines Tages vor dem Gefängnis bewahren.

Ich schlafe nicht ständig bei Sven, nur, wenn es sehr spät wird. Von ihm ist es nicht weit zur Arbeit. Gestern bin ich nach Hause gefahren. Heute ist Sonnabend, ich stehe früh auf, weil mich Gerda als Babysitter braucht. Sie hat vor kurzem eine Tochter geboren, das ändert aber ihren Dienstplan für das Wochenende nicht. Die Woche über ist die Kleine in einem Wochenheim untergebracht. An ihren freien Tagen holt sie das Kind nach Hause. Es kommt jedoch vor, daß ein Kollege krank wird, dann springt Gerda für ihn ein. Sie lebt mit dem Kind allein. Der Vater des Kindes interessiert sie nicht, sie will es allein schaffen. Schlicht und ergreifend, wie wir zu scherzen pflegen, hat sie ihm mitgeteilt: »Du wirst Vater, aber keine Angst, ich will kein Geld von dir. Ich möchte nur, daß du es weißt.«

Damit ist für sie das Thema erledigt. So war Gerda schon immer, und so wird sie auch bleiben: Selbstbewußt, bestimmt und unabhängig. Sie zeigt nie ihre Gefühle, nie Zärtlichkeit oder Liebe. Ist sie wütend, enttäuscht oder verzweifelt, äußert sich das in Tränen oder Schreien. Nie sucht sie Trost, sondern besteht vielmehr darauf, das zu bekommen, auf was sie einen Anspruch zu haben glaubt – und setzt sich damit auch oft ins Unrecht. Da ich sie kenne, habe ich keine Probleme mit ihr, sondern vermeide dann eine Auseinandersetzung.

Heute ist Gerda schon in Eile. Der Frühstückstisch ist reichlich gedeckt, sie legt viel Wert auf gutes Essen. Hastig schlingt sie aber nur ein paar Bissen hinunter, schminkt sich dabei und gibt mir Anweisungen für das Baby. Zwanzig Minuten später schlägt die Tür hinter ihr zu.

Ich esse seelenruhig weiter. Das Kind schläft. Ausgiebig schaue ich mir ihre Parfümflakons aus dem Intershop an. Sie hat eine Vorliebe für teure Düfte.

Das Kind wird wach. Ich hebe es aus dem Bettchen. Es ist wunderschön. Seidige Locken kringeln sich auf dem kleinen Kopf. Die Wimpern sind schwarz, nach oben gebogen, und lassen unter ihnen blaue Babyaugen leuchten.

Mit Windeln, Füttern und Spazierengehen vergeht der Vormittag. Gerda kommt pünktlich nach Hause, wir sprechen über Kindererziehung. Dann fahre ich zu Sven.

Hinter der Tür höre ich Männerstimmen heftig diskutieren. Kaum drücke ich auf die Klingel, verstummt das Gespräch. Nichts rührt sich. Ich klopfe und rufe: »Sven!« Mit beiden Fäusten trommle ich gegen die dünne, hellhörige Wohnungstür. Vorsichtig nähern sich Schritte, Sven öffnet. Er läßt mich in die Wohnung, am Fenster steht ein wabbliger kleiner Mann. Sein Äußeres läßt keinen Zweifel zu, so stark ist er geschminkt: Ein Schwuler, sieht aus wie Götterspeise.

Eifersucht, die ich zuvor nicht kannte, tritt an Stelle von Neugier. Giftig frage ich Sven: »Was will der hier?« Der Dicke beginnt zu grinsen, er gefällt sich in seiner Rolle als Mittelpunkt. Eitel wie ein Gockel schmeißt er sich in Pose, lehnt sich lässig gegen die Balkontür, sein Bauch, der dadurch noch mehr zum Vorschein kommt, hängt über dem breiten Gürtel. Sein Grinsen geht mir auf die Nerven.

»So ein fettes Schwein läßt du hier herein?« Vor Wut überschlägt sich meine Stimme.

Sven versucht mich zu beruhigen: »Er wollte mir doch nur eine Lederjacke verkaufen.« Am Schrank hängt ein brauner Lederblouson.

»Siehst du nicht, daß es eine Damenjacke ist?« frage ich.

»Ist mir egal«, erwidert Sven lachend.

»Mir aber nicht!« schreie ich ihn an.

Sie einigen sich auf sechshundert Mark. Der Dicke scheint meine Gedanken zu ahnen, am liebsten hätte ich die Jacke über den Balkon gefeuert. Freundlich, weiblich überspitzt, sagt er: »Ich bringe sie dir morgen, wenn dein Schätzchen hier verschwunden ist.« Er zwinkert Sven mit einem Auge zu und rauscht wie eine fette Filmdiva davon.

In dieser Nacht schlafe ich mit Sven. Er kommt von ganz allein zu mir. Ohne Angst vor einem Mann, ohne mich meiner Nackheit zu schämen, erlebe ich das Zusammensein mit ihm als etwas natürlich Schönes. Nach langer Suche haben wir beide die Liebe ohne Zwang gefunden.

Meine Tage sind jetzt nur noch von Sven ausgefüllt. Eine Woche, zwei Wochen, drei Wochen, jede Mittagspause jogge ich Unter den Linden zu ihm. Wir fallen uns in die Arme, nutzen zwanzig Minuten zum Streicheln, Küssen und zu albernen Worten. Die Nacht aber wiederholen wir nicht, sie wird einmalig bleiben. An ihrer Stelle steht Vertrauen zum cigenen Körper und dem des anderen.

Meine Arbeit macht Fortschritte, die Kollegen sind zufrieden mit mir. Ich halte selbständig die Sprechstunde am Dienstagnachmittag ab. Von alleinstehenden Müttern verlange ich kein

Geld, sondern kläre sie über die Folgen auf, wenn sie ihre Kreditraten nicht zahlen. Anschließend vereinbare ich neue Zahlungsbedingungen. Die meisten schämen sich, wenn sie mit einem Mahnschreiben kommen. Bei Ärzten, Lehrern, Ingenieuren und Filmleuten bleibe ich hart: Sie bekommen keinen Aufschub, entweder sie zahlen, oder ich schicke einen Vollstrekkungsbefehl.

Ich mache die Erfahrung, daß die Leute mit dem höchsten Einkommen genauso wenig ihre Kredite abzahlen wie die viel weniger verdienenden Arbeiter, wobei die Frauen nach einer Scheidung mit den Möbeln, den Schulden und den Kindern am miesesten dran sind.

Wenn Frauen bei mir ihren Kummer herausweinen, fühle ich mich bedrückt, weil ich nicht helfen kann. Mit meiner Akte unterm Arm halten sie mich für wichtiger, als ich bin. Der Anwalt setzt nur seine Unterschrift unter eine Mahnung, er kennt weder die Namen noch die Menschen. Jeden Tag schreibe ich fünfundzwanzig Mahnungen für einen Anwalt. Der Reihe nach setzt jeder seine Unterschrift darunter. In den Sprechstunden hole ich nur bei schwierigen Kunden einen Anwalt dazu. Wenn ein Mann anzügliche Bemerkungen macht und auf den Sachverhalt nicht eingehen will, ist Hilfe nötig. Ansonsten habe ich keine Probleme.

Am Nachmittag stehen Dean und Sven vor der Kanzlei. Meine Kollegen fragen lachend: »Uschi, welcher ist es?«

»Beide«, sage ich und versetze sie in Erstaunen.

Wir gehen zum Operncafé, Dean lädt uns ein.

Das Lokal ist ziemlich leer, in einer Ecke finden wir am Fenster einen romantischen Platz. Sven hängt seine Jacke über den Stuhl. Ärgerlich stelle ich fest, daß es die braune Lederjacke ist. Also hat er sie von dem Schwabbelbauch gekauft. Ich komme nicht dazu, etwas zu sagen, meine Aufmerksamkeit wird von zwei Polizisten abgelenkt, die in Uniform das Restaurant betreten und zielsicher auf unseren Tisch zusteuern. Mich lähmt das Entsetzen. Sie bleiben hinter Sven stehen, sehen in die Runde, tippen auf seine Schultern: »Aufstehen, Jacke nehmen. Sie sind verhaftet!«

Alle Gäste starren in unsere Richtung. Ich setze zum Sprechen an. Dean merkt es, tritt gegen mein Bein und zischt mir zu: »Mund halten!«

Sven steht auf, greift seine Jacke, schleudert sie lässig über die Schultern, und verläßt, ohne ein Wort zu sagen, wie ein Verbrecher mit den Polizisten den Raum. Im Saal senken sich die Köpfe über Teller und Tassen, keiner will bemerkt werden, der Geruch der Angst ist stärker als der des Kaffees.

Dean sagt: »Ruhig sitzen bleiben.«

Keine fünf Minuten später renne ich, gefolgt von Dean, auf die Straße, vergeblich.

Kein Polizeiwagen, nicht mal die Spur von Grün, sonst stehen sie alle paar Meter.

Wir laufen von Revier zu Revier, fragen nach Sven. Die Polizisten schütteln verneinend den Kopf, niemand kennt Sven Schneider.

Es ist nach 20 Uhr, wir sind mit den Nerven fast am Ende. Von der Lauferei schmerzen die Füße, unsere Gedanken entwickeln sich zu Hirngespinsten. Ob wir uns mit der Sucherei nicht verdächtig machen? Wie konnte jemand vom sicheren Erdboden der DDR verschwinden? Undenkbar!

Ein kleiner, gedrungener Polizist gibt uns den Tip, ins Polizeipräsidium am Alexanderplatz zu fahren. Wir scheinen am Ziel zu sein, denn wir werden von einem Uniformierten in die oberen Etagen des dunklen Hauses gebracht. Auf einem ekelhaft grüngestrichenen Gang müssen wir warten. Nach einer Stunde werde ich in ein Zimmer gerufen, Dean muß draußen bleiben.

Ein Verhör. Es bezieht sich zunächst auf mein Verhältnis zu Sven. Der in Zivil gekleidete Mann erkundigt sich nach unserer Freizeitgestaltung. Plötzlich fragt er konkret nach dem Montag vor vier Wochen. Zum Glück habe ich den Taschenkalender bei mir. Ich sehe nach, lege es auf den Tisch: »Bitte, wir waren zu dritt zum Jazz in der ›Großen Melodie‹.«

Schweigend sieht er mich an, es vergeht eine Minute, dann sagt er drohend: »An diesem Montag wurde einer Genossin eine Lederjacke geklaut.«

Schlagartig begreife ich die Situation, in der sich Sven befindet. Ich schildere, wie wir an diesem Tag Sven nach Hause geschleppt haben. Dean bezeugt meine Aussage.

Der Polizist läßt es sich nicht nehmen, uns stolz die schnelle Verhaftung zu erklären: Die Polizisten saßen mit ihrer Kollegin im Wagen und fuhren Streife, als sie uns plötzlich entdeckten und bei Sven die Jacke erkannten.

Seelenruhig warteten sie ab, wo wir hingingen, dann schlugen sie zu.

»Ihr Freund behauptet nun, die Jacke habe er von einem Bekannten gekauft.«

»Das stimmt!« rutscht es mir heraus.

Der Polizist stutzt: »Das glaube ich nicht.«

»Er sagt wirklich die Wahrheit, ich beweise es!«

»Wie denn?«

Eindringlich betrachtet er mich, unter seinen Blicken fühle ich mich nackt. Warum habe ich bloß meinen Mund nicht gehalten, wenn Sven den Märtyrer spielt, ist das nicht meine Angelegenheit. Aber darf ich ihn im Stich lassen? Tapfer ringe ich mir ein Versprechen ab: »Wir bringen ihn her.«

Erstaunen läßt für ein paar Sekunden das Gesicht des Vernehmers menschlich erscheinen. »Warum nennen Sie uns nicht seinen Namen?«

Ich lache verächtlich: »Er soll sehen, was für einen tollen Freund er hat.«

Zufrieden lehnt sich der Mann in seinem Stuhl zurück: »Bitte, gehen Sie!«

Nachdem ich Dean alles erzählt habe, schreit er draußen seine Wut heraus: »Diese feige Mistsau, der kann was erleben!«

Gegen 22 Uhr tritt Dean bei dem Schwulen fast die Wohnungstür ein. Er tobt: »Mach sofort die Tür auf, du mieses Stück!«

Diesen Zornesausbruch habe ich Dean nicht zugetraut, kann mir allerdings die Schadenfreude nicht verkneifen. »Ein Scheißtyp, der geklaute Sachen an Freunde verkauft und sie ins offene Messer rennen läßt. Jeder weiß, daß man wegen der kleinsten Kleinigkeit weg vom Fenster ist!« sagt er erbost.

Hinter der Tür rührt sich was, durch einen schmalen Spalt hören wir eine ängstliche Stimme: »Wer ist da?«

Dean drückt die Tür auf, zitternd vor Schreck steht der Fettwanst im rosa Pyjama vor uns. Unwillkürlich kitzelt mich das Lachen im Gaumen, mit Mühe unterdrücke ich die aufkommenden Pruster. Stotternd versucht er, sich aus dieser Situation mit Lügen zu retten.

»Schnauze!« brüllt Dean. Der Mann zieht sich an und kommt mit.

Im Präsidium flippt der Bulle über das verlogene Gewinsel aus. Wir hören sein Schreien bis auf den Gang: »Was bilden Sie sich ein, glauben Sie, jeder, der Probleme mit seiner Arbeit hat, darf klauen?«

Plötzlich führen sie Sven wie einen Schwerverbrecher in Handschellen über den Flur. Er würdigt uns keines Blickes. Nach der Gegenüberstellung holt man uns herein.

»Bedanken Sie sich bei Ihren Freunden, ohne ihre Hilfe wäre es für Sie hier drin eine schöne lange Zeit geworden.«

Der Polizist sagt das in hartem Ton, deutlich läßt sich daraus entnehmen, wie gern er Sven dabehalten hätte.

Sven bedankt sich weder bei Dean noch bei mir. Er fühlt sich von uns verraten. Die Freundschaft beginnt zu bröckeln. Dean verspürt keine Lust, ständig sein Kindermädchen zu spielen, und ich …

Ich schlafe wieder in meiner Wohnung, fahre zu meinem Sohn und beende erfolgreich meine Ausbildung.

Die Bürovorsteherin eröffnet mir: »Sie werden nach Ostkreuz versetzt.«

Der Schock hindert mich am Heulen. Ich arbeite gern hier, freiwillig wäre ich nie gegangen. Da mein Arbeitsvertrag aber nicht für eine bestimmte Zweigstelle gilt, kann ich jederzeit versetzt werden. Ostkreuz, der Anfang vom Ende.

In meinem Briefkasten finde ich eines Tages eine unscheinbare Postkarte vom Jugendamt. »Bitte sprechen Sie in der nächsten Sprechstunde bei uns vor.«

Mich durchfährt ein freudiger Schreck: Meine Mutter sucht mich. Sie hat mich jetzt gefunden. Nun werde ich sie nach 20 Jahren sehen!

Bis zum nächsten Dienstag laufe ich mit einem Glücksgefühl im Bauch herum, als hätte ich einen Blick auf die magische Glaskugel geworfen, in der meine Zukunft in den schönsten Farben leuchtet.

Die leuchtende Glaskugel entpuppt sich als farblose Seifenblase, die lautlos zerplatzt. Am Dienstag sitze ich einer Beamtin gegenüber, deren Büro ebenso schmucklos ist wie sie. Nur ihre großen blauen Augen quellen wie Murmeln aus dem Hefeteiggesicht hervor. Gleich fallen sie heraus, denke ich. Nichts dergleichen geschieht. Eine hilflose Stimme durchbricht meine Phantasien: »Die Oma ihres Sohnes hat einen Antrag auf das Sorgerecht gestellt.«

Das Gesagte dringt zu mir, wie eine Explosion zerreißt es mich, zerstört meine Hoffnung, vernichtet meinen Glauben, hinterläßt eine furchtbare Leere.

Meine Mutter sucht mich nicht, nein, im Gegenteil, sie wollen mir mein Kind nehmen. Ich bin nicht mehr fähig, zu weinen. Schnell, ganz schnell sammeln sich meine Gedanken, ich muß meinen Sohn und mich retten. Fragend sehe ich die Jugendbeamtin an. Ihre Antwort ist ohne jede Gefühlsregung: »Ich kann Ihnen nur den einen Rat geben: Holen Sie Ihren Sohn. Wenn es geht, sofort oder gleich morgen.«

Der letzte Satz macht mir klar, wie ernsthaft der Antrag bearbeitet wird. Sie stellt mir weitere Fragen und gehört zu den wenigen Menschen, die mir helfen, den richtigen Weg durchs Leben zu gehen. Ich gebe ihr die Hand: »Danke!«

Das Telefon klingelt, sie hebt den Hörer ab, nickt mir zu: »Schon gut.« Ich bin entlassen.

Auf der Straße erfaßt mich Panik. Warum hat die Oma solch einen Schritt unternommen? Weshalb will sie Timo auf einmal mit behördlicher Genehmigung? Seine Liebe, sein Lachen, seine Zuneigung, alles besitzt sie, was will sie noch? Wofür bestraft sie mich? Im Heim wurde man als egoistisch bezeichnet, wenn man nicht teilen wollte, ich habe alles geteilt, selbst mein Kind, also warum?

Zum Glück habe ich den Kindergartenplatz für Timo nie abgemeldet. Ich rufe im Anwaltsbüro an und bitte um einen freien Tag. Sie genehmigen ihn.

Der Bus fährt leider erst morgen, ich muß eine Nacht warten, eine lange schwarze Nacht. Ich fahre zur Insel, um Abschied zu nehmen. Die Museumsinsel in der Mitte Berlins, umgeben von der Spree, war bisher mein geheimer Zufluchtsort. Hoch oben auf der letzten Stufe der Nationalgalerie sitze ich, dicht an den Sockel des Reiterstandbilds von Friedrich-Wilhelm IV. gelehnt.

Er war ein Herrscher, der sich mehr um Kunst als um Regierungsgeschäfte kümmerte. Hier ruhen nicht nur Mumien im Pergamonmuseum, Kunstschätze im Bodemuseum oder Gemälde längst verstorbener Meister, hier fand ich auch immer Ruhe, zu denken, besonders wenn ich von Selbstzweifeln geplagt wurde. So ergeht es mir jetzt. Bin ich wie meine Mutter? Ich glaube, wenn ich mein Kind bei der Oma lasse, bin ich wirklich wie meine Mutter. Die Oma hat mich betrogen, ich bin sehr traurig darüber.

Am liebsten sitze ich gegen Abend hier, wenn die Reklamebusse der Westtouristen nicht mehr vorbeifahren, die mit ihren teuren Fotoapparaten »arme Ostler« knipsen oder das »Weltwunder des Kommunismus« einzufangen suchen. Wobei es ihnen ohne ihr Zutun stets gelingt, den Hauch der Freiheit, der Sehnsucht, des Fliehenwollens in eine moderne Welt zu hinterlassen.

Irgendein kluger Mensch sagte einmal: »Wer sein Fernweh nicht stille, lernt das Heimweh nicht kennen.«

Ich liebe diese kaputte Stadt Berlin, besonders diese Insel mit ihren Gebäuden, den Einschußlöchern aus dem letzten Krieg an Hauswänden und Säulen. Die größte Wunde aber hinterließ Hitler-Deutschland in Form der Teilung des Landes, der Stadt Berlin, deren häßliche Narbe, die Mauer, scharenweise sensationslüsterne Reisende aus aller Welt anzieht.

Nach Einbruch der Dunkelheit kommt hierher kein Besucher mehr. Dann gestattet der stolze Reiter mir allein den Blick über Berlin, in dem gerade die Lichter angehen. Oft habe ich eine ganze Nacht hier gesessen. Wenn die Morgensonne das Kunstlicht ablöste, ging ich hellwach zur Arbeit. Keine Kollegin sah die Schatten unter meinen Augen.

Ich nehme Abschied von der Museumsinsel, von den Efeuranken, die sich schützend um die Bäume schlingen, von der Spree mit ihren Anglern, von den Museen, die Seite an Seite mit den Ruinen stehen, und von ihrer geheimen Stille, die mir so vertraut ist. Irgendwann komme ich wieder. Hoffentlich verschonen sie die Insel bis dahin mit Erneuerungen durch sozialistische Architektur. Vergessen haben sie dich ja schon, denke ich traurig.

Ich hole mein Kind

An der Bushaltestelle stehen um 6 Uhr früh wenige Fahrgäste. Die Morgenkühle zwingt mich, in den Warteraum zu gehen. Dabei befürchte ich, wenn der Bus zu früh ist, keinen Sitzplatz zu bekommen. Drei Stunden bis Lauchhammer zu stehen ist kein Vergnügen.

Im Warteraum stinkt es entsetzlich nach Bier und Qualm. Angestrengt vermeide ich das Luftholen, natürlich gelingt es mir nicht. Drei Minuten später stehe ich in der Schlange an der Haltestelle. Zum Glück kommt der Bus früher. Ich bezahle 12 Mark, steige ein, finde einen Sitzplatz neben einer alten Frau, die mich gleich in ein Gespräch verwickelt.

Meine Gedanken sind in Grünhalde: Wie wird die Oma reagieren? Freut sich Timo, wenn ich sage: Wir fahren zusammen nach Berlin? Der Bus hält. »Ausweiskontrolle!«

Rings um Berlin befinden sich Kontrollpunkte. Wer in die Haupstadt hinein oder heraus will, muß sich ausweisen. Die Ausweiskontrolle verlängert die Fahrzeit gewaltig. Entweder hat jemand Berlinverbot, oder sie suchen einen. Oft habe ich den Eindruck, die Polizisten langweilen sich. Sie durchsuchen sinnlos Gepäckstücke, blättern in den Ausweisen, um dann salutierend und mit »Gute Weiterfahrt!« den Bus zu verlassen. Hinterher atmet jeder erleichtert auf.

Auch jetzt spüre ich das sofort an der Unterhaltung, die lauter und lustiger wird. Nach anderthalb Stunden packen die

Leute ihre Frühstücksbrote aus. Satt vom Essen dösen sie vor sich hin. Der Busfahrer weckt sie lautstark, wenn er die Orte ausruft, in denen er hält. Verschlafen finden einige ihre Koffer nicht, ich habe Angst, den Anschlußbus zu verpassen.

Ich habe Glück, der Bus ist pünktlich. Beim Umsteigen sehe ich, wie etliche Male vorher, die müden Gesichter der Arbeiter. Heute sprechen sie kaum miteinander, stumm betrachten sie mich von oben bis unten. Ich bedaure, kein Taxi genommen zu haben.

Je mehr sich der Bus dem Dorf nähert, desto deutlicher spüre ich meinen Herzschlag bis zum Hals. Das Pochen hört auch nicht auf, als ich aussteige.

Für den Gehweg zur Oma brauche ich nicht wie sonst acht, sondern nur fünf Minuten. Unterwegs wünsche ich innig, sie möge nicht daheim sein. Aufgeregt, enttäuscht von ihr und fest entschlossen, mein Kind mitzunehmen, öffne ich die Gartentür. Leise wie ein Dieb gehe ich zum Haus, die Tür ist nicht verschlossen. Vorsichtig, um keinen Krach zu machen, lasse ich sie offen. Im Haus ist kein Laut zu hören, draußen im Garten habe ich auch niemanden gesehen. Ein heißer Schreck durchfährt mich: Hoffentlich sind sie nicht mit Timo verreist!

In der Diele ist es dunkel, ich taste mich zur Wohnungstür, die Klinke ist alt; ausgeleiert hängt der Griff lose herunter. Mit einiger Mühe gelingt es mir, sie trotzdem fest zu packen. Ohne ein Geräusch beim Öffnen zu verursachen, betrete ich das Zimmer. Mich blendet die Helligkeit der Sonne, die durch das Fenster scheint.

Für wenige Sekunden muß ich die Augen schließen. Bunte Fünkchen kreisen vor mir. Ich höre einen Menschen atmen, reiße die Augen wieder auf und erkenne Timo. Er liegt zusammengerollt auf dem Sofa und schläft fest. Mit einem raschen Blick auf die Uhr stelle ich fest, daß er seinen Mittagsschlaf hält.

Ich begreife, wie günstig der Augenblick ist. Die Oma wird einkaufen sein, die Uroma ruht mittags in der Mädchenkammer in der anderen Haushälfte. Niemand wird mich daran hindern, mit meinem Sohn das Haus zu verlassen.

Er liegt friedlich da und nuckelt am Daumen. Seine Haut ist

sonnengebräunt, die Wangen sind zartrosa, von der Krankheit keine Spur. Mir fällt es schwer, ihn aus seinen Träumen zu holen. Zaghaft schüttele ich seine Schulter. Sofort schlägt er seine großen blauen Augen auf und blickt mich erstaunt an. Dann huscht ein plötzliches Erkennen über sein Gesicht.

»Mami!«

»Komm, steh auf, wir fahren nach Berlin!« flüstere ich an sein warmes Ohr. Er hüpft vom Sofa. Eifrig sucht er seine Sachen zusammen, die ich ihm überziehe. Wir packen nur sein Lieblingsspielzeug, die Stoffgiraffe und den Plüschteddy, ein. Ich verspreche ihm, daß er in Berlin neue Autos bekommt, die viel schöner sind als seine alten. Zufrieden nickt er. Er fragt nicht, er weint nicht, er ist ein sehr artiger Junge.

In aller Eile verlassen wir das Haus, gehen über den Hof zur Gartentür. Plötzlich steht die Oma mit vollen Einkaufstaschen vor uns. Nicht stehenbleiben, denke ich. Sie sieht sofort, was geschieht.

Fassungslos, wie in Zeitlupe, stellt sie ihre Taschen in den staubigen Sand der Dorfstraße: »Was geht hier vor?«

Wir kommen nicht an ihr vorbei, die Taschen versperren uns den Weg. Ich nehme meinen ganzen Mut zusammen: »Das hast du nicht umsonst gemacht!« Mit einem Schwung befördere ich Timo über das Hindernis, und wir gehen, ohne uns umzusehen, weiter.

Das Dorf schweigt in der Hitze der Herbstsonne. Kein Wind bewegt die Blätter, kein Hahn kräht, allein die Staubwolke, die unsere Füße aufwirbeln, zeigt, daß hier zwei Menschen weggehen.

Timo ist aufgeregt, die Busfahrt macht ihm Freude. Drei Stunden plappert sein kleiner Mund ohne Unterbrechung. Erst in der S-Bahn zeigt er deutlich seine Müdigkeit, er kuschelt sich an mich und schläft ein. Ich muß ihn zur Straßenbahn tragen. Bevor wir aussteigen, wird er wach. Folgsam läuft er neben mir her, obwohl er viel lieber weitergeschlafen hätte. Er wird zu Weihnachten vier Jahre alt, ich freue mich auf das Leben mit ihm, hoffentlich vermißt er die Oma nicht.

Mit Timo allein

Im Kindergarten ist die Gruppenerzieherin empört: »Der Junge war lange nicht hier. Sie hätten ihn vorher anmelden müssen!«

»Er war ja gar nicht abgemeldet.«

»Sie machen sich das ziemlich einfach. Sie bringen wohl Ihr Kind, wann Sie wollen. Aber da haben Sie sich geirrt, bei uns hat alles seine Ordnung. Wir nehmen Ihr Kind nicht auf!«

Mein Einwand: »Ich muß arbeiten gehen, ich bin alleinerziehend!« läßt sie kalt.

»Das sind die meisten Mütter.«

Timo bleibt ruhig, auch als wir zu den Behörden gehen, wo wir lange Zeit im Gang warten müssen. Er schreit nicht wie andere Kinder, setzt sich brav an einen Tisch und spielt mit seinem Auto.

Ich erreiche in der Einweisungsstelle, daß Timo zurück in den Kindergarten darf. Der Arbeitstag wird mir als entschuldigtes Fehlen angerechnet und nicht bezahlt.

Am anderen Morgen empfängt mich die Erzieherin unfreundlich und erwidert meinen Gruß nicht. Timo weint plötzlich los und umklammert mich: »Mami, bleib hier!«

Die Erzieherin nimmt seine Hand und zieht meinen Sohn, der sich dagegen sträubt, in den Gruppenraum. Sein Weinen tut mir weh.

Ostkreuz. Das Kollegium befindet sich in einem alten Mietshaus gegenüber meiner einstigen Ausbildungsstätte, den Gummiwerken. Die Frauen sehen nicht freundlich aus, die Bürovorsteherin gibt mir die Erklärung dafür: »Na ja, wenn man gleich am ersten Tag fehlt, da reagieren sie eben komisch.«

Die Räume sind dunkel, die Regale mit den herausquellenden Akten deuten auf viel Arbeit hin. Wir sitzen alle in einem Büro, nur die Anwälte haben ihre eigenen Zimmer. Ich werde in das kleine Büro der Vorsteherin gebeten. Sie gibt mir eine dicke Akte und sagt: »Ich werde mir erst einmal ein Bild von Ihrer Ausbildung machen, bitte arbeiten Sie die Akte durch. Vermerken Sie auf einem Zettel alles, was Ihnen auffällt.«

Wie ein Schulmädel verlasse ich ihr Büro und setze mich an meinen Schreibtisch, der in einer Ecke am Fenster steht. Ich blicke direkt auf die verhaßte Gummibude. Der Weg zur Arbeit ist derselbe wie vor sechs Jahren. Nichts hat sich in dieser Zeit geändert, vielleicht sehen die Mietskasernen noch schwärzer aus. Kein Sonnenstrahl dringt in die Arbeitsräume, deren gelbliche Tapeten mit Spinnweben verziert sind.

»Träumen Sie?«

Die gereizte Stimme einer Sekretärin läßt mich zusammenzucken. Sofort senke ich meinen Kopf über den Schreibtisch. Hier werde ich nicht alt, denke ich. Nach einer Stunde stelle ich fest, daß die kleinen Hinterlistigkeiten der Vorsteherin eine ausgemachte Dummheit sind. Schriftstücke, die nicht hineingehören, und falsche Rechnungen sondere ich aus. Auf ein Stück Papier schreibe ich in großen Buchstaben: »April, April!«

Ich lege das Blatt hinein, klappe die Akte zu, gehe in ihr Büro: »Fertig«, sage ich.

Die Wochen vergehen im Alltagstrott. Mit Timo verbringe ich die Abende und Wochenenden allein. Wie eine Schnecke ziehe ich mich mehr und mehr in meine häßliche Wohnung zurück. Besuche erhalte ich nicht.

Mein Bruder hat vor drei Jahren seine Freundin geheiratet. Pünktlich zum Karnevalsanfang am 11. 11. kam meine Nichte sechs Monate nach der Hochzeit zur Welt. Seine Tochter war elf Monate jünger als mein Sohn. Gleich nach der Eheschließung mußte mein Bruder als Soldat zur Armee. Ich erinnere mich, was meine Schwägerin damals zu mir sagte, als sie von meiner Schwangerschaft hörte: »Wie kann man nur so früh ein Kind bekommen!« Nun hatte sie sich selbst eine Antwort gegeben.

Vom ersten Tag an, als wir uns kennenlernten, fanden wir nicht zueinander. Das änderte sich auch nicht durch die Heirat. Meine Schwägerin besaß den Ehrgeiz, aus meinem Bruder, dem Heimkind, etwas Besseres zu machen. In ihrer Nähe sprach er plötzlich hochdeutsch, sein Spitzname Koka verschwand, sie redete ihn mit seinem richtigen Vornamen an. Mein Bruder hatte seine eigene Familie und seine Pflegeeltern. Bei einem Besuch von mir teilte mir meine Schwägerin unmißverständlich mit: »Ob du kommst oder nicht, ist mir egal. Ich lege keinen Wert auf deinen Besuch.«

Ihre Worte trafen mich hart, aber ehrliche Menschen, die mir sagen, was sie denken, sind mir lieber als Heuchler. Außerdem wollte ich mich nicht in ihr Familienleben hineindrängen. Ich akzeptierte die Meinung meiner Schwägerin und verlor meinen einzigen, mir nahestehenden Bruder für Jahre.

Mein Optimismus in die Zukunft schwindet von Tag zu Tag. Timo bekommt aufgrund der schlechten Wohnverhältnisse heftige Asthmaanfälle. Es ist kein Wunder: Von der Decke läuft jeden Tag das Wasser an den Wänden herunter. Auf dem Fußboden stehen überall Schüsseln, die Küchenwände haben große Schwammstellen, sie trocknen nie aus. Die Wohnung ist feucht. Ich lasse die Fenster auf, um den muffigen Geruch zu vertreiben. Eine Beschwerde bei der Mieterin über mir bringt nichts. Der Mann knallt mir die Tür vor der Nase zu. Ich versuche die Frau auf dem Hof anzusprechen. Sie sagt, sie könne nichts dafür, bei ihr seien alle Anschlüsse in Ordnung. Vielleicht seien die Leitungen kaputt. Bei der Wohnungsverwaltung erhalte ich ständig Auftragsscheine, ein Handwerker läßt sich aber nicht sehen. Auch als ich keine Miete mehr zahle, passiert nichts. Das Wasser läuft, mein Sohn ist krank, und ich bin verzweifelt. Im Kollegium reden sie kaum ein Wort mit mir, niemanden interessiert, wie ich lebe. Für sie zählen die Tage, die ich wegen meines Kindes fehle.

Mein Krankengeld reicht vorn und hinten nicht.

Zu allem Übel bricht Timos Hautkrankheit erneut aus. In der Charité verschreiben die Ärzte nicht nur Rezepte, sondern verteilen auch kostenlose Ratschläge: »Das Kind muß Bäder machen, fügen Sie jedem Bad einen Eßlöffel Salz zu.«

Wie denn, wenn ich nicht einmal eine Dusche habe? Seine Haut sieht furchtbar aus, die Teersalbe läßt sie dazu dreckig und ungepflegt aussehen. Sitzen wir in der S-Bahn oder Straßenbahn und hält sich Timo an einem Griff fest, sehe ich, wie sich die Hände der anderen Leute zurückziehen. Angewidert, ja angeekelt drehen sie sich weg, wenn sie in sein entstelltes Gesicht sehen. Dann ist meine Verzweiflung am größten. Vor Wut möchte ich am liebsten schreien: Er hat keine Pest, es ist nicht ansteckend. Er ist nur hautkrank! Doch ich schweige, mir fehlt dazu das Selbstbewußtsein. Was ist aus meinen Träumen geworden?

Eine beschissene Wohnung, Kollegen, die mich ablehnen, ein krankes Kind, dem ich die Liebe, die ich für es empfinde, nicht zeigen kann.

Ich ertappe mich dabei, daß ich, wenn Timo zu mir kommt, aus Angst, er könnte schmusen wollen, schnell ein Buch ergreife und mit Vorlesen seine kindliche Forderung nach Liebe verhindere. Ich halte den Druck, der auf mir lastet, kaum aus. Werde ich daran zugrunde gehen? Aber dann würde ich ja denen recht geben, die glauben, Heimkinder schaffen es draußen nicht.

Heute ist Dienstag. Ich fahre zum Wohnungsamt. Nach dem Ausfüllen eines neuen Wohnungsantrags, in dem ich meine jetzige Wohnsituation schildere, sitze ich nach zwei Stunden Wartezeit einer Frau gegenüber, die völlig abgestumpft zuhört. Plötzlich zeigt sich Leben in ihrem Gesicht, sie hat auf die Armbanduhr geschaut. »Feierabend«, ruft sie erleichtert ihrer Kollegin zu.

»Ja«, wiederhole ich, »Feierabend, für mich schon lange. Ich gehe hier nicht eher aus dem Zimmer, bis ich eine neue Wohnung bekomme!« Zornig lege ich die ärztlichen Atteste meines Sohnes auf den Tisch.

Sie lacht. »Das beeindruckt mich nicht. Mir haben Leute schon Ratten auf den Tisch gelegt.«

»Ich habe keine Ratten, sondern ein Kind, und wenn Sie mir nicht helfen, dann helfe ich mir selbst. Ich gehe eine Treppe höher, stelle einen Ausreiseantrag, mit der Begründung: ›Für Frauen und Kinder zählen nur die Feiertage. Am 1. Juni feiern wir den Kindertag und am 8. März den Frauentag. Wie sie sonst leben, ist uns egal.‹«

Ich lasse meiner Empörung freien Lauf. Die Frauen sehen mich ernst an. »Sie wissen, daß Sie sich hier im Rathaus befinden?«

»Ja.«

»Wir lassen uns nicht erpressen!«

»Davon bin ich überzeugt.«

Timo ist ungeduldig, zu lange sitzen wir schon hier. Er sagt: »Komm Mami, dann verreisen wir lieber.«

Aus dem Wort Ausreiseantrag nahm er sich das »Reisen« als etwas Schönes heraus.

Die Frau sagt plötzlich: »Warten Sie!« Sie gibt mir eine Karte: »Bitte, hier ist Ihre Registriernummer.«

Glücklich stecke ich sie ein, wenigstens ist mein Antrag registriert worden. »Bis nächsten Dienstag«, sage ich höflich beim Hinausgehen.

Timo wird im Kindergarten abgelehnt. Traurig erzählt er mir, daß kein Kind mit ihm spielen will. Darauf spreche ich seine Gruppenerzieherin an. Sie versucht, sich herauszureden. »Timo kratzt sich die Haut auf, bis sie blutet.« Plötzlich verlangt sie ein Attest, sie möchte es schwarz auf weiß haben, daß es nichts Ansteckendes ist.

»Den Schein können Sie haben, aber bekommt Timo regelmäßig seine Tropfen gegen den Juckreiz?«

Sie beschäftigt sich verlegen mit dem Geraderücken einer Blumenvase. Sie muß mir nicht antworten, ich habe verstanden.

»Timo«, sage ich laut, »du gehst jeden Morgen zu deiner Frau Neile und bittest sie, dir die Tropfen zu geben, anschließend verlangst du deine Creme.«

Ich weiß, daß ich mich auf Timo verlassen kann. Frau Neile zeigt keine Reaktion, ich bin mir sicher, sie hat zugehört.

Die Party

Auf dem Heimweg treffe ich Uwe, einen Bekannten aus dem Jazzclub. Er wundert sich. »Dich sieht man ja gar nicht mehr.«

»Wie denn auch, ich habe ein Kind, da kann ich nicht mehr weg wie früher.«

Uwe lacht. »Am Sonnabend treffen wir uns bei mir. Lisa gibt eine Party. Kannst dein Kind ruhig mitbringen. Lisa hat ein Kinderbett, ihr Kind ist bei ihrer Mutter.«

Oh, wie ich mich freue! Endlich komme ich mal wieder unter junge Leute. Gleich Sonnabendmorgen fahren wir zu Uwe. Seine Wohnung besteht zwar auch nur aus einem Zimmer mit Küche, dafür wohnt er im Vorderhaus. Die Wohnung ist dürftig eingerichtet. Auf dem Fußboden liegt eine riesige Luftmatratze, auf der zwei Typen herumlungern. An der Wand steht ein alter Schrank, der vor dem gewaltigen Ornamentmuster einer knallroten Tapete kaum zu sehen ist.

»Torsten«, stellt sich einer der beiden vor und reicht Timo zuerst die Hand. Das macht ihn mir gleich sympathisch, dennoch kann ich seine Häßlichkeit nicht übersehen. Große abstehende Ohren werden von strähnigem braunen Haar stellenweise überdeckt. Seine Augen sind kleine braune Kullern. Die Nase, himmelfahrtsmäßig, verliert sich über dem breiten, vollen Mund. Das Äußere aber tritt zurück, wenn er lacht, sein lautes, unbeschwertes Lachen reißt einen förmlich mit. Er ist sehr unterhaltend – wie er redet und mit den Händen gestikuliert.

Gegen 20 Uhr fahren wir zu Lisa. Die Leute in der S-Bahn betrachten neugierig den Haufen junger Menschen, die sich fröhlich unterhalten. Ich gehöre dazu, niemand fragt, woher ich komme, wer ich bin. Nach langer, langer Zeit fühle ich mich nicht mehr allein.

Timo steht im Mittelpunkt, er freut sich schrecklich. Jeder fragt, wie er heißt, nimmt ihn auf den Arm oder flüstert ihm lustige Dinge ins Ohr, über die er quietschend lacht.

Torsten läßt Timos rauhe Hand nicht los. Aufmerksam verfolge ich alles, was um Timo geschieht. Niemand fragt oder sagt etwas zu seiner Haut.

Lisa ist ein schmales dunkelhaariges Mädchen. Sie bewohnt mit ihrem Freund ein eigenes kleines Haus, das in dem großen, verwilderten Garten kaum zu sehen ist. Freundlich begrüßt sie jeden mit einem Kuß auf die Wange. Das Wohnzimmer ist nur mit Kerzen beleuchtet, gemütlich sitzen viele Leute zusammen, reden, lachen oder rauchen. Es gibt schwarzen Tee, gelbgoldenen Grog und Rotwein.

Nach und nach bilden sich Gruppen, die das gleiche Thema diskutieren. Bei Musik reden sich die männlichen Gäste die Köpfe heiß, die Frauen sprechen hauptsächlich über Männer: Welcher toll ist und wer gerade mit wem.

Timo schläft nebenan. Torsten unterhält sich die ganze Nacht mit mir. Plötzlich schlägt er mir unerwartet auf den Schenkel. Ich zucke zusammen. Er lacht: »Onanierst du?«

Seine blöde Frage macht mich verlegen. Woher soll er wissen, daß ich zu meinem Körper keine Beziehung habe. Nicht einmal mein Kind wollte ich stillen, nur keine Körpernähe spüren.

Ohne meine Antwort abzuwarten, sagt er: »Bei dieser Frage haben sich meine Eltern kennengelernt. Sie stritten sich darüber, wie oft der Löwe in der Stunde bumsen kann.«

»Und wie oft kann er?«

»Rate!«

»Fünfmal, tippe ich.«

Er schüttelt vor Lachen seinen Kopf: »Ich helfe dir, du mußt dich entscheiden, zwölf- oder dreizehnmal?«

»Zwölfmal.«

»Verloren!« Lachend steckt er sich eine Zigarette in den Mund.

Er ist häßlich, denke ich. Ich weiß nicht, was über mich kommt, plötzlich sage ich: »Wie kann man nur so häßlich sein.«

Ein Augenaufschlag genügt, dann bricht er in lautes Lachen aus: »So direkt hat mir das ja noch keiner gesagt.«

Mir tut meine Äußerung leid, ich entschuldige mich trotzdem nicht, weil ich über sein Aussehen nicht anders denke. Zu allem Übel kleidet er sich miserabel. Sein Rollkragenpullover ist ein filziges Etwas. Ständig rutscht ein Hosenbein in eine seiner Stiefeletten, an deren Innenseite der Reißverschluß halb aufklafft.

Der Wintermantel gehörte bestimmt vor langer Zeit einem Seemann, jedenfalls lassen es die goldenen Knöpfe mit dem Anker drauf vermuten. Um dem gesamten Erscheinungsbild die Krone aufzusetzen, trägt er handgestrickte Fäustlinge, die wie bei einen Kleinkind mit einer Schnur verbunden, über dem Mantel hängen.

Sein Anblick reizt meine Lachmuskeln. Mit Gleichmut erträgt er die spöttischen Sprüche der anderen.

Absicht oder nicht: Er erregt dadurch die Aufmerksamkeit der Frauen. Sie lachen ihn an, sie sitzen ihm zu Füßen.

Wir verabreden uns für den nächsten Tag. Am Montag will er mich von der Arbeit abholen. Timo wacht gegen halb sieben auf. Lisa zaubert für uns ein kleines Frühstück: Schmalzstullen und Kaffee. Torsten begleitet uns zur S-Bahn. Er fährt in eine andere Richtung.

Timo schwärmt geradezu von Torsten. Eine winzige Freude auf den Montag, und gleich sieht die Welt viel freundlicher aus.

Schon von weitem erkenne ich die schlampig aussehende Gestalt. Torsten lacht unbekümmert bei der Begrüßung. Wir gehen zum Bahnhof. Er findet die Gegend trübsinnig. »Laß uns dorthin fahren, wo es schön ist!«

»Es ist nirgendwo schön in dieser Welt«, sage ich.

»Aber«, wendet er ein, »es muß doch hier ein schönes Café geben. Bei uns gibt es eine Menge davon.«

Bei uns, denke ich spöttisch. Dieser Dorfjunge hat ja keine Ahnung von Berlin. »Wo ist denn ›bei uns‹?«

»Du weißt doch, wo ich herkomme, Uwe hat es dir sicherlich erzählt.«

»Nein, weiß ich nicht, wir haben nie über dich gesprochen. Sag schon, woher du kommst, spann mich nicht auf die Folter. Knast?«

Er lacht sofort und schüttelt seinen Kopf.

»Schlimmer kann es nicht sein, sag schon!«

Verlegenheit macht sich in seinem Gesicht breit. Dann denke ich, ich höre nicht richtig.

»Von drüben.«

»Aus dem Westen?« frage ich erstaunt.

Plötzlich haben wir uns viel zu erzählen. Am S-Bahnhof steht in der Blumenrabatte eine einzige, winzige Rose. Es ist November, die Kälte hat das bißchen Grün in dieser Gegend längst vernichtet. Ich möchte unbedingt die Rose pflücken, als Erinnerung. Torsten hindert mich: »Laß sie für die traurigen Menschen stehen, sie ist der einzig schöne Anblick hier.«

Wie recht er hat.

Wir treffen uns oft, spazieren im Park, gehen zum Jazz, ohne einander verpflichtet zu sein.

Eine Freundschaft, weiter nichts, aber für Timo und mich bedeutet sie viel. Interessiert hören wir zu, wenn Torsten von den Ländern erzählt, die er gesehen hat. Seine politische Einstellung ist sehr links. Er möchte über den Hamburger Arbeiterführer Ernst Thälmann Bücher haben. Mir hing jahrelang der Arbeiter- und Klassenkampf zum Hals heraus. Torsten freut sich wie ein Kind, wenn ich ihm die gesuchten Bücher besorge. Dafür schmuggelt er, auf den Rücken geschnallt, Schallplatten über die Grenze, für Uwe. Bücher mußte er aufschreiben und bei der Ausreise wieder dabeihaben.

Sein erster Besuch bei mir zu Hause kam unverhofft. Erschüttert von dem Anblick meiner Wohnung wollte er nicht glauben, daß dieser Arbeiter- und Bauernstaat Menschen so wohnen ließ, dazu mit einem kranken Kind.

Erst Uwe gelang es, Torsten von der Wohnungsnot zu überzeugen. Für Torsten stürzte eine Welt ein, er sah seine Ideale zerstört. Als Student kam er aus Caracas nach Deutschland, seine Eltern finanzierten ihm das Studium. Sie sind als Deutsche vor Jahren ausgewandert. In Südamerika war Armut und Wohnungsnot kein Geheimnis. Torsten glaubte nun, in der DDR den menschenfreundlichen Staat zu sehen.

Gierig las er unsere Zeitungen, besuchte die ehemaligen Konzentrationslager. Plötzlich das Erwachen. Einen Versuch wagte er trotzdem noch. Ohne mich davon in Kenntnis zu setzen, schrieb er einen Brief an das Rathaus Köpenick, Abteilung Wohnungswesen. Damit wagte er sich einen Schritt zu weit in das Leben der Ursula Burkowski.

Dienstag ist Behördentag. Die Frau in der Wohnungsverwaltung kriegt einen Wutanfall, als sie meinen Namen hört. Kreischend hält sie mir einen Brief unter die Nase: »Unterstützung aus dem Westen holen, was! Das nützt Ihnen gar nichts, mit solchen Miesmachern wie Sie werden wir fertig.«

Ich weiß nicht, wovon sie spricht. »Was für Hilfe?« frage ich.

»Auch noch dumm stellen. Sie wissen wohl nicht, was hier drinsteht?« Sie fuchtelt mit dem Blatt vor meinem Gesicht herum.

»Darf ich bitte einmal lesen, was da geschrieben steht?«

Ihr Ton wird zynisch: »Nun weiß das Fräulein nicht einmal, was ihr Freund schreibt!«

Ruhig bleiben, denke ich, nicht provozieren lassen. Ich bin mir bewußt, in welcher Klemme ich stecke. Wenn ich durch mein Verhalten ihre Wut steigere, läßt sie mich abholen. Mädchen aus meiner Heimzeit sind wegen viel geringerer Vergehen im Gefängnis gelandet. Der Schreck und die Angst sitzen tief, meine Gedanken sind plötzlich bei Billy.

Sie war ein schönes, blondes, schlankes Mädchen. Im Jugendwohnheim wohnte sie in der Etage unter mir. Wegen ihrer und meiner langen Haare hielten uns Fremde oft für Geschwister. Wir klärten dieses Mißverständnis nicht auf. Stolz erfüllte mich, wenn Billy liebevoll »Schwesterchen« zu mir sagte. Wir entwickelten ein Zusammengehörigkeitsgefühl, das leibliche Geschwister nicht besser haben konnten.

Weil die Ausgangszeiten streng geregelt waren und niemand gern eine Ausgangssperre in Kauf nahm, gingen wir, meist mit einigen anderen Mädchen, mittwochs zum Tanzen in den Plänterwald. Den Weg zurück fuhren wir mit dem Bus oder wir liefen, so daß wir pünktlich um 21 Uhr 30 im Heim waren. An einem Mittwoch passierte Billy etwas sehr Tragisches. Danach sah ich sie nicht wieder.

Billy hatte einen leichten Schwips, als sie sich allein auf den Nachhauseweg machte. Laut sang sie ein Lied. Die Straße war breit, rechts und links verlief der Treptower Park mit seinen Büschen, Wiesen und Bäumen, nirgends ein Haus. Im Sommer sah die Allee mit ihren alten hohen Bäumen wie ein prächtiger grüner Tunnel aus. Billy trug ein buntes Minikleid und freute sich über den lustigen Abend. Viele Männer hatten sie zum Tanzen aufgefordert, und vielen hatte sie einen Korb gegeben. Fröhlich trällerte sie lauter. Plötzlich trat ein Mann aus dem Schatten eines Baumes. Billy ahnte nichts Gutes, ihr Singen wurde vor Angst lauter. Ehe sie an dem Mann vorbeikam, verstellte er ihr den Weg. »Ausweiskontrolle!« forderte er sie barsch auf.

»Spinnst du!« antwortete Billy lachend, »da kann ja jeder kommen!«

Sie machte einen Schritt zur Seite, um weiterzugehen. Der Mann griff sie grob am Arm und hielt sie fest.

Billy schrie: »Laß mich los, du Hilfssheriff!«

Der Mann, der keine Uniform trug, versuchte, Billy den Arm auf den Rücken zu drehen. Sie holte aus und knallte ihm eine. »Loslassen, du Schwein! Hilfe!« schrie sie aus Leibeskräften.

Kein Autofahrer hielt, kein Passant kam vorbei, um Billy zu helfen. Da schlug der Mann zu. Billy wehrte sich. Plötzlich waren da zwei Männer, und ehe Billy recht wußte, was geschah, fuhr ein Polizeiwagen vor. Mit Gewalt schoben sie Billy in das Auto und brachten sie weg.

Im Heim hieß es, Billy hätte die Staatsgewalt beleidigt, Widerstand geleistet und zwei Hilfspolizisten krankenhausreif geschlagen.

Billy war siebzehn Jahre alt und kam ins Gefängnis. Die Anklage lautete auf Widerstand gegen die Staatsgewalt und noch einiges mehr. Billy wurde zu einem Jahr Gefängnis ohne Bewährung verurteilt.

Meine Nerven sind gespannt wie die Stahlseile der Artisten am Trapez. Warum fällt mir bei diesem Gespräch bloß Billy ein. Vorsichtig versuche ich, Balance zu halten. Wenn ich stürze, reiße ich Timo mit in die Tiefe. Ich schweige zu den Vorwürfen der Rathausdame …

»Kommen Sie in drei Monaten wieder. Ich hoffe, die Aktivitäten Ihres Westfreundes sind bis dahin eingestellt.« Ihre Stimme klingt geschäftsmäßig, nicht drohend, hat eher einen leicht warnenden Ton.

Auf der Straße wäre ich am liebsten in Tränen ausgebrochen.

Weihnachten

Die Oma schreibt mir Briefe über Briefe. Darin bittet sie mich um Verzeihung, sie hätte mir nichts Böses antun wollen. Sie glaubte, im Interesse Timos gehandelt zu haben.

Doch ich bin zu sehr verletzt, sie hat mein Vertrauen mißbraucht. Ich kann ihr nicht vergeben. Jetzt noch nicht.

Timo weckt in mir ständig neue Kräfte, er nimmt mich mit seinen Ideen in die Welt der Märchen mit, wobei er nie die Wirklichkeit vergißt.

Frau Holle ist sein Lieblingsmärchen. Nach einer Lesestunde fragt er mich unverhofft: »Mami, warum schneit es nicht? Bald ist Weihnachten.«

»Dann machen wir eben Schneeflocken.«

»Wie denn?«

»Paß auf«, sage ich, »wir kaufen Watte, rollen sie zu kleinen Bällchen, fädeln sie auf eine Schnur, und die befestigen wir mit einer Reißzwecke am Fenster, das sieht wunderschön aus.«

Timo klatscht begeistert in seine Hände. Beim Einkauf fragt er: »Haben wir einen Weihnachtsbaum?«

»Den hätte ich beinahe vergessen«, sage ich lachend. »Gut, daß es dich gibt.«

Wir suchen auf dem Markt eine kleine Tanne. Sie ist nicht größer als Timo. Er möchte sie unbedingt allein tragen. Ich sehe ihm an, wie schwer sie ihm wird, aber er läßt mich nicht helfen. »Mami, ich bin ein großer, starker Mann.« Seine Wangen leuchten wie zwei Granatäpfel. Tatsächlich, er hat recht, alles was uns beide angeht, bespreche ich mit ihm.

Ich erzähle von der Arbeit, die mir keinen Spaß macht, von der neuen Wohnung, die wir vielleicht mal bekommen.

Timo hört mir aufmerksam zu, ich brauchte keinen Rat, trotzdem tröstete er mich: »Du hast doch mich!«

Dank Herrn Hoffke sitzen wir am warmen Ofen und basteln. Die Schneeflockenketten sind im Nu fertig. Das Wohnzimmer sieht mit den geschmückten Fenstern weihnachtlich aus. Timo strahlt: »Wie bei Frau Holle!«

Für Heiligabend kaufe ich Timo ein paar Süßigkeiten, ein Feuerwehrauto, das er sich sehnlichst wünscht, und dann ist mein Geld weg.

Am Vormittag lasse ich Timo in der Küche spielen. Ich habe eine Heizsonne aufgestellt, damit er es warm hat. Im Wohnzimmer schmücke ich das Bäumchen mit selbstgebastelten Papierketten, Glasvögeln, bunten Kugeln und echten Kerzen. Unter den Baum stelle ich das Auto, daneben den bunten Teller mit dem Schokoladenweihnachtsmann, vergewissere mich, daß ich nichts vergessen habe.

Erwartungsvoll ruhen seine Augen auf mir: »Mami, wann kommt der Weihnachtsmann?«

»Bald«, tröste ich ihn. Wir spielen »Mensch ärgere Dich nicht«. Timo ist ganz ins Zählen vertieft, als ich sage: »Timo, ich glaube, ich habe etwas gehört, du auch?«

Angestrengt lauscht er nach draußen: »Vielleicht hat uns der Weihnachtsmann vergessen?«

»Quatsch, uns vergißt er bestimmt nicht, komm, wir sehen mal nach. Bestimmt wollte er uns nicht stören, deshalb ist er auf leisen Sohlen in das Zimmer geschlichen.«

Vorsichtig guckt er durch das Schlüsselloch: »Mami, im Zimmer ist keiner, aber ich kann das Bäumchen sehen, es ist wunderschön.«

»Warte«, sage ich, »ich zünde nur die Kerzen an, dann gehen wir beide hinein.«

Ich nehme ihn an die Hand, als wir ins Zimmer gehen. Ein kurzer, freudiger Aufschrei, dann liegt er am Boden und schiebt die Feuerwehr aufgeregt hin und her. Mitten im Spiel hält er plötzlich inne: »Mami, der Weihnachtsmann hat dich vergessen!«

Oh, wie war ich dumm, ich hätte mir eine Kleinigkeit hinlegen sollen. Beruhigend sage ich: »Nein, Timo, der Weihnachtsmann war im Büro, ich habe leider mein Geschenk dort vergessen.«

Timo gibt sich mit meiner Antwort zufrieden. Es ist ein sehr schönes Weihnachten, auch wenn ich später im Bett denke, daß ich furchtbar gerne Besuch gehabt hätte.

Sorgen

Uwe hat mich und Torsten zum Abendessen eingeladen. Timo hat nichts dagegen, als ich ihm sage, daß ich weggehen möchte. Ich sage ihm immer Bescheid. Er hat keine Angst, allein in der Wohnung zu bleiben. Ich warte, bis er eingeschlafen ist. An den Spielsachen erkenne ich dann, ob er in der Nacht noch einmal wach geworden ist, dann liegen sie bei ihm im Bett. Timo macht nie Theater, wenn ich weggehe, er deutet nicht den geringsten Widerstand an. Dunkelheit und Stille ist er vom Dorf gewöhnt. Der Tag gehört meinem Sohn und der Abend mir. Ich bin keine der Mütter, die sich für ihre Kinder aufgeben, nicht mehr aus dem Haus gehen, nur für das Kind leben, um später festzustellen, daß sie einen kleinen Tyrannen erzogen haben. Timos Krankheit läßt mir sowieso selten das Vergnügen, unter Gleichaltrigen zu sein.

An diesem Abend hätte ich lieber bei Timo bleiben sollen. Torstens Besuche werden häufiger. Ist er verliebt? Uwe lästerte seit Wochen: »Uschi, ich sehe dich schon in Südamerika.«

Torstens Interesse schmeichelt mir. Er besitzt Humor. Ein Mensch, der mir zuhört. Nach der Rathausgeschichte erhielt unsere Freundschaft allerdings einen kleinen Knacks. Doch das gibt sich bald: Torsten besitzt eine Menge Humor, der mich bald wieder mit ihm versöhnt.

Warum habe ich am 29. Dezember bloß meinen Gefühlen nachgegeben. Ich liebe Torsten nicht, nur aus Jux haben wir es probiert. Uwe mußte noch mal weggehen. In der Wohnung ist es sehr kalt. Torsten sagt plötzlich: »Ich weiß, wie wir warm werden.«

»Wie denn?«

Er lacht, rutscht zu mir herüber und küßt mich. Sein Kuß ist wie der dicke Schmatzer eines Kindes. Ich lache in ein für mich unerwartet ernstes Gesicht. Braune Augen, volle Lippen, sie wollen mehr, denke ich. »Spinnst du?« frage ich.

»Ich mag dich sehr, selbst Uwe sieht es.« Seine Blicke glühen vor Bewunderung.

»Liebst du mich etwa?« Meine Frage kommt überraschend.

»Ich weiß nicht«, druckst er herum.

»Ist egal.« Ich lache, um dem albernen Gespräch ein Ende zu setzen.

Erleichtert umarmt er mich: »Kalt ist mir trotzdem.«

»Mir auch.«

Ehe wir wissen, was wir wollen, liegen wir nackt unter der karierten Wolldecke. Torsten ist überaus schamhaft, während er versucht, mich zu streicheln, rutscht ihm die Decke weg. Mit einer rudernden Handbewegung sucht er sie, das sieht zum Schreien aus, so, als ob er Fliegen verscheucht. Ich muß lachen. Kichernd wie kleine Kinder, die heimlich das andere Geschlecht entdecken, beenden wir die Erwärmung unserer Glieder. Es begann so lustig und endete für mich in einer Katastrophe.

Ich habe zum Monatsanfang mit der Pille begonnen. Aus diesem Grund bin ich mir sicher, daß nichts passiert sein kann. Heute ist der 30. Dezember, meine Tage bleiben aus. Vor Neujahr ist keine Sprechstunde beim Frauenarzt.

Ein Gespräch mit Gerda klärt mich auf. Sie meint, bei der Pille können Verzögerungen auftreten.

»Wenn du am 29. mit Torsten geschlafen hast und hättest einen Tag später deine Regel kriegen müssen, dann kann einfach nichts passiert sein.«

Nach Silvester muß Timo ins Krankenhaus, seine Atemnot ist furchtbar schlimm geworden. Er schreit bei den Spritzen, ich möchte ihn trösten, lasse es aber. Zu oft habe ich versprochen: »Sei tapfer, davon wirst du gesund!« Blödsinn, ein krankes Kind, das Schmerzen hat, trösten zu wollen. Ich erfinde meine eigene Methode. In den schwersten Momenten verwickele ich Timo in ein Gespräch. Mir fallen die abenteuerlichsten Geschichten mit seinem Auto ein. Obwohl die Ärztin verständnislos ihren Kopf schüttelt, erzähle ich weiter.

Timo beruhigt sich schnell und hört aufmerksam zu. Das Luftholen kostet ihn große Mühe, er strengt sich an, um mich zu fragen: »Mami, wenn du mich besuchen kommst, erzählst du mir dann die Geschichte zu Ende?«

Vier Jahre lebt Timo nun mit seiner Krankheit, Tränen helfen ihm nicht, sie befreien nur.

Tapfer trennen wir uns, länger als vierzehn Tage bleibt er nie im Krankenhaus. Wir weinen nicht.

Meine Frauensache erledigt sich zum Glück für mich. Es war diesmal nicht sehr stark, aber besser, als gar nicht.

Torsten fährt mit mir ins Krankenhaus, um Timo abzuholen. Er wird früher gesund, als die Ärztin vermutet hatte, und wird nach einer Woche entlassen. Ich bin mit Timo zu Hause. Mit der Krankschrift verärgere ich die Kollegen, aber mein Kind braucht mich mehr.

Im Februar bleibt die Regel völlig aus. Ich habe dafür keine Erklärung, mit Torsten habe ich nicht mehr geschlafen. In der Friedrichstraße gibt es ein Labor, wo Frauen anonym gegen Bezahlung einen Schwangerschaftstest machen lassen können. Offiziell existiert diese Einrichtung gar nicht. Kein Frauenarzt empfiehlt diese Möglichkeit der Feststellung einer Schwangerschaft, und die Methode des Urintests ist längst nicht allen Frauen bekannt. Später sollte das Jahr 1973 bei einigen Frauenärzten Gewissenskonflikte auslösen, da wurde der Schwangerschaftsabbruch legalisiert.

Ich investiere unter falschem Namen für den Test zwanzig Mark, um zwei Tage später ein Ergebnis zu lesen, das mich fast in den Selbstmord treibt. »Positiv« steht in roten Buchstaben auf dem Zettel.

Meine Gefühle sind wie ein Vulkanausbruch, bei dem die heiße Lava unter sich alles begräbt. Übrig bleiben kalte Geröllmassen. Mir läuft der Schweiß in kleinen Rinnsalen am Körper hinunter. Eisige Kälte in meinem Herzen. Das Kind. Ich will es nicht!

Das Kind muß weg …

Ich breche mitten auf der Straße in Tränen aus. Timo steht neben mir, er begreift nicht. »Mami, hast du Kopfweh?«

Ich besorge mir aus der Apotheke Medikamente, alles frei erhältliche Naturheilkundemittel. Studenten aus dem Studentenclub entwickelten daraus, streng geheim, ein Abtreibungsmittel.

Bei vielen Mädchen hatte das Gebräu schon Wunder gewirkt. Todesmutig trinke ich das Wasserglas mit einem Zug leer, es brennt im Mund wie Wodka. Mir ist übel, ich beginne zu würgen. Nur nicht brechen. Es muß drin bleiben, koste es was es wolle, denke ich.

Mein Körper gerät in Aufruhr, leicht schwindelig taste ich mich zur Couch. Liegen ist wunderbar.

Einen Monat später

Immer wenn die furchtbaren Tage da sind, mit Bauchschmerzen, fühle ich mich müde, schlapp, irgendwie krank. Wehe aber, sie bleiben ungewollt aus, dann beginnt das Bangen, Hoffen, und die Angst wird ein ständiger Begleiter. Dann endlich die große Erleichterung, Glück gehabt!

Die ganze Welt hätte ich umarmen können, mein Dankbarkeitsgefühl reicht von Süden bis Norden. Ich fühle mich, als wäre ich vom Schafott gerettet worden. Wie schön, daß es Studenten gibt. Ein Hoch auf alle, die studieren!

Nach fünf Tagen vergeht mir das Glücksgefühl. Mein Unterleib krampft sich schmerzhaft zusammen. Vorsichtshalber fahre ich zum Frauenarzt. Die Praxis ist überfüllt. Zwei Kabinen stehen nebeneinander. Die Frauen können sich zwar ungestört entkleiden, aber durch die Tür verstehe ich jedes Wort. Widerlich: Die Intimsphäre der Frau wird nur körperlich gewahrt. Die Untersuchung geht nach der langen Wartezeit zu meinem Erstaunen ziemlich schnell. »Sie sind in anderen Umständen.«

»Was bin ich?« Ich glaube, das eben Gehörte betrifft mich nicht. Schließlich bin ich wegen der starken Blutung hier.

Die Ärztin sieht mich schweigend an. Langsam beginne ich, den Inhalt ihrer Worte zu begreifen. Wie ein Todeskandidat, dem man eine Begnadigung versprochen hat und fünf Minuten später das Urteil für doch vollstreckbar erklärt, sinke ich auf den Stuhl. Hemmungslos heule ich los. Sie läßt mich weinen, bis ich nicht mehr kann. Gefaßt und bestimmend sage ich: »Ich will das Kind um keinen Preis. Geben Sie mir eine Überweisung zur Schwangerschaftsunterbrechung.«

Entrüstet sagt sie: »Von mir bekommen Sie so einen Schein nicht. Sie sind gesund, jung und kräftig, durchaus in der Lage, ein zweites Kind zu bekommen.« Vorwurfsvoll fügt sie hinzu: »Was meinen Sie, wie viele Frauen hier sitzen und weinen, weil sie keine Kinder bekommen.«

»Das interessiert mich nicht«, sage ich völlig außer mir. »Ich bin doch keine Gebärmaschine für all die Frauen, die keine Kinder haben können.«

Seelenruhig nimmt sie einen Überweisungsschein zur Schwangerenberatung. Entsetzt lese ich: 12. Woche. Das ist eine Lüge, ich weiß genau, wann ich schwanger geworden bin. Wenn ich schwanger bin, dann bin ich höchstens in der 9. Woche. Sie lügt wegen der zwölfwöchigen Fristenregelung. Verdammt. Dennoch nehme ich den Zettel scheinbar gleichgültig entgegen. Mein nächster Schritt: eine andere Frauenärztin. Ich schildere ihr wahrheitsgetreu meine vermutliche Schwangerschaft und den Befund der anderen Ärztin. Sie untersucht mich und sagt: »Ich glaube Ihnen, aber jede Schwangerschaft wird sofort gemeldet. Bei einem so frühen Stadium kann sich der Arzt irren, das Alter des Fötus ist nicht sicher nachweisbar!«

»Sie können mir nicht helfen?«

»Leider nein.«

Es klingt aufrichtig, als sie das sagt.

»Dann muß ich mir selbst helfen«, sage ich.

»Um Himmels willen!« Entsetzt von meinem Entschluß zählt sie mir alle möglichen Risiken auf. Ich höre stumm und teilnahmslos zu, mir ist alles egal. Von dem Gedanken getrieben: Bloß nicht noch ein Kind! verlasse ich fest entschlossen die Praxis.

Was habe ich alles über Hausmittel gegen Schwangerschaft gehört: Rotwein mit Nelken, Motorradfahren über Gleise, stundenlanges Springen vom Tisch …

Soviel Rotwein habe ich in meinem ganzen Leben nicht getrunken, wie in dieser Woche. Timo wundert sich über meinen Einfall, vor dem Schlafengehen eine Stunde vom Tisch zu springen.

»Mami, im Kindergarten dürfen wir nicht mal den Ellenbogen auf dem Tisch haben. Wenn Frau Neile das sehen würde!«

»Deine Frau Neile kann mir den Buckel runterrutschen. Mami ist hier zu Hause und kann vom Tisch springen, so oft und so lange sie will.

Komm Timo, wir springen zusammen, das macht Spaß!«

Wir machen einen Krach, als würde sich in unserer Wohnung ein mittleres Erdbeben abspielen. Eine ebenerdige Wohnung kann auch ihre Vorteile haben.

Unheimlicher Besuch

Ein halbes Jahr ist vergangen. Aus dem Kollegium bin ich nach langer Krankschrift rausgeflogen. Nicht, weil ich wegen Timo häufig fehlte, sondern weil ich den Krankenschein nicht abgeschickt habe. Ich habe es einfach vergessen und später nicht mehr daran gedacht. Folge: eine fristlose Entlassung, die einfachste Lösung.

Ich bin darüber nicht traurig: Die Arbeit hat mir schon lange keinen Spaß mehr gemacht. Kein ehrliches, freundliches Wort haben sie füreinander, sondern ziehen hinterm Rücken übereinander her. Dazu immer dieser Büromief, die Gegend überhaupt, ich bin froh, da nicht mehr hin zu müssen. Finanziell stehe ich nichts aus, Torsten gibt mir jeden Monat zweihundert Mark. Die tausche ich gegen Ostgeld eins zu drei, damit komme ich prima zurecht.

Eines Abends klingelt es unverhofft an meiner Wohnungstür. Mit Torsten bin ich nicht verabredet, aber wir freuen uns über jeden Besuch. Timo rennt zur Tür.

»Mami, ein fremder Mann!« ruft er laut in den dunklen Korridor. Ein Fremder, denke ich erschreckt. Mit drei Schritten bin ich an der Tür. Das Licht im Treppenhaus ist schwach, der Mann schlecht zu erkennen. Meine Hand tastet nach dem Lichtschalter im Flur, ein kurzer Knips, ich stehe einem Mann im Rollkragenpullover mit Lederjacke gegenüber. Instinktiv spüre ich Gefahr. Gesehen habe ich die Leute von der Stasi zwar noch nie, trotzdem fühle ich sofort, wer mir da gegenüber steht.

Der unauffällige Auffallende ist dunkelhaarig, Ende Zwanzig, groß und schlank.

»Frau Burkowski?«

Seine Stimme klingt einschmeichelnd, freundlich. Ich will die Tür zuschlagen. Er stellt seinen Fuß dazwischen, drückt gewaltsam mit der Hand gegen die Tür.

»Nun hören Sie doch erstmal zu. Sie brauchen keine Angst zu haben. Ich bringe Ihnen eine gute Nachricht.«

Sein Grinsen ist ihm wie von einem Bildhauer ins Gesicht gemeißelt, maskenhaft starr.

Zögernd frage ich: »Eine gute Nachricht für mich?«

»Ja.« Geheimnisvoll redet er weiter: »Darüber müssen wir doch nicht im Treppenhaus sprechen.«

Flüchtig klappt er mir ein kleines Heftchen entgegen. Ehe ich den Inhalt entziffern kann, verschwindet es wieder in der Innentasche seiner Jacke. Die offizielle Legitimierung berechtigte den Mann, – als Staatsmacht – selbstverständlich in meine Wohnung zu gehen. Dort pflanzt er sich gleich in den Sessel. Auf seinen Knien balanciert er wichtigtuerisch einen schwarzen Diplomatenkoffer. Mit lautem Knall platzen die Schlösser auf. Sein Kopf verschwindet hinter dem aufgeklappten Deckel. Er gibt sich geschäftig.

Ohne etwas herauszuholen, sieht er mich plötzlich fragend an: »Sie haben sich bei uns um eine Arbeit beworben? Es scheiterte damals an der Unterbringung Ihres Kindes, jetzt können Sie bei uns anfangen.«

Er lügt, verdammt noch mal, er lügt! Bisher habe ich mich um keine Arbeit bemüht. Und Timo hat seinen Platz im Kindergarten, zu dem er jeden Tag hingeht. Die Gewißheit, daß er lügt, macht mich wütend. »Um welche Art von Arbeit handelt es sich?« frage ich mutig. »Ich habe mich bei einigen Stellen beworben.«

»Beim Ministerium für Bauwesen.« Seine Antwort ist knapp. Mit Mühe unterdrücke ich ein spöttisches Lachen. Ausgerechnet beim Ministerium, die warten gerade auf mich. Meine Gedanken wirbeln wie eine Windrose durch meinen Kopf. Ruhe bewahren, neugierig fragen, so viel wie möglich erfahren! Dennoch krallt sich die Angst wie ein unsichtbares Gespenst an mir fest.

»Und was soll ich da machen?« Ich bin verwundert, wie ahnungslos meine Stimme klingt.

Erleichtert über mein Interesse, verfällt er sofort in einen vertraulichen Ton: »Sie werden Bekanntschaft mit ausländischen Gästen unseres Landes machen. Sie werden lernen, sich intensiv um sie zu kümmern, ihnen zum Beispiel, Kino, Konzert- und Theaterbesuche zu organisieren.«

Bisher habe ich kaum klassische Musik gehört. Wenn ich im Radio italienische Lieder höre, träume ich von dem unbekannten Land. Der Klang seiner Sprache ist für mich schon wie Musik. Ich kenne Italien nur aus Filmen, und sollte ich jemals im Leben einen Wunsch frei haben, ich wünschte mir, eine Reise dorthin zu tun. Wo sich die Menschen ihrer Gefühle nicht schämen, sie frei ausleben dürfen, können, müssen, wollen. Mir sitzt ein Stasimann gegenüber, der mich für eine schmutzige Arbeit anzuwerben versucht, und ich, ich träume von Italien.

Meine Augen wandern an der Wand entlang, mein Blick bleibt an einem kleinen Ölbild hängen: »Lago di Como.« Eine einsame alte Kirche steht auf einem Hügel in einer Bucht zum See. Ganz schlicht und ergreifend. Gemalt 1945 auf eine einfache Holzplatte. Von einem Kriegsgefangenen, erstanden von mir 1974 im Wäscheladen auf einem Solidaritätsbasar.

»Hören Sie mir überhaupt zu?« Die Frage reißt mich in die Wirklichkeit zurück.

Wahrscheinlich nimmt er mein Schweigen als Einverständnis, denn plötzlich geht er ins Detail. Schwärmerisch sagt er: »Die Arbeit wird Ihnen Spaß machen.« Großzügig fügt er hinzu: »Auf eine Flasche Sekt mehr oder weniger kommt es uns bei solchen Abenden nicht an. Tja, was Sie anschließend privat mit den Männer machen, ist Ihre Sache.« Dazu lacht er beifallheischend.

Vor Empörung steigt mir das Blut in den Kopf, ich weiß, daß ich knallrot bin. Die wollen aus mir eine Staatsnutte machen, zum Wohle des Volkes mit jedem ins Bett. Erwarteten sie diese Form von Dankbarkeit für die sechzehn Jahre Heimerziehung? »Sie Schwein!« sage ich laut. »Machen Sie, daß Sie aus meiner Wohung kommen, aber plötzlich!«

Er reagiert nicht, sondern macht dreist weiter: »Stehen Sie mal auf, ich schätze Konfektionsgröße 38 – 40. Um Kleidung brauchen Sie sich keine Sorgen mehr zu machen, dafür kommen wir auf.«

Sein Blick gleitet gierig an meinem Körper hoch und runter. Die Schlinge Angst zieht sich um meinen Hals zu, ich brauche Luft. Plötzlich steht er auf, macht einen Schritt in meine Richtung, mit seiner Hand versucht er nach mir zu greifen. »Wir kaufen natürlich keine Katze im Sack.« Seine Worte sind sehr deutlich, ich habe verstanden.

Ich lache übertrieben ordinär. Obwohl mir zum Heulen ist, bringe ich zustande: »Wenn Sie mich bumsen wollen, bitte, ich habe meine Tage. Es soll ja Männer geben, die darauf stehen.«

War es mein Ton oder der Inhalt meiner Worte, er weicht sichtlich verstört zurück. Diesen Augenblick nutze ich und schreie: »Raus hier, aber ganz schnell!«

Er geht wirklich. Kaum ist er draußen, rutsche ich heulend wie ein Kind innen an der Wohungstür hinunter. Timo kommt wie auf Kommando aus der Küche gelaufen und tröstet mich.

Umzug

Meine neue Wohnung ist um ein halbes Zimmer größer. Sie befindet sich wie gewohnt im Hinterhof, allerdings im zweiten Stock, und hat einen Balkon. Die Zimmer, die Küche und die Toilette liegen zur Südseite, die Sonne scheint den ganzen Tag herein. Die Wohnung ist dadurch sehr hell und freundlich. Stehe ich auf dem Balkon, fällt mein Blick auf einen verwitterten Barockengel, der am Giebel einer Ruine hängt, so, als wache er schwebend über den Resten der Vergangenheit. Große Birken und wilder Wein wachsen im Innenhof. Das nächste Haus steht weit weg, ich brauche keine Gardinen.

Zum Glück liegt die Wohnung zur Hofseite hin, so daß sie dadurch noch einen Vorteil hat: Der Verkehrslärm von der Straße ist nicht zu hören. Aus Schöneweide bin ich zwar nicht herausgekommen, dafür aber viel näher an die Straßenbahnhaltestelle. Das erleichtert mir die Fahrt zum Kindergarten.

Beim Renovieren ließ sich keiner meiner Freunde sehen. Dafür halfen sie beim Umzug. Gerda war die einzige, die mir mit Rat und Tat zur Seite stand. Für das Wohnzimmer brauchte ich ein halbes Jahr, bis es fertig wurde.

Während meiner Malerarbeiten lernte ich eine junge Frau aus dem Haus kennen. Sie wohnt unterm Dach, allein mit ihrer vier Jahre alten Tochter. Caroll ist sehr dünn, dunkelhaarig und raucht ununterbrochen. Sie kommt aus einem behüteten Elternhaus. Seit dem Ökonomiestudium arbeitet sie als Handelspreisinspektor, daß heißt, sie kontrolliert die Kosumgeschäfte auf Preisverstöße hin.

Daß wir zusammentrafen, kam durch einen alten Stuhl. Die Renovierung der Wohnung nervte zu sehr. Es ging nicht vorwärts. Kurzerhand fuhren wir ins Strandbad. Timo freute sich, ausgiebig tobte er im Wasser, baute Sandburgen, leckte Eis und maulte, als wir zurückfuhren. Gegen Abend begann es zu regnen.

Ich überlegte, wo ich die nassen Sachen aufhängen könne. Auf dem Balkon hatte es keinen Zweck, da kam mir die Idee: Auf dem Dachboden!

Mit einer Schüssel nasser Badesachen stieg ich nach oben. Die Beleuchtung war sehr schwach, nur im Umkreis der Glühlampe erkannte ich die Wäscheleine, alles andere versank im düsteren Nichts. Der Regen prasselte aufs Dach, irgendwo standen Eimer unter undichten Stellen, die Tropfen verursachten einen hohlen, scheppernden Klang. Die Luken standen offen, der Wind zog ungehindert durch den Dachstuhl und ließ die Holztüren laut hin und her klappern. Mir begann es unheimlich zu werden.

Plötzlich hatte ich das Gefühl, beobachtet zu werden. Ich griff die Schüssel und wollte hinausrennen, dabei stolperte ich über einen alten gedrechselten Stuhl. Trotz meiner Eile erkannte ich, wie schön er war. Am nächsten Morgen klingelte ich bei allen Leuten im Haus und fragte, wem der Stuhl gehörte. Niemand kannte den Eigentümer. An Carolls Wohnungstür klopfte ich vergeblich. Kurzerhand nahm ich ihn mit in meine Wohnung, wo er einen neuen weißen Anstrich erhielt. Kaum stand er dekorativ in der Küche, klingelte es, und Caroll fragte mit blassem Gesicht und schmalen Lippen erzürnt nach dem Stuhl.

Eine Freundschaft begann, die Jahrzehnte dauerte.

Anwerbung Nr. 2

Die Hitze des Sommers macht uns zu schaffen. Wir hängen Laken vor die Fenster, um die Zimmer kühler zu halten. Am Nachmittag treffe ich beim Einkauf ein Mädchen, mit dem ich im Kinderheim war. Magda – bildhübsch, große blaue Augen, blondes langes Haar, schneeweiße Zähne und an der Hand ihre Tochter, eine Miniatur ihrer selbst. Magda sieht unglücklich aus, ich frage, warum. Sie erzählt, daß sie in Scheidung lebt, weil ihr Mann sie regelmäßig verprügelt. Jeden Tag versucht sie, mit dem Kind woanders zu schlafen. Sofort denke ich an Horst. Seit der Nacht mit dem Hammer hatte ich ihn noch einmal gesehen. Das reichte, um mich eine Woche alptraumhaft an die Zeit mit ihm zu erinnern. Damals stand ich hinter der Gardine im Wohnzimmer und beobachtete, wie er seine Möbel abholte, die ich einfach in den Hof gestellt hatte. Sein Auge zeigte keine Verletzung, nicht die kleinste Narbe konnte ich in seinem Gesicht entdecken. Im strömenden Regen mühte er sich, seine Klamotten auf den Handwagen zu laden.

Ich schickte ihm tausend Flüche hinterher. Möge er nie mehr meine Wege kreuzen.

Spontan biete ich Magda an, die Nacht bei mir zu verbringen. Sie nimmt an. Zu Hause koche ich uns einen Kaffee, wir setzen uns auf den Balkon, die Kinder spielen nebenan. Sie erzählt von ihrer Ehe. Plötzlich klingelt es an der Tür. Entsetzt springt sie auf: »Mein Mann, der sucht mich!«

»Hab nicht solche Angst, der weiß nicht, wo du bist! Ich habe nicht mal ein Namensschild an der Tür, woher soll der wissen, daß hier jemand wohnt!«

Leise schleiche ich zu den Kindern. Ich lege den Finger an die Lippen, sie sind sofort mucksmäuschenstill. Das Klingeln hört nicht auf. Magda kommt ängstlich ins Kinderzimmer: »Und wenn er es doch ist? Der tritt dir die Tür ein.«

Ich schiebe sie ins Wohnzimmer zurück und flüstere: »Geh nach draußen, die Vorhänge verdecken dich. Dahinter vermutet keiner einen Balkon.«

Aus dem Kinderzimmer dringt kein Laut, ich öffne die Wohnungstür. Mir steht ein kleiner, untersetzter, schwitzender Mann Anfang Vierzig gegenüber. Das dünne Haar liegt in spärlichen Strähnen über seinem Kopf. Sein Hemdkragen ist offen, das Jackett dampft. Schnaufend entschuldigt er sich: »Wissen Sie, wo hier eine Frau Klinke wohnt?«

»Nein«, sage ich, »ich bin hier erst eingezogen.«

»Hier muß aber eine Frau Klinke wohnen. Sie hat zwei Kinder, die im Blindenheim Königswusterhausen sind.«

»Tut mir leid, die kenne ich nicht. Ich kenne aus dem Haus keinen Menschen.«

Er nickt, bleibt aber hartnäckig: »Hier muß eine Frau Klinke wohnen!«

Mir reißt die Geduld: »Versuchen Sie es mal bei den anderen Mietern.«

Er wendet sich der Treppe zu, geht eine Stufe nach unten. Gerade will ich die Tür schließen, da ruft er plötzlich: »Entschuldigen Sie, haben Sie mal ein Glas Wasser?«

In dieser Sekunde erkenne ich: Stasi!

Niemand steigt bei dieser Hitze in den zweiten Stock, um an einer namenlosen Tür erst nach Frau Klinke und dann nach einem Glas Wasser zu fragen.

Ich bin hellwach, mein Verstand arbeitet messerscharf. Er hat großen Durst. Wird auch er Whisky statt Wasser nehmen, dann habe ich gewonnen. Trinkt er ein Glas, wird er das zweite nicht abschlagen. Freundlich sage ich: »Sie können Wasser haben, aber Sie können auch einen Whisky trinken. Bitte, kommen Sie herein!«

Ich mache einen Schritt zur Seite und lasse ihn in die Küche gehen. Dankbar stürzt er den Schnaps hinunter.

»Noch einen?«

Er holt tief Luft: »Gerne, wenn Sie auch einen trinken.«

Mir ist Alkohol zuwider, ich gieße mir trotzdem etwas ins Glas. Wir prosten uns zu. Vorsichtig nippe ich nur, sein Glas ist leer. Ohne zu fragen, fülle ich es wieder auf. Erstaunt sieht er mich an: »Na, na, Fräulein. Sie wollen mich doch nicht verführen!«

Der Schreck fährt mir durch und durch, hat er meine Absicht erkannt?

Zum Glück trinkt er weiter. Plötzlich kommt die Frage: »Haben Sie denn nun eine Arbeit gefunden?«

Der zweite Schreck ist wie ein Blitzschlag. Meine Ahnung bestätigt sich. »Nein«, sage ich betont gleichgültig.

»Wir hätten da was für Sie.«

Da war schon wieder das »Wir«.

Ruhig und sachlich sage ich: »Da war schon mal ein Kollege von Ihnen hier.«

Der Dicke schwitzt furchtbar, das Wasser rinnt ihm über das Gesicht. Ungeniert zieht er ein weißes Taschentuch aus der Hosentasche, in aller Seelenruhe wischt er sein Gesicht damit ab. Will er Zeit gewinnen? Aus dem Taschentuch heraus murmelt er: »Der hat sich dumm angestellt.«

Dann verstaut er das Tuch in den ausgeweiteten Taschen seiner Hose, holt einen Stift mit Schreibblock hervor und verlangt von mir, folgenden Text zu schreiben. Ich tue, was er sagt:

Der Leutnant von Leuthen
befahl seinen Leuten,
nicht eher zu läuten
bis der Leutnant von Leuthen
seinen Leuten das Läuten befahl.

Beim Durchsehen sabbert er: »Seeehr schönnn.«

»Noch einen Whisky?«

»Dannnke, dannn reichts aberr.«

Er stellt das Glas ab, faltet ordentlich den Zettel zu einem kleinen Viereck in der Größe einer Streichholzschachtel und behält ihn in der Hand.

Ich lenke das Gespräch auf die Arbeit. »Wie würde denn meine Tätigkeit bei Ihnen aussehen?« Ich versuche, die Frage so harmlos wie möglich klingen zu lassen.

»Langsam, langsam, Fräulein. Erst einmal möchten wir uns sicher sein, was Sie können. Wenn wir uns davon überzeugt haben, erhalten Sie eine gründliche Ausbildung.«

»Wie wollen Sie sich denn von meinen Fähigkeiten überzeugen?«

Er schaut mit verschwommenem Blick in meine Richtung. Unerwartet fragt er plötzlich hart: »Haben Sie Angst?«

Und wie, denke ich. »Nein.«

»Guut!« Er zieht das Wort endlos in die Länge. Meine Geduld, zuzuhören, wird stark strapaziert.

»Sie werden am Freitagabend gegen 21 Uhr abgeholt. Wir bringen Sie nach Mischendorf zur Autobahn. Dort versuchen Sie, Westfahrzeuge anzuhalten. Sie brauchen keine Angst zu haben, wir sind immer in Ihrer Nähe.«

»Warum Westfahrzeuge?« frage ich.

»Daran können Sie sich gleich gewöhnen: Fragen stellen nicht Sie, sondern wir! Machen Sie die Sache gut, kommen Sie zur Ausbildung nach Bulgarien. Dort lernen Sie, daß A nicht gleich A ist.«

Ich wage keine Frage mehr und denke: Bestimmt auch noch morsen!

»Schließen Sie die Ausbildung erfolgreich ab, fliegen wir Sie nach Düsseldorf. Doch wehe, Sie lassen sich erwischen, dann haben wir Sie nie gekannt und helfen Ihnen auch nicht.«

Ich bin mit meiner Neugierde einen Schritt zu weit gegangen. Wie oft hatten uns die Erzieher im Kinderheim vor unbekannten zugefrorenen Seen gewarnt. Fuhren wir in den Winterferien zur Erholung, mahnten sie: »Kinder, geht nicht aufs Eis. Es bricht, und ihr könnt ertrinken!«

Wie ein kleines Mädchen fühle ich mich auf einer dünnen Eisdecke stehen. Unter mir beginnt das Knacken, schon sehe ich die Risse. Nur nicht bewegen. Hätte ich nur gewußt, wohin mich meine Neugierde führt. Nun ist es zu spät, ich bekomme kalte Füße. Unglaublich, trotz des Sommerwetters friere ich plötzlich. Trotzdem wage ich noch einen Schritt, in der Hoffnung, festen Boden unter den Füßen zu bekommen.

»Wie sind Sie eigentlich auf mich gekommen und an meine Adresse gelangt?«

Ohne zu zögern sagt er: »Vom Rat des Stadtbezirks.«

Zorn löste meine Angst ab. Morgen fahre ich zum Rathaus und beschwere mich.

Der Dicke bedient sich selbst aus der Flasche. Nachdem er das Zeug hinuntergestürzt hat, stellt er das Glas ziemlich abrupt auf den Tisch. In seinem Gesicht ist nichts mehr von der vorgetäuschten Freundlichkeit geblieben. Drohend, hart und eiskalt sagt er plötzlich: »Ich gehe! Wehe, Sie reden mit einem Menschen über unser Gespräch, ein Unfall ist schnell passiert, und Ihr Kind kommt ins Heim!«

Ich kann nicht mehr denken. Meine Hand umklammert den Türgriff. Automatisch öffne ich die Tür. Der Mann verschwindet. Magdas Stimme ist Wirklichkeit. Sie erlöst mich aus meiner Lähmung.

»Uschi, um Himmels willen, das war ja schlimmer als im Krimi!«

Wir hocken rauchend die halbe Nacht zusammen und puzzeln aus dem Erlebten ein Bild zurecht. Das Ergebnis sieht gefährlich für mich und Timo aus.

Der Mann war vermutlich von der Stasi. Bei der angeblichen Ausbildung sollte eine Spionin herauskommen. Der Ausbildungsplatz ist außerhalb der DDR in Bulgarien. Hierbei könnte es darum gehen, Kontakte mit alten Freunden zu vermeiden oder zu unterbrechen. Sollte ich von meinem Umfeld isoliert werden?

Als Mutprobe diente vielleicht die Autobahn. Westler könnten sich dabei strafbar machen, denn auf der Transitstrecke anzuhalten, war verboten: Eine Chance, auf diese Art und Weise Leute aus dem Westen erpreßbar zu machen, um sie dann später für sich arbeiten zu lassen.

Warum gerade ich? Die Antwort ist einfach: Ich habe keine Eltern oder sonstigen Verwandten, die mich vermissen würden.

Magda und ich spekulieren weiter. Wir beginnen über uns nachzudenken. Bestand nicht die Möglichkeit, daß mit uns oder unseren Eltern genauso oder ähnlich verfahren wurde? Ich kenne meine Eltern nicht. Mit vierzehn Jahren ging ich zur Fürsorgerin und fragte: »Wo sind meine Eltern?«

Sie sagte damals: »Wo deine Mutter ist, weiß ich nicht. Im Westen oder in Australien.«

Magda wußte ebenfalls nichts von ihren Eltern. Das Kinderheim wurde nach dem Krieg gebaut. In den Zeitungen nannte man uns Kriegswaisen. Aber das stimmte nicht. Weder ich noch die Kinder meiner Gruppe sind in den vierziger Jahren geboren worden. Auffallend viele Kinder hatten Eltern, die dienstlich im Ausland waren. Selbst unsere Politgrößen ließen ihre Kinder im Heim unterbringen, wenn sie eine Auslandsreise machten. Kinder aus dem Iran, Persien, Griechenland machten bei uns Station.

Die überwiegende Mehrheit von uns galt als Waisen, obwohl die Eltern irgendwo lebten.

Nach unserer Erkenntnis zog es Magda zu ihrem Mann zurück. Sie hatte einfach Angst. Ich konnte das verstehen.

Ich will mein Leben mit zweiundzwanzig Jahren noch nicht aushauchen, deshalb mache ich mich auf den Weg, um den Behörden zu zeigen: Mit mir nicht!

Es ist sehr eigenartig, wenn einem die Drohung »Ein Unfall ist schnell passiert« im Nacken sitzt und man sieht, daß für andere Menschen das Leben ganz normal weiter geht. Für mich änderte es sich schlagartig. Von Stund an schließe ich die Tür hinter mir ab, vorher zog ich sie einfach nur zu. Die Straße überquere ich erst dann, wenn kein Auto mehr kommt. Betrete ich meine Wohnung, durchsuche ich sie erst. Ich kontrolliere den Gas- und den Haupthahn, sehe in alle Ecken und riegele mich ein.

Besonders mißtrauisch bin ich neuen Bekanntschaften gegenüber. Aus fremder Hand nehme ich keine Getränke. Ein Leben in Angst.

Mir fällt der Angler ein. Bin ich am Haken?

Am Dienstag fahre ich trotz Magdas Warnung: »Sei vorsichtig, die haben den längeren Atem!« zum Rathaus. Ich versuche mich durchzufragen, wer Adressen an den Staatssicherheitsdienst weitergibt. Kopfschütteln beim Pförtner, er schickt mich zur Stelle für Sozialarbeit.

Die Frau gibt sich sehr gelassen: »Damit haben wir nichts zu tun, gehen Sie doch zur Polizei.«

Ich fahre zum Polizeirevier. Der Polizist auf der Wache fragt nach meinem Anliegen. Ich sage, daß ich eine Anzeige gegen Unbekannt machen möchte. Darauf fragt er, um was es sich handele. Freimütig erzähle ich die Geschichte ein weiteres Mal. Das Gesicht des Polizisten wird dabei immer ernster. Mir entgeht nichts. Plötzlich unterbricht er mich: »Einen Ratschlag: gehen Sie nach Hause, und halten Sie den Mund!« Er nimmt keine Anzeige entgegen.

Am Freitag verstecken sich ein paar Bekannte in meiner Wohnung. Niemand kommt mich holen. Haben sie etwa meine Aktivitäten registriert? Dann dürfen sie mir nichts antun. Viel zuviel Leute würden mich vermissen und wüßten warum. Bin ich unbrauchbar geworden? Diese und ähnliche Fragen bleiben offen, bis wann?

Nach einem Jahr habe ich die Angst verdrängt. Ich lebe wieder wie vorher, nur die Tür verschließe ich noch.

Frau Babsy G.

Ein Sprichwort sagt: »Jeder Mensch hat einen Engel.« Das muß nicht Mutter, Vater, Freund oder sonst ein Bekannter sein. Irgendwann im Leben begegnet man einem Menschen, der den persönlichen Lebensweg beeinflußt, wenn nicht sogar verändert. Hat man Pech, geht man aneinander vorbei oder trifft sich nie. Ich glaube, daß die Pechvögel die unglücklichsten Geschöpfe sind. Sie schweigen. Sie leiden. Ich habe Glück: Mir begegnet Frau Babsy G., eine Kindergartenleiterin.

Über eine Bekannte habe ich erfahren, daß im Kindergarten Putzfrauen gesucht werden. Die Arbeitsstelle wäre zu Fuß erreichbar, ich könnte mir den langen Anfahrtsweg sparen. Daß es sich dabei um Reinigungsarbeiten handelt, stört mich nicht.

Wer immer darüber die Nase rümpft, erstickt im eigenen Dreck.

Frau Babsy G., die Leiterin, spricht nicht viel. Was gibt es auch über einen Eimer, einen Lappen und einen Schrubber zu erzählen. Ein undankbarer Job mit wenig Geld, da bleibt keiner länger, als er will. Frau Babsy G. ist froh, eine Putzfrau zu bekommen. Sie sagt: »Sie können gleich morgen mit der Arbeit beginnen.«

Mit hochhackigen Schuhen, lackierten Fingernägeln, knallengem Minirock, siebenundzwanzig Armreifen am Handgelenk, schwinge ich sechs Stunden den Scheuerlappen. Bei meiner Arbeit sehen mir die Küchenfrauen und Erzieherinnen ungläubig zu. Sie alle tragen bunte Kittelschürzen.

Frau Babsy G. spricht mich beim Treppenwischen an: »Wollen Sie sich nicht umziehen? Es ist doch schade um Ihre Sachen.«

Ich erwidere lachend: »Sind ja meine Klamotten.« Wenn ich schon Drecksarbeit mache, muß ich doch nicht so herumlaufen, daß es gleich jeder sieht.

Nach drei Wochen ruft sie mich plötzlich in ihr Büro. »Ich habe eben einen Anruf von der Kaderabteilung bekommen«, eröffnet sie mir.

Erwartungsvoll setze ich mich hin: »Und?« frage ich.

Sie sieht mich ernst an: »Man will Sie nicht einstellen. Ich weiß nicht, was in Ihrer Akte steht.«

Sonst heule ich nie vor Fremden, doch meine Stärke löst sich in Tränen auf. Unter Schluchzen und Schnauben vertraue ich ihr meine Vergangenheit, meine Ängste und Gedanken an.

Danach packt sie resolut ihre Tasche, greift den Mantel und sagt empört: »Das wollen wir doch mal sehen, wie mit ehemaligen Heimkindern umgegangen wird!«

Vor dem Kaderbüro muß ich lange warten. Als ich hineingerufen werde, stehe ich drei schweigenden Frauen gegenüber. Babsy G. spricht zuerst: »Sie bleiben.«

Ich unterschreibe den Arbeitsvertrag. Niemals zuvor im Leben habe ich einen Menschen getroffen, der sich bedingungslos für mich eingesetzt hat. Sie stellt keine Forderungen an mich und erwartet nichts. Ich bleibe zwei Jahre in dem Kindergarten, bis sie geht. Die Kollegen lästern oft über ihre dicken Tränensäcke, den zu kurzen Rock und über ihr dünnes Haar. Das erweckt Mitleid in mir: Eine Leiterin möchte ich nicht sein. Nur von Frauen umgeben, die hinterm Rücken tratschen, mit keiner Kollegin befreundet, ständig Anweisungen geben zu müssen; da steigt sich's in der »Hitliste Feind« schnell auf Platz Nummer eins.

Die Stellvertreterin dagegen, eine kleine, dicke Genossin, die vorher beim Zoll gearbeitet hat, duzt sich wenigstens mit den Parteiangehörigen. Die wiederum küssen ihr, auf die nächste Prämie hoffend, bald untertänigst die Füße.

Sie weiß ausgezeichnet über jeden und alles Bescheid. Sehnsüchtig erwartet sie den Weggang von Babsy G. Als Beweis ihres eigenen Könnens, ihrer neuen Macht, stellt sie dann demonstrativ ihren Schreibtisch ins Leitungsbüro.

Bevor das passiert, werde ich zu Babsy G. gerufen. Sie liest mir die Beurteilung vor, die sie sehr ehrlich und positiv geschrieben hat. Ich sage ihr, daß mir ihr Weggang leid tut und daß die Neue als erstes ihren alten Schreibtisch nach unten wuchten wird.

Darüber muß sie herzhaft lachen. Nie zuvor habe ich sie lachen gesehen. Sie drückt mir die Hand. »Kommen Sie ruhig zu mir, wenn Sie Probleme haben.«

Ungarnliebe

Caroll und ich lernen in einer Disco zwei Ungarn kennen. Sie verliebt sich bis über beide Ohren in Peter, einen von beiden. Deshalb beschließen wir gemeinsam, in den Urlaub nach Budapest zu fahren.

Vor einem Jahr habe ich wieder Kontakt zu Timos Oma aufgenommen. Wir haben einander, zum Glück für Timo, verzeihen können, denn er mag sie sehr. Caroll läßt ihre Tochter bei ihrer Mutter, Timo fährt zur Oma. Nicht, daß wir die Kinder nicht mitnehmen wollen, aber Ungarn ist einfach unbezahlbar für zwei Personen mehr.

Caroll war noch nie im Ausland. In der Nacht vor der Abreise läßt sie mich vor Aufregung nicht schlafen. Sie hat viele Fragen. Da ich keine gute Erinnerung an den ersten Urlaub habe, weiche ich ihnen aus. Gegen Morgen sind wir endlich müde, aber zum Schlafen ist es jetzt zu spät. Wir müssen aufstehen. Das Frühstück geht schnell, eine Zigarette und Kaffee. Das Westgeld habe ich diesmal zusammengerollt im Pferdeschwanz versteckt.

Wir fahren mit dem Zug, 2. Klasse. An der Grenze zur ČSSR kommen die deutschen Beamten mit strengen Gesichtern in das Abteil. In den Händen halten sie Taschenlampen. Sie sammeln die Pässe auf der rechten Seite zuerst ein.

Die meisten Fahrgäste sind Ausländer; sie kommen aus Dänemark. Wegen der langen Reise, die sie schon hinter sich haben, ist es zu keinem Gespräch zwischen uns gekommen. Sie haben bis jetzt geschlafen. Müde reichen sie ihre Papiere her. Der Zöllner versucht, unter die Sitzbank zu leuchten, doch das viele Gepäck stört. »Das Gepäck hoch!« Seinen Befehl verstehen sogar die Dänen. Sie ziehen ihre Rucksäcke in den Gang hinaus. Sorgfältig durchsucht er die Sitze und Gepäckträger. Dort könnte sich ja ein DDRler versteckt haben. Die Fahrt in einem so kleinen Abteil mit acht Personen ist unerträglich. Obwohl die Dänen ihre Taschen und Rucksäcke kunstvoll verstauen, weiß zum Schluß keiner, wo er die Beine lassen soll.

Nachdem unsere Ausweise kontrolliert sind, kommt plötzlich ein Uniformierter herein: »Alle auf den Gang. Frau Burkowski, Sie bleiben sitzen!«

Caroll geht als erste, die Dänen folgen. Mir ist das furchtbar peinlich. Der Grenzer zieht die Vorhänge zu. »Wo ist Ihr Gepäck?«

Ich zeige auf meine Tasche.

»Auspacken!«

Jeden Schlüpfer muß ich auseinanderfalten. Er sieht in die Binden, er drückt auf die Zahnpastatube, wickelt die Seife aus, schüttet die Tabletten auf ein Handtuch und verlangt, einen Brief zu öffnen, den ich an Torsten geschrieben habe. Beim Lesen grinst er anzüglich, dann sagt er: »Einpacken!«

Als ich die Seife nehme, bremst er mich: »Halt, wo ist die her?«

»Aus dem Westen.«

»Das sehe ich, woher?«

»Aus dem Intershop.«

»Was heißt hier Intershop, da dürfen Sie gar nicht hinein! Haben sie D-Mark?«

Mein Pferdeschwanz, denke ich erschreckt. Hoffentlich verlangt er nicht, daß ich die Haare kämme. »Nein, ich habe keine D-Mark«, lüge ich. »Ist das nicht verboten?« frage ich ziemlich doof.

Er sagt: »Ja! Wer hat Ihnen die Seife geschenkt?«

Mein Gott, wenn die alle Deutschen aus der DDR so ausfragen, sind wir erst übermorgen in Prag.

»Die habe ich von einem Freund bekommen, der meint: ›Die riecht sooo gut, damit kommst du durch jede Zollkontrolle!‹«

Er sieht mich an, als wolle er noch eine Frage stellen, dann geht er plötzlich. Ich denke, jetzt muß ich aussteigen, aber Caroll kommt mit den Dänen herein. Für die ist die Kontrolle unbegreiflich. Caroll gelingt es nicht, ihnen klarzumachen, daß wir das auch nicht verstehen. Mit Händen und witzigen Gebärden versuchen wir, ins Gespräch zu kommen. Für die Dänen endet die Fahrt in Prag. Erleichtert legen wir uns auf die freien Plätze schlafen.

Budapest ist heiß, die Sonne brennt erbarmungslos. Schwitzend fahren wir mit der Metro zu Peters Mutter. Sie freut sich über den Besuch, verhehlt aber ihre Enttäuschung über Carolls Flachbrüstigkeit nicht. Sie zeigt laufend auf ihren Busen: »Nema Zitzi!« Was wohl heißen muß: »Keine Brust!«

Caroll ist sauer. Peter sagt: »Hört nicht darauf, was meine Mutter sagt.«

Er zeigt uns Budapest, geht mit uns essen, und ich beginne, die Zigeunermusik und den lauen Abendwind an der Donau zu lieben.

Am Morgen ist der Frühstückstisch gedeckt, die Mutter hat Kaffee gekocht. Peter ist zur Arbeit. Wir streifen allein durch die Stadt. Mit den bunten Straßencafés, dem großen Angebot in den Geschäften, das wir nicht kennen, weckt sie in mir die Sehnsucht nach der Ferne. Da muß doch noch was kommen, das kann doch noch nicht alles gewesen sein, denke ich, immer nur Schöneweide. »Du«, sage ich zu Caroll, »eines Tages gehe ich rüber oder wandere aus.«

Sie lacht. »Und weißt du was? Das glaube ich dir sogar!«

Caroll würde nie woanders als in der Nähe ihrer Eltern leben wollen.

Peter lädt uns übers Wochenende zum Balaton ein. Seine Mutter besitzt dort ein Grundstück, direkt am See. Das große Haus ist bereits an Verwandte vermietet, und wir quartieren uns deshalb im kleinen Sommerhäuschen ein. Es steht, umgeben von vielen Sommerblumen, auf einer großen Rasenfläche. Ich lege mich zum Bräunen in den Garten, Caroll geht mit Peter eigene Wege. Am Abend kommen sie lachend mit drei Schiffskarten zurück. »Zieh dich hübsch an, wir machen eine Mondscheinfahrt mit Tanz auf dem Plattensee!« sagt Peter strahlend.

Ich habe keine Lust. Mich bedrückt das Gefühl, das dritte Rad am Wagen zu sein. Doch es gelingt ihnen, mich zu überreden.

Der Himmel ist sternenklar. Wir haken uns bei Peter ein. Der Spaziergang bis zur Anlegestelle ist romantisch. Bunte Glühlampen beleuchten den Weg. Der Wind weht Geigenmusik zu uns herüber. Das Schiff liegt, wunderschön geschmückt, am Kai.

An Bord sind nur junge Leute in unserem Alter, die Stimmung ist fröhlich und ausgelassen. Nur ich bin traurig. Jede Aufforderung zum Tanz lehne ich ab. Erleichtert bin ich erst, als das Schiff wieder anlegt.

Glutvolle Geigenmusik ist an Land zu hören. Es drängt mich förmlich dahin. Caroll und Peter haben nichts dagegen, und so steigen wir, der Musik entgegen, den Weinberg hinauf. Und dann finde ich endlich, was ich suche.

Wir stehen in einem mit Reben bewachsenen grünen Innenhof. Unter großen alten Bäumen sitzen lustige Menschen aller Altersgruppen an weißen Tischen. Sie haben sich untergehakt, singen ein ungarisches Lied. Unbeschwerte Fröhlichkeit herrscht, das Kerzenlicht läßt die Gesichter weich und warmherzig erscheinen. Der Wein funkelt in den Karaffen und Gläsern. Ich muß an Hunderte kleiner Glühwürmchen denken. So muß es in Italien sein. Jeder findet sein Italien, egal wo er es sucht. Timo, denke ich, das nächstemal kommst du mit!

Jochen

Eine Stunde des Glücks, dann legen die Geiger ihre Instrumente weg und betrinken sich im Kreise ihrer Freunde. Caroll und Peter möchten nach Hause. Ich füge mich. Zurück laufen wir einen schmalen Weg entlang, der uns direkt zum Dorfkern führt. Laute Beatrhythmen wecken unsere müden Geister: »Kommt«, meint Peter lachend, »da gehen wir noch rein!«

Kein Vergleich zu dem, was ich vorher erlebt habe. Der Saal ist überfüllt. Auf der Tanzfläche werfen die Jugendlichen, der Mode folgend, wild ihre Köpfe hin und her. Unter ihnen entdecke ich einen Tänzer, der meine Aufmerksamkeit fesselt. Tiefschwarzes langes Haar wellt sich über den Rücken. Die Augen hält er geschlossen und wiegt sich allein im Takt der Musik. Sein Hemd ist aus hauchdünner weißer Baumwolle und bis zur Hälfte aufgeknöpft. Um den Hals trägt er eine Lederkette mit bunten Steinen. Das rechte Handgelenk umschließen 15 silberne Armreifen. Die Jeans ist ausgewaschen, löchrig, mit Broschen und einer herausgestreckten Zunge verziert. Er ist braungebrannt, groß und schlank.

Ich frage Caroll: »Sag mal, ist das ein Junge oder ein Mädchen?«

Sie lacht: »Sieht man doch, ein Junge, hat oben nichts.«

Während des Tanzens öffnet er seine Augen nicht. Die Band spielt einen Tusch, der Abend ist zu Ende. Die Massen strömen zum Ausgang, ich verliere den Tänzer aus den Augen. Draußen hält plötzlich ein roter Mercedes, ein Sportwagen mit zurückgeklapptem Verdeck. Ein junger Mann sitzt am Steuer. Aus Spaß rufe ich: »He, kannst du mich nach Hause fahren?«

Auf deutsch antwortet er: »Klar, kann ich machen!«

Ich laufe zu Caroll und Peter: »Kommt schnell, ich habe einen gefunden, der uns mitnimmt!«

Wir laufen zum Auto, das von vielen Mädchen umringt ist. Als ich näherkomme, stockt mein Atem. Ich sehe in zwei meerblaue Augen: »mein« Tänzer.

»Was ist?« fragt er. »Kommst du nun oder nicht?«

Seine Stimme ist sanft und gefühlvoll, so wie seine Augen. Auf der Stelle verliebe ich mich. Ein unglaubliches Gefühl. Ich stehe einem fremden Menschen gegenüber, von dem ich glaube, ihn schon lange zu kennen. Dem ich ohne Bedenken vertraue, den ich anfassen und küssen möchte. Nur wer das erlebt hat, wird mich verstehen. Doch meine Schüchternheit, wie damals bei Viktor, vertreibt mir den Mut. Ich schweige. Caroll steigt vorn ein. Peter setzt sich mit mir hinten auf den Wagenrand. Der Wind zerzaust mir das Haar. Ich friere. Vor dem Grundstück bedanke ich mich.

»Bleib noch!« Seine Augen bitten mich.

Er wartet, bis die beiden im Garten verschwunden sind. »Steig ein!«

Seiner Aufforderung folge ich wie hypnotisiert.

Mit rasender Geschwindigkeit braust er über die Landstraße. Ich sehe ihn von der Seite an, sein Profil ist ebenmäßig, einfach schön.

Er wendet sich halb zu mir, sein Mund lächelt: »Ich heiße Jochen, und du?«

»Uschi!«

»Woher kommst du?«

»Aus Berlin!« Nun müßte eigentlich die Frage kommen: Ost oder West?

Aber er fragt nicht, sondern lacht: »Wie lange bleibst du hier?«

»Morgen fahren wir zurück nach Budapest.«

»Schade.«

Ich zucke zusammen, findet er meine Rückreise tatsächlich bedauerlich? Ich schweige.

»Weißt du«, redet er weiter, »ich bin mit meinem Vater und meinen Geschwistern hier. Wir haben ein Haus am Ortseingang hinter den Bahngleisen gemietet. Bisher fand ich den Urlaub langweilig. Budapest würde ich mir gerne ansehen!«

»Warst du noch nicht in Budapest?«

Er bremst ruckartig, legt den Arm auf meine Rückenlehne: »Du bist nett!«

Ich fühle mich umarmt. Feige antworte ich: »Fahr mich bitte zurück, ich muß als erste aufstehen. Wir wechseln uns mit dem Frühstückmachen ab, morgen bin ich dran!«

Er läßt den Motor an, ohne seine Augen von mir zu nehmen. »Schade«, flüstert er wieder.

Dann gibt er Gas, wir fliegen förmlich dem Ziel, unserem Ende, entgegen. Gleich sind wir da, denke ich traurig, dann ist alles vorbei. Warum bin ich bloß schüchtern. Ich lehne mich in den Autositz, schließe die Augen, genieße das Jetzt, Hier und Heute. Ich lege meine Hand auf seinen Arm: »Bitte, fahr langsamer.«

Jochen fragt: »Hast du Angst?«

»Ja, um unsere Zeit.« Schweigend halten wir vor dem Grundstück. Nirgendwo brennt ein Licht, außer dem Zirpen der Grillen ist kein Laut am See zu hören.

»Danke!« Ich steige aus.

Er sieht mich an, seine Stimme ist traurig: »Auf Wiedersehen.«

Er fährt los, ich sehe ihm nach. Leise laufe ich zum Gartenhaus, ein Gespräch will ich jetzt vermeiden. Doch Caroll und Peter schlafen zum Glück.

Um keinen Krach zu machen, lege ich mich mit einer Luftmatratze in den Garten. Mein Blick reicht weit hinauf in das unendliche Reich der Sterne. Ein Schwarm Mücken fällt über mich her. Ich unterbreche meine Träume, um mein Nachtlager ins Haus zu verlegen.

Caroll begleitet mich am Morgen zum Einkauf in den ABC-Laden. Wir sind nur mit Badeanzügen bekleidet. Alle Kunden tragen wegen der Hitze Badesachen. Es sieht lustig aus, wenn halbnackte Menschen mit einem Einkaufskorb durch die Gänge mit vollen Regalen wandern, so, als hätte Hollywood Statisten zu einer Komödie gerufen, oder eine Reklamefirma für Waschmittel würde einen Werbespot drehen. »Nichts wäscht sauberer als ›Naut‹, denn übrig bleibt die blanke Haut!«

Caroll lacht über meine Witze. Sie fragt mich nach gestern abend. Ich kann nicht antworten, denn die Kassiererin verlangt ihr Geld. Am Kaffeestand trinken wir einen Mokka. Plötzlich sagt Caroll: »Sieh mal, da steht er ja!«

Zwei Tische weiter trinkt Jochen mit einem Freund Kaffee. Ich möchte hinaus, mein Herz schlägt wie wild. Caroll sagt: »Bleib hier!«

In diesem Augenblick fällt Jochen das Feuerzeug aus der Hand. Er bückt sich danach, und beim Aufheben treffen sich unsere Blicke. Seine Hand, die die Zigarette hält, bleibt in der Luft stehen. Dann dreht er sich weg und spricht mit seinem Begleiter. Caroll regt sich auf: »Der grüßt ja nicht einmal!«

Mir ist die Situation unangenehm, ich schiebe die Mokkatasse zu ihr rüber: »Ich warte draußen.«

An der Drehtür hält mich plötzlich jemand fest. Ich denke, Caroll hat etwas vergessen und drehe mich um. Fast Mund an Mund stehen wir uns gegenüber, Jochen und ich.

Wir haben nicht mehr viel Zeit, alles geschieht im Eiltempo. Jochen fährt uns mit dem Einkauf nach Hause. Ich hole Geld, verabschiede mich von Peter und Caroll: »Bin gegen vierzehn Uhr zurück!« rufe ich in ihre verdutzten Gesichter. Dann fahre ich mit Jochen in den warmen Sommertag hinein. Wir gehen Eis essen, spazieren am Strand, zum Schluß landen wir auf einem grasbewachsenen Weinkeller mit Blick über ein Maisfeld. Jochen entdeckt das Bauernhaus zuerst. »Komm, laß uns dahin gehen, wir können Wein kosten. Die Bauern sind hier sehr nett!«

Der Mais steht hoch. Die Sonne brennt erbarmungslos auf uns herab. Plötzlich fällt Jochen ein, daß er den Autoschlüssel steckengelassen hat. »Warte hier, ich komme gleich zurück!«

Wie im Dickicht eines Urwaldes verschwindet er in den meterhohen Pflanzen. Das Rauschen der Blätter überdeckt alle anderen Töne. Mir wird unheimlich, die Mittagshitze schluckt Zeit und Raum. Ich schreie: »Jochen!«

Keine Antwort. Orientierungslos laufe ich suchend durch das Maisfeld, stolpere über den ausgetrockneten Lehmboden, atme den Staub ein und rufe: »Jochen.«

Es mögen zehn Minuten vergangen sein, da höre ich hinter mir lautes Rufen. Wir rennen durch die Furchen, ohne uns zu treffen. Jochen hat eine Idee, er ruft: »Bleib auf dem Fleck stehen, wo du bist!«

Die Sache fängt an, mir Spaß zu machen. Es ist wie bei der Balz, er lockt, ich antworte. Das Blätterrascheln nähert sich, schnell hocke ich mich hin und schweige. Sein Rufen wird immer flehender. Er steht den Rücken mir zugewandt, direkt vor mir. Bevor er mich entdeckt, springe ich aus dem Versteck. Erschreckt schreit er auf. Lachend fassen wir uns an den Händen und suchen weiter nach dem Bauernhaus. Am Himmel ist nicht die kleinste Wolke, die uns Schatten spenden könnte. Mein Hals ist ausgedörrt von der furchtbar heißen Luft, Durst peinigt mich. Jochen ergeht es ebenso. Plötzlich stehen wir vor dem Haus. Die Eingangstür ist von einer Rosenhecke überwuchert, seit Jahren kann sie nicht mehr benutzt worden sein. Jochen klopft an jede Fensterlade. Vergeblich, kein Bauer tritt mit einem kühlen Weinkrug heraus. Obwohl der Durst quälend ist, marschieren wir fröhlich hintereinander durchs Feld zurück. Völlig k.o. klettern wir auf den alten Hügel und lassen uns ins Gras fallen.

Jochen beginnt aus seinem Leben zu erzählen. Seine Mutter ist tot, der Vater zieht die Kinder allein auf. Jochen hat versucht, seinen Kummer mit Drogen zu bekämpfen. Später hat er eine Entzugstherapie gemacht. Seit einem halben Jahr ist er clean. Für mich aus dem Osten hören sich Worte wie: Drogen, Junkie, Dealer, Trip und clean wie Vokabeln aus dem Orient an, so fremd und westlich.

Er fragt mich plötzlich: »Wie alt bist du?«

»Vierundzwanzig«, sage ich gedankenlos.

Er lacht los: »Dann bist du vier Jahre älter.«

»Als wer?« frage ich von der Hitze müde.

Er beugt sich über mich: »Als ich.« Seine Lippen schließen meinen Mund mit einem Kuß, der mich den Durst vergessen läßt. In den Schläfen pocht mein Herzschlag.

Caroll erwartet uns mit strafendem Blick und saurer Miene. Sie hat die Sachen schon gepackt. »Wird ja Zeit, daß ihr kommt, wir verpassen sonst den Zug!«

Jochen schmeißt die Taschen in das Auto und sagt: »Na kommt, ich fahre euch nach Budapest. Wir fahren zu meinem Vater, er gibt uns seinen Wagen, der ist größer.«

Auf dem Seegrundstück steht neben dem Wohnhaus ein Zelt, hinter dem mehrere Jugendliche faul in der Sonne liegen. Sie mustern uns neugierig. Ein Langhaariger ruft Jochen zu: »Was willst du denn mit der Alten?«

Jochen reagiert nicht darauf, sondern spricht mit seinem Vater, der erstaunlich gut aussieht und sehr jung wirkt. Er trägt Jeans, einen Vollbart, hat die gleichen blauen Augen wie Jochen und nichts dagegen, Jochen seinen Wagen zu geben. Das Wort »Budapest« reißt die Jugendlichen aus ihrer Lethargie. Sie bestürmen den Vater, woraus ich entnehme, daß es sich um die Geschwister und einen Freund handelt. Sie wollen alle nach Budapest mitkommen. Der Vater stimmt zu, wenig später starten wir in Richtung Stadtabenteuer.

Peter hat keine richtige Lust, mit dem Rudel mitzuziehen. Er bringt die Sachen in die Wohung und kommt zurück, um Caroll zu fragen, ob sie auch dableiben will. Aber sie kann Peter überreden, und er verbringt den Abend mit uns.

Wir gehen in den Lunapark, besichtigen verschiedene Discotheken, tanzen ausgelassen herum und verabschieden uns gegen Mitternacht. Schnell haben die anderen gemerkt, wie verliebt Jochen und ich ineinander sind. Er läßt mich keine Sekunde aus den Augen. Wir stehen uns gegenüber, finden keine albernen Worte wie in den Stunden zuvor. Das einzige, was wir wissen, ist: Jetzt ist bald Schluß.

Die Morgensonne schiebt sich langsam über den Balkon bis in unser Schlafzimmer. Ich bin wach. Caroll duscht, aus der Küche zieht starker Kaffeeduft durch die Wohnung. Ich habe keine Lust aufzustehen.

Caroll kommt herein und fragt: »Was ist denn mit dir los?«

»Laß mir meine Träume«, sage ich traurig. Doch plötzlich bin ich munter: »Caroll, wenn er heute käme, ich würde mit ihm fahren!«

In diesem Moment sehe ich einen Schatten am Fenster vorbeihuschen, so schnell, daß ich denke: Einbildung!

Da steht er im Zimmer. Verblüfft schweigen wir. Caroll faßt sich zuerst: »Wo kommst du denn her?«

Er setzt sich zu mir aufs Bett, sieht mir in die Augen und erzählt: »Heute morgen war ich mit dem Frühstück dran. Beim Tischdecken habe ich plötzlich alles stehengelassen und zu meinem Vater gesagt: ›Ich fahre nach Budapest, die Frau holen!‹ Mein Vater hat mich verstanden.«

Die Farbe seiner Augen wechselt vom Hell ins Dunkle. »Bitte komm mit!«

Ich lache glücklich, springe aus dem Bett, werfe meine Sachen in den Koffer, renne ins Bad, dusche, schminke mich und bin zehn Minuten später zur Abfahrt bereit. Caroll macht mir eine Szene: »Du willst doch nicht ernsthaft mit ihm zum Plattensee fahren, was soll ich denn den ganzen Tag hier allein machen?«

»O doch, sage ich, ich fahre!«

Im Auto fragt mich Jochen, warum ich ihr gegenüber so hart gewesen wäre. Das war einfach zu erklären: Peter arbeitete tagsüber. Während dieser Zeit bummelten wir durch Budapest. Kam er jedoch nach Hause, gingen sie ohne mich aus. Dann interessierte sich Caroll auch nicht dafür, was ich allein mache. »Typisch Frauen«, meinte Jochen lachend.

Der Vater hat sein Zimmer für uns geräumt. Die Betten stehen, getrennt durch einen Nachtschrank, nebeneinander. Wir sitzen uns gegenüber, Schüchternheit macht sich im Zimmer breit. »Soll ich hinausgehen?« fragt Jochen.

Ich lache: »Nein, dreh dich um.«

Nackt schlüpfe ich unter die Decke, ziehe sie mir bis unters Kinn. Ich höre sein Bett knarren und frage: »Liegst du?«

»Willst du rauchen?« fragt er. Wie ein altes Ehepaar liegen wir paffend im Bett, nur in der Nähe des Aschenbechers berühren sich unsere Hände. Zufällig?

»Gute Nacht«, sage ich leise.

Er flüstert: »Schlaf schön.« Unsere Hände suchen sich, spielen miteinander.

Arm in Arm schlafen wir ein. In der Nacht wache ich auf, sein knabenhafter Körper umschlingt mich fest. Ich komme mir dagegen dick und fett vor. Die Worte seines Bruders gehen mir nicht aus dem Kopf. »Was willst du mit der Alten!« Bin ich mit vierundzwanzig Jahren eine Alte? Unruhig versuche ich, mich aus der Umarmung zu befreien. Jochen wird wach.

Verschlafen zieht er mich an sich: »Was ist mit dir?«

Meine Angst vor unserem Altersunterschied bringt ihn zum Lachen. Beruhigend macht er mir Komplimente.

»Gibt es da nicht ein Sprichwort: In der Nacht sind alle Katzen grau?«

Darauf lacht er noch herzlicher. »Komm, wir gehen spazieren!«

Sein Vorschlag gefällt mir. Leise schleichen wir durch das Haus nach draußen. Der Weg zum See ist ein kleiner Trampelpfad durch das Schilf. Wir setzen uns ans Ufer. Engumschlungen blicken wir über die glatte, ruhige Wasseroberfläche bis nach Tihany. Die älteste Kirche Ungarns steht dort oben auf einem Berg. Morgen wollen wir sie besichtigen. Jochen sagt: »Deinetwegen habe ich mich krank schreiben lassen. Ich bleibe mit dir hier, bis dein Urlaub vorbei ist. Mein Vater fährt morgen mit meinen Geschwistern zurück. Wir haben dann das Ferienhaus für uns allein.«

Überrascht stelle ich fest, daß er genau wie ich Angst vor der Trennung hat.

Am nächsten Tag kommt sein Vater ins Zimmer, setzt sich zu mir und sagt: »Paßt auf euch auf!« küßt mich auf die Stirn und geht.

Jochen lächelt. »Er mag dich.«

Uns bleibt eine Woche, die wir eingehüllt in unendlicher Zärtlichkeit, mit Baden, Besichtigungen und Gesprächen verbringen.

Die Abreise naht, der Abschied. Wir reden kaum noch, essen nichts. Treffen sich unsere Augen, kommen mir die Tränen. Nur unsere Hände lassen sich nicht los. In Budapest steigen wir auf die Fischerbastei, sehen über die leuchtende Stadt, hören ein letztes Mal Zigeunermusik, gehen in die prunkvolle Mathiaskirche, besichtigen die Schatzkammer, schwören uns ewige Liebe, versprechen, einander nicht zu vergessen, uns viel zu schreiben, und wissen: Wir sehen uns nicht wieder.

Wieder in Berlin (Ost)

Mein Sohn freut sich über die Marlboromütze, die ich aus Budapest mitgebracht habe. Bei der Oma hat er sich gut erholt. Die Abenteuergeschichten, die er erzählt, könnten von Münchhausen sein. Mit Eifer und ständig neuen Einfällen geht er in die Schule. Das Lernen fällt ihm nicht schwer, allerdings hat er wegen seiner Krankheit viel versäumt. Mir wäre es lieber, er hätte die erste Klasse wiederholt, doch dazu fehlte ihm die Fünf auf dem Zeugnis. Nun ja, welche Lehrerin ist nicht stolz, wenn alle Schüler das Klassenziel erreichen.

Die Arbeit langweilt mich. Meine Kollegin Dagmar putzt,

weil die Stütze von der Armee nicht reicht. Ihr Mann wurde eingezogen, als sie schwanger war. Sie hat zwar das Abitur, doch allein mit dem Kind kann sie ihre Berufsträume erstmal in den Wind blasen. Lustlos wischen wir den Dreck und ärgern uns über die Geringschätzung durch die neue Leiterin.

Einmal stehen wir zusammen im Flur, und Dagmar erzählt mir, daß ihre Kleine letzte Nacht nicht geschlafen hat, weil sie stark erkältet ist. Prompt kommt die Leiterin vorbei: »Haben Sie nichts zu tun?«

Diesen Satz können wir schon singen. Wir haben uns deshalb angewöhnt, immer einen Staublappen in der Hand zu halten. Sehen wir sie nahen, beginnen wir, an einem x-beliebigen Gegenstand herumzupolieren. Das sieht nach Fleiß aus.

Timo bringt von der Schuluntersuchung eine Überweisung zum Augenarzt mit. Bisher habe ich nicht bemerkt, daß er beim Sehen Schwierigkeiten hat. Wir erhalten zum nächsten Tag einen Termin. Die Untersuchung ist gründlich. Das Resultat: Timo muß eine Brille tragen. Ich nehme den kostenpflichtigen Schein mit zur Arbeit, er muß von der SV-Stelle (Sozialversicherung) abgestempelt werden.

Meine Arbeitszeit beginnt um 8 Uhr. Heute bin ich eine halbe Stunde eher im Kindergarten, weil ich wegen des Scheines früher gehen möchte. Die Fahrt zum Rathaus dauert, und die Sprechstunden sind leider nur dienstags, auch für die Angestellten der Volksbildung. Deshalb macht mir die Wirtschaftsleiterin den Vorschlag: »Geben Sie den Schein der Leiterin mit, sie fährt jeden Dienstag zum Rathaus.«

Erfreut über die Zeit, die ich sparen könnte, spreche ich die Leiterin um 8 Uhr im Flur an. Vor allen Eltern, die gerade ihre Kinder bringen, schreit sie mich an: »Was soll das? Ich bin noch gar nicht hier! Meinen Sie etwa, ich bin Ihr Dienstmädchen und nur für Sie da?«

Im Flur ist Totenstille. Sie läßt mich stehen und geht in einen Gruppenraum.

Die Küchenfrauen kommen aus der Küche und fragen neugierig, was ich gemacht hätte. Dagmar ist außer sich vor Empörung. Und ich, ich handle: Ich hole meine Sachen aus der Garderobe und will den Kindergarten verlassen, um persönlich ins Rathaus zu fahren.

Die Leiterin hält mich auf: »Wo gehen Sie hin?«

»Weil ich hier den Dreck wegmache, muß ich mich von Ihnen noch lange nicht wie der letzte Dreck behandeln lassen.« Mit diesen Worten gehe ich an ihr vorbei zum Ausgang.

Mein erster Weg führt direkt zum Kaderbüro, wo ich mich über den Umgangston beschwere. Ich sage, daß ich mich wegen meiner Tätigkeit nicht vor anderen diskriminieren ließe und bereit sei, vors Arbeitsgericht zu gehen. Die Damen versuchen, meine Aufregung zu dämmen: »Ach bitte, verstehen Sie doch die Genossin ... Wir sind doch alle bloß Menschen. Jeder kann mal einen Fehler machen.«

Ich verlange eine Kündigung oder Umsetzung in eine andere Einrichtung. Unmißverständlich aber bringe ich zum Ausdruck, daß ich bei einer Kündigung die Gründe dafür nicht verschweigen werde.

Das Gespräch verläuft plötzlich in eine andere Richtung. Ich werde gefragt, wie ich mir meine Zukunft vorstelle und was ich schon immer gerne gemacht hätte. Zum Schluß bieten sie mir die Tätigkeit als Erziehungshelferin in einem Betriebskindergarten an. Trotzdem bleibe ich hart und verlange von der Leiterin eine Entschuldigung.

Nach einer Woche erscheinen sie zu viert im Kindergarten, die Parteisekretärin, die Kaderleiterin und zwei Unbekannte. Die Leiterin versucht, die Angelegenheit durch Erinnerungslücken herunterzuspielen. Das Ziel dieser Zusammenkunft aber ist es, mich daran zu hindern, zum Arbeitsgericht zu gehen. Ich erkenne das und verliere die Lust, als man mir unterstellen will, ich sei so empfindlich und würde jedes Wort auf die Goldwaage legen. Schließlich hätte die Leiterin es nicht so gemeint.

Ich habe begriffen und mir selbst bewiesen, daß ich durchaus in der Lage bin, ohne fremde Hilfe mein Anliegen durchzusetzen. Stolz klopfe ich mir im stillen auf die Schulter.

Am letzten Arbeitstag ruft mich die Leiterin in ihr Büro, schenkt mir drei Gerbera und wünscht mir alles Gute. Als ich mich bei den Kollegen für die Blumen bedanken will, stutzen sie – keine hatte für den Strauß gespendet.

In der neuen Einrichtung stehe ich einer sympathischen Frau gegenüber. Sie führt mich durch den Kindergarten, zeigt mir alle Gruppenräume und stellt mich den Kollegen vor.

Den ersten Tag verbringe ich in der ältesten Gruppe. Die Arbeit macht mir sofort Spaß, endlich bin ich am Ziel angekommen. Nach langem Suchen weiß ich, was ich will: mit Kindern arbeiten.

Eine Ausbildung oder Umschulung scheint mir nicht schlimm zu sein, doch als ich gefragt werde: »Sind Sie in der Gewerkschaft (FDGB) oder in der DSF (Deutsch-Sowjetische Freundschaft)?«, muß ich verneinend meinen Kopf schütteln. Von nun an bedrängen mich die Kollegen, doch wenigstens in den FDGB einzutreten. Aber ich will mich nicht organisieren lassen. Seit meiner Kindheit begleitet mich das Kollektiv, freiwillig füge ich mich nie mehr. Bei Auszeichnungen wird deshalb unser Kindergarten kein »Kollektiv der sozialistischen Arbeit«. Direkte Vorwürfe macht mir keiner, indirekt lassen einige ihre Empörung heraus.

Eines Tages sagt die Leiterin zu mir: »Treten Sie doch wenigstens in die DSF ein. Wir machen Samowarabende, sprechen über die Sowjetunion, und es kostet auch nicht viel, fünfzig Pfennig im Monat.«

»Die zahle ich freiwillig, eintreten werde ich nicht. Ich trinke keinen Tee.«

Sie nimmt meine Antwort ruhig hin. Doch nun wird nicht versäumt, mich zu den Schulungen für Marxismus-Leninismus mitzunehmen. Das politische Geschwafel geht mir auf die Nerven. Alle sitzen schweigend um den Tisch. Ein Genosse redet und eröffnet die Diskussion, die gar keine ist, denn alle stimmen dem zu, was er vorher gesagt hat. Plötzlich fragt er mich, was ich unter dem Begriff Freiheit verstehe.

Prompt antworte ich: »Jeder Mensch versteht unter dem Begriff etwas anderes. Freiheit würde für mich bedeuten, daß ich nicht hier sitzen muß.« Die Betonung lege ich dabei auf das Wort »muß«.

Einige Frauen grinsen, meine Kollegen kennen mich schon. Die Erzieherinnen aus anderen Einrichtungen sehen mich empört an. Der Genosse geht zum nächsten Punkt über. Meine Gedanken sind bei Jochen. Noch immer keine Post. Am letzten Tag fuhren wir zum Weinberg. Dort vergruben wir einen Liebesbrief und schworen uns: Der erste, der wieder hierherkommt, muß dem anderen den Brief schicken, egal nach wieviel Jahren das ist.

Plötzlich höre ich den Satz: »Und wenn wir nur noch trocken Brot essen müssen, damit unsere Panzer fahren können!«

Ich stehe auf und sage: »Wenn ich nur noch trocken Brot essen muß, damit Panzer fahren, kann ich mir ja gleich einen Strick nehmen.«

Und zu meinen Kolleginnen gewandt: »Ab Mädels, alle in eure Bunker.«

Verhaltenes Lachen kommt auf. Eine Kollegin warnt mich: »Sei vorsichtig, in der letzten Versammlung bist du schon mit deinen Äußerungen negativ aufgefallen. Würdest du nicht so gut mit den Kindern arbeiten, hätten die dich schon lange entlassen!«

Es wundert mich nicht, daß ich eines Tages zur Kaderabteilung muß. Sie legen mir nahe, mit der Begründung zu kündigen, daß ich wegen der Erkrankung meines Kindes häufig fehle.

»Selbstverständlich« bieten sie mir ihre Hilfe bei der Suche nach einer anderen Arbeit an. Eine richtige Kündigung würden sie auch nicht schreiben, sondern einen Überleitungsvertrag, der mir zusichern soll, daß ich nach der Stabilisierung der Gesundheit meines Kindes jederzeit in die Volksbildung zurück darf. Stillschweigend nehme ich die Papiere, gehe eine Treppe tiefer zum Amt für Arbeit und sage: »Ich soll mich wegen Arbeit bei Ihnen melden.«

»Wieso, haben Sie keine Arbeit?«

»Doch, aber ich fehle oft wegen meines kranken Sohnes.«

»Das ist doch kein Grund zu kündigen.«

»Ich will ja gar nicht kündigen.«

»Was wollen Sie denn hier?«

»Mir wurde gesagt, ich muß mich hier melden.«

Die zwei Frauen sehen sich verständnislos an, dann sagt eine: »Alleinerziehende Mütter stehen in unserem Staat unter einem besonderen Schutz. Die Krankheit Ihres Kindes ist kein Kündigungsgrund.«

Ich lache. »Das sehe ich genauso«, rufe: »Tschüs!« in das Büro und beginne am nächsten Tag pünktlich den Dienst, wie immer.

Jochen schreibt mir nach einem halben Jahr aus einem Gefängnis. Er ist beim Drogenschmuggel erwischt worden. Wir schicken uns noch ein paar Briefe über die Grenze, dann schläft die Sommerliebe ein.

Männern gegenüber habe ich im Laufe der Zeit eine eigene Einstellung bekommen. Mit einem schlafen, okay, danach schnell wieder weg. Mit einem Mann zusammenziehen, nie mehr. Ich habe Bekannte, die mit ihrer Meinung von Müttern mit Kindern nicht hinterm Berg halten. Zum Beispiel: »Frauen ja, Kinder nein, die sind zu nervig.«

Caroll teilt die Freizeit mit mir, das reicht. Mit den Jahren vergrößert sich mein Bekanntenkreis. Das bringt mich aus meiner Isolation, und Caroll ziehe ich mit. Eines Abends kommt uns eine tolle Idee: »Wir wollen unterm Fernsehturm Kaffeetrinken gehen.«

Das kleine Café ist proppenvoll. Schaupsieler, Studenten treffen sich hier, jeder will jeden sehen. Wir haben keine Lust, uns da reinzuquetschen, und gehen wieder.

»Komm, holen wir noch ein paar Blumen!« sage ich.

Draußen ist es inzwischen dunkle Nacht. Der Neptunbrunnen, tagsüber Anziehungspunkt für Touristen, zeigt nichts von seinen sonst beleuchteten Wasserspielen. Die Parkbänke stehen verwaist unter den jungen Linden. In den Blumenrabatten blühen die prächtigsten Rosen. Wir pflücken einen schönen Strauß, gehen damit die Spandauer Straße hoch zur S-Bahn. Vor dem Bahnhof entdecke ich einen einzelnen Rosenstrauch. Er steht zwischen den Büschen, die im Laternenlicht graugrün schimmern. Der Straßendreck überzieht alle Pflanzen mit einer schmutzigen Staubschicht.

Caroll ruft begeistert: »Davon brauchen wir auch ein paar Zweige!«

Plötzlich tritt aus der Dunkelheit ein Polizist: »Was machen Sie denn da?«

»Wir pflücken Blumen!« lache ich ihn an.

»Das ist Volkseigentum!« weist er uns zurecht.

»Eben, deshalb nehmen wir es uns ja. Wir wohnen im Hinterhof, da werden keine Blumen fürs Volk gepflanzt. Um unser Eigentum zu sehen, müssen wir bis zum Alexanderplatz fahren. Nun sollen unsere Kinder auch was davon haben.« Während ich das sage, pflücke ich weiter.

»Das sehe ich anders«, sagt der Polizist. »Das ist Beschädigung von Volkseigentum. Sie müssen eine Ordnungsstrafe von zehn Mark zahlen!«

Ein Mann in Zivil kommt schimpfend näher! »Nehmen Sie die mit, ich beobachte sie schon die ganze Zeit. Eine Frechheit, unsere schönen Blumen zu klauen!« sagt er erbost.

»Es ist Volkseigentum, also gehört es auch mir, und ich kann mich schlecht selbst beklauen«, erwidere ich.

Der Mann schnappt vor Wut nach Luft: »Euch braucht man bloß anzusehen, da weiß man gleich, wen man vor sich hat. Herr Wachtmeister, nehmen Sie die mal gleich mit!«

Der Polizist fühlt sich bedrängt und verlangt unsere Ausweise. Da ich meinen nicht dabei habe, müssen wir ihm zur Rufsäule folgen. Sein Sprechfunkgerät benutzt er nicht. Mehrmals ruft er in die Sprechsäule: »Personenüberprüfung!« Es kommt keine Antwort.

»Sehen Sie«, sage ich, »wenn es jetzt brennt, können Sie nicht einmal die Feuerwehr rufen, weil das Ding kaputt ist.«

Doch wer ein richtiger Polizist ist, der gibt nicht auf. Nach etwa zehn Minuten meldet sich eine schnarrende Stimme. Meine Angaben stimmen mit ihren Unterlagen überein. Der Bulle ist aber damit noch nicht zufrieden, er will offensichtlich ein Erfolgserlebnis haben und probiert es mit einer Überprüfung in der »Pennerkartei«. Das reicht uns. Caroll läuft auf die Straße und winkt einem Autofahrer zu, der hält an. Ich lasse den Polizisten einfach stehen, renne zum Auto und steige ein. Wir lachen uns halbtot, als wir sehen, wie hilflos der Polizist an seiner Sprechmuschel hängt.

Mit schönen Rosen endet der Abend in der »Möwe«.

Freiräume

Die Gesellschaft, in der ich lebe, verändert sich von Tag zu Tag. Seit Walter Ulbrichts Tod regiert Erich Honecker. Zeitweilig gelang es ihm, für eine bessere materielle Versorgung der Bevölkerung zu sorgen. Obwohl dem »Ostler« der Zutritt in Intershopläden verwehrt blieb, verhinderte kein Bonze, daß sie wie Pilze aus dem Erdboden schossen und die Bevölkerung sich neidvoll über Menschen ausließ, die »Devisen-Verwandte« hatten. Bald existierten mehr Intershops als Konsumgeschäfte. Wen wundert es da, daß die D-Mark zur zweiten Währung im Lande aufstieg. Devisengeschäfte florierten prächtig. Wohl dem, der die harte Mark besaß. Hatte sie sich einer mühsam ergattert – natürlich zum Kurs eins zu vier wobei mehr als ein Monatsgehalt draufging –, machte die glückliche Familie einen Ausflug in den Glitzerladen mit Persil, Smarties und Jeans. Ehrfurchtsvoll ging sie an den Glasvitrinen mit teuren Deos, rosasamtweichem Klopapier, Schminke von Jil Sanders und Kaviar vorbei. Kindern, die ihre Begeisterung nicht bremsen konnten, zischte man ein langes »Psssst!« zu.

Nur nicht auffallen, bloß nicht sprechen, am liebsten unsichtbar die westliche Pracht bestaunen. Dann wurde umgerechnet: Wie teuer wäre das Eis bei uns? Egal, auch wenn es sechs Mark kostet, es schmeckt eben besser. Schaffte es jemand, seine Minderwertigkeit als Ostler zu unterdrücken und wagte er sich an den Ladentisch, sank sein Selbstwertgefühl unter Null, wenn die Verkäuferin in arrogantem Ton nach seinen Wünschen fragte und spitz meinte: »Das kostet aber ...« Unmißverständlich machte sie dem Kunden klar: Ich weiß, daß du ein Ostler bist!

Selbst der Klempner hielt die Hand auf, bevor er einen Auftrag annahm. Jeder wollte Westgeld und den Duft der freien Welt im Klo riechen. An den Grenzen herrschte reger Reiseverkehr, und der Rubel-West rollte weiter übers Land. Die Arbeiter in den Fabriken murrten aufgebracht und wollten wenigstens die Hälfte des Lohns in Westmark.

Um die Unzufriedenheit in Grenzen zu halten, verlagerte die »Macht« die Intershops in Hotels oder an die Randgebiete von Berlin. Ganz auf die »heiße Kohle« wollten sie nicht verzichten, darum führte die DDR-Bank den Forum-Scheck ein. Nun durfte jeder Bürger, der glücklicher Besitzer eines solchen Papiers war, die Regale der Intershops plündern – vorausgesetzt, er gab sich mit Wechselgeld in Form eines Lutschers oder eines Stückchens Schokolade zufrieden. Für Kleingeld gab es keine Schecks. Der Staat kassierte harte Mark, das Volk bezahlte.

Zwei Klassen bildeten sich. Die einen wollten und hatten nichts, die anderen hatten und wollten mehr. Auf diese Art und Weise kamen einige Berufsgruppen, Kellner und Handwerker zum Beispiel, zu Ansehen und Wohlstand.

Wen wundert es da, daß sich die Menschen ins Private zurückzogen, zumal jeder jederzeit mit dem Neid der Nachbarn rechnen mußte. Und der war nicht ungefährlich.

Auf dem Köpenicker Sommerfest lernen Caroll und ich zwei Männer aus West-Berlin kennen. Sie fragen uns nach einer Disco. Mit zehn Personen fahren wir wenig später im Mercedes zur »Tonne« hinaus. Wie immer stehen viele Menschen vor dem Eingang. Der Türsteher könnte sie alle hineinlassen, doch dann würde er nichts verdienen. Die meisten geben Trinkgeld, um hineinzukommen.

Der Chef des Lokals erkennt sofort die Westler, geht zu einem Tisch und bittet die Gäste, die gerade essen, sich zu beeilen, da der Tisch reserviert sei: Er habe nur eine Ausnahme gemacht. Um seinen Worten Nachdruck zu verleihen, stellt er ein Reservierungsschild auf den Tisch.

Die Gäste schlingen das Essen hinunter, die Wessis wundern sich zum Schein, tun empört, setzen sich aber später trotzdem. Ich wäre nicht aufgestanden.

In der »Tonne« treffe ich einen Bekannten. Sein Spitzname ist Lippo, eigentlich heißt er Wolf Lipporad, aber alle rufen ihn Lippo. Wohin ich gehe, um Musik zu hören, Lippo treffe ich überall. Er trägt den Musikern die Koffer auf die Bühne, um bei den Mädchen den Eindruck zu erwecken, er gehöre zur Band. Scherzhaft nennen wir ihn »Lippo, der Kofferträger«. In Discos sucht er sich seinen Stammplatz an der Bar. Dort findet er häufig jemanden, der seine Getränke bezahlt. Als Dank reißt er alte Witze, über die er selbst am lautesten lacht. Sein Äußeres gleicht dem eines pubertären Pennälers. Große schlanke Gestalt, zurückgekämmtes dunkles kurzes Haar, breites Grinsen, kleine Augen, die er neuerdings hinter Brillengläsern versteckt, um seine »Intelligenz« zu unterstreichen. Mit den Jahren gehört er zu dem jeweiligen Inventar der Musikerszene. Er strebt nach oben. Wenn es sein muß, durch die Betten, wobei das Alter der Frauen keine Rolle spielt.

Lippo stellt mir jedesmal die gleiche Frage: »Schon Arbeit?«

Seit drei Jahren antworte ich: »Nein!« Es macht mir Spaß, ihn im dunkeln tappen zu lassen.

Heute fragt er wieder: »Schon Arbeit?«

»Nein!« Ich lache amüsiert über sein verwundertes Gesicht, das ohne sein Grinsen total langweilig aussieht.

»Hast du keine Angst, daß sie dich abholen?«

Seine Frage macht mich stutzig. »Wer sollte mich denn abholen?«

Ausweichend antwortet er. »Ich meine ja nur.«

Ich nehme mir vor, ihn in Zukunft zu meiden. Solche Fragen kommen nicht von ungefähr. Nicht im Traum denke ich daran, Lippo zu erzählen, wo ich arbeite.

Der Abend wird so lustig, daß die zwei aus West-Berlin wiederkommen möchten. Aus den beiden werden fünf, zum Schluß besteht unsere Clique aus mehr Westlern als Ostlern. Wir feiern tolle Parties auf dem Hinterhof. Ein Mädchen singt und spielt Gitarre dazu. Für Getränke wird von drüben gesorgt, das Essen stiften wir. Bei einigen stellt sich die Liebe ein, und später folgt der Ausreiseantrag.

Einmal kommt gegen 22 Uhr die Polizei. Sie verbietet das Filmen und fordert die Wessis zur Rückreise auf. Von da an verlagern wir die Treffen in Wohnungen.

Timo und ich

Timo hat mich belogen, eine Kleinigkeit mit großer Wirkung. In seinem Tagebuch stand eine negative Eintragung von der Lehrerin, die er unterschrieben mitbringen sollte. Timo hat seine Unterschrift daruntergesetzt. Von der Schule bekomme ich einen Anruf im Kindergarten. Zehn Minuten lang frage ich ihn: »Warum hast du das getan?« Zuerst leugnet er, dann schweigt er. Stumm sieht er mich aus ängstlichen Augen an. Ich vertrage diesen Hasenblick nicht und schreie ihn an, er solle mich nicht so ansehen. Verhängnisvolle Sekunden vergehen, ohne daß er mutig sagt, was er denkt. Ich schreie wieder: »Sieh mich nicht so an!« Dann hole ich aus. Im selben Moment lösen sich die Tränen aus seinen Augen, ich fühle mich schuldig. Sein Weinen ertrage ich noch weniger als den ängstlichen Blick zuvor.

»Geh in dein Zimmer!« brülle ich. Er gehorcht. Ich quäle mich mit Vorwürfen, bin nicht in der Lage, ihn zu trösten. Ich will es, aber kann es nicht. Vor Kummer krieche ich wie im Heim unter meine Decke und heule.

Timo ist es, der sich entschuldigt. Mein Kind verzeiht mir. Warum kann ich es nicht?

Unser gemeinsames Leben verbringen wir im hilflosen Auf und Ab der Gefühle. Warum kann ich ihm nicht die Liebe geben, die er braucht? Ich bin keine Mutter, die sich an die Brust schlägt, wie toll sie ist, sich selbst lobt, das Kind aber dem Konkurrenzdruck aussetzt. Wenn ich das schon höre: »Mein Kind konnte mit drei Monaten lachen, mit sieben Monaten sitzen, mit einem Jahr laufen, sprechen, aus der Tasse trinken und ist sauber.«

Mein Sohn war vom Tage seiner Geburt an kein Maßstab. Ich habe Timo bisher nach Gefühl erzogen, ohne zu wissen, ob ich dabei seinen Gefühlen gerecht werde. Das Vorbild »Mutter« kenne ich nicht. Wenn ich mich im Umgang mit Timo beobachte, stelle ich eher geschwisterliches Verhalten fest. Wir zanken und vertragen uns wie sie. Eine Schwester, die ihren Bruder ungerecht behandelt, wird die Mutter zurechtweisen: »Er ist doch dein Bruder!« Das hört sich an wie: Nun hab doch Verständnis für ihn. Eine Mutter wie ich hört von Bekannten: »Wie kannst du nur, du bist doch seine Mutter!« Darin liegt zweifellos ein Vorwurf. Ich finde mich mit der Mutterrolle nicht zurecht. Bei Besuchen von Freunden verberge ich meine Hilflosigkeit nicht, trotzdem erkennen sie es nicht. Ich bin verzweifelt darüber, daß ich eher bereit bin, Timo anzuschreien, als ihm Zärtlichkeiten zu erweisen.

Seine Lügen werden von der Lehrerin mit kindlichen Phantasien begründet. Wohin ich mich wende, Fachleute finden für alles eine Erklärung. In erster Linie gilt ihr Interesse dem Kind, darüber haben sie gelesen, gelernt und studiert. Wie kann bei Problemkindern die Mutter in der Wissenschaft vergessen worden sein? Ich habe gelesen, daß die Mutter-Kind-Beziehung in den ersten Lebensmonaten sehr wichtig ist. Leider fehlte sie bei mir und Timo total. Wie kann man lernen, eine Mutter zu sein? Ich ertappte mich dabei, daß ich Timo wie ein Heimkind erziehe. Ist sein Schrank nicht aufgeräumt, schmeiße ich alles in die Zimmermitte und sage beim Hinausgehen: »In zehn Minuten ist alles ordentlich!« Heimerziehung.

Es gibt sehr harmonische Stunden. Dann spiele ich Kaspertheater, lese ihm Märchen vor, oder wir machen Bonbons in der Pfanne. Ich nehme ihn auch in die Arme, obgleich ich Distanz spüre. Liebkosungen sind uns beiden peinlich.

Timo wird immer mein erstes Kind bleiben, ein Sorgenkind, das ich nur heimlich liebe, bei dem mich das Gefühl durchs Leben begleitet, als Mutter aus Unwissenheit versagt zu haben.

Kindergartenarbeit

Ich habe Frühdienst, um 6 Uhr muß ich den Kindergarten aufschließen. Timo schläft, ich stelle ihm den Wecker. Er muß allein aufstehen, sich anziehen, essen, die Tür abschließen und zur Schule gehen. Ein Schlüsselkind.

Ich komme von der Straßenbahn, von weitem sehe ich Mütter mit Kindern vor der Tür. Es ist erst halb sechs. Die Kleinen greinen herum, ihnen ist kalt. Ich betrete das Haus durch die Hintertür. Aus Mitleid müßte ich die Kinder hereinlassen, aus Erfahrung wissen die älteren Kollegen, daß dann die Mütter ihre Kinder noch früher bringen.

In Ruhe stelle ich Spielzeug auf die Tische. Noch eine Zigarette rauchen, dann kann der Tag anfangen.

Die ersten Kinder kommen unruhig herein, die Mütter sind nervös und mahnen zur Eile. Eine Mutter schimpft: »Mach schon, ich verpasse sonst meine Straßenbahn!« Das Kind weint, die Mutter eilt davon. Die Kleinen sehen müde aus, artig sitzen sie auf ihren Stühlen, sie spielen lustlos. Draußen höre ich lautes Brüllen. Der Junge schreit jeden Morgen, er klammert sich an die Mutter: »Will nicht, will nicht!«

Ich nehme das Kind auf den Arm, die Mutter lächelt höflich. Gegen 7 Uhr sind zwanzig Kinder im Raum, es wird lauter. Ich muß die Größeren zur Ruhe rufen, weil die Kleinen bei ihrem Lärm weinen.

Im Büro klingelt das Telefon, die Kollegin für den Halb-acht-Dienst meldet sich krank. Ich hetze die Treppe hinunter zu den Kindern. Jetzt bin ich bis 8 Uhr allein. An diesem Morgen gebe ich sechsunddreißig Kindern zur Begrüßung die Hand. Um den vielen Altersgruppen gerecht zu werden, lege ich eine Märchenplatte auf. Sie wirkt beruhigend, die Kinder lauschen aufmerksam. Plötzlich steht die Leiterin im Zimmer. Sie nimmt mir die Hälfte der Kinder ab. Die Gruppenerzieher kommen zum Dienst. Mit siebzehn Kindern frühstücke ich, danach müssen alle auf die Toilette, ob sie wollen oder nicht. Zum Waschraum müssen die Kinder wie im Heim in einer Reihe gehen.

Die Beschäftigung mit den Kindern wird streng nach dem Wochenplan durchgeführt, den die Erzieherin nach dem »Bildung-Erziehungsplan Margot Honecker«* aufstellen muß. Für heute steht der Tag der Nationalen Volksarmee auf dem Plan. Auf die Flurtafel haben die Kinder Soldaten gemalt. Die Jungen wissen alles über den Berufssoldaten. Ich habe keine Probleme, die Kinder zu beschäftigen. Sie kommen in diesem Jahr zur Schule. Nach drei Jahren Kindergartenleben haben sie nicht vergessen, daß sich einzelne Feiertage wiederholen. Nur die Mädchen langweilen sich. Zum Trost spiele ich mit ihnen Kinderarzt. Nach der Beschäftigungs-Stunde gehen wir in den Garten. Begeistert stürmen sie davon. All meine Sinne vibrieren: Kein Kind darf ich aus den Augen verlieren. Nach dem Spaziergang, der Hand in Hand erfolgt, essen sie zu Mittag. Ich bereite ihre Liegen zum Schlafen vor, lese eine kurze Geschichte und fahre nach dem Mittagsschlaf nach Hause.

Einkaufen, Schularbeiten oder mit Timo lernen, der Tag ist weg.

Ellen

Die Medizinstudenten organisieren einen Faschings-Frühlingsball in der Mensa. Die Räume sind phantastisch dekoriert. Gespenstische Figuren turnen herum, sie versetzen mich in Angst und Schrecken. Von der Decke droht der Tod in jeder erdenklichen Form. Raffinierte Beleuchtung läßt die Möglichkeit zu, sich ineinander zu verlieben oder voreinander wegzulaufen. Ich lerne eine junge Frau kennen, die als Feuervogel verkleidet ist. Wir lachen albern, trinken den ganzen Abend gemeinsam, tauschen unsere Dienstnummern, um uns zum Kaffee zu treffen. Nach drei Wochen erhalte ich einen Anruf,

* Margot Honecker: Ministerin für Volksbildung in der ehemaligen DDR und Ehefrau des Staatsratsvorsitzenden Erich Honecker.

mit dem ich zunächst nichts anfangen kann. Im Laufe des Gesprächs erinnere ich mich an Ellen. Sie lädt mich zu sich nach Hause ein.

Sie wohnt in einer Neubausiedlung. Mit Abstand hat sie von all meinen Bekannten die schönste Wohnung, eine mit Bad. Sie wohnt in der 11. Etage, nicht allein, sondern teilt das Los vieler Frauen, mit dem Kind zu leben. Ihre Tochter ist im selben Alter wie Timo. Wir verstehen uns prächtig, obwohl wir sehr verschiedene Typen sind. Sie verkörpert die Frau: Einmal die Woche zum Frisör, im Schrank hängen Kleider und Röcke. Ich dagegen trage am liebsten Jeans. Einen Frisörladen habe ich zuletzt vor meiner Jugendweihe betreten.

Ellen ist sehr groß, von kräftiger Figur, mit viel Busen. Das Gesicht ist puppenhaft – kleine blaue Augen, spitzer Mund, zierliche Nase, blasser Teint, umrahmt von dunklen Locken.

Sie zählt bald zu meinem engeren Bekanntenkreis. Bei ihr darf ich baden, meine Wäsche waschen, und die Kinder schlafen zusammen, wenn wir gemeinsam etwas unternehmen. Ihre Mutter kommt sie oft besuchen. Sie ist der Meinung, ich sei für Ellen nicht der richtige Umgang. Sie hat von ihr erfahren, daß ich so eine aus dem Heim bin. Die Einwände ihrer Mutter regen Ellen mächtig auf, ich habe mich an so etwas längst gewöhnt. Ellen empfindet das Zusammensein mit mir als Kur für ihre Seele. Als junge Ehefrau brach sie unter dem Druck der sexuellen Forderungen ihres Mannes nach drei Jahren Ehe aus. Doch die Flucht aus dem strengen Elternhaus und aus der Ehe scheiterten: Ihre Mutter mischt sich ständig in ihr Leben. Mit mir kann sie richtig fröhlich sein.

Die Opiumpfeife

Seit dem letzten Sommer liegt mir Caroll in den Ohren: »Laß uns wieder nach Budapest fahren.«

Ihr Freund Peter kommt oft nach Berlin, sie sind verliebt bis über die »Grenzen«. Caroll vertelefoniert ein Vermögen nach

Ungarn. An einem Nachmittag steht sie heulend vor meiner Tür, in der Hand einen Brief, geschrieben von Peters Mutter. Die teilt ihr mit, daß Peter nun bald ein ungarisches Mädchen heiraten werde und sie möge ihn in Ruhe lassen.

Caroll ist in ihrer Traurigkeit mit nichts zu trösten, sie bittet mich, Peter anzurufen. Ich probiere es sehr oft, aber immer geht ein Familienmitglied ans Telefon. Um sie von ihrem Kummer zu befreien, sage ich die Reise zu.

Es ist schwierig, zu sparen, wenn das Geld ohnehin schon knapp ist. Doch wir schaffen es in kurzer Zeit, buchen zwei Flüge und packen die Koffer. In der letzten Nacht schlafe ich unruhig. Ein bekanntes Gefühl, die Angst vor dem Zoll, denn wir müssen wieder Geld schmuggeln. Die dreißig Mark, die wir pro Tag tauschen dürfen, reichen gerade für die Übernachtung. Nach dem russischen Sprichwort »Der Morgen ist klüger als der Abend« erwache ich mit der Idee, das Geld wie bei meinem ersten Flug im Taschentuch zu verstecken.

Die Zöllner sind streng bei ihrer Kontrolle. Nach Ausweisüberprüfung mit Gesichtskontrolle, muß ich mich auf die Umrisse zweier auf dem Boden markierter Füße stellen. Wozu? Keine Ahnung. Plötzlich ruft mir einer entgegen: »Sehen Sie nicht, daß Grün ist? Kommen Sie her!«

Ich habe keine Ampel gesehen und folge der Aufforderung. Er greift meine Handtasche, legt sie zum Durchleuchten in einen Kasten. Ich erkenne viele Schatten, mehr nicht. Vor seinen Augen muß ich unerwartet niesen. Auch das noch, denke ich. Ich müßte mir die Nase putzen, doch das geht nicht, ich habe Angst, daß das Papiergeld raschelt.

Prüfend sieht er sich das Rückflugticket an und fragt: »Wohin?«

»Nach Budapest!«

»Zu wem?«

»Ich bin Tourist.«

»Wo schlafen Sie?«

»Ich hoffe im Bett« und denke, was geht das diesen Typen an, wo ich schlafe.

»Haben Sie eine Adresse?«

»Nein, aber es gibt eine Zimmervermittlung in Budapest.«

Erstaunlich, wieviel Energie die Zöllner darauf verwenden, ihren Landsleuten den Urlaub zu verderben. Was müssen das für Menschen sein, die täglich in fremder Leute Taschen herumschnüffeln, meist ergebnislos, um sie dann mit blödsinnigen Fragen in »Ferienlaune« zu versetzen. Da wird wohl kaum die Absicht dahinterstehen, das Ausland danach als freier, ruhiger und fröhlicher zu empfinden und nur ungern und mit dem Vorsatz, für immer zu gehen, zurückzukehren. Bestimmt hat sich bei manch einem Ausreiseantragsteller der Wunsch erst hier gefestigt. Mir ergeht es jedenfalls so. Ich träume von der großen freien Welt. Als ich mit Caroll im Flugzeug sitze und unter mir Wiesen, Felder, Radwege, vereinzelte Häuser sehe, winzig, wie Modelle auf einer Spielzeugeisenbahnplatte, aber umzäunt von einer grauen Mauer, sage ich laut: »Hätte nichts dagegen, in Wien zu landen.«

Caroll lacht. »Spinner!«

Da sich bekanntlich nichts im Leben wiederholen läßt, beziehen wir bei einer alten Dame ein Zimmer. Das Haus steht auf der Budaseite in einer ruhigen Straße. Wir dürfen weder nach 22 Uhr nach Hause kommen, noch lachen oder sonst irgendwelche Geräusche von uns geben. Vom Tage unserer Ankunft an regnet es ununterbrochen. Wegen des Dauerregens sitzen wir in Straßencafés und müssen mit ansehen, daß uns das Geld wie der Regen durch die Finger rinnt. Nach fünf Tagen bleiben wir bei der Wirtin, liegen faul auf dem Bett und finden den Urlaub recht beschissen. Caroll stellt gelangweilt fest, daß ihr die Zigaretten ausgegangen sind. Sie will in die kleine Kneipe laufen, um neue zu holen und sagt zu mir: »Bin gleich zurück.«

Ich gehe zum Fenster und sehe sie unten aus der Haustür rennen. Es regnet noch immer.

Nach einer halben Stunde gehe ich zum Fenster, es ist fast dunkel, die Straße ist menschenleer, nur der Regen plätschert in seine eigenen Pfützen. Ich schaue nach rechts und links, von Caroll keine Spur. Wo kann sie nur sein? Ich mache mir Sorgen. Hoffentlich ist ihr nichts passiert. Also lege ich mich aufs Bett und warte. Gegen 21 Uhr 30 höre ich irgendwo in der Wohnung das Telefon und die aufgeregte Stimme der Wirtin. Blitzartig denke ich: Das ist Caroll!

Die Wirtin kommt ins Zimmer und sagt: »Hallo, hallo!« Ich verstehe und folge ihr durch die Wohnung. Sie scheint an allem zu sparen, es brennt kein Licht. Mit Mühe ertaste ich das Telefon.

»Hallo!« schreie ich in die Muschel.

Carolls Stimme klingt am anderen Ende aufgeregt und ängstlich. In hastigem Ton flüstert sie: »Hilfe, Uschi, ich bin bei einem fremden Mann in der Wohnung eingeschlossen.«

»Wer ist der Mann?« frage ich.

»Ich weiß nicht, irgendein Professor. Er hat mich angesprochen und wollte mir etwas zeigen. Ich weiß nicht, was mich geritten hat, mitzugehen. Er wollte mit mir ein Glas Rotwein trinken, und nun hat er plötzlich alle Türen verschlossen. Ich habe Angst!«

»Sag mir wenigstens die Adresse, ich nehme ein Taxi. Und ... hallo, Caroll, bist du noch dran?«

»Ja, ich glaube, er kommt, ich muß Schluß machen.«

»Nein«, schreie ich, »zeig ihm, daß du telefonierst! Sag ihm, du hast eine Freundin angerufen, wir treffen uns im Hotel Budapest, das schützt dich!« Ich knalle den Hörer auf und renne auf die Straße. Zum Glück fahren hier mehr Taxen als in Ost-Berlin.

Im Hotel angekommen, laufe ich durch die Schwingtür und stehe wenige Minuten später vor einer fröhlich lächelnden Caroll nebst Entführer. Der weist sich mit einer Visitenkarte als Dozent aus und lädt uns großzügig zum Salami-Essen ein.

Der Mann ist mir unsympathisch. Was hätte er mit Caroll gemacht, wenn sie mich nicht angerufen hätte? Ich mache ihr Vorwürfe, Professor hin oder her.

Ich erinnere mich an ein Erlebnis, das ich längst vergessen glaubte. Es liegt etwa zwei Jahre zurück. Damals brachten die westlichen Modedesigner den Knautschlack auf den Markt. In knalligen roten und glänzenden schwarzen Farben stellten sie Taschen, Mäntel und Schuhe her. Nach langem Suchen erstand ich überglücklich eine rote Handtasche, die wie mein zweites Ich von nun an über meine Schulter baumelte.

Eines Abends traf ich mich mit meinen Freunden Elli, Gerda, Harry, Horst, Andrea und Klaudine im Studentenclub. Klaudine hieß mit richtigem Namen Klaus, war schwul und arbeitete als Frisör. Niemand wußte so richtig, wie Klaudine zu uns kam, jedenfalls war er eines Tages da.

Mit seinem watschelnden Entengang bemühte er sich vergeblich, das Schreiten einer Dame nachzuahmen. Es blieb bei dem Versuch. Unbewußt zog er in der Öffentlichkeit die Blicke auf sich und hob sich aus der grauen Masse der Straßenpassanten ab – ein buntes Original im tristen Alltagsrhythmus. Bei jeder Gelegenheit zog er einen kleinen Handspiegel aus der Hose, um sein Make-up zu prüfen, das in dicken Schichten die Falten nicht verdeckte, sondern stärker hervortreten ließ. Darauf folgte meist die ängstliche Frage: »Sieht man meine Falten?«

Wir logen aus Sympathie.

Auch seine Frisur überwachte er mit Argusaugen. Das stark toupierte Haar klebte er mit Haarspray fest, um die lichten Stellen zu kaschieren. Er besprühte sich mit süßlichen Parfümen und lachte ungehemmt: »Der Duft, der eine schöne Frau begleitet – Odeur de Mewe!« meinte damit »Duft des Miefes« und unterhielt uns mit Anekdoten aus der Schwulenwelt. Er strapazierte, besser gesagt: trainierte unsere Lachmuskeln, als ging's um Olympia.

Da im Club nichts los war, schlug Klaudine zur Abwechslung die Mokkabar vor, einen Schwulentreff. Aus Spaß tänzelte er auf dem Weg dorthin wie eine Strichdame vor uns her. Die Leute drehten sich verstohlen nach ihm um. Wir lachten amüsiert. Plötzlich kreischte er: »Uschi, du mit deiner Handtasche wärst dafür die Richtige!«

Fröhlich, übermütig versuchte ich, ihm hinterher zu wackeln. Doch mein Choreograf gab sich nicht zufrieden, er mäkelte in lautem Ton empört an mir herum: »Doller den Arsch heraus. Die Hüfte mit mehr Schwung, nach rechts und nach links. Nicht so große Schritte. Mehr sexy, mehr sexy!« Die Rolle des Lehrers gefiel ihm, und ich spielte die eifrige Schülerin.

Allein stolzierte ich mit meiner roten Tasche vor der lachenden Meute her. Meine Hüftschwenker wurden immer übertriebener, bis ich mir fast die Figur verrenkte. Ein stechender Schmerz fesselte mich plötzlich in einer sehr »schrägen« Haltung. Ich griff mir in die Seite und verharrte in dieser Position, als neben mir unerwartet Bremsen quietschten. Hinter dem Lenkrad eines Wartburg saß ein grauhaariger dünner Mann, der erwartungsvoll den Kopf neigte. Jetzt wollte ich meinen Spaß. Wie ich es in etlichen Spielfilmen gesehen hatte, riß ich die Wagentür auf: »Kundschaft?«

Meine Frage verblüffte ihn nicht im geringsten. Er taxierte mich seelenruhig und kam zu dem Entschluß: »Du gefällst mir nicht. Die Kleine dahinten aus deinem Bekanntenkreis ist mein Typ.«

Er mußte uns beobachtet haben, denn er meinte Elli.

»Erst die Kohle!« Herausfordernd hielt ich meine Hand auf. Bereitwillig zückte er einen Fünfzigmarkschein, den ich eilig griff und aus dem Wagen sprang. Jubelnd zeigte ich ihn den anderen. Wir ließen den Alten stehen, rannten davon und klopften das Geld gemeinsam auf den Kopf. Oft haben wir noch über diesen Abend gelacht.

Ein Jahr später fragte mich Harry, ob ich im Haushalt eines Professor Dr. Löschner, Dozent für Philosophie an der Uni, helfen wolle, er suche dringend jemanden.

Die Frau des Professors holte mich ab. Sie war etwa fünf Jahre älter als ich, erzählte von ihren Kindern und von der vielen Arbeit im Haus. Die Villa lag am Rande von Berlin.

Gerade als sie mir die Räume zeigte, kam ihr Mann im Pyjama die Treppe herunter. Ich erkannte in ihm sofort den grauhaarigen Alten von damals. Seine Frau glich genau seinen Vorstellungen. Elli sah ihr verdammt ähnlich: Er hatte also seinen Typ gefunden. Eine Frau mit zwei Kindern, die die Rolle der Frau Professor spielte und die das Alter ihres Mannes nicht störte, wenn Geld und Wohlstand dahinterstanden. Ich mußte grinsen. Sie spielten mir heile Familie vor. Dabei ahnte ich, wo er seine Frau kennengelernt hatte und daß es nicht seine Kinder waren und die Ehe erst kurz bestand. Aus dem Chaos, das in den Räumen herrschte, war es für mich auch nicht schwierig, zu erkennen, daß sie das Haus gerade erst bezogen hatten.

Nach sechs Stunden schmutziger Arbeit verlangte ich mein Geld. Die Frau hatte keins. Entsetzt mußte ich feststellen, in welcher Abhängigkeit sie sich befand: Kleinlaut fragte sie ihren Mann: »Darf ich vom Konto dreißig Mark abheben?«

Worauf der Prof. Dr. wissen wollte: »Wozu?«

Am liebsten hätte ich ihm eine Ohrfeige gegeben. Er hat gesehen, wie ich für ihn geschuftet habe, daß seine Frau das Geld nicht für sich wollte. Mußte er sie so bloßstellen? Nicht für Geld und gute Worte würde ich mich in eine solche Versorgungsehe begeben.

Auf dem Weg zur Sparkasse redete sie kein Wort mehr mit mir. Nachdem ich mein Geld hatte, fragte sie: »Kommen Sie nächste Woche wieder?«

Ich war überzeugt, daß es ihr nicht um die Hilfe im Haushalt ging, sondern vielmehr um einen menschlichen Kontakt. Ihr fehlte die Freundin. Ich sagte: »Nein.«

Mein Salamiteller ist leer, die Musiker beginnen zu spielen. Der Dozent fordert Caroll zum Tanzen auf. Mit meinen Erinnerungen habe ich mir den Abend endgültig verdorben. Ich sehe den beiden beim Tanzen zu. Der Typ ist widerlich dick, kahlköpfig preßt er sich an Caroll. In einer Pause gehe ich mit ihr zur Toilette. »Komm, laß uns abhauen, der Kerl soll sich wundern!« Caroll findet das gemein, willigt aber trotzdem ein. Die Mutmaßungen, die ich darüber anstelle, was er mit ihr womöglich vorhatte, vertreiben ihr das schlechte Gewissen.

Der Morgen weckt uns wieder mit Regengeräuschen. Wie sollte es auch anders sein, uns zuliebe ändert die Natur sich nicht. Das Geld reicht für ein kleines Frühstück. Danach laufen wir enttäuscht und triefnaß durch Budapest. Leisten können wir uns nichts mehr, weder Kaffee noch Tee. Wir überlegen, den Urlaub abzubrechen und nach Berlin zu fahren. Plötzlich höre ich eine Stimme meinen Namen rufen. Das ist ein Gefühl! Man ist in einem fremden Land, in einer fremden Stadt, glaubt sich total allein und hört durch dicke Regengüsse seinen Namen.

Ich drehe mich suchend um. Der Regen rinnt über mein Gesicht, die nassen Schuhe halte ich in den Händen. Barfuß, klitschenaß bis auf die Haut, ohne einen Pfennig in den Taschen, empfinde ich plötzlich Glück. Ja, ich bin richtig glücklich, über die dunklen Wolken, über den heftigen Regen, einfach über alles. Der Ruf meines Namen bedeutet Glück. Leider entdecke ich nirgendwo einen Menschen, den ich kenne. Vergeblich halte ich Ausschau nach einem bekannten Gesicht. Plötzlich steht Jochens Bruder vor mir. Wir fallen uns in die Arme.

Seine ganze Familie sitzt im Hotelrestaurant, die Fenster sind nach oben geschoben, sie sehen beim Kaffee dem Treiben auf den Regenstraßen zu und bedauern gerade ihren Ausflug nach Budapest, als sie mich mit Caroll entdecken. Alle sind da, der Vater, der Freund, die Schwestern, nur Jochen kann ich nicht finden. »Wo ist er?« frage ich in der Hoffnung, ihn gleich wiederzusehen. Das Jahr zwischen den beiden Sommern ist nicht gewesen, nur Jochen zählt.

Nach den vielen Regengüssen verpaßt mir nun auch noch der Vater eine kalte Dusche: »Jochen ist nicht mit, er ist im Knast.« Mein Glücksgefühl schlägt um ins Gegenteil. Ich werde sofort traurig, Budapest ohne Jochen. Jochen im Knast wegen Drogenschmuggel.

»Nimm deine Sachen«, sagt sein Vater. »Wir nehmen dich zum Balaton mit.« Caroll wird sauer: »Willst du wirklich mit zum Balaton fahren und mich hier allein lassen?«

»Ja.« Obwohl ich mir ihr gegenüber schäbig vorkomme, bleibe ich bei meinem Entschluß. Caroll wäre ohnehin zwei Tage später abgereist. Sie wollte mit ihrer Schwester noch an die Ostsee fahren, dann wäre ich auch allein geblieben. Tja, mit einer Freundin zu verreisen, ist so eine Sache.

Wir verabreden uns gegen 18 Uhr auf der Fischerbastei. Der Vater will mit uns essen gehen. Wir haben das auch dringend nötig. Schweigend laufen wir zu unserer Wirtin, ziehen die nassen Sachen aus, machen uns zurecht und vermeiden ein Gespräch. In der Metro finden wir dann wieder zueinander.

Auf der Bastei werden wir mit lauten Hallorufen begrüßt.

Nach dem Abendessen bleiben wir sitzen. Wir sehen die Stadt in der Nacht versinken und erleben die romantische Beleuchtung durch Hunderte von Glühlampen an der Kettenbrücke und auf dem Parlament. Budapest ist ideal für Verliebte. Wehmütig denke ich an Jochen, seine Hände, wie sie zitterten, als er in der ersten Nacht nach mir suchte.

Und wie wir darüber lachen mußten. Am nächsten Abend erlebte ich einen Liebhaber, der rücksichtsvoll, zärtlich den Eindruck in mir erweckte, ich hätte den schönsten Körper der Welt und wäre die tollste Frau.

Jochens Bruder stört meine Erinnerungen: »Wollen wir eine rauchen?«

Er hält eine dicke Pfeife in der Hand, stopft komisches Kraut hinein und träufelt einen Tropfen Öl darauf. Anschließend zieht er dreimal tief durch.

»Was ist das?«

Über meine Frage lacht er: »Opium, probier mal, fühlst dich danach einfach toll. Mußt nur richtig durchziehen bis in die Lungenspitzen.«

Er reicht mir die Pfeife. Caroll warnt mich: »Laß den Blödsinn!«

Nun erst recht, denke ich, setze die Pfeife an meine Lippen, schmecke den vom Tabak bitteren Rand und ziehe kräftig. Ein rasender Schmerz fährt mir in die Lunge. Ich nehme die Pfeife aus dem Mund und ringe nach Luft. Ein Hustenanfall überkommt mich. Tränen treten mir in die Augen, ich habe Angst, zu ersticken. Mein Gott, ich brauche Luft. Der Husten hört nicht auf. Der Bruder lacht. »Nicht so stark ziehen, du darfst nicht übertreiben, probier noch mal.«

In der Pause zwischen zwei Hustenanfällen ziehe ich schnell, wie am Rohr einer Sauerstoffpumpe. Mein Kopf wird plötzlich schwerelos; bis das Gefühl durch meinen ganzen Körper dringt, vergehen nur wenige Sekunden. Der Husten bleibt weg. Noch einen Zug. Die Farben der Neonreklame leuchten plötzlich viel intensiver. Ich habe das Gefühl, wie ein Kängeruh in großen, weiten Sprüngen über die Welt mit ihren Straßen zu hüpfen. Keine traurigen Gedanken mehr. Vor mir ist alles riesengroß, hell, bunt und fröhlich. In dieser Stimmung fahre ich zum Balaton. Eine Woche lang verbringe ich dort die schönsten Ferien meines Lebens, und Jochen ist in Gedanken bei mir.

Abgeholt

In Berlin treffe ich Ellen. Wir erzählen von unserem Sommer. Sie hat sich in Ungarn in einen Westler verliebt. Regelmäßig besucht er sie. Ellen meint, wenn es eine Möglichkeit zur Ausreise gäbe, sie würde ihn heiraten.

Ich freue mich für sie, gebe aber zu bedenken: »Du wirst Schwierigkeiten bekommen. Zuerst wegen deiner Tochter, dein geschiedener Mann muß mit der Ausreise seiner Tochter einverstanden sein, und dann in der Firma.«

Wir kennen nur zu gut die Schikanen, denen Ausreisewillige ausgesetzt sind. Das reicht vom Verlust des Arbeitsplatzes bis zur Bespitzelung der Familie und des Freundeskreises. Ellen hört sich meine Einwände an, sie hat sich auch Gedanken darüber gemacht und sagt: »Abwarten und Tee trinken.«

In den nächsten Wochen erzählt sie mir, wenn wir uns treffen, daß sich das Verhältnis gefestigt habe und beide ernsthaft eine Heirat überlegen. Weil sie ihre Unterkunft dann nicht mehr braucht, beschließen wir beide, die Wohnungen zu tauschen: Ich hätte dann endlich ein Bad.

Es muß so Mitte September gewesen sein, als es an meiner Wohnungstür klingelt. Da ich gerade über meinem Wäscheberg sitze, kann ich Besuch nicht gebrauchen. Timo fragt, ob er öffnen soll. Ich sage: »Nein, ich gehe schon.« Dabei überlege ich, wen ich wohl abwimmeln muß. Keine Ahnung, wer vor meiner Tür stehen könnte. Ich öffne.

In diesem Augenblick weiß ich alles und nichts. Zwei fremde Männer, bekleidet mit Jeans, Lederjacke und Rollkragenpullover, stehen vor mir. Der eine hält mir gleich eine Klappkarte entgegen und sagt: »Mitkommen!«

Schockiert frage ich: »Darf ich mal?« Ich lasse mir den Ausweis geben, gehe damit zum Küchenfenster und lese »Oberstleutnant ...« Ich begreife den Ernst der Situation, noch nie im Leben habe ich dieses Gefühl gehabt: Ich habe verloren, alles, was jetzt passiert, ist unabänderlich. Wie ein Nichtschwimmer verzweifelt versucht, sich über Wasser zu halten, so denke ich: Wer hat mich angezeigt? Was wollen die? Wer hat sie geschickt?

Ich denke an Timo, ein rettender Einfall: »Ich kann nicht mitkommen, ich habe ein Kind hier.«

»Tut uns leid, darauf können wir keine Rücksicht nehmen. Sie müssen mit. Haben Sie keine Freundin im Haus, die auf das Kind aufpassen kann?«

Seine Stimme klingt roh und gefühllos.

»Ich habe keine Freundin.«

»Dann eben eine Nachbarin.«

»Hier wohnen nur Rentner. Meine Freundin hat ihre Wohnung auf der gegenüberliegenden Straßenseite.«

Warum fällt mir in diesem Augenblick Caroll nicht ein, sondern ihre Schwester? Ich gehe ins Kinderzimmer zu Timo. »Sei schön lieb, ich komme gleich zurück. Mami muß etwas Wichtiges erledigen!«

Timo nickt, er spielt weiter. Komme ich wirklich zurück? Mir wird bange. Nur nichts anmerken lassen. Die Männer überwachen mich mit strengen Augen. Neben der Haustür befindet sich ein Tante-Emma-Laden.

»Darf ich mir Zigaretten holen?« Durch den Einkauf hoffe ich, einen Zeugen für meine geheimnisvolle Mitnahme zu finden.

»Ja, wir begleiten sie.«

»Und was sage ich der Verkäuferin, wenn sie mich fragt, wer Sie sind?«

»Handwerker.« Seine knappe Antwort zeigt mir, daß sie ihre Ausreden gewöhnt sind.

Die Verkäuferin kennt mich gut. Als sie mich in Begleitung der zwei Männer sieht, meint sie skeptisch: »Na, Frau Uschi, heute nicht allein?«

»Handwerker«, gebe ich zweideutig zur Antwort.

Sie lächelt spöttisch: »Handwerker, nennt man sich jetzt so?«

Ich nicke stumm. Sie reicht mir wortlos die Zigaretten.

Carolls Schwester ist nicht zu Hause. Einer der beiden bleibt vor ihrer Haustür stehen, der andere begleitet mich zum Konsum. Die Schwester kommt mit einem vollen Netz und ihrer Freundin aus dem Laden. Erstaunt sieht sie mich an. Ich reiße die Augen auf und haspele schnell: »Kannst du auf mein Kind aufpassen? Ich muß mit den Handwerkern weg.«

»Äääähhh, Handwerker!« Sie zieht das Äh ewig in die Länge, sie hat verstanden. »Klar, mache ich.« Zu meiner Sicherheit fragt sie den Mann: »Wie lange dauert es denn, ich habe auch ein Kind zu versorgen.«

Nun muß er antworten. Gespannt sehe ich ihn an. Er weicht der Frage aus. »Nicht lange.« Gemeinsam holen wir den Typen von der Haustür ab. Die Schwester läuft mit ihrer Freundin hinter uns her, sie beobachtet alles. Eine Straßenecke weiter steht ein heller Lada, Marke Stasi. Im Wagen sitzen noch zwei Männer.

Sie nehmen mich in die Mitte und fahren mit mir schweigend durch die Stadt dem Zentrum zu. Meine Gedanken lassen sich nicht sammeln. Was habe ich gemacht, oder wer hat mich angezeigt?

»Wo fahren wir hin?«

Schweigen.

»Wo fahren wir hin?«

Einer kläfft mich heftig an: »Das werden Sie schon sehen!«

Schweigen.

Die Männer stinken nach Schweiß. Mir ist übel, auch vor Angst. Nach einer halben Stunde halten wir im Innenhof des Präsidiums der Volkspolizei. Wortlos nehmen mich wieder zwei Männer in die Mitte und fahren mit mir in einem Aufzug nach oben. Der Gang ist von mehreren Gittern unterteilt. Auf dem Flur stehen vier grobschlächtige Männer, die mich feindselig ansehen. Ein Jüngling bringt mich in einen Raum. Die Wände sind mit dunkelgrüner Ölfarbe gestrichen. Kein Fenster. In einer Ecke steht eine Liege, daneben ein Nachtschrank und darauf, o Wunder, ein Telefon. Der junge Mann ist mit mir allein. Schnell frage ich: »Warum bin ich hier?«

»Bedaure, ich weiß es nicht.« Ich sehe ihm an, daß er mir am liebsten gar nicht geantwortet hätte. Vielleicht haben sie ihm jegliches Gespräch mit mir verboten.

Noch einmal wage ich eine Frage: »Darf ich telefonieren?«

Dabei weiß ich nicht einmal, wen ich hätte anrufen können. Aus meinem Bekanntenkreis besitzt keiner ein Telefon. Mit meiner Frage will ich nur feststellen, wieweit meine Rechte eingeschränkt sind – wenn ich denn jemals welche hatte.

»Das muß ich Ihnen untersagen!« Seine Stimme ist schneidend scharf. Er geht aus dem Raum. Ich höre, wie er die Tür verschließt. Kaum sind seine Schritte nicht mehr zu hören, springe ich von der Liege auf und laufe zur Tür. Die Klinke ist wie ein Riegel, festverschlossen läßt sie sich nicht bewegen.

Nur nicht in Panik ausbrechen, rede ich mir zu. Das Telefon zieht mich magisch an. Vielleicht fällt mir doch eine Nummer ein. Irgendeine, Hauptsache ich kann mit jemandem reden. Vorsichtig nehme ich den Hörer von der Gabel. Als ich ihn an mein Ohr halte, vernehme ich weder ein Frei- noch ein Besetztzeichen. Die letzte Hoffnung schwindet. Eingesperrt, abgeschnitten von der Außenwelt, ohne ein einziges Geräusch zu vernehmen, wird mir deutlich: Ich bin das einzige menschliche Wesen im Raum, im Haus, auf der Welt. Verzweifelt knalle ich den Hörer auf die Gabel. Sofort zucke ich von dem Lärm erschreckt zusammen.

Ich lege mich auf die Liege, schließe die Augen und lausche meinem Atem. Ich verliere jedes Zeitgefühl. Warum habe ich keine Armbanduhr? Um mich von meiner Situation abzulenken, damit die Angst keine Chance hat, von mir Besitz zu ergreifen, versteife ich mich auf die Frage: Was hat mich bisher abgehalten, eine Uhr zu kaufen?

In Gedanken stelle ich mir alle Uhren vor, die ich jemals gesehen habe. Die Bahnhofsuhr fällt mir sofort ein. Einfach rund, groß, mit schwarzen Ziffern, für jeden eiligen Reisenden von weitem erkennbar. Die Werksuhr, gleiche Ausführung, löste bei Betreten des Fabrikgeländes meine Angst: »Gott sei Dank, nicht zu spät gekommen.«

Die riesige Weltzeituhr am Alexanderplatz, an der man sehen

kann, welche Stunde es gerade in Amerika oder Japan geschlagen hat – und doch weiß, was geht mich das an, da komme ich ja doch nie hin. Nur eine Touristenattraktion, die zeigen soll: In unserem Land kann jeder sehen, wie spät es in der ganzen Welt ist, also warum die Zeit mit Reisen vergeuden?

Die Tür wird plötzlich geöffnet. Ein großer kräftiger Mann, mit Halbglatze, braunem Anzug, an dem das Parteiabzeichen steckt, fordert mich auf: »Mitkommen!«

Wir gehen in ein Büro. Vor dem Fenster steht ein Schreibtisch, dahinter sitzt, zum Verwechseln ähnlich, derselbe Typ. Links an der Wand stehen Holzschränke. Die Zimmermitte wird von einem großen Holztisch ausgefüllt, an dem sechs Stühle stehen. An der rechten Wand hängt ein Bild, auf dem Erich Honecker über alles wacht.

»Nehmen Sie Platz.«

Ich setze mich am Tischende auf den alleinstehenden Stuhl. Mein Begleiter nimmt zu meiner Rechten Platz. Die Männer schweigen.

Ist das Taktik, oder was? Ich weiß nicht, wie ich mich verhalten soll, und schweige auch.

Plötzlich fragt der Mann neben mir: »Können Sie sich denken, weshalb Sie hier sind?«

»Nein.«

»Na, dann überlegen Sie mal, was Sie gemacht haben.«

Er schweigt erneut. Ich überlege tatsächlich, welchen Verbrechens ich mich schuldig gemacht haben könnte, und komme zu dem Ergebnis: Mich muß jemand angezeigt haben, daß ich Westgeld tausche. Laut sage ich nach einer Weile: »Ich habe letztens in der Straßenbahn nicht bezahlt.«

»Darum geht es hier nicht.« Nur der Mann an meinem Tisch redet mit mir, der am Schreibtisch hört schweigend zu.

»Um was geht es denn?« Ich frage ungeduldig, weil ich an der Dunkelheit draußen erkenne, daß es schon Abend ist. Ich sorge mich um Timo.

Unerwartet schiebt er mir ein DIN A-4-Blatt entgegen und verlangt: »Schreiben Sie alle Ihre Bekannten auf!«

»Da reicht Ihr Blatt nicht, dazu brauche ich einen Block«, gebe ich frech zur Antwort.

Ruhig läßt er sich von einem Kollegen einen Block geben. Na warte, denke ich, nun kannst du was erleben. Ich werde so viele Namen aufschreiben, daß du als Lektüre die Bibel bevorzugst.

Kaum halte ich den Stift in der Hand, ist es mit meiner Fassung vorbei. Ich sehe, wie mir die Finger zittern. Mühsam versuche ich, es zu verbergen, drücke den Bleistift fest auf, konzentriere mich dermaßen auf die Feinmotorik meiner Hände, daß für die Erinnerung an Namen keine Kraft mehr bleibt.

Angestrengt denke ich nach, wie wohl der oder die heißen könnte. Die Gesichter stehen klar vor mir, nur die Namen wollen mir nicht einfallen. Mühsam bringe ich eine Seite zustande. Als letzten Namen schreibe ich Ellen auf, weil sie mich einen Tag zuvor noch besucht hat.

Zufrieden nimmt der Verhörer den Zettel, läßt einen Blick drüberfliegen und fragt laut, streng, knallhart: »Von wem ist Ihnen bekannt, daß er illegal die DDR verlassen will?«

»Niemand!« Nun weiß ich Bescheid, hier geht es um den Verdacht der Republikflucht. Meine ganze Verkrampfung löst sich. Niemand hat sich mir gegenüber über eine beabsichtigte Flucht in den Westen geäußert. Wer das vorhat, tut gut daran, der eigenen Sicherheit wegen zu schweigen.

Der Mann wiederholt die Frage.

»Wer aus Ihrem Bekanntenkreis will illegal die DDR verlassen? Verkaufen Sie uns nicht für dumm, wir wissen alles.«

»Nun, ich könnte Ihnen sagen, wer einen Ausreiseantrag gestellt hat oder einen zu stellen beabsichtigt, aber da Sie ja schon alles wissen ...!« Ich lasse den Rest der Ausführungen offen.

Plötzlich schreit er los: »Sie kommen nicht eher nach Hause, bis wir wissen, was wir wissen wollen!«

Ich nehme das Blatt in die Hände und beginne: »Ausreiseantrag gestellt, abgelehnt. Ausreiseantrag gestellt, abgelehnt! Wegen Verdacht der Flucht im Knast!« Und so weiter. Natürlich bin ich mir bewußt, daß er das alles weiß, doch um wen geht es hier? Es muß sich um eine Person handeln, über die sie etwas erfahren wollen. Als ich bei Ellen ankomme, sage ich: »Die will heiraten, also wird sie auch einen Antrag stellen!« Ich kann nicht verhindern, daß in meiner Stimme Triumph mitschwingt. Da es der letzte Name ist, glaube ich, daß sie mich nun gehenlassen.

Mit dem Bleistift tippt der Mann auf Ellens Namen. »Genau, um die geht es uns.«

»Warum fragen Sie sie dann nicht selbst?«

Er überhört meine Worte. Scharf fragt er mich plötzlich: »Was halten Sie von den Fluchthilfeorganisationen im Westen?«

Er denkt, ich wäre so dumm und ginge ihm in die Falle. Würde ich sagen: »Toll, daß es sie gibt!« verließe ich das Gebäude nur im Transporter nach Hohen-Eck, um dort wegen staatsfeindlicher Äußerungen Jahre im gefürchteten Frauengefängnis abzusitzen. Als ehemaliges Heimkind weiß ich, was er hören möchte und sage entrüstet: »Das ist doch das Letzte, die Schleuser riskieren für Geld Menschenleben!«

Urplötzlich ist er freundlich: »Fein, Ihre Einstellung freut mich. Ihre spontane Antwort überzeugt mich von der Ehrlichkeit Ihrer Worte. Wir haben mit der Bekämpfung dieser Verbrecherbanden genug zu tun, deshalb brauchen wir jede Hilfe. Ist Ihnen jemals zu Ohren gekommen, daß Ellen sich an diese Organisation gewandt hat?« Er versucht die freundliche, sanfte Tour.

Unbeherrscht antworte ich: »Das ist ja wohl mehr als eine gemeine Unterstellung. Da kann ich, zum Beispiel, meinen Nachbarn nicht leiden, renne einfach zur Polizei und zeige ihn wegen versuchter Flucht an. Prompt wird er abgeholt, und ich habe meine Ruhe. Ich bin überzeugt, daß Ellen sich niemals auf diesem Wege aus dem Lande schleichen würde.«

»Wie kommen Sie darauf?« hakt er sofort nach.

»Erstens ist sie von Natur aus kein mutiger Mensch, und zweitens ist sie eine sehr gute Mutter. Sie würde kein Risiko mit ihrer Tochter eingehen. Ich möchte mal wissen, wer Ihnen diesen Blödsinn erzählt hat. Es muß sich ja um einen Menschen handeln, der Ellen furchtbar haßt oder sich selbst nur interessant machen will!«

Der Mann lacht gespielt: »Da können Sie lange forschen, Sie kommen nie darauf. Außerdem wissen wir, daß Sie mit ihr die Wohnung tauschen wollen.«

Er gönnt sich mein verdutztes Gesicht, lehnt sich gemächlich in den Stuhl zurück und grinst gemein. Wieder greift die Angst mit eisiger Kälte nach mir. Wer ist unter meinen Freunden der Spitzel? Was weiß er noch über mich?

Plötzlich steht der Jüngling im Raum. »Nehmen Sie sie mit!«

Ich werde in ein Kabuff gebracht, das nicht mehr als vier mal einen Schritt mißt und von einem viereckigen Tisch in Raumbreite ausgefüllt ist. Seitlich zwänge ich mich an dem Tisch vorbei und setze mich auf den einzigen Stuhl. Knapp paßt er an den Tisch. Hinter mir wird die Tür verschlossen. Von der Decke hängt eine Glühlampe, die grell leuchtet. Alle Wände sind in ekelhaft aufdringlicher rosaroter Farbe gehalten. Auf dem Tisch liegt eine rotweiß-karierte Decke.

Nach kurzer Zeit beginnt es, vor meinen Augen rot zu flimmern. Wohin ich sehe, ist es rot. Die Luft ist stickig. Da es auch hier kein Fenster gibt, läßt sich nicht verhindern, daß ich langsam ein beklemmendes Gefühl bekomme. Bevor ich unruhig werde, schließe ich schnell meine Augen, lege meinen Kopf auf die Arme und versuche, angestrengt nach draußen auf den Flur zu lauschen, von dem Gedanken besessen, der Spitzel stehe dort und unterhielte sich mit dem Vernehmer. Ich will seine Stimme hören, um sie später zu erkennen. In meinen Ohren sind bald jede Menge Töne, Zirpen, Sausen und Schnarren, nur keine menschlichen Laute. Mich kriegen sie nicht klein, denke ich. Mich nicht!

Irgendwann holt mich ein Mann wieder heraus, und das ganze Spiel beginnt von vorn. Gleiches Zimmer, gleiche Sitzordnung, nur andere Männer mit den gleichen Fragen. Ich bin müde, denke an Timo, habe keine Lust, ihnen den Abend auf ihre perverse Art zu verlängern.

Herausfordernd sage ich: »Wenn im Fernsehen ›Polizeiruf 110‹ läuft, bekommen die Verbrecher meist einen Kaffee angeboten. Ist das nur im Film so?«

»Möchten Sie einen Kaffee?«

Eigentlich nicht, doch der Abwechslung wegen sage ich: »Wenn ich schon mal hier bin, ja.«

Sie lassen mir tatsächlich eine Tasse Kaffee bringen, der fürchterlich schmeckt. »Das Getränk ist grauenvoll!«

»Auch noch meckern; für eine Mark kann man eben nichts Besseres erwarten. Wir sind froh, überhaupt Kaffee zu bekommen.«

Nachdem sie mit ihrem Verhör fertig sind, fertigt der Mann hinter dem Schreibtisch ein Protokoll an und legt es mir zur Unterschrift vor. Beim Lesen stutze ich. In einem Satz heißt es: »... und somit sah ich eine Gelegenheit, mir auf illegale Art und Weise neuen Wohnraum zu verschaffen ...«

»Wollen Sie mich kriminalisieren? Das unterschreibe ich nicht. Damit würde ich mich strafbar machen!« Ich verweigerte empört die Unterschrift.

»Wieso, wollten Sie nicht mit Ellen die Wohnung tauschen?« Seine Frage klingt scheinheilig.

»Wer immer Ihnen davon erzählt hat, der hat Sie leider falsch informiert. Unsere Wohnungen hätten wir offiziell über das Wohnungsamt getauscht und nicht heimlich. Das ist die Wahrheit, und nur für die bekommen Sie meine Unterschrift. Ich kenne die Gesetze. Wer von einem Verbrechen weiß, z. B. Waffenbesitz, illegaler Flucht, usw. macht sich strafbar, wenn er es nicht meldet.«

Der Mann sieht seinen Kollegen an, dann mich: »Sie wissen ja ganz gut Bescheid.«

»Wissen Sie, ich hatte bereits zweimal das Vergnügen mit Ihren Leuten, da lernt man dazu.«

Neugierde schleicht sich in ihre Gesichter. »So, das klingt ja interessant, erzählen Sie mal!« fordert er mich auf.

»Da gibt es nicht viel zu erzählen!« In kurzen Sätzen mache ich ihnen deutlich, daß ich angeworben werden sollte.

Plötzlich lacht er höhnisch: »Aber nicht von uns, das sieht uns sehr nach dem Verfassungsschutz aus. Die von drüben arbeiten so, aber nicht wir. Das werden wir klären.«

»Das ist aber nett, teilen Sie mir das Ergebnis mit?«

»Verarschen können wir uns allein!« schreit er wieder.

»Kann ich jetzt gehen?« frage ich unvermittelt.

Er ändert den Text im Protokoll und verlangt: »Unterschreiben!«

Ich unterschreibe. Ein zweiter Zettel folgt zur Unterschrift:

»Ich darf über das Gespräch zu niemandem ein Wort sagen. Sollte ich es trotzdem tun, kann ich nach den Gesetzen der DDR strafrechtlich belangt werden. Ich habe über das Gespräch Stillschweigen zu wahren.«

Ich unterschreibe.

Ich darf in Begleitung das Haus verlassen. Draußen ist es dunkel. Der Mann verläßt mich erst, als ich in die S-Bahn steige. Ich habe schreckliche Angst, fühle mich beobachtet und verkneife mir das Heulen. Es ist schlimm, mit der Angst zu leben, und niemandem etwas erzählen zu dürfen.

Carolls Schwester ist aufgeregt, als sie mich begrüßt: »Erzähl schon, was war los?«

»Nichts war los. Ich darf mit niemandem darüber sprechen, daß ich abgeholt wurde.« Mehr sage ich nicht.

Sie nickt ernst: »Das habe ich mir gleich gedacht, brauchst mir nichts zu sagen, ich verstehe.«

Magda kommt mich besuchen. Sie hat eine Wohnung in meiner Nähe bezogen und sich endgültig von ihrem Mann getrennt. Sie ist aufgeregt: »Du, Uschi, ich bin gestern auf dem Weg zur Arbeit beim Rundfunk von zwei Männern mitgenommen worden. Sie haben mich stundenlang über dich und Ellen verhört. Sie wußten auch, daß ich von Ellen die Schrankwand kaufen wollte.«

Ich stutze, selbst das war ihnen bekannt. Magda hatte den Kauf wirklich vor, aber wer hat das alles gewußt? »Mußtest du nicht unterschreiben, zu schweigen?«

»Doch, aber ich lasse mir von denen nicht den Mund verbieten«, lacht sie.

Herbstromanze

Eine Woche vergeht, bis ich mich über das Verhör beruhigt habe. Erst dann bin ich in der Lage, Ellen zu besuchen. Sie ist freundlich und ausgeglichen wie stets. Nichts deutet auf ein außergewöhnliches Geschehen in ihrem Tagesablauf hin. Auf meine Frage: »Hast du in letzter Zeit mal Besuch gehabt, der dir komisch vorkam?« antwortet sie mit einer normalen Reaktion:

»Was stellst du denn für blöde Fragen. Wer soll denn komisch gewesen sein?«

Ich lenke ab: »Ach, nur so.« Schnell bringe ich das Gespräch auf ein anderes Thema. Dennoch bleibt die Frage unbeantwortet: Warum haben sie Ellen nicht verhört?

Wir sind herzliche Freundinnen, unternehmen mit unseren Kindern einen Ausflug in die Müggelberge, gehen Kaffeetrinken und übernachten anschließend bei ihr. In der Nacht erzählt sie mir, daß ihr Freund beim letzten Besuch keine Einreise bekommen hat. Jetzt hofft sie, daß es sich nur um eine kurzfristige Schikane der Behörden handelt, sonst zerbricht ihre Liebe an der Mauer, wie bei so vielen Ost-West-Freundschaften.

Am nächsten Morgen erhalte ich von einer Bekannten einen Anruf im Kindergarten. Sie lädt mich zu einer Gartenparty ein. Endlich mal wieder lustig sein, denke ich und sage zu.

Am Freitagabend überlege ich nicht lange, was ich anziehe. Ich fahre zur Party, wie immer bekleidet mit Jeans. Wie schrecklich! Beim Anblick der Gäste fühle ich mich völlig deplaziert. Die Mädchen sind zu Modepuppen aufgemotzt, sehen richtig toll aus, halten in ihren Händen gefüllte Weingläser und haben im Gesicht Langeweile.

Der Garten ist eine gepflegte Wiese. An den Tannen hängen bunte Glühlampen, aus dem Haus tönt Discomusik, um die sich die männlichen Gäste zum Fachgespräch versammelt haben. Ich bedaure, allein hierher gekommen zu sein. Bald unterscheide ich mich von den weiblichen Gästen nur noch durch meine Kleidung, ansonsten stehe ich genau wie sie gelangweilt herum. Plötzlich wird meine Aufmerksamkeit auf das Gesicht eines etwa 18jährigen Jungen gelenkt, ungewöhnlich schöner Junge, der mich unentwegt beobachtet. Trüge er anstatt der Jeanslatzhose ein Leinenhemd, könnte kein Christusbild schöner sein als er. Plötzlich hebt er sein Glas in die Höhe und prostet mir zu. Verlegen grinse ich zurück, zeige mein leeres Glas und freue mich, als er ein Mädchen stehen läßt, um auf direktem Wege quer über den Rasen zu mir zu kommen.

»Willst du übern Rasen laufen, mußt du dir ein Grundstück kaufen.« Mit diesem lustigen Spruch stellt er sich mir vor. Wir lachen laut auf. Die anderen sehen neugierig zu uns herüber. Ich schaue zu dem Mädchen, das sich beleidigt wegdreht.

»Übrigens heiße ich Marc.« Er nimmt mir das Glas aus der Hand. »Ich hole dir was zum Trinken.«

Selbstbewußt geht er an den leise tuschelnden Partygästen vorbei.

Unter den Blicken der Beobachter ist mir unbehaglich, ich folge Marc ins Haus. Er kommt mir entgegen: »Laß uns abhauen«, sage ich, »hier ist es stinklangweilig.«

Hinter dem Haus steht ein Rollstuhl. Aus Spaß setze ich mich hinein. Ich bekomme ein unangenehmes Gefühl, so, als würde ich die Ehre eines Kranken damit verletzen. Es handelt sich doch bloß um einen Stuhl mit Rädern, sage ich mir. Marc schiebt mich plötzlich durch das Gartentor hinaus auf die Straße. Sobald ich mich nach vorne beuge, um auszusteigen, drückt er den Stuhl nach hinten, so daß meine Füße in der Luft hängen, und dreht ihn um seine eigene Achse. Kurz darauf schiebt er mich samt Stuhl in großer Geschwindigkeit slalommäßig durch die Gartenwege. Ich muß lachen.

Der Oktoberabend ist mild, deshalb begegnen uns einzelne Spaziergänger, die verdutzt über meine Fröhlichkeit stehenbleiben. Nach Luft japsend sage ich zu Marc: »Die erwarten bestimmt von Menschen im Rollstuhl mehr Ernst.« Und als müßte ich alle Rollstuhlfahrer dieser Welt verteidigen, lache ich noch mehr. Trotzdem beschleicht mich das Gefühl, ein Betrüger zu sein. Man soll das Schicksal nicht herausfordern, deshalb bitte ich Marc: »Karr mich zurück.«

Wir unterhalten uns über Gott und die Welt. Er erzählt von seiner Freundin, mit der er ewig Probleme hat, und am liebsten wollen wir nicht mehr zur Party zurück. Plötzlich drückt er wieder den Stuhl nach hinten, beugt seinen Kopf über mich und küßt mich.

Es ist ein unerwartet zärtlicher, feuchter Kuß. Ich fühle mich geschmeichelt. Immerhin bin ich mindestens sieben Jahre älter als er. Eigenartig, Marc scheint das nicht zu stören.

Von den Partygästen werden wir mit Vorwürfen empfangen. Das Gastgebermädchen regt sich lauthals auf, wie rücksichtslos wir uns benommen hätten, einfach den Rollstuhl zu benutzen. Sie erwarte mehr Achtung vor solchen Geräten. Entrüstet macht sie sich Luft: »Vielleicht legst du dich auch noch in einen Sarg?«

»Bestimmt«, antworte ich, »eines Tages lege ich mich auch in einen Sarg.«

Marc verteidigt mich: »Reg dich bloß nicht auf.«

Zu mir gewandt, sagt er plötzlich: »Komm, wir gehen.«

Unterwegs zur S-Bahn lasse ich meine Wut heraus: »Ich habe mehr Achtung vor einem Menschen als vor einem toten Gegenstand!«

Marc schafft es, mich auf geheimnisvolle Art zu beruhigen.

Er begleitet mich bis zur Haustür. Ich finde es albern, die anständige Frau zu spielen, zumal er mir gefällt. Deshalb sage ich betont locker: »Kannst ruhig mit hochkommen.«

Bis zum Morgengrauen sitzen wir auf dem Balkon. Niemals im Leben scheine ich mich einem Menschen so vertraut und nah gefühlt zu haben wie Marc. Wir reden, lachen, ich sehe seine Sehnsucht nach Leben, lausche den Worten, die nicht abgenutzt klingen, freue mich über seinen jugendlichen Körper, und was das Wichtigste ist: Ich habe einen Freund gefunden!

Einen Freund im wahrsten Sinne des Wortes. Er ist nicht nur intelligent, humorvoll, ideenreich, sondern auch sehr lieb zu Timo. Wir sehen uns oft. Ohne Zwang verbringen wir gemeinsame Stunden, können uns voneinander lösen, ohne zu fragen, sind uns nah, auch nach Tagen, schämen uns nicht und beichten uns gegenseitig alles. Er erwartet nichts, hört zu, ist für Timo und mich jederzeit da.

Zum erstenmal fühle ich mich nicht benutzt oder ausgenutzt. In meinem Leben bin ich Männern begegnet, die Dinge sagten, die mich sehr verletzten, zum Beispiel: »Du bist ja ganz nett, aber mit Kind …«

Weil Marc mein Vertrauen nicht mißbraucht, gibt er mir Sicherheit. Etwas, wonach ich lange gesucht habe und was ich nie mehr verlieren möchte.

Ältere oder gleichaltrige Männer mag ich nicht. Sie öden mich an mit ihren Klageliedern über ihre gescheiterte Ehe. Am schlimmsten finde ich die, die nicht aufhören können, über ihre Frau zu klagen. Männer mit dicken Bäuchen, runden Schultern und routinemäßigem Sexverhalten stoßen mich ab. Viele meiner Kolleginnen, nicht alle, reden über ihre Männer. Alt werde ich selbst. Mit Marc überwinde ich das Gefühl, älter zu werden.

Wann immer er Zeit hat, ist er für mich da. Er kommt ohne Ausreden oder gar nicht. Ich habe einen Freund gefunden!

Im Herbst liebe ich wegen der frühen Abenddämmerung das Kerzenlicht. Ich stelle so viele Kerzen auf, daß ich kein anderes Licht benötige. Caroll hat sich nicht nur an meine Herbstromanze gewöhnt, sie hat auch das Kerzenlicht übernommen. Für mich ist es eine Art Ersatz für fehlende Geborgenheit. Das Licht der Kerzen drückt einfach Wärme und Gemütlichkeit aus. Im Schein der vielen kleinen Flammen verschwinden scharfe Konturen, sie lassen die Umgebung weicher und freundlicher erscheinen. Ich liebe es, in die Flammen hinein zu träumen, den Tisch mit Tee und Gebäck zu decken und dann Musik zu hören. Timo genießt diese Stunden so wie ich. Wir spielen Mikado, als es an der Tür klingelt.

Es ist Marc mit seinem Bruder, der aus der Armee entlassen wurde. Sein Foto habe ich schon vorher bei Marc gesehen, in Natur sieht er besser aus. Marc gibt mir wie gewohnt einen Kuß auf die Wange. Ich sehe Phillipps Grinsen. Als er mir seine Hand reicht, schaut er mir ungezwungen in die Augen. Phillipp ist eine James-Dean-Kopie. Er strahlt dermaßen viel Sexappeal aus, daß ich unvermittelt den Wunsch habe, mit ihm zu schlafen. Das ist mir bisher bei keinem Mann passiert. Gut, daß er keine Gedanken lesen kann.

Wenige Tage später besucht er mich allein. Ich erzähle Marc davon. Obwohl er von mir enttäuscht ist, siegt seine Neugier. Zu gerne möchte er wissen, wie sein Bruder war. Ich lache und schweige. Dieses Schweigen hat mir seine Freundschaft bis heute erhalten.

Die Zeit vergeht

Ich bin in meinem Leben an einem Punkt angekommen, an dem ich Zeit für mich finde. Da überfällt mich die Frage: Wer bin ich? Und ich habe keine Antwort.

Im Sommer darauf halte ich endlich mein altes Versprechen: Mit Ellen und ihrer Tochter fahren Timo und ich nach Budapest. Ich zeige ihm die schöne Stadt und ihre Umgebung. Timo ist begeistert von dem Angebot in den Geschäften, der bunten Fröhlichkeit in den Straßen und fragt: »Warum ist es bei uns nicht so?«

Die beiden Kinder verstehen sich prächtig. Zu viert trampen wir zum Balaton, gehen baden, zeigen den Kindern Sehenswürdigkeiten und essen mit ihnen im Restaurant.

Beim Abschied gehen wir alle über die Kettenbrücke, sehen über die Stadt, und ich sage: »Timo, sieh dir alles in Ruhe an, die nächste Reise mußt du allein zusammensparen!«

Er lacht.

Wir sind traurig, als wir im grauen Ost-Berlin zurück sind, wo uns der Alltagstrott erwartet.

Im Kindergarten werde ich respektiert, die Arbeit mit den Kindern macht mir immer noch Spaß.

Viele neue junge Leute kreuzen meinen Weg und verlassen ihn wieder. Ich habe meine Gefühle tief in mir versteckt, nur wenn ich will, lasse ich sie heraus. Die Angst vor dem Verlassenwerden ist mir geblieben.

Meine Bekannten wechsle ich oft, eine feste Beziehung würde mich belasten, dazu bin ich noch nicht fähig. Ich liebe nichts.

Zufriedenheit erfüllt mich, wenn ich mit Timo im Urlaub bin. Aber seine Krankheit bessert sich nicht. Zum Glück habe ich eine sehr gute, einfühlsame Kinderärztin, Frau Dr. Mühlenstein. Sie kann einmal im Jahr Kuren nach Jugoslawien verschreiben. Unter den acht Berliner Kindern ist Timo zweimal dabei. Die sechs Wochen an der Adria helfen ihm sehr. Seine Haut ist danach völlig in Ordnung, und die Abstände bei den Asthmaanfällen liegen weiter auseinander.

Durch die vielen Krankheitstage leiden seine schulischen Leistungen. Dazu kommt, daß er in der Klasse gehänselt wird. Die Kinder rufen ihn »Elefantenhaut« oder »Brillenschlange«. Timo ist unglücklich darüber. Ich werde wütend, wenn er mir davon erzählt, weil ich nicht verstehe, warum er sich nicht wehrt. Er muß bestimmt viel leiden und schützt mich, indem er schweigt. Ein Gespräch mit der Lehrerin bringt für wenige Stunden Ruhe. Dafür nennen sie ihn später »Petze«. Deshalb erzählt er mir gar nichts mehr.

Ich verstehe es, ihn zu entschädigen, spare und unternehme mit ihm schöne Reisen. Meist fahren wir nach Polen, an die Ostsee. Der Ort heißt Zopot und hat wunderschöne alte Holzvillen, Zeitzeugen aus der Bade- und Kursaison vom Anfang des Jahrhunderts. Die Hauptstraße, Monte Casino, führt direkt bis ins Meer auf die Mole. An der Uferpromenade steht ein wunderschönes altes Hotel, in dem allerdings nur Gäste mit harter Währung wohnen. Der Strand ist sauber und wird von Bademeistern in hohen Türmen überwacht. FKK ist wegen des strengen katholischen Glaubens verboten. Auf einem Sonnendeck aber dürfen sich die Frauen und Männer getrennt sonnen.

Am Abend wird in den vielen Discotheken Westmusik gespielt und gestrippt. Bis dahin dringt das Auge Gottes wahrscheinlich nicht!

Timo badet viel, findet schnell Freunde zum Spielen, und ich stelle fest, wie kontaktfreudig er ist. Niemand sieht ihm seine Krankheit an. Innerhalb einer Woche ist seine Haut braun. Der Husten bleibt von der Seeluft ganz weg. In den Ferien verstehen wir uns so sehr, daß er mich übermütig Uschi ruft. Ich habe nichts dagegen.

Ich bin froh, daß ich mein Versprechen, mit ihm nach Ungarn zu fahren, wahrgemacht habe. Gern erinnert er sich an die aufregenden Ferientage mit mir in Budapest. Besonders an die Bergwanderung, als er stürzte und sich den Oberschenkel verletzte. Jeden Tag mußten wir mit der Wunde zum Arzt, doch Timo war tapfer. Er bedauerte nur, daß er nicht baden durfte.

Ich beschließe eines Tages: Ich schreibe ein Buch.

Ich werde über mein Leben schreiben. Über die Schwierigkeiten eines Heimkindes. Wie schwer es ist, allein den Weg zu gehen, der einem vorbestimmt ist. Mit allen Höhen und Tiefen. Mein Buch soll helfen, unwissende Menschen sehen zu lassen, daß Heimkinder keine Schuldigen sind, sondern daß die Umstände, die ein Kind ins Heim bringen, Schuld daran tragen. Es soll keine Anklage sein, sondern der Aufklärung dienen.

Mit dieser Absicht kaufe ich am nächsten Tag ein schwarzes Tagebuch und beginne mit dem Schreiben.

Heimlich, niemand soll es wissen, sitze ich am Abend auf meinem Balkon, denke mich in meine frühen Kinderjahre zurück und merke, wie weh das tut.

Die Erinnerungen sind schmerzlicher, als ich glauben will. Bisher habe ich unter Freunden immer nur lustige Erlebnisse aus meiner Heimzeit erzählt. War das vielleicht Selbstschutz? Wollte ich mich mit glücklichen Momenten vor dem Schmerz retten?

Ja. Die bittere Erkenntnis, ohne Mutter oder Vater aufzuwachsen, keine Liebe, Geborgenheit zu spüren und trotzdem zu lachen, läßt mich nach den ersten Seiten weinen. Ich kann es nicht ertragen, in meine Seele zu schauen und meine dort tief verborgenen Sehnsüchte zu erblicken. Das angefangene Buch vergrabe ich in der hintersten Schrankecke.

Später, denke ich, später schreibe ich weiter, wenn ich noch mehr Ruhe finde.

Ahnunglos schließe ich meinen Briefkasten auf, entnehme die Post, wundere mich, daß ein Brief von der Polizei dabei ist, und steige in Gedanken versunken die Treppe zu meiner Wohnung hinauf.

Timo überfällt mich gleich mit einer Übungsarbeit: »Hier Mami, ich habe als einziger eine Zwei bekommen!« Stolz hält er mir eine Klassenarbeit in Russisch entgegen. Sein Gesicht strahlt förmlich vor Freude, so daß ich ihm gleich ein Eis spendiere. Er bedankt sich und rennt die Treppe nach unten.

Frau Koppke, die Mieterin unter mir, öffnet neugierig ihre Tür. Ich höre, wie sie ruft: »Nanu, Timo, was ist denn passiert?«

Leise schließe ich meine Wohnungstür. Frau Koppke mag keinen Krach – aber meinen Sohn.

Ich koche mir einen Kaffee, setze mich mit der Post auf den Balkon und rauche. Ellen schreibt von einer Kur, sie hat einen Kurschatten gefunden. Sie hofft auf die letzte, endgültige Liebe.

Ich muß lächeln, immerhin bin ich auch schon siebenundzwanzig Jahre, aber heiraten: nie. Der Mann, der mich heiraten will, muß erst noch geboren werden, denke ich.

Ich nehme den grauen Briefumschlag vom Polizeipräsidium. Der Umschlag ist dünn, wird wohl nichts Wichtiges sein. Achtlos reiße ich ihn auf. Ein kleines Blatt Papier fällt zu Boden. Ich bücke mich. Noch während ich den Zettel hochhebe, beginne ich zu lesen. Mein Herz beginnt, wie wild zu schlagen, meine Hand zittert. Noch heute kenne ich den Wortlaut:

> Sehr geehrte Frau Burkowski,
> eine Frau Käthe............ aus Berlin-West, ...straße 12, bittet um die Bekanntgabe Ihrer Anschrift.
> Wir möchten Sie bitten, dieses Schreiben zur Kenntnis zu nehmen und überlassen Ihnen die Entscheidung.
>
> Hochachtungsvoll
> Präsidium der Volkspolizei
> Abt. Paß-Meldewesen

Käthe! Bei dem Namen klickt es in meinem Kopf. Meine Mutter! Das ist meine Mutter, sie sucht mich! Schnell springe ich auf, der Stuhl kippt gegen die Balkonbrüstung. Ich laufe ins Wohnzimmer, reiße die Schübe im Schrank auf, fieberhaft suche ich meine Geburtsurkunde. Wo ist sie nur? Ich kann das rosafarbene Papier nicht finden. Endlich, in einem Aktendeckel finde ich es. Als Mutter steht da: »Käthe,......... geb. 20. 3.

Ich setze mich auf den Teppich. Nach siebenundzwanzig Jahren habe ich plötzlich eine Mutter. Leise flüstere ich: »Ich habe eine Mutter, ich habe eine Mutter.«

Doch die Freude bleibt aus, ich fühle nichts, nur Leere. Es will mir nicht in den Kopf: Ich habe eine Mutter!

Plötzlich steht sie wieder vor mir, die sozialistische Erziehung. Im Westen leben nur Kapitalisten. Die Worte der Fürsorgerin fallen mir ein. Ich war vierzehn Jahre alt, als ich sie fragte: »Wissen Sie etwas über meine Eltern?« Noch deutlich höre ich ihre Antwort: »Über deine Mutter weiß ich nichts, vielleicht lebt sie in Australien oder im Westen oder was weiß ich. Ich weiß gar nichts.«

Niemals hätte ich als kleines Mädchen gewagt, weitere Fragen zu stellen. Zu groß war die Angst vor der Autorität der Erwachsenen.

Immer galt ich als Waisenkind. Hatte das Kinderheim Geburtstag, es wurde 1953 eröffnet, mußte ich als Geburtstagskind auf die Bühne. Ich bin im April geboren, den Heimgeburtstag aber feierten wir im Dezember. Alle Kinder, die damals zur Eröffnung des Heimes ins Kinderheim kamen, wurden mitgefeiert. Es war eine Ehre, als »längstes« Heimkind auf der Bühne im Speisesaal zu stehen. Ich erinnere mich noch, wie stolz ich in den ersten Jahren darauf war – einmal im Jahr ein besonderes Kind zu sein, ein Geschenk zu bekommen und von allen beneidet zu werden. Damals war ich mir nicht bewußt, daß sie viel mehr besaßen als ich, denn sie hatten Eltern.

Erst mit elf Jahren begann ich mich für diese Auszeichnung zu schämen und versuchte, mich davor zu drücken. Danach begann ich meine Mutter zu hassen, sie hatte Schuld, daß ich im Heim lebte. Sie hatte mich einfach verlassen, sich meiner entledigt. Jahrelang hatte ich vergebens auf ein Zeichen von ihr gewartet. Jetzt, wo ich selbst Mutter bin, jetzt, wo sie alt ist, jetzt, wo sie mich braucht, da fallen ihr plötzlich die Kinder ein. Mit diesen Gedanken falte ich ruhig den Brief zusammen und denke: Nun kannst du warten, jetzt will ich nicht mehr. Ich brauche Zeit, viel Zeit.

Meine Schwester

Nach einer Woche, ich habe gerade Besuch, klingelt es an der Tür. »Wer kommt denn noch?« ruft mir Caroll zu.

Ich sage lachend: »Der Weihnachtsmann.«

Doch es ist kein Weihnachtsmann, der vor mir steht. Eine große Gestalt sagt mit tiefer Stimme: »Frau Burkowski?«

»Ja. Ich habe keinen Handwerker bestellt.«

»Ich bin kein Handwerker, ich bin deine Schwester Simone.«

»Meine Schwester Simone?« Schnell mache ich Licht.

Vor mir steht eine kräftige, schlanke junge Frau. Sie hat leicht schräge, dunkle Augen, breite Wangenknochen und dünnes dunkles Haar. Das breitflächige Gesicht wirkt mongolisch. Sie lacht herzlich, bekommt kleine Grübchen und umarmt mich mit ihren männlichen Armen.

Meine Schwester Simone, nach der ich als Kind gesucht und gefragt habe. Die Erinnerung an sie verdanke ich einer Kinderschwester. Sie nahm mich oft auf ihren Schoß und erzählte mir von meiner Schwester. Da muß ich etwa drei, vier Jahre alt gewesen sein. Als ich später bei der Fürsorgerin nach ihr fragte, wußte sie nichts von einer Schwester. Nun steht sie leibhaftig vor mir.

Ich ziehe sie ins Zimmer, stelle sie allen als meine Schwester vor und frage: »Wie hast du mich gefunden?«

Sie lacht laut. »Die Bullen haben mir einen Wisch geschickt von unserer Mutter. Hast du auch einen bekommen?«

Ich nicke. Sie hat eine einfache derbe Sprache, nicht unsympathisch.

Sie erzählt weiter: »Da habe ich gleich nach dir und unserem Bruder gefragt und eure Adressen bekommen. Schlau, wa.«

Nun müssen wir alle lachen. Sie ist urkomisch.

Sie erzählt mir, daß sie ihre Kindheit in mehreren Sonderheimen verbracht hat und beim »Neuen Deutschland« in der Druckerei arbeitet.

»Sonderheim?« frage ich, »warst du auf einer Sonderschule?«

»Ja, aber ich bin nicht doof. War als Kind nur oft krank. Habe lange keine Haare gehabt und immer eine schlimme Kopfhaut. Konnte nicht richtig lernen, bin dann zur Hilfsschule gekommen.«

Mein Gott, ich weiß warum. Als wir Kinder im Winter 1953 gefunden wurden, lag sie als vier Monate alter Säugling im Bett. Mit den Haaren an den Gitterstäben festgefroren. Mein Bruder wollte sie mit Wasser aus der Suppenkelle füttern. Er war erst vier Jahre alt und wußte sich nicht anders zu helfen. Da es Winter war, der Ofen nicht beheizt, gefror das verschüttete Wasser.

Meine Tante erzählte es mir, als ich sechzehn Jahre war. Sie wußte, wie wir nach fast einer Woche gefunden wurden. Mein Opa entdeckte uns verlassene Kinder im einsamen Haus am Bahngelände. Niemand hörte damals unser Schreien.

Simone ist trotzdem ein lebensfroher Mensch geworden. Sie lebt unbeschwert und findet bei den Männern, ihren Arbeitskollegen, Anerkennung.

Wir nehmen uns vor, uns öfter zu treffen und irgendwann der Frau, die unsere Mutter ist, einen Brief zu schreiben.

Mein Leben hat sich deswegen nicht verändert. Es ist nur etwas Neues hinzugekommen: meine Schwester und die Mutter.

Behördenkampf

Ein Jahr ist vergangen. Ich habe den Brief von der Polizei sehr oft gelesen. Nicht, daß ich meiner Mutter verziehen habe, nein. Ich will ihr die Chance geben, um Verzeihung zu bitten. Ich bin bereit. Bereit für eine Entschuldigung. Bereit, zuzuhören. Bereit, wenn es sein muß, einer Lüge zu glauben. Bereit, zu verzeihen. Aber nicht bereit, zu vergessen.

Niemals werde ich meine Kinder- und Jugendjahre ohne Liebe, niemals die Suche nach meiner Identität vergessen.

Ich will sie sehen, die Frau, die mich geboren hat. Geboren in eine Welt der Kollektiverziehung, die mir das Lügen, den

Gehorsam, die Verachtung und den Überlebenskampf bescherte.

Ich schreibe einen Brief an die Polizei und frage, wie und wo ich eine Besuchsreise nach West-Berlin beantragen muß.

Die Antwort ist niederschmetternd. Sie gibt nur die gesetzlichen Bestimmungen wieder, die da lauten: Reisegenehmigungen können erfolgen ab dem 65. Lebensjahr, dem 70., dem 75. usw. oder zur Beerdigung.

Das bedeutet, ich muß noch Jahre warten, bis ich einen Antrag stellen darf, um meine Mutter zu besuchen.

Simone kommt, sie bringt einen Brief unserer Mutter mit. Der Brief klingt nett. Simone schreibt ihr regelmäßig. Ich will keine Briefe schreiben: Ich habe Angst, sie könnte sich per Post erklären.

In ihrem Brief läßt sie nichts von der Vergangenheit verlauten. Sie schreibt über ihr jetziges Leben. Ich versuche, mir ein Bild von ihr zu machen, es gelingt nicht ganz. Eines lese ich deutlich heraus: Es geht ihr nicht gut.

Erneut wende ich mich mit einem Brief an die Polizei, erkläre ausführlich die Situation. Ich erhalte keine Antwort. Ich warte vier Wochen, dann schreibe ich an das ZK (Zentralkomitee) der SED, Büro Honecker. Von dort bekomme ich sinngemäß zur Antwort:

> Sehr geehrte Frau Burkowski,
> in Ihrer Angelegenheit möchten wir Sie darauf hinweisen, daß dafür die Abt. Paß-Meldewesen zuständig ist.

Ich drehe mich im Kreis. Alle weiteren Versuche scheitern an den gesetzlichen Bestimmungen, die ich nicht kenne, die auch nirgendwo nachzulesen sind.

Frank

Frank wird mir von einem gemeinsamen Freund vorgestellt. Er kommt gerade aus Weimar, wo er sein Studium als Architekt beendet hat. In Berlin hat er eine interessante Arbeit in der Altbausanierung von Prenzlauerberg gefunden. Mit einem Studienfreund wohnt er bei einer alten Dame zur Untermiete. In ihrer Freizeit lernten sie Mischa kennen, der zu meinem Bekanntenkreis gehört. Der gutaussehende, große, schlanke junge Mann ist mir sofort sympathisch. Obwohl er sich mir gegenüber zurückhaltend verhält, bleibt mir sein Interesse an mir nicht verborgen.

Ellen ist geradezu begeistert von ihm, er lacht gern, tanzt gut und besitzt einen doppelbödigen Humor. Wir sehen uns zweimal auf einer Party. Ich habe keine Hoffnung auf eine feste Beziehung, weil ich nicht allein lebe. Um so mehr bin ich erstaunt, als er mich auf einer Silvesterfeier bei einem prominenten Karikaturisten den anderen »Schönen« vorzieht und mich Punkt 24 Uhr als erster küßt. Gemeinsam feiern wir in das Jahr 1980.

Er ist der erste Mann, der nach zehn Jahren zu mir ziehen darf. Es folgen aufregende Wochen, in denen wir von der Liebe nicht genug kriegen können. Wir unternehmen viele Ausflüge, reden über alles und streiten uns nie. Er spielt nicht den Macho, hilft im Haushalt, versucht Timo zu verstehen, was ihm sehr schwerfällt, da er kein eigenes Kind hat und zieht nach einem Jahr völlig unerwartet aus.

Ich lasse ihn gehen, verstehe sein Schweigen nicht. Zurück bleibt eine Wunde mehr …

Traurig heule ich mich bei einer Freundin aus, sie reagiert gelassen: »Er kommt wieder.«

Um meinem Leben eine neue Richtung zu geben, stürze ich mich in den Sport. Dreimal in der Woche gehe ich zum Kraftsport-Training, wo ich klägliche Versuche starte, meine Hüften vom Speck zu befreien. Ich lache mich über die albernen Verrenkungen frei, finde auf diesem Wege meine Heiterkeit wieder und neue Freunde. Ich lasse dem Selbstmitleid keine Chance.

Ina erzählt mir eines Tages von einer Wahrsagerin, die angeblich aus den Karten liest. Aus Neugier wollen wir sie besuchen. Eigentlich glaube ich nicht an solchen Zauber, offiziell durfte es so etwas auch gar nicht geben. Deshalb stieg die Spannung, wir erwarteten einen Hokuspokusabend mit viel Quatsch.

Ina hat einen Termin vereinbart, und mit einer Flasche Rotwein machen wir uns auf nach Prenzlauerberg. Auch wenn ich skeptisch war, mir klopfte dennoch das Herz. Auf unser Klingeln öffnet keine alte Hexe, sondern eine junge Frau in unserem Alter. Wir lachen, als wir uns gegenüber stehen. Wie Ina und ich trägt sie ihr Haar lang und offen. Als wir dann im Wohnzimmer um eine Kerze herum sitzen und ich die Karten mische, sehen wir wie drei Hexen aus. Ina schreibt in Steno die Aussagen mit. Medi, die Kartenlegerin, sagt: »Die große Liebe ist weit weg. Tränen über Tränen.«

Trotz dieser Auskunft wird es ein lustiger, netter Abend.

Neugierig frage ich, woher Medi das Kartenlegen hat. Sie erzählt, daß sie diese Gabe von der Großmutter habe und nur aus Jux damit angefangen hätte. Erst durch Leute, die ihr bestätigten, daß alles eingetroffen sei, habe sie davon erfahren. Sie wunderte sich selbst noch und sei jedesmal erstaunt über Dinge, die eintreffen. Dann schränkte sie ein: Weder Krankheiten noch Tod könne sie voraussagen und wenn doch, würde sie es niemals tun. Mit Zweifeln über ihre Fähigkeiten fahren wir heim.

Vierzehn Tage später finden wir uns zu einer neuen Sitzung zusammen. Siehe da, die Karten sprechen: »Die reine große Liebe liegt dir zu Füßen. Wiedersehen bei Haus und Hof!«

So geschah es auch.

In dem Jahr mit Frank hatte ich mich um eine neue Wohnung bemüht. Es gelang mir, eine heruntergekommene Wohnung zum Ausbau zu erhalten. Zum Glück hatte sich von der Verwaltung niemand die Mühe gemacht, sich anzusehen, in welchem Haus sich die Wohnung befand, deshalb bescherte uns dieser glückliche Umstand eine Fünf-Zimmer-Wohnung mit Bad in einer alten Villa mit Wassergrundstück. Und genau in der stand Frank eines Tages vor mir und bat mich um Verzeihung.

Drei Monate später heirateten wir.

Ich habe Frank von Medi und ihren Karten erzählt. Er glaubte mir erst, als ich ihm die mitstenografierten Seiten von Ina zeigte.

Unser Polterabend wird ein großes Hinterhoffest. Wir borgen uns von Timos Schule Tische und Stühle. Alle unsere Freunde kommen, meine Freundinnen und auch die Feinde, denn wer hat die nicht? Mit Franks Kollegen sind wir sechzig Personen. Von seiner Familie kommt niemand. Ich kann damit leben. Wir sitzen bis in den Morgen hinein unter der alten, riesigen Kastanie, fegen Porzellanscherben zusammen, lachen und trinken.

Ein Jahr darauf ziehen wir in die Villa um. Frank hat die Wohnung allein instandgesetzt.

Seine Mutter akzeptiert mich schließlich als Schwiegertochter. Bis zu ihrem Tode verband uns dann mehr, nämlich eine Freundschaft, die unter sehr schmerzlichen Umständen entstand.

Franks jüngste Schwester wurde bei einem Fluchtversuch über Ungarn verhaftet. Wir wußten weder, wo sie inhaftiert war, noch auf wieviel Jahre Gefängnis das Ureil lauten würde. Zur gleichen Zeit lief der Ausreiseantrag meiner Schwiegermutter. Sie wollte als Rentnerin in der Nähe ihrer Schwester in Westdeutschland leben. Nach der Verhaftung ihrer Tochter kam sie für einige Tage zu uns. Sie konnte nicht mehr schlafen, aß nicht und weinte viel. Sie machte sich Vorwürfe und schreckliche Sorgen um ihr Kind und gestand mir, von der Flucht gewußt zu haben. Jetzt, wo ihr Kind eingesperrt war, wollte sie das Land auf keinen Fall mehr verlassen. Jedenfalls nicht, bis sie wußte, wo ihre Tochter war.

Sie wurde krank. Blaß und schmal fand ich sie jeden Morgen am Küchenfenster stehen. Mit rotgeweinten Augen stellte sie mir immer die gleichen Fragen: Wie lange? Wo finde ich einen Anwalt? Wird alles gut?

Wie sehr ich diese Mutter bewunderte!

Bei einem Spaziergang im Park vertraute sie mir einmal an,

daß sie viel lieber in Ost-Berlin wohnen würde und gar nicht mehr rüber wolle.

»Dann zieh doch deinen Antrag zurück!« forderte ich sie auf. »Was hindert dich daran?«

Sie schüttelte stumm ihren Kopf: »Das geht nicht, ich habe das nun mal gemacht, nun bleibt es dabei.«

Ich glaube, sie war nicht eigensinnig, sondern sie hätte sich nur für ihre Inkonsequenz geschämt. Beim Abschied hielt sie unser erstes gemeinsames Kind, unsere Tochter, im Arm und sagte traurig: »Dich werde ich wohl nicht wiedersehen.«

Sie hatte recht behalten, am 12. Dezember, dem Geburtstag von Timo, starb sie.

Der Wunsch, meine Mutter kennenzulernen, flackerte wieder auf, nachdem ich ihn zeitweise gar nicht mehr verspürte.

Niemals würde ich mir verzeihen, etwas ganz Wichtiges in meinem Leben versäumt zu haben, zu erfahren: Wer bin ich?

Frank entwickelte sich zu einem tollen Vater. Er versorgt die Kinder genauso gut wie ich, nimmt sich Zeit für sie und gibt mir die Geborgenheit, die ich gesucht habe. Einmal wagte er den Ausbruch aus seiner Ehe-Vater-Rolle. Mir war klar, daß er bei seinem Aussehen nicht unter weiblicher Interesselosigkeit leidet, dennoch verkraftete ich die Offenbarung meiner Freundin Caroll nicht, als sie mir von dem Verhältnis mit seiner Kollegin erzählte. Alle haben es gewußt, nur ich nicht. Ist das nicht zum Lachen?

Ich habe nicht gelacht, ich habe nicht geschwiegen, ich habe ihm gezeigt, wie verletzt ich war.

Frank ist dadurch aufgewacht. Seitdem zeigt er mir seine Liebe, die ich brauche, aber in dieser Form nicht erwidern kann. Zu groß ist meine Angst vor der Enttäuschung. Ich habe meine Liebe zu ihm tief in mir verschlossen, geschützt vor den Angriffen des Lebens. Ich finde sie zu kostbar, um sie wie Sekt zu vergießen. Ich liebe meine Kinder, ich liebe meinen Mann. Still. Leise. Liebe ist wie ein Baum, den man selbst pflanzt, ihn blühen sieht, die ersten Früchte erntet, freudig die Verwandlungen in den Jahreszeiten betrachtet, mit Staunen sein Wachstum erlebt und im Alter noch den Schatten genießt, den er spendet.

Das Visum

Meine Mutter wird fünfundsechzig Jahre alt, ein Grund, nach fünf Jahren den Antrag auf ein Visum zu stellen.

Vor Aufregung schlafe ich nachts nicht. Frank ist realistisch und sagt: »Die lassen dich ja doch nicht fahren, kannst ruhig schlafen.«

Das glaube ich nicht. »Sie können mir nicht das Grundrecht verweigern zu wissen, wer meine Mutter ist!« halte ich dagegen. Ich bin davon überzeugt, einen Reisepaß zu bekommen.

Sehr früh fahre ich mit zwei Paßbildern in die Keibelstraße zum Paß-Meldewesen.

Vor dem Gebäude steht eine Menschenschlange, nichts Ungewöhnliches für mich. Nicht umsonst erzählt man diesen Witz: Ein Ost-Berliner kommt in die Wüste und sieht eine Schlange. Was macht er? Er stellt sich hinten an.

Und genau das tue ich: Ich stelle mich hinten an.

Meine gute Laune, mit der ich hierhergefahren bin, ist nach vier Stunden Wartezeit im Gang zu Ende. Zweifel kommen auf: Wenn Frank recht hat, und die lassen mich nicht fahren, was dann?

Plötzlich höre ich meinen Namen. Mit Herzklopfen suche ich die Zimmertür. Hinter der Nummer 26 sieht mich ein Polizist unfreundlich an und fragt: »Was ist Ihr Anliegen?«

Ich will ihn auf keinen Fall verärgern und trage höflich meine Gründe vor. Unvermittelt befinde ich mich in einem Verhör.

»Haben Sie ein Haus?«

»Nein.«

»Haben Sie ein Boot?«

»Nein.«

»Haben Sie ein Auto?«
»Ja.«
»Was für eins?«
»Einen VW-Käfer.«
»Woher?«
»Hat mein Mann in die Ehe gebracht.«
»Nicht Ihr Wagen?«
»Nein.«
»Haben Sie ein Konto?«
»Ja.«
»Wieviel Geld ist darauf?«
»Gar nichts.«

Er stoppt mit seiner Fragerei, schiebt mir zwei Visaanträge zu: »Ausfüllen!«

Beim Durchlesen stutzt er. »Wieso steht hier bei: ›Letzte Anschrift Ihrer Mutter in O-Berlin‹ 1953? Da gehört 1956 hin!«

Ich bin irritiert, bisher glaubte ich, meine Mutter sei 1953 in den Westen geflüchtet. Das ist das Jahr, in dem ich ins Heim kam. Nun liegen plötzlich drei Jahre dazwischen, wo war sie in dieser Zeit?

Verwirrt sage ich: »Wenn Sie alles besser wissen, warum füllen Sie nicht die Anträge aus? Ich will einfach nur meine Mutter sehen und nicht ihren Geburtstag feiern, das ist der wahre Grund für meinen Antrag. Darauf habe ich dreiunddreißig Jahre gewartet. Und wenn Sie mir das Visum nicht geben, werde ich sie vielleicht gar nicht mehr sehen!«

Unbeeindruckt von meinem Ausbruch sagt er: »Kommen Sie in vierzehn Tagen wieder.«

Die zweimal sieben Tage schlafe ich kaum. Als es soweit ist, bin ich mir aus unerklärlichen Gründen sicher, eine Ablehnung zu erhalten.

Frank versucht, mich zu beruhigen: »Abwarten.«

Zwei Tage später habe ich Gewißheit. Der Polizist schiebt mir meinen Personalausweis über den Tisch, steckt die Unterlagen in eine graue Papiertüte und verkündet mir gelangweilt: »Abgelehnt!«

Obwohl ich damit gerechnet habe, bin ich den Tränen nahe.

Bloß nicht heulen. Mein Sohn, der mich begleitet hat, läßt seine Wut heraus: »Warum stellen Sie Reisepässe her, wenn Sie keinen fahren lassen?«

Eine gute Frage. »Mit welchem Recht wird mir die Reise verweigert?«

Der Polizist antwortet: »Wir sind zur Begründung nicht verpflichtet.«

Ich bleibe vor ihm stehen: »Und nun?« frage ich.

»Was heißt hier ›und nun‹, Sie können gehen!«

»Ich gehe, wenn Sie mir sagen, wohin.«

»Wohin wollen Sie denn?«

»Zur Beschwerdestelle.«

»Zimmernummer 237, ein Stock höher.« Es klingt alles fürchterlich nach Routine, offensichtlich gibt es nur Ablehnungen.

Wir steigen in die nächste Etage hinauf. Beim Anblick der vielen Menschen, die sich beschweren wollen, vergeht mir die Lust. Wir fahren nach Hause.

In meinen vier Wänden denke ich nach. Ich darf mir das nicht gefallen lassen, ich kämpfe entschlossen weiter bis zum Erfolg. Ich rufe im ZK der SED an. Eine Genossin hört sich mein Anliegen an und fordert mich auf, alles schriftlich einzureichen. Ich schreibe einen Brief, über den Frank am nächsten Tag lacht und sagt: »Damit kommst du nie durch, der hört sich ja nach Hedwig Courths-Mahler an.«

Ich muß auch lachen, denn ich habe den ganzen sozialistischen Quatsch hineingeschrieben, den ich dreiunddreißig Jahre vorgekaut bekommen habe. Außerdem habe ich aus dem Gesetzbuch der DDR Paragraphen zu meinem Vorteil umgewandelt und angeführt. Ich bin davon ausgegangen, daß sich niemand die Mühe macht, sie nachzulesen.

So schreibe ich unter anderem: »Ich bin eine Mutter, die sich bemüht, ihre Kinder zu guten sozialistischen Persönlichkeiten zu erziehen. Ich würde niemals das Land, die DDR, meine Heimat, verlassen usw.

Nach einer Woche vergeblichen Wartens auf Antwort rufe ich wieder im ZK an. Am Telefon meldet sich ein Asthmatiker, ich höre, wie schwer er sich beim Luftholen tut. Er ist nett, hört geduldig zu und verspricht, sich um meinen Fall zu kümmern.

Drei weitere Telefonate folgen in dieser Woche, dann endlich, nach dem letzten Gespräch, klingelt es bei mir und eine Stimme sagt: »Hier ist das Paß-Meldewesen, spreche ich mit Frau Burkowski?«

»Ja«, hauche ich vor Schreck.

»Sie können sich Ihren Paß abholen, wenn es geht sofort, und bringen Sie zwei Paßbilder mit!«

In Windeseile sause ich durch die Wohnung, durchwühle alle Schubladen und finde zum Glück noch zwei. Und wundere mich, weshalb sie nicht die ersten genommen haben.

Eine Stunde nach dem Anruf sitze ich im Präsidium, gleicher Stock, anderer Gang, anderes Zimmer, einer Polizistin gegenüber, die keine Fragen stellt, sondern mir gleich zwei Visaanträge reicht. Mir wird klar, welches Theater sich vorn abgespielt hat. Die Menschen werden übel getäuscht, die Genehmigung von Reisen findet woanders statt.

Schon am nächsten Tag soll ich meinen Paß abholen.

Um 9 Uhr habe ich Post vom ZK der SED.

> Sehr geehrte Frau Burkowski,
> im Auftrag von Erich Honecker bestätigen wir Ihnen die Reisegenehmigung.
>
> Hochachtungsvoll
> Büro Honecker

Vorsichtshalber nehme ich den Brief, dessen Inhalt ich heute noch auswendig weiß, zur Polizei mit. Ich bin zu mißtrauisch. Man kann ja nie wissen, was die sich wieder einfallen lassen.

Um 10 Uhr halte ich den hart erkämpften blauen Reisepaß in der Hand – mit den ersten Paßbildern und einem Ausstellungsdatum, das drei Wochen zurückliegt.

Frank fährt mich mit den Kindern zur Grenze. Sie sind aufgeregt und haben viele Wünsche.

Nach dem Nervenkrieg verspüre ich plötzlich keine Lust mehr zu fahren. Zu groß war die Anstrengung, um ans Ziel zu kommen. Alles, was mir lieb ist, muß ich zurücklassen, ich darf meine neuen Erlebnisse mit niemanden teilen. Wir sagen uns tschüs. Mit der leeren Reisetasche gehe ich allein über die Straße. Ein Schild verhindert die Begleitung.

> Achtung Grenzgebiet!
> Betreten ohne gültigen Passierschein verboten!

Vor dem Grenztor bleibe ich stehen. Die Mauer: Wie eine häßliche Narbe durchzieht sie die Stadt. Geklammert mit Metall. Stacheldraht. Gesichert vor aufplatzenden Wunden. Hin und wieder verblutet hier ein Mensch. Erschossen.

In der Brust eines Berliners leben zwei Seelen: die eine mit der Sehnsucht nach Freiheit, die andere mit der Trauer über den Preis dafür.

Einen langen Weg bin ich gegangen. Jetzt soll ich hinter dieser Todeslinie meine Mutter wiedersehen …

Band 61276

Ursula Burkowski

Es gibt kein Zurück

Als es Ursula Burkowski endlich gelungen war, sich ihren langgehegten Wunsch – einen Tag in Westberlin zu verbringen – zu erfüllen, steht es bald für sie fest, daß sie der DDR den Rücken kehren will. Selbstbewußt erträgt sie all die Repressalien, mit denen die staatlichen Organe sie und ihren Mann strafen wollen, nachdem sie den Antrag auf Ausbürgerung gestellt haben. Doch schließlich wird ihr Mut belohnt: sie dürfen ausreisen. Aber im goldenen Westen ist das Leben ganz anders, als sie es sich bisher vorgestellt hatten . . .
Nach ihren Büchern WEINEN IN DER DUNKELHEIT und DRAUSSEN beschreibt Ursula Burkowski in dem letzten Band der Trilogie, wie sie ihr neues Leben meistert.